DESCRIPTION
DE
L'ÉGYPTE,

RECUEIL

DES OBSERVATIONS ET DES RECHERCHES

QUI ONT ÉTÉ FAITES EN ÉGYPTE

PENDANT L'EXPÉDITION DE L'ARMÉE FRANÇAISE

SECONDE ÉDITION

DÉDIÉE AU ROI

PUBLIÉE PAR C. L. F. PANCKOUCKE.

TOME QUATORZIÈME

ÉTAT MODERNE.

IMPRIMERIE
DE C. L. F. PANCKOUCKE.

M. D. CCC. XXVI.

DESCRIPTION

DE

L'ÉGYPTE.

DESCRIPTION

DE

L'ÉGYPTE

OU

RECUEIL

DES OBSERVATIONS ET DES RECHERCHES

QUI ONT ÉTÉ FAITES EN ÉGYPTE

PENDANT L'EXPÉDITION DE L'ARMÉE FRANÇAISE.

SECONDE ÉDITION

DÉDIÉE AU ROI

PUBLIÉE PAR C. L. F. PANCKOUCKE.

TOME QUATORZIÈME.

ÉTAT MODERNE.

PARIS

IMPRIMERIE DE C. L. F. PANCKOUCKE

M. D. CCC. XXVI.

ÉTAT MODERNE.

DE L'ÉTAT ACTUEL DE L'ART MUSICAL EN ÉGYPTE,

OU RELATION HISTORIQUE ET DESCRIPTIVE DES RECHERCHES ET OBSERVATIONS FAITES SUR LA MUSIQUE EN CE PAYS,

Par M. VILLOTEAU.

PREMIÈRE PARTIE.

Des diverses espèces de musique de l'Afrique en usage dans l'Égypte, et principalement au Kaire.

CHAPITRE PREMIER.

De la musique arabe.

ARTICLE PREMIER.

Du dessein que nous avions formé en commençant ce travail, des moyens que nous avions à notre disposition pour l'exécuter, et des motifs qui nous ont déterminés à suivre le plan que nous avons définitivement adopté.

Nous nous étions persuadés d'abord, pendant quelque temps, que, pour mettre les lecteurs à portée de juger par eux-mêmes de l'état actuel de la musique arabe en Égypte, ainsi que de la justesse de nos observations, il était à propos de joindre à la description que nous en ferions, le texte arabe et la traduction en français des divers traités de la théorie et de la pratique de cette musique, que nous avions rapportés avec nous de ce pays. Notre dessein était d'y joindre, sous la forme d'un commentaire, les résultats de l'examen comparatif que nous en avions fait, pour éclaircir les endroits obscurs et difficiles du texte, à l'aide des notions que nous avions acquises de cet art pendant trois ans et demi que nous n'avons cessé chaque jour de l'entendre et de le voir pratiquer, ou de nous entretenir avec ceux qui l'exerçaient.

Dans cette vue, dès que nous fûmes de retour en France et rendus à Paris, nous sollicitâmes les secours des savans dans la langue arabe, pour la traduction de nos traités en français [1]. Un d'eux nous mit même à por-

---

[1] Le célèbre orientaliste M. Silvestre de Sacy voulut bien avoir la bonté non-seulement d'en traduire un lui-même, de corriger les fautes, les contre-sens, les transpositions ou les redites inutiles dont le texte se trouvait rempli par l'ignorance et l'incurie du copiste arabe, et enfin d'éclaircir les passages difficiles ou obscurs, ou dont le sens était douteux; mais il porta encore sa bienveillance pour nous jusqu'à engager M. Sédillot, un de ses élèves les plus distingués dans la langue arabe (a), à se charger des deux autres.

M. Herbin, élève aussi de M. de Sacy dans la même langue (b), traduisit également un de nos manus-

(a) M. Sédillot est actuellement secrétaire de l'école spéciale des langues orientales à la Bibliothèque royale, et professeur, par intérim, de ces mêmes langues.

(b) M. Herbin est auteur d'une Grammaire d'arabe vulgaire qui est imprimée, de plusieurs autres ouvrages importans, et d'un grand nombre de traductions de manuscrits orientaux les plus précieux de la Bibliothèque royale, qui seraient maintenant publiés si la mort ne l'eût point arrêté au moment même où il allait jouir du fruit des travaux auxquels il s'était livré avec trop peu de ménagement; ce qui lui aurait sans doute mérité une

tée de prendre connaissance de tout ce qu'il y avait à la Bibliothèque royale de traités de musique en arabe, en turk et en persan; en sorte que la trop grande abondance et la confusion même des moyens que nous avions pour exécuter ce travail, étaient la seule chose qui pût nous embarrasser.

Les matériaux que nous avions réunis pour le travail que nous donnons ici, étaient beaucoup trop nombreux pour y être tous employés. Nous n'aurions eu que ceux qui nous appartiennent en propre, qu'ils eussent encore occupé seuls un espace d'une étendue trop disproportionnée, en comparaison de celui qui est réservé à des

crits. Il le fit d'autant plus volontiers et avec d'autant plus de succès, qu'il était très-bon musicien, et que, s'étant déjà depuis plusieurs années occupé de recherches sur la musique orientale, il avait traduit presque tous les manuscrits arabes, persans et turks qui traitent de cet art, et qu'il avait pu découvrir à la Bibliothèque royale. Il nous en donna communication, en retour de celle que nous lui avions donnée des manuscrits sur le même objet que nous avions rapportés d'Égypte, et des notes nombreuses que nous y avions faites sur la pratique usuelle de l'art musical des Orientaux.

Nous nous étions proposé de faire par la suite, de tous ces matériaux, un ensemble analytique et méthodique tout-à-la-fois, dans lequel nous aurions rapporté toutes les opinions des divers auteurs orientaux sur la musique, et présenté, d'une manière comparative, les divers systèmes connus de cet art qui ont été ou sont encore en usage dans l'Orient.

Nous avions déjà formé un vocabulaire très-étendu de tous les termes techniques de musique arabes, turks, persans, indiens (a); et si la mort ne nous eût point enlevé, il y a quelques années, cet estimable et savant ami, au printemps de son âge, nous aurions eu autant de plaisir à nous livrer avec lui à ce travail, qu'il nous sera pénible de l'exécuter sans lui, si toutefois nous avons le temps et les moyens nécessaires pour le terminer.

place distinguée parmi les savans qui honorent notre siècle.

(a) Nous avons entrepris un dictionnaire polyglotte de ce genre, qui comprend, outre les termes techniques et les noms d'instrumens dans les langues arabe, turque, persane et indienne, tous ces mêmes termes dans les langues hébraïque, éthiopienne, copte, syrienne, grecque, celtique, latine, et dans les langues vivantes de l'Europe.

travaux d'une bien plus grande importance que n'est le nôtre.

D'ailleurs, comme on nous l'a fait remarquer, et comme nous l'avons aussi très-bien senti, le plan de cet ouvrage ne permettait pas qu'on y fît entrer l'histoire de la musique arabe, et l'exposé méthodique des principes de la théorie, des règles de la pratique de cet art, avec tous leurs développemens; il ne devait contenir que le simple et fidèle récit de voyageurs qui rendent compte des recherches, des observations et des découvertes qu'ils ont faites dans le pays qu'ils ont visité.

Dans la crainte d'outre-passer ces limites, nous ne nous sommes permis que les seules réflexions qui nous ont paru indispensables pour rendre plus sensibles nos idées quand nous ne pouvions les peindre par le simple exposé des faits.

Nos recherches ayant eu pour objet principal l'art considéré en lui-même, beaucoup plus que la musique de tel ou tel peuple, nous ne nous sommes pas bornés à examiner seulement ce qu'est cet art parmi les Égyptiens modernes, nous avons cru devoir nous occuper de tout ce qui constitue l'état actuel de cet art en Égypte.

Nous avons donc à rendre compte non-seulement de ce qu'est la musique arabe par rapport aux Égyptiens qui l'ont adoptée, mais encore de toutes les autres espèces de musiques différentes qui sont pratiquées habituellement en Égypte, soit par les naturels de ce pays, soit par les étrangers qui y sont établis en corps de société très-distinct, et surtout au Kaire, où ces derniers sont réunis chacun avec ses compatriotes dans des quartiers qui leur sont particulièrement destinés.

Ainsi nous traiterons successivement de la musique arabe, de la musique africaine, éthiopienne, qobte, de la musique syrienne, de la musique arménienne, de la musique grecque moderne, et de la musique des Juifs d'Égypte.

Quoique nous ne parlions que de ce qui est connu et en usage au Kaire, nous donnerons cependant, sur ces espèces de musiques différentes, des détails beaucoup plus circonstanciés et plus exacts que ne le sont ceux que nous en avons reçus par les relations des voyageurs qui ont visité ces peuples dans leur propre pays, mais qui n'attachaient pas autant d'intérêt à ce qui concerne la musique que nous, qui depuis quarante et quelques années cultivons cet art, ou qui ne se sont pas trouvés dans des circonstances aussi favorables que celles où nous avons fait nos observations.

ARTICLE II.

Idée sommaire de l'état des sciences, des arts et de la civilisation des Égyptiens modernes.

A peine reste-t-il encore parmi les Égyptiens modernes quelques traces légères, et même fort douteuses, des antiques institutions de leur pays. La religion, les lois, le langage, la musique, en un mot les sciences et les arts qu'ils ont adoptés, ils les tiennent des Arabes : ils les ont reçus de ceux-ci pendant le temps qu'ils ont été gouvernés par eux. Loin d'avoir étendu ou perfectionné ces connaissances, si l'on en excepte celle de la religion musulmane, ils les ont tellement laissé tomber en désuétude, ou bien les ont tellement défigurées depuis qu'ils ont été soumis au joug des Ottomans, qu'ils n'y conservent presque plus rien aujourd'hui de ce qui, sous ce rapport, distingue les nations civilisées, des hordes de barbares. Plus malheureux que ces derniers, ils n'ont pas la liberté de résister à l'oppression; leur état social n'est qu'un honteux et dur esclavage, dans lequel ils sont retenus par la faiblesse de leurs maîtres, et abandonnés lâchement aux odieuses vexations de l'insolente et cruelle tyrannie des Mamlouks, qui chaque jour sacrifient quelque nouvelle victime à leur insatiable cupidité et à leur atroce audace.

En proie à tous les préjugés de l'ignorance et de l'erreur qu'on entretient parmi eux, les Égyptiens ne songent pas même à rechercher la cause de leurs maux et à en arrêter les effets; ils attribuent tout aux décrets irrévocables du destin, et se contentent de s'écrier à chaque instant, *Dieu est grand! Dieu est clément! Dieu est miséricordieux! Dieu soit loué!* etc., et de le répéter pour toute réponse aux réflexions sages qu'on leur fait sur leur malheureux sort, ou aux avis qu'on leur donne pour en diminuer la rigueur. Le fanatisme, qui dénature tous les principes et corrompt toutes les vertus, impose le silence le plus absolu à leur raison, glace leur cœur et anéantit leur énergie. Ils végètent dans une apathique et misérable insouciance. Insensibles aux douces jouissances qui élèvent l'homme au-dessus des animaux, ils ne font aucun cas des productions du génie, et n'ont que du mépris pour tout ce qui n'est pas prescrit par le Qorân.

ARTICLE III.

Du peu d'importance que les Égyptiens attachent à l'étude et à l'exercice de l'art musical, et du peu qu'ils savent de cet art.

La musique, qui, de temps immémorial, avait été cultivée avec succès en Égypte, qui y avait fleuri avec tant d'éclat sous les Ptolémées, sous les Romains, sous les khalifes sarrasins, surtout sous les Ayoubites, qui en faisaient leurs délices, et qui en favorisèrent les progrès et en protégèrent l'exercice d'une manière si distinguée, cet art si aimable et si consolant n'est plus regardé, en ce pays, que comme une chose futile, indigne d'occuper les loisirs de tout bon musulman. Ceux qui l'exercent, avilis dans l'opinion, sont rejetés dans la classe méprisable des saltimbanques et des farceurs. Aussi n'y a-t-il plus, parmi les Égyptiens, que des gens entièrement dépourvus de ressources, sans éducation, et sans espoir d'obtenir dans la société la moindre considération, qui se déterminent à embrasser la profession de musicien; et les connaissances de ceux-ci en musique ne s'étendent pas au-delà du cercle de la routine d'une pratique usuelle qu'ils n'ont ni la volonté ni les moyens de perfectionner. Ne sachant ni lire ni écrire, ils ne peuvent étudier les traités manuscrits sur la théorie de leur art.

Ces traités, fort rares, que personne ne comprend aujourd'hui en Égypte[1], ne se rencontrent plus que

[1] On ne les comprend pas beaucoup mieux en Europe. Le langage

dans les bibliothèques d'un très-petit nombre de savans, qui les y conservent par pure curiosité; ou bien, ayant été confondus dans les ventes avec d'autres manuscrits de nulle valeur, ils se trouvent par hasard, chez les libraires, souvent même à leur insu, sous des tas de paperasses de rebut qu'ils laissent pourrir dans la poussière ou manger par les vers et par les rats.

Ce n'est pas que ces ouvrages puissent par eux-mêmes donner des notions suffisantes des principes de la musique arabe à ceux qui n'auraient pas d'autres moyens pour les apprendre : car, outre que chacun de ces manuscrits ne traite que d'une partie de cet art, la plupart ne sont évidemment que des copies très-inexactes et très-fautives, faites par des musiciens ignorans ou par des écrivains de profession, qui, ne comprenant pas ce qu'ils écrivaient, ne pouvaient s'apercevoir des fautes multipliées qui leur échappaient ou qui se trouvaient dans les premières copies qui leur servaient de modèle; et cela se reconnaît aisément par le désordre des matières, par les répétitions inutiles ou le double emploi des mêmes choses, par les contradictions mêmes dans les idées, et en général par le peu d'accord que paraissent avoir entre eux les auteurs.

Il est évident néanmoins que les traités originaux ont dû être composés par des savans musiciens, poëtes et tout-à-la-fois philosophes : il est probable même que ces ouvrages remontent au temps des khalifes. Ce qui

technique de l'art musical des Arabes étant presque entièrement figuré, il n'y a que des maîtres très-savans en cet art qui puissent en rendre l'intelligence facile ; et ces maîtres, on ne les trouve maintenant nulle part.

nous porte à le croire, c'est qu'ils sont écrits pour la plupart en prose, d'un style élevé et sentencieux; que quelques-uns sont composés en vers; qu'ils sont en général remplis de réflexions profondes, qui annoncent des connaissances étendues et variées, et que leurs auteurs paraissent très-familiers avec les traités des philosophes et des musiciens grecs qu'ils se plaisent à citer.

C'est une chose fâcheuse, sans doute, que ces excellens traités aient été négligés et corrompus par ceux mêmes qui ont voulu les conserver et les transmettre: mais, quelque défectueuses que soient les copies qui nous en restent, nous ne dissimulerons pas qu'elles nous ont été d'un grand secours; que, sans elles, nous n'eussions pu expliquer beaucoup de choses qui, trop étrangères à nos principes musicaux, nous auraient semblé fort douteuses, si nous n'avions eu pour garant de leur exactitude que ce que la pratique routinière des musiciens égyptiens pouvait nous apprendre.

ARTICLE IV.

De l'origine et de la nature de la musique arabe.

Quoiqu'il soit très-probable que les sciences et les arts ont été cultivés en Arabie, et surtout dans l'Arabie heureuse, dès la plus haute antiquité, il n'est cependant pas nécessaire de remonter jusqu'à des temps aussi reculés, pour découvrir l'origine de la musique arabe qui est aujourd'hui en usage.

Toute personne qui aura fait, ainsi que nous, une étude suivie de l'art musical, tant chez les peuples anciens que chez les peuples modernes, et se sera ensuite attachée à examiner avec soin la musique arabe dans ses principes, dans ses règles, en un mot dans tout son système, reconnaîtra aussi bientôt avec nous la véritable origine de celle-ci.

Quand la raison seule ne nous porterait pas à penser que les Arabes, lorsqu'ils songèrent à s'instruire, ne purent puiser leurs connaissances ailleurs que chez les peuples savans d'alors; quand l'histoire ne nous apprendrait pas que ces peuples étaient les Grecs qui confinaient à l'Asie, et les Persans qui s'étendent jusqu'à l'Arabie, tout nous déterminerait encore à croire que c'est là que la musique des Arabes a pris sa source. La forme et le caractère que cet art a chez eux, se ressentent même assez de l'époque à laquelle ils l'ont reçu pour qu'on puisse la fixer jusqu'à un certain point.

Les divisions et subdivisions des tons de la musique arabe en intervalles si petits et si peu naturels, que l'ouïe ne peut jamais les saisir avec une précision très-exacte, ni la voix les entonner avec une parfaite justesse; la multitude des modes et des circulations ou gammes différentes qui résultent de la combinaison de ces sortes d'intervalles [1]; tout annonce que cette espèce de musique

---

[1] L'époque de la dépravation de l'ancienne musique grecque remonte fort haut. Platon se plaignait des raffinemens de calcul que l'on avait déjà de son temps introduits en musique et qui en corrompaient la mélodie; mais ces défauts étaient plus anciens encore, puisque Phérécrate, dans une de ses comédies, en a fait le sujet des plaintes que forme la Musique personnifiée contre *Mélanippides*, *Cinesias*, *Phrynis* et *Timothée*. Toutefois, cela n'empêcha pas qu'on ne renchérît encore depuis sur ces raffinemens, et que, dans la suite, des musiciens philosophes, tels qu'Aristoxène et Euclide, ne les établissent en principes dans leurs traités sur cet art, en y enseignant l'usage des tiers, des

est née de la corruption de l'ancienne musique grecque et de l'ancienne musique asiatique.

On dirait que la sagesse et la folie ont, à l'envi l'une de l'autre, concouru à composer la théorie de cet art chez les Arabes. On y trouve autant de rêveries absurdes sur l'origine, la puissance et les effets de la musique, et autant de recherches minutieuses, puériles et ridicules dans les règles de la pratique, qu'on y rencontre de notions sûres et de préceptes excellens sur la partie philosophique de l'art. On ne peut y méconnaître quelques-uns des principes sur lesquels cet art jadis était fondé; mais on ne peut non plus se dissimuler que tout s'y ressent des abus qu'en ont toujours faits cette sorte de musiciens qui n'ont que la vanité de paraître savans, sans avoir jamais eu le moindre désir de travailler à le devenir, et qui, préférant une réputation éclatante à l'estime réfléchie qu'inspire le vrai mérite, cherchent plutôt à étonner dans leur art, qu'à y produire un effet utile. Tels étaient, vers le temps de la décadence de l'empire romain, les défauts de la musique et ceux des musiciens. Les philosophes et les poëtes de ce temps, soit chrétiens, soit païens, ne cessent de s'en plaindre amèrement. Or, on sait qu'alors on ne connaissait en

---

quarts, des sixièmes, des demi-quarts et des douzièmes même de ton, ainsi que des diverses espèces de modes diatoniques, chromatiques et enharmoniques. Ce fut aussi dans cette vue que Ptolémée, à l'imitation d'Aristoxène, composa son traité des *Harmoniques*; et comme il était natif de Péluse, en Égypte, sur les confins de l'Arabie, ses ouvrages furent nécessairement connus des Arabes, et servirent de modèle aux traités que ceux-ci composèrent sur la musique. Ainsi son système fut le type de celui que les Arabes ont adopté; l'affinité qui existe entre l'un et l'autre système, fait disparaître jusqu'à l'ombre du doute.

Égypte, en Arabie et en Europe, que l'ancienne musique grecque, mais corrompue et dépravée : c'est donc là une des sources d'où est découlée la musique des Arabes, lorsque, devenus conquérans par fanatisme, ils se furent rendus maîtres d'une partie de l'Afrique, de l'Asie et de l'Europe, et qu'ils eurent compris que les sciences et les arts étaient nécessaires à la prospérité et à la gloire du nouvel empire qu'ils venaient de former.

Quant à ce qui décèle l'affinité qui existe entre la musique asiatique et celle des Arabes, cela est trop frappant pour n'être pas senti de tout le monde. Il suffit d'avoir entendu chanter une seule fois aux musiciens égyptiens des chansons arabes, pour avoir remarqué les broderies dont ils en surchargent la mélodie, et avoir été révolté des accens impudiques par lesquels ils expriment les idées lascives et les paroles obscènes dont ces chansons pour l'ordinaire sont remplies ; enfin pour y avoir reconnu tous les défauts que les poëtes latins, et les autres écrivains qui leur ont succédé, reprochent unanimement à la musique asiatique, en nous la peignant comme variée à l'excès, n'étant propre qu'à inspirer la mollesse et la volupté, ou à exprimer l'agitation des sens excités par la luxure.

A tous ces indices de l'origine de la musique arabe, nous pourrions en ajouter beaucoup d'autres que nous offrent les termes techniques et les noms des modes, des sons et des instrumens, qui sont presque tous persans ou dérivés du grec[1]. S'il restait encore quelques

---

[1] Dans un traité de musique que nous avons rapporté d'Égypte, il est dit que les modes principaux de la musique arabe sont les mêmes que

légères incertitudes, elles seraient facilement dissipées sans doute par l'aveu de tous les auteurs des traités de musique arabe, lesquels reconnaissent eux-mêmes que tout leur système de musique et tous les termes techniques et les noms de leurs instrumens leur viennent des Grecs, des Persans [1] et des Indiens. On doit donc regarder comme un fait avéré et incontestable, que la musique arabe de nos jours s'est formée, au temps des khalifes, des débris de l'ancienne musique grecque et de l'ancienne musique asiatique, lesquelles différaient moins entre elles par leurs principes que par le genre de leur mélodie.

ARTICLE V.

Du système et de la théorie de la musique arabe.

Il paraît que le système de musique des Arabes n'a pas conservé une forme constante, et que les auteurs n'ont pas toujours été d'accord sur la manière de la

---

ceux des Grecs, mais auxquels on a donné d'autres noms. Les termes techniques persans sont beaucoup plus nombreux que les noms dérivés du grec dans la musique des Arabes. Parmi les mots dérivés du grec, on remarque particulièrement ceux-ci que l'on rencontre dans plusieurs de leurs traités : موسيقى *mousyqy*, موسيقا *mousyqá*, موسيقه *mousyqeh*, mots qui viennent du grec ΜΟΥΣΙΚΗ, *mousiké*, musique; موسيقار *mousyqár*, musicien; موسيقارى *mousyqáry*, musical; موسيقال *mousyqál*, flûte de Pan; موسيقان *mousyqán*, autre instrument de musique; لیره *lyrah*, en grec ΛΥΡΑ, *lyra*, lyre; کویطره *kouytarah*, et قیطاره et قیتاره *qytaráh*, en grec ΚΙΘΑΡΑ, *kithara*, cithare; قانون *qánoun*, en grec ΚΑΝΩΝ, *canon*, instrument de musique, etc., etc.

[1] Gemâl el-Dyn, au commencement de son Traité sur la musique arabe, dit positivement :

وإنني اذكر أسماء النغم
مختلفا على قوانين العجم

« Je vais rappeler les noms des tons suivant le système des Persans. »

composer : les uns divisent l'octave par tons, demi-tons et quarts de ton, et comptent par conséquent vingt-quatre tons différens dans l'échelle musicale; d'autres la divisent par tons et tiers de tons, et font l'échelle musicale de dix-huit sons; d'autres y admettent des demi-quarts de ton, ce qui produit quarante-huit sons; quelques-uns enfin prétendent que le diagramme général des sons comprend quarante sons : mais, la division la plus généralement reçue étant celle des tiers de ton, il s'ensuivrait que ces quarante sons comprendraient deux octaves et un tiers pour toute l'étendue de ce système; ce qui est, en effet, d'accord avec le diagramme général des sons que nous avons trouvés notés en arabe, diagramme que nous ferons connaître en son lieu.

Les sons naturels, c'est-à-dire ceux qui se suivent dans l'ordre diatonique, sont ordonnés, dans le système musical des Arabes comme dans le système des Grecs, par tétracordes ou série de quatre sons consécutifs, qu'ils appellent MER.

Les trois intervalles contenus dans la première MER ou le premier tétracorde, donnent naissance à trois modes principaux qui sont le type de tous les autres modes. C'était la même chose dans le système des Grecs; les trois intervalles du premier tétracorde donnaient aussi naissance à trois autres tétracordes qui déterminent les trois modes principaux, parce que, de quelque manière que l'on combine les intervalles de l'échelle diatonique, il n'en peut résulter que trois tétracordes différens : ou le demi-ton forme le premier intervalle, et l'on a le tétracorde *si, ut, ré, mi*; ou le demi-ton est le second intervalle, et cela donne le tétracorde suivant, *ré, mi, fa, sol;* ou enfin le demi-ton se trouve au troisième intervalle, ce qui forme le tétracorde *ut, ré, mi, fa.* De quelque degré de l'échelle diatonique qu'on veuille commencer, on ne trouve jamais les sons ordonnés que de l'une de ces trois manières, et voilà sur quoi est fondé le principe des MER dans le système musical des Arabes.

ARTICLE VI.

Démonstration du système musical des Arabes.

L'auteur anonyme de celui de nos traités qui a pour titre *l'Arbre couvert de fleurs dont les calices renferment les principes de l'art musical,* explique ainsi la formation de cet art :

« La base du chant naturel est composée de huit sons mélodieux qui sortent naturellement du gosier, et dont le premier est dans un rapport direct avec le dernier; aucun autre que ceux-là ne peut être produit naturellement par la voix. On les nomme *la circulation* (la gamme) *propre du rast.* Ils ont été appelés ainsi, parce que *rast,* en persan, signifie *droit.* On les appelle encore *la circulation des degrés,* ou *circulation des intervalles consécutifs*[1]. Lorsqu'on est parvenu jusqu'au huitième, la circulation est terminée; on nomme cela *l'intervalle complet,* et l'on commence alors une autre circulation...... »

Pour rendre cette démonstration plus sensible, nous

---

[1] Le mot *consécutif,* dans ce cas, signifie la même chose que *diato-nique* dans le système des Grecs et dans le nôtre.

ajouterons des exemples notés en notes de musique européenne. Nous prévenons que nous nous servons ici de l'échelle musicale divisée en tiers de ton, parce qu'elle est le plus généralement admise par les auteurs arabes et qu'elle est plus conforme à la tablature de leurs instrumens. Suivant cette échelle, l'intervalle que nous nommons *demi-ton diatonique*, n'est que d'un tiers de ton; et comme dans la gamme de *rast* il n'y a point d'intervalle moindre que celui de deux tiers de ton, nous avons adopté le signe x pour indiquer un intervalle accru d'un tiers de ton, et nous l'ajoutons à la note *fa*, qui, sans cela, dans le système arabe, ne serait, comme nous venons de l'observer, qu'à un tiers de ton du *mi*, puisque ces deux sons rendent, dans notre système, l'intervalle d'un demi-ton diatonique, lequel intervalle n'est que d'un tiers de ton dans le système arabe: nous faisons la même chose, et pour la même raison, à la note *ut*.

Exemple de la circulation des degrés consécutifs ou diatoniques, et intervalle complet.

Première circulation.

Commencement de la seconde circulation.

L'auteur continue en disant : « Lorsque l'on part de là (c'est-à-dire du huitième ton) et que l'on continue à monter jusqu'au quinzième son, on est parvenu au dernier degré du système ; ce qu'on appelle *l'intervalle complet double* ou *système parfait*.

Exemple des deux circulations comprises dans les quinze degrés consécutifs, et intervalle complet double, ou système parfait.

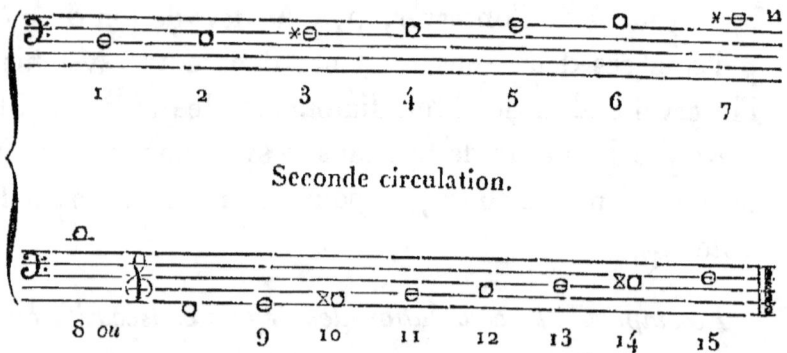

« Au reste, les noms que les anciens philosophes et les Persans ont donnés à ces tons, sont compris, en général, aujourd'hui sous les noms de *honouk*[1], de *aba'âd*[2], de *enteqâlât*[3], et enfin de *bordâh*[4], chez les Persans. Quant aux noms particuliers des tons, on les leur a donnés conformément à l'ordre de leur degré.

« Le premier *bordâh* se nomme racine du *rast* et

[1] هُنُوك *honouk*, séries.
[2] إِبعاد *aba'âd*, intervalles.
[3] اِنْتِقَالَاتْ *enteqâlât*, degrés.
[4] بَرْدَآه *bordâh*, ton.

yekkâh[1]; le deuxième se nomme racine *doukâh*[2]; le troisième, racine *sihkâh*[3]; le quatrième, racine *tchârkâh*[4]; le cinquième, racine *pengkâh*[5]; le sixième, racine du *bordâh hosseyny*[6] ou *chechkâh*[7]; le septième, *maqloub*[8] ou *heftkâh*[9] : ce sont là les sept racines, comme nous l'avons dit.

Exemple des sept racines.

Rast ou yekkâh, 1er bordâh. — Doukâh, 2e bordâh. — Sihkâh, 3e bordâh. — Tchârkâh, 4e bordâh.

Pengkâh, 5e bordâh. — Chechkâh ou hosseyny, 6e bordâh. — Heftkâh ou maqloub, 7e bordâh.

« Si l'on monte au huitième son, cela s'appelle le dessus du *rast*, qui est la réplique de la racine *rast*, et

---

[1] Ce mot est persan, et signifie *premier degré*; il est composé du mot یك *yek*, qui, en persan, signifie *un* ou *premier*, et de كاه *kâh*, qui signifie *lieu*, *place*.

[2] Ce mot signifie *second degré*; il est composé du mot دو *dou*, deux, et de *kâh*, comme le précédent.

[3] سه *sih*, trois.

[4] چهار *tchahár* et چار *tchár*, quatre.

[5] پنج *peng*, cinq.

[6] *Hosseyn* est le nom d'un saint musulman, en l'honneur duquel on a composé plusieurs hymnes en musique : peut-être est-ce parce que ces hymnes étaient composés sur le ton qui a ce degré pour base, c'est-à-dire pour tonique, que l'on a donné à ce même degré le nom de *hosseyny*.

[7] شش *chech*, six.

[8] مقلوب *maqloub* signifie *retourné* : on lui a vraisemblablement donné ce nom, parce qu'il annonce le retour de la gamme, quand, après avoir monté jusqu'au huitième son, on retourne sur ses pas, ainsi qu'il en sera bientôt question.

[9] هفت *heft*, sept.

DE L'ART MUSICAL EN ÉGYPTE.

forme, comme nous l'avons déjà dit, *l'intervalle complet*. Si l'on monte au neuvième, cela se nomme le dessus de la racine du *doukâh* et en est aussi la réplique; ainsi de suite, jusqu'au quatorzième, qui est le dessus du *maqloub* et sa réplique. Enfin, si l'on monte au quinzième, c'est la réplique de la réplique du *rast :* or, nous avons dit que cela s'appelait aussi l'intervalle complet double.

Exemple des racines et de leur réplique.

1	2	3	4
Racine *rast* ou *yekkâh*, 1ᵉʳ bordàh.	Racine *doukâh*, 2ᵉ bordàh.	Racine *sihkâh*, 3ᵉ bordàh.	Racine *tchârkâh*, 4ᵉ bordàh.

5	6	7	8
Racine *pengkâh*, 5ᵉ bordàh.	Racine *chechkâh* ou *hosseyny*, 6ᵉ bordàh.	Racine *heftkâh*, ou *maqloub*, 7ᵉ bordàh.	Réplique de la racine du *rast*, 8ᵉ bordàh.

9	10	11	12
Réplique de la racine du *doukâh*, 9ᵉ bordàh.	Réplique de la racine du *sihkâh*, 10ᵉ bordàh.	Réplique de la racine du *tchârkâh*, 11ᵉ bordàh.	Réplique de la racine du *pengkâh* ou *hosseyny*, 12ᵉ bordàh.

2.

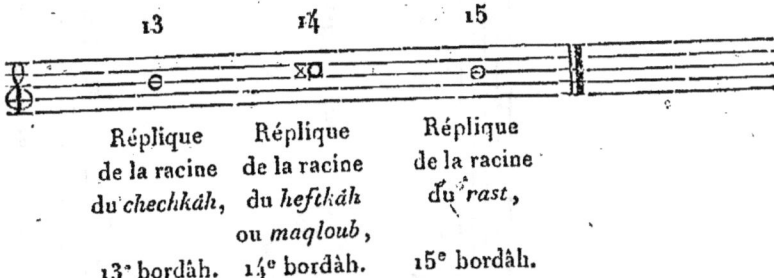

« Il en est de même en descendant : si vous descendez d'un bordâh au-dessous du *rast*, c'est le dessous du *maqloub* ; si vous descendez encore d'un bordâh, ce sera le dessous du *hosseyny*, et ainsi de suite, jusqu'au bordâh du dessous du rast, et ce triple intervalle complet contient tous les tons des *bordâh*.

DE L'ART MUSICAL EN ÉGYPTE.

Exemple de cette démonstration avec ses développemens.

Bordäh du dessous des racines.

| Racine du *rast* bordäh. | Dessous du *maqloub* bordäh. | Dessous du *chechkih* ou de l'*husseyny* bordäh. | Dessous du *pengkäh* bordäh. | Dessous du *tcharkih* bordäh. | Dessous du *sihkih* bordäh. | Dessous du *doukäh* bordäh. | Dessous du *rast* bordäh. |

Exemple du triple intervalle complet.

1 2 3 4 5 6 7 8 9 10 11 12 13 14 15 16 17 18 19 20 21 22

Dessous des racines.   Racines.   Dessus des racines ou répliques.

« Les mots *racines dessus* et *dessous* ne sont point usités (dans la pratique); mais nous avons cherché des expressions (pour rendre ces sons), et nous n'en avons point trouvé de plus convenables que celles-là.

« En effet, si vous prenez un instrument à vent, comme le *nây*[1], le *zummara*[2], ou le *moussoul*[3], et autres semblables, et si vous parcourez les sept trous de cet instrument en soufflant dedans, cela produira cet effet.

« Nous allons terminer cette section, qui est la dernière du chapitre, par une observation qui est que dans la suite, lorsqu'il s'agira de tirer de l'arbre[4] des airs musicaux, vous aurez besoin de demi-bordâh. Le demi-bordâh est entre un bordâh et le suivant. Le bordâh que vous trouverez avec la qualité dont il est ici question, se nomme *moqayyadah*[5], et tout autre se nomme *motlaqah*[6].

« Voici à quels signes on reconnaît les *bordâh*, *moqayyadah* et *motlaqah*, tant dans les racines de l'arbre que dans ses branches[7] : c'est que le *motlaqah* est une ligne qui passe par le centre des yeux de l'arbre et qui se termine à la circonférence du cercle, tandis que le

---

[1] ناى, *flûte* : c'est celle qu'on nomme ordinairement flûte des *derviches*, sorte de moines musulmans qui font habituellement usage de cet instrument.

[2] زمر *zummara* : on nomme aussi cet instrument *zamir* ou *zamr* au Kaire; c'est une espèce de *hautbois*.

[3] موصول *moussoul*, instrument persan qui nous est inconnu.

[4] C'est ainsi que les Arabes nomment leur système musical, consi-déré sous le rapport de la dérivation des sons.

[5] مقيّدة *moqayyadah* : ce mot signifie *lié*.

[6] مطلقة *motlaqah* : ce mot veut dire *libre*.

[7] On appelle *branches de l'arbre* les sons dérivés systématiquement des *racines*. Les branches sont les sons qui forment la tierce majeure au-dessus et au-dessous du son radical.

bordâh moqayyadah se trouve à l'extrémité de tous les *bordâh* du ton dont il fait partie[1], tant par l'une que par l'autre extrémité. Mais si le *moqayyadah* se trouve entre les *bordâh* de ce ton, c'est qu'il n'a point de signe particulier ; on le reconnaît facilement en formant un air. Faites attention à ceci, car c'est un point délicat.

« En effet, quand un écolier compose un air dans lequel doivent se trouver des *demi-bordâh*, comme dans les modes *raml*[2], *rahâouy*[3], *rokby*[4], *hogâz*[5], *o'châq*[6], et autres pareils qui sont en grand nombre, suivant l'ordre des degrés naturels, s'il sait comment on doit s'y prendre pour monter ou descendre aux *demi-bordâh*, il pourra former un grand nombre d'airs, Dieu aidant.

« Sachez aussi que ce demi-bordâh dont nous venons de parler est la moitié d'un ton ; que de ce demi-bordâh à un autre demi, il y a un ton complet[7] ; qu'il y a un second ton du second demi-bordâh à un troisième, et ainsi de suite, jusqu'à celui qui produit l'unisson[8] avec le premier. Cela est difficile à exécuter avec la voix :

---

[1] Il s'agit ici de la différence qui distingue les demi-tons naturels d'avec les demi-tons accidentels.

[2] زَمَل *raml*.

[3] زَهاوى *rahâouy*.

[4] رَكبى *rokby*.

[5] حَجازى *hogâzy* : ce mot signifie *du pays de l'Hogâz* ; on le prononce, en Arabie, *Hedjâz*.

[6] عُشَّاق *o'châq* : ce mot signifie *amoureux*. On a peut-être appelé ainsi ce mode, parce qu'il est propre à inspirer l'amour ; cependant plusieurs auteurs prétendent qu'il inspire le courage et la valeur.

[7] Ceci ne paraît pas clair, rendu de cette manière. Il faudrait dire : « Un demi-bordâh joint à un autre demi-bordâh forme un ton entier. Le second demi bordâh joint à un troisième fait un autre ton. »

[8] Il y a dans l'arabe, إلى جَوابِها *ilâ gaouâbahâ* « jusqu'à sa réplique » ; ce qui est moins équivoque dans notre langage musical, que de dire, *jusqu'à celui qui produit l'unisson avec le premier.*

mais en consultant un instrument, on reconnaîtra la justesse de ce que nous venons de dire; car, sur un instrument, on peut, entre deux sons (diatoniques), obtenir deux ou trois autres sons différens, mais discordans. Comprenez bien cela, et vous serez dans le bon chemin. »

Après avoir ainsi parlé de la nature des sons, des degrés, des intervalles, après avoir fait connaître en quoi consistent les tons radicaux, les tons dérivés, les demi-tons naturels et les demi-tons accidentels, et enfin après avoir enseigné l'usage de toutes ces choses, l'auteur passe au troisième chapitre, dans lequel il traite du nom des quatre racines primitives, de la manière dont elles se transforment ou s'engendrent l'une l'autre; de la formation et de la dérivation des *maqâmât*[1], des *choa'b*[2] et des *aouazât*[3]; de leurs rapports aux douze signes du zodiaque, aux quatre élémens et aux quatre tempéramens, et enfin de la composition de l'arbre musical. Ce chapitre, qui est divisé en deux parties, mérite encore d'être rapporté.

[1] Pluriel مَقَامَاتْ *maqâmât*, singulier مَقَامْ *maqâm*, lieu, place, degré.

[2] Pluriel شُعَبْ *choa'b*, singulier شُعْبَة *cho'bah*, rameau : c'est ainsi qu'on nomme, dans le système musical des Arabes, les tons dérivés des branches ou premiers dérivés; ainsi les *rameaux* sont les dérivés des branches, comme les branches sont les dérivés des racines.

[3] Pluriel أَوْزَاتْ *aouazât*, singulier أَوَازْ *aouâz*, ton.

Section Ire. *Des quatre racines, de leur dérivation les unes des autres, et de leurs rapports aux signes du zodiaque, aux élémens et aux tempéramens.*

« Les quatre racines sont formées d'une manière analogue à celle des quatre élémens, principes de toutes choses.

« Le premier des élémens, celui du feu, est chaud et sec : il passe de cet état à celui d'air, qui est chaud et humide ; puis à celui d'eau, principe froid et humide ; et enfin à celui de terre [1], principe froid et sec.

« Telles sont les mutations des quatre élémens ; celles des racines sont absolument les mêmes. Le premier, qui n'est dérivé d'aucun autre, est le rast, duquel dérive l'*e'ráq* [2] ; de celui-ci dérive le *zyrafkend* [3], et du zyrafkend dérive l'*isfahán* [4].

« Ces quatre tons [5] sont les racines de tous les tons ; et de ces quatre racines sont engendrées les huit branches, deux branches de chaque racine. Le grand nombre de ces tons, leur dérivation les uns des autres, avec la di-

---

[1] Le mot arabe est تُرَاب *touráb*, qui signifie une terre sans consistance, *de la poussière*.

[2] عِرَاق *e'ráq* : on a nommé ainsi ce mode parce que, dit-on, il a été inventé dans le pays d'*E'ráq*. C'est le même mot qu'on prononce et qu'on écrit en Europe *Irak*.

[3] زِيرَفْكَنْد *zyrafkend*, mot persan.

[4] أَصْفَهَان *Asfahán* : les Égyptiens prononcent *Isfahán*, et les Européens *Ispahan* ; c'est le nom de la capitale de la Perse, lieu où l'on prétend que le mode qui porte ce nom a été inventé. On trouve dans quelques manuscrits le ton d'*isfahán* placé avant celui de *zyrafkend* : cette différence existait-elle dans les opinions des auteurs, ou est-ce une faute des copistes ? c'est ce qu'il ne nous a pas été possible encore de découvrir.

[5] Le mot *ton* est employé ici, comme nous le faisons quelquefois, dans le sens de *tonique*.

versité de leurs espèces, proviennent du développement des intervalles dont nous avons parlé plus haut, et de ce que les uns sont susceptibles de se combiner avec les autres; car ils résultent nécessairement d'un grand nombre de sons : mais il y en a parmi eux qui sont discordans, et d'autres qui sont concordans. Faites attention à ceci, car il s'agit de la manière dont les *maqâmât* dérivent des racines. Du rast dérivent le *zenklâ* et l'*o'châq*[1]; de l'e'râq, l'*hogâz* et l'*abouseylyk*[2]; du zyralkend, le *rahâouy*[3] et le *bouzourk*[4]; et de l'isfahân, l'*hosseyny* et le *naouä*[5].

« Par cette règle on a douze tons, qu'on appelle *maqâmât*, qui sont aussi racines d'autres *maqâmât*. Mais ces douze premiers ont, par leur origine, un rapport certain aux douze signes du zodiaque.

« Le rast, le zenklâ et l'o'châq sont d'un tempérament chaud et sec : ils répondent à l'élément du feu et à l'humeur de la bile; et en particulier le rast répond au signe du Bélier, le zenklâ à celui du Lion, et l'o'châq à celui du Sagittaire. L'e'râq, l'hogâz et l'abouseylyk ont le tempérament chaud et humide; ils répondent à l'élément de l'air et à l'humeur du sang : l'e'râq répond aux Gémeaux, l'hogâz à la Balance, et l'abouseylyk au Ver-

---

[1] Nous avons déjà remarqué que *o'châq* signifiait *amoureux*, et que, selon quelques auteurs, il inspirait le courage et la valeur. Le *zenklâ*, qui dérive cependant de la même racine, a, suivant ces mêmes auteurs, un caractère tout opposé; il inspire la tristesse et la mélancolie. Comment peut-il sortir d'une même source des choses d'une nature si différente? Le mot *zenklâ* زنكلا signifie *tintement*.

[2] أَبُوسِيلِيك *abouseylyk*.

[3] رَهَاوَى *rahâouy*

[4] بُزُرك *bouzourk*, grand : ce mot est persan.

[5] نَوَى *naouä*, nouveau : ce mot est persan.

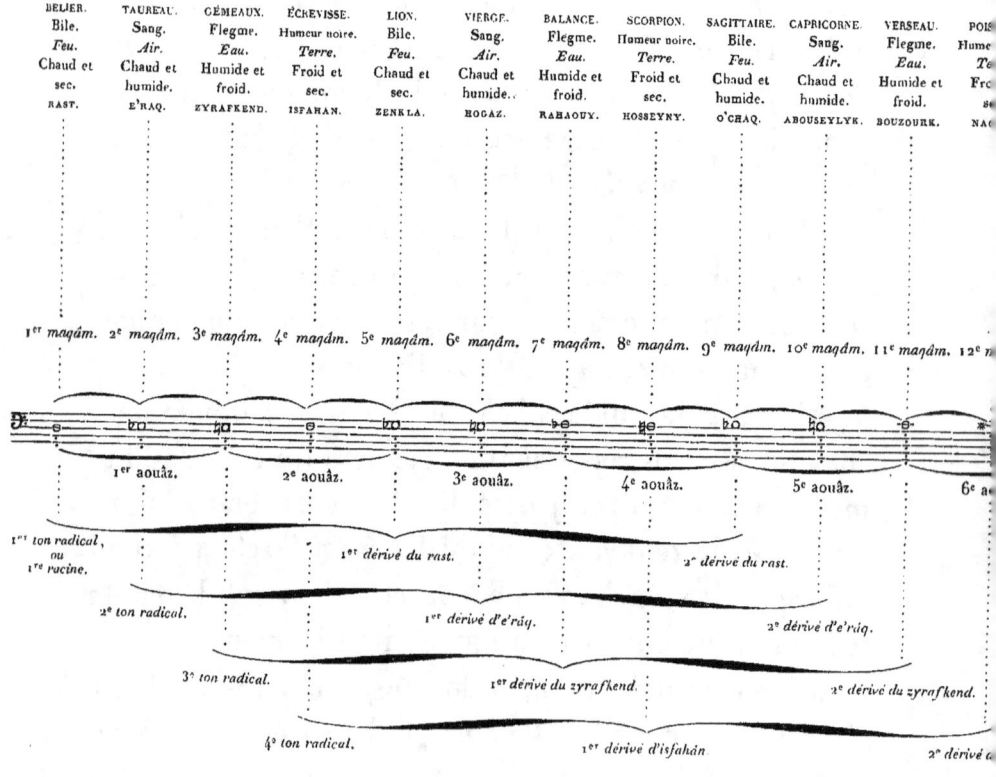

Exemple des douze maqâmât *et des six* aouâz, *de leurs dérivations et de leurs rapports.*

seau. Le zyrafkend, le rahâouy et le bouzourk ont le tempérament froid et humide, et répondent à l'élément de l'eau et à l'humeur du flegme : le zyrafkend répond à l'Écrevisse, le rahâouy au Scorpion, et le bouzourk aux Poissons. L'isfahân, l'hosseyny et le naouä, ont le tempérament froid et sec : ils répondent à l'élément terreux (*poudreux*) et à l'humeur noire, et l'isfahân au signe du Taureau, l'hosseyny à la Vierge, et le naouä au Capricorne. »

Il est évident qu'il y a ici plusieurs erreurs commises par la négligence ou l'ignorance du copiste arabe; car les modes ne suivent pas, comme ils le devraient, l'ordre des signes du zodiaque : mais, pour éviter aux lecteurs la peine de rectifier ces erreurs eux-mêmes, ce qui toutefois peut se faire mentalement, nous allons offrir un petit tableau de la gamme divisée en douze demi-tons, avec leur dérivation des douze modes principaux, leur correspondance aux quatre élémens, aux signes du zodiaque, etc., ainsi que les six *aouâz* qui se composent de chaque couple de ces demi-tons, conformément au système de l'auteur. Nous avons seulement négligé les autres analogies minutieuses et chimériques que l'auteur établit entre les sons et les planètes, les jours et les nuits de la semaine.

(*Voyez le tableau ci-joint.*)

« Quand nous disons que le tempérament du rast est chaud et sec, nous ne prétendons pas que les autres qualités ne s'y trouvent pas du tout; mais nous voulons faire entendre que ce qui y paraît le plus, tant en faculté qu'en effet, c'est le chaud et le sec.

« On doit dire la même chose des quatre tempéramens. Il y en a parmi eux qui tiennent des deux élémens, d'autres qui en ont trois, et d'autres enfin qui les réunissent tous les quatre. Cela est très-étendu et renferme une science profonde.

« Pour revenir à l'objet que nous traitions, nous disons que du commencement de chacun des douze tons et de la fin, se forment deux autres sons, qui ne sont ni l'un ni l'autre le premier : ce qui arrive parce que les tons des intervalles se communiquent et se mêlent les uns avec les autres, comme nous l'avons laissé entrevoir plus haut; nous les avons comparés aux deux rameaux qui se forment d'une branche d'un arbre quelconque. On voit ainsi dériver du mélange de ces *maqâmât* six nouveaux degrés nommés *aouâz;* du mélange de chaque couple de *maqâmât*, un *aouâz*[1].

« Si l'on fait une objection, et si l'on demande pourquoi il y a six *aouâz* et non pas douze, ou pourquoi l'on n'en compte pas sept avec ceux qui le font ainsi, nous répondrons à cela, qu'après avoir achevé de parler de la production des douze *maqâmât*, nous avons dit précédemment qu'il se forme encore deux petits rameaux de chaque maqâm, ainsi que nous l'avons exposé. Tout cela diminue l'intensité des degrés, en sorte qu'il n'est plus possible qu'ils produisent plus de six *aouâz* de deux *maqâm*, comme l'ont reconnu tous les maîtres de l'art sur l'opinion desquels on peut se fonder. »

[1] *Voyez* le tableau précédent.

DE L'ART MUSICAL EN ÉGYPTE.

SECTION II. *Des* choa'b *et des* aouazât *dérivés des* maqâmât, *et de leur nom selon le Traité de la disposition de l'arbre que ce livre a pour objet.*

« Nous avons donné les noms des quatre racines, la manière dont elles se forment l'une de l'autre, leurs rapports aux signes du zodiaque, aux quatre élémens, aux quatre tempéramens, aux jours, aux nuits, etc., et nous avons déterminé les branches qui sortent de chaque racine et leurs noms; nous avons dit aussi qu'il se formait de chaque maqâm deux *choa'b*, l'un du commencement et l'autre de la fin, et entre chaque couple de *maqâm* un aouâz. Selon cette règle, il y a vingt-quatre *choa'b* et six *aouâz;* nous allons maintenant vous les exposer un à un, suivant leur ordre. Nous commencerons par le rast, le premier des *maqâmât*, dont les deux *choa'b* sont, 1°. le *moubraqa'*[1] et le *pengkâh*[2]; 2°. après lui, le *zenklâh*[3] a le *tchârkâh*[4] et l'*a'zal*[5]; 3°. l'*o'châq* a le *zaouâly*[6] et l'*aouag*[7]; 4°. l'*e'râq* a le *qouloub*[8] et le *raouä*[9]; 5°. l'*hogâz* a le *sihkâh* et le *housâd*[10]; 6°. l'*abou-seylyk* a l'*o'chyrân*[11] et le *nourouz el-sady*[12]; 7°. le *zyrafkend* a le *rokby*[13] et le *ramal*[14]; 8°. le *rahâouy* a le

[1] مبرقع *moubraqa'*.
[2] ينكاه *pengkâh*.
[3] زنكلاه *zenklâh*.
[4] جاركاة *tchârkâh*.
[5] عزل *a'zal*.
[6] زوالى *zaouâly*.
[7] اوج *aouag*.
[8] قلوب *qouloub*.
[9] روى *raouä*.
[10] حصاد *housâd*.
[11] عشيران *o'chyrân*.
[12] نوروز الصدى *nourouz el-sady*.
[13] ركبى *rokby*.
[14] رمل *ramal*.

nourouz el-A'rab[1] et le *nourouz el-a'gem*[2]; 9°. le bouzourk a le *neheft*[3] et le *hemâyoun*[4]; 10°. l'isfahân a le *nyrouz*[5] et le *tchâourek*[6]; 11°. le naouä a le *nourouz-natiq*[7] et le *mâhour*[8]; 12°. l'hosseyny a le *doukâh* et le *mahyar*[9] : ce qui, conformément aux principes et à la règle *el-by'y*[10], forme vingt-quatre degrés dérivés des *maqâmât*.

« Les six *aouâz* dérivés des *maqâmât* sont le *kirdânyeh*[11], le *selmek*[12], le *mâyâh*[13], le *koucht*[14], le *nourouz*[15] et le *chehenâz*[16]. 1°. Le kirdânyeh dérive du rast et de l'o'châq ; 2°. le selmek, du zenklâ et de l'isfahân ; 3°. le mâyâh, de l'e'râq et du zyrafkend ; 4°. le koucht, de l'hogâz et du naouä ; 5°. le nourouz, de l'hosseyny et de l'abouseylyk ; 6°. le chehenâz, du rahâouy et du bouzourk. Ces six *aouâz* sont ainsi dérivés conformément aux principes : ce qui ne s'y rapporte pas, peut être regardé comme inexact.

« Sachez donc que l'arbre contient tous ces *maqâmât* et *choa'b* que nous vous avons fait connaître : mais il n'en est pas de même des *aouâz*; aussi avons-nous traité séparément de leur formation, afin d'en faciliter l'étude, d'en rendre l'intelligence plus aisée, et d'arriver plus tôt

---

[1] نوروز العرب *nourouz el-A'rab*.
[2] نوروز العجم *nourouz el-a'gem*.
[3] نهفت *neheft*.
[4] هما يون *hemáyoun*.
[5] نيروز *nyrouz*.
[6] تشاورك *tchâourek*.
[7] نوروز نطق *nourouz-natiq*.
[8] ماهور *mâhour*.
[9] محير *mahyar*.
[10] البيعى *el-by'y* : c'est ainsi qu'on nomme la règle des dérivations.
[11] كرد انيه *kirdânyeh*.
[12] سلمك *selmek*.
[13] مایاه *mâyâh*.
[14] كوشت *koucht*.
[15] نوروز *nourouz*.
[16] شهناز *chehenâz*.

à notre but. Nous avons donc réglé la disposition de l'arbre suivant la méthode naturelle de la composition indienne, d'après ce que nous avons dit précédemment touchant la composition des tons.

« Nous avons formé des quatre racines une seule racine d'où partent toutes les branches. Cette racine a le mérite d'être dans une position perpendiculaire [1]. Nous l'avons ensuite divisée en quatre parties, affectées chacune particulièrement à la formation primitive des quatre racines, par un cercle qui est grand par rapport aux cercles de cette racine, comme nous vous l'avons enseigné. Nous avons placé l'un des deux, à droite de la racine, c'est le *zenklâ*; et l'autre à gauche, c'est l'*o'châq*. L'une et l'autre prennent leur naissance à l'endroit même d'où sort le bordâh de la racine rast. Ensuite nous avons distribué, outre ces quatre racines, le reste des branches que nous avons exposées ci-dessus. Nous avons fait naître les deux ramifications du rast, qui sont le moubraqa' et le pengkâh. Le moubraqa' est un rameau dirigé vers le bas, et le pengkâh un rameau dirigé vers le haut. Le zenklâ a pour racine inférieure le tchârkâh, et pour rameau supérieur, l'a'zal. Nous avons disposé le rameau supérieur de manière qu'il parte du tronc même de la branche qui lui donne naissance et se dirige en dessous. Nous avons observé la même disposition pour chaque maqâm, à l'exception des quatre racines; car pour celles-ci, les deux rameaux qui partent de chacune d'elles, se di-

[1] Cette figure ne se trouve point tracée dans le traité, parce qu'il n'est pas entier et que la fin manque; mais il est probable qu'elle devait être placée dans cette dernière partie : au reste, il n'est pas difficile de se représenter, d'après la description qu'en fait l'auteur.

rigent en divergeant vers le bas, se regardant l'un l'autre, parce que l'ordre du système indien et sa disposition l'ont exigé ainsi.

« Cependant, entre les deux rameaux qui partent des racines, vous reconnaîtrez celui qui est inférieur, en ce que c'est lui qui est à droite de la racine, tandis que le rameau supérieur est à sa gauche. Comprenez bien cela.

« Au surplus, quiconque a du goût n'a pas besoin qu'on lui apprenne à distinguer le rameau supérieur du rameau inférieur; néanmoins nous avons mis une marque pour les distinguer dans la branche elle-même, afin que la chose soit plus aisée au commençant : elle consiste en ce que nous avons placé à l'extrémité de chacune des branches de l'arbre, un cercle qui est grand en comparaison de la petitesse des yeux de ces branches, et dans ce cercle nous avons écrit le nom de supérieur et d'inférieur. Nous avons fait la même chose pour les racines, comme nous l'avons déjà dit. »

Nous ne pourrions donner de plus grands développemens à cette démonstration, sans nous enfoncer dans des détails obscurs de la théorie de la musique des Arabes, qui exigeraient de longs et minutieux commentaires pour être éclaircis; ce qui ne convient point ici. Au reste, ce que nous venons de rapporter est plus que suffisant pour faire concevoir la forme de leur système.

ARTICLE VII.

Des principes et des règles de la mélodie de la musique arabe.

Les Arabes ont rendu leur mélodie beaucoup plus difficile que ne l'a jamais été chez aucun peuple cette partie de la musique. Les principes et les règles en sont tellement compliqués, qu'il n'y a point encore eu de maître qui ait osé se flatter de les posséder entièrement.

Si l'on en croit l'histoire de ces peuples, la mélodie offrait jadis tant de ressources aux musiciens qui s'y étaient rendus habiles, qu'ils pouvaient, à leur gré, exprimer par leurs chants tous les sentimens, toutes les passions, et les inspirer successivement à ceux qui les entendaient. On rapporte même un grand nombre d'exemples des effets merveilleux que produisaient les musiciens qui existaient dans les temps où cette musique était florissante en Arabie et en Perse; aussi ces musiciens étaient-ils regardés comme des savans du premier mérite.

La méthode que suivent les Arabes dans l'enseignement de la mélodie, n'est pas meilleure que celle qu'ils ont adoptée pour la démonstration de leur système musical. Le style, en partie figuré, en partie simple, de leur langage technique, nuit beaucoup à la clarté des idées, qui d'ailleurs, pour l'ordinaire, sont noyées dans un océan de mots inutiles, et ne laisse pas toujours le choix des choses qu'on voudrait rapporter.

Nous allons encore faire parler ici le même auteur que

nous avons déjà cité dans l'article précédent. Voici comment il s'explique dans son *Traité sur la musique*, chapitre IV, qui a pour titre, *Manière de faire sortir les quatre racines des issues des bordâh, des racines de l'arbre, dans la pratique. Branches de ces racines, accidens.*

« Ce chapitre sera partagé en deux sections renfermant les preuves.

« Nous disons donc aux étudians, qu'ils doivent savoir que nous avons exposé dans ce qui précède, tout ce qui concerne la science des sons.

Section Ire. *Manière de tirer les quatre racines des issues des* bordâh, *des yeux de la racine de l'arbre, dans la pratique.*

« Il sera, en premier lieu, traité du ton de *rast*, et de sa formation.

« Il commence au bordâh de la racine rast[1], descend au bordâh dessous du maqloub[2], ensuite au bordâh dessous de l'hosseyny[3]; puis il remonte au-dessous du maqloub[4], ensuite au bordâh de la racine rast[5], où il s'arrête.

---

[1] *Voyez*, page 18, à l'exemple des sept racines, le bordâh du *rast* ou premier bordâh.

[2] *Voyez*, page 21, à l'exemple des dessous des racines, le bordâh du dessous du maqloub.

[3] *Voyez*, à l'exemple précédent, le bordâh du dessous de l'hosseyny.

[4] *Voyez*, page 21, l'exemple précédent.

[5] *Voyez* l'exemple p. 19 et suivante.

DE L'ART MUSICAL EN ÉGYPTE.

Exemple de la formation du mode rast.

« Suivant cette règle, le naghmeh [1] rast est composé de trois *bordâh motlaqah* sans bordâh moqayyadah. Nous avons déjà dit ce qu'on entend par *motlaqah* et *moqayyadah* [2]. Il est donc composé de cinq *naghmeh* [3].

« Quant à l'e'râq, voici ce qui concerne sa formation : il commence au bordâh de la racine du doukâh [4], monte au bordâh du sihkâk [5], et redescend au bordâh du doukâh [6], descend encore de là au bordâh rast [7], ensuite au bordâh du dessous du maqloub [8], où il s'arrête.

[1] نغم *naghmeh* signifie, en général, tout son mélodieux : ici il est employé dans le sens de *mélodie*; ainsi le *naghmeh rast* est la même chose que la mélodie du ton de rast.

[2] *Voyez* page 21.

[3] On doit voir par ce qui est dit ici, que le mot *naghmeh* est pris de même que notre mot *ton*, 1°. dans le sens de *mode* ou de *mélodie*, et c'est ainsi qu'il est employé plus haut; 2°. dans le sens de *son mélodieux*, et c'est-là l'acception qu'il doit avoir en ce moment.

[4] *Voyez*, pag. 19 et 20, exemple des racines, *racine doukâh*.

[5] *Voyez* le même exemple.

[6] *Voyez* le même exemple.

[7] *Voyez* le même exemple.

[8] *Voyez*, page 21, l'exemple des *bordâh* du dessous des racines.

Exemple de la formation du mode e'râq.

Bordâh de la racine doukâh.   Bordâh de la racine sihkâh.   Bordâh de la racine doukâh.

Bordâh motlaqah. 1   Bordâh motlaqah. 2   Bordâh motlaqah. 1

Bordâh de la racine rast.   Bordâh de la racine maqloub.

Bordâh motlaqah. 3   Bordâh motlaqah. 4

« Ainsi, on le compose donc de quatre *bordâh motlaqah* et de cinq *naghmeh*.

« Le zyrafkend commence au bordâh racine doukâh [1], monte d'un seul saut au bordâh racine de l'hosseyny [2] en supprimant tous les *bordâh* intermédiaires de cet intervalle, puisqu'il descend à la racine pengkâh [3], remonte ensuite au demi-bordâh hosseyny [4], d'où il descend au bordâh du tchârkâh [5], et de là enfin au bordâh sihkâh [6], où il s'arrête.

[1] *Voyez* l'exemple, page 19 et suiv., où l'exemple précédent.
[2] *Voyez* l'exemple, page 19 et suiv.
[3] *Voyez* l'exemple, page 19 et suiv.
[4] Le demi-bordâh est, comme il a été expliqué page 21, entre un bordâh et le suivant, c'est-à-dire qu'il est le son intermédiaire entre ces deux sons : or, l'hosseyny étant le *si* naturel, et le son suivant étant *ut* ×, il est clair que le demi-hosseyny doit être l'*ut* naturel.
[5] *Voyez* l'exemple pag. 19 et 20.
[6] *Voyez* le même exemple.

DE L'ART MUSICAL EN ÉGYPTE.

Exemple de la formation du mode zyrafkend.

Bordâh de la racine doukâh.	Bordâh de la racine hosseyny.	Bordâh de la racine pengkàh.
Bordâh motlaqah. 1	Bordâh motlaqah. 2	Bordâh motlaqah. 3
Demi-bordâh hosseyny.	Bordâh tchârkâh.	Bordâh sihkâh.
Bordâh moqayyadah. 4	Bordâh motlaqah. 5	Bordâh motlaqah. 6

« En suivant cette règle, il est donc composé de cinq *bordâh motlaqah* et d'un demi-bordâh moqayyadah.

« Quant à l'isfahân, Dieu le sait. »

C'est ainsi que l'auteur termine tout-à-coup son traité, ou du moins c'est là que se termine tout ce que nous en avons. Il y a grande apparence qu'il ignorait la formation du mode isfahân; mais nous allons y suppléer par ce que nous apprend un autre auteur, que nous n'avons point cité à cause des idées abstruses dont est rempli son ouvrage. Voici comment il s'explique en parlant du mode isfahân:

« Si vous voulez le quatrième principe, transportez la seconde maison[1] à la quatrième[2], élevez d'un degré,

---

[1] بيت *beyt*, maison: ce mot est synonyme de مقام *maqâm*, demeure, place, degré du son; ici c'est le son *doukâh* qui est la *seconde maison*. Voyez l'exemple des sept racines, pag. 18, pour la racine *dou-kâh*, ainsi que pour la démonstration qui précède cet exemple.

[2] C'est la même chose que la racine *tchârkâh*: voyez l'exemple pag. 19 et 20.

cela se nomme la cinquième maison [1]; partez de la cinquième maison à la seconde maison, mettez-le en œuvre, vous aurez le mode isfahân. »

Exemple de la formation du mode isfahân.

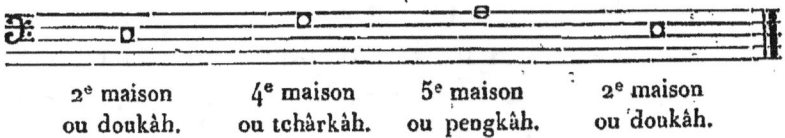

| 2ᵉ maison | 4ᵉ maison | 5ᵉ maison | 2ᵉ maison |
| ou doukâh. | ou tchârkâh. | ou pengkâh. | ou doukâh. |

Personne ne s'imaginera, sans doute, que les chants formés sur l'un ou l'autre de ces modes se bornent à un aussi petit nombre de sons qu'il y en a dans ces exemples, et cela n'est pas non plus en effet; ces sons représentent seulement les notes modales, c'est-à-dire celles qui caractérisent davantage le mode. Dans le plain-chant de nos églises, dont la mélodie a des règles qui ont aussi quelque rapport avec celles de la mélodie arabe, chaque ton se reconnaît également par une espèce de formule de chant composée des notes caractéristiques de ce ton.

Les Arabes comptent dans leur musique près de cent tons ou modes différens, dont nous aurions pu donner la démonstration comme des précédens : mais, obligés de resserrer notre matière, afin de ménager de la place aux divers autres objets de nos recherches sur la musique orientale, il nous a fallu opter entre ceux de ces tons que nous devions passer sous silence et ceux dont nous devions parler; nous avons préféré, comme nous

[1] C'est la même chose que le pengkâh : *voyez* la démonstration, les notes et l'exemple de la page 18.

le devions, les quatre tons primitifs et radicaux dont il vient d'être question.

Cependant, pour ne pas laisser trop à désirer sur ce point, et faire entrevoir toutes les ressources et en même temps toutes les difficultés des règles de la mélodie arabe, nous présenterons les principales circulations ou gammes de cette mélodie; puis nous donnerons des exemples de la succession analogique de ces circulations et de leur progression systématique et harmonique dans l'enchaînement des modulations. Comme, pour plus de briéveté, nous noterons musicalement toutes ces choses, et comme nous nous servirons de certains signes particuliers qui ne sont point en usage, pour désigner des intervalles de la musique arabe qui ne se trouvent point dans la nôtre, nous parlerons auparavant, d'abord, de l'origine, de l'invention et de l'usage des signes dont se servent aujourd'hui les Orientaux pour noter, et de ceux par lesquels nous avons représenté les intervalles qu'ils emploient dans leur musique et qui ne sont point admis dans la pratique de la nôtre.

ARTICLE VIII.

Des signes ou notes de la musique des Arabes et des Orientaux en général, et des moyens que nous avons employés pour exprimer ces notes avec nos notes de musique européenne.

Les Orientaux ne connaissaient point de signes pour noter leur musique et la musique arabe, il y a deux cents ans. Ce fut Démétrius de Cantemir[1] qui inventa, il y a cent et quelques années, celles dont on se sert aujourd'hui dans quelques contrées de l'Orient, et particulièrement en Turquie.

C'est absolument sans nul fondement que Meninski et plusieurs autres écrivains ont assuré que ces notes avaient été admises par les Arabes dans la pratique de la musique; ils n'en ont jamais fait usage. Les hommes les plus instruits parmi eux nous ont persuadés qu'ils n'en avaient même jamais eu connaissance; et en effet, il n'en est point fait mention dans les traités de musique composés par les Arabes, à quelque époque que ce soit.

Ce qui vraisemblablement aura pu occasioner et accréditer cette erreur, c'est que les signes musicaux que Démétrius de Cantemir inventa, sont formés de lettres de l'alphabet arabe. Mais on sait que, depuis bien des siècles, les lettres arabes ont été adoptées dans toutes les langues des peuples de l'Orient qui ont été subjugués par les Arabes et qui ont embrassé l'islamisme. Démétrius de Cantemir, qui reçut son éducation à Constantinople, et qui fit en cette ville tous ses progrès et toutes ses découvertes en musique, ne préféra les

---

[1] Démétrius de Cantemir était issu d'une famille illustre de la Tartarie. Il naquit en 1673. Son père était gouverneur de trois cantons de la Moldavie. Celui-ci envoya son fils à Constantinople pour s'y instruire. Démétrius de Cantemir demeura dans cette ville pendant près de vingt ans. Là, il se livra à l'étude de la langue turque et de la musique, et il y fit des progrès rapides. Ce fut pendant ce temps qu'il imagina les notes de musique dont on s'est servi depuis en ce pays et dans plusieurs autres pays de l'Orient. Ces notes ne sont autre chose que les lettres de l'alphabet turk, qui, à très-peu de chose près, est le même que celui de la langue arabe. La valeur numérique des lettres fut

lettres arabes pour noter la musique, que parce qu'elles sont aussi celles de la langue du pays qu'il habitait, langue dans laquelle il écrivit ses ouvrages sur la musique. Il n'eut pas sans doute la folle ambition de faire adopter ses notes par les Arabes, et encore moins par les Égyptiens, qui sont des peuples naturellement peu curieux de nouveautés, et chez lesquels la musique, proscrite par la religion, est regardée comme un art méprisable.

Ce n'est donc point comme appartenant à la musique arabe que nous parlons ici de ces notes, mais seulement parce qu'elles nous ont été utiles pour déterminer avec précision les degrés de l'échelle musicale des Arabes et la tablature de leurs instrumens, et parce qu'elles confirment ce que l'observation et l'expérience nous ont appris sur ce point.

Chaque signe formé de ces lettres indique un degré de l'échelle musicale divisée par tiers de ton, et comme l'octave se compose de quelque chose de moins que six tons, et que les Arabes ne comptent que pour un tiers de ton chacun des deux demi-tons diatoniques, elle se trouve divisée en dix-sept tiers de ton compris entre dix-huit degrés différens, qui sont exprimés chacun par un signe particulier.

Le défaut de signes dans notre musique pour indiquer de semblables intervalles nous a forcés d'en employer de nouveaux, et de donner à ceux qui étaient

la règle qu'il suivit pour indiquer l'ordre successif des sons de l'échelle musicale, en montant par degrés distans l'un de l'autre d'un tiers de ton. Parmi les divers ouvrages que Démétrius de Cantemir a composés, on cite un livre d'airs selon les règles de la musique turque, un vol. in-4°, et une introduction à la musique turque, in-8°, en Moldavie.

connus une valeur différente de celle qu'ils ont dans l'usage ordinaire. Ainsi nous avons adopté le signe ⓧ ou demi-dièse, pour les tiers de ton ascendans; le signe ҍ ou demi-bémol, pour les tiers de ton descendans; le signe ⁎, pour un intervalle moyen entre le tiers de ton et les deux tiers de ton ascendans; le dièse ⁎, pour les deux tiers de ton ascendans; et le bémol ♭, pour les deux tiers de ton descendans.

Par ce moyen, nous avons pu représenter avec nos notes, aussi exactement que l'a fait Démétrius de Cantemir par les lettres, tous les degrés de l'échelle musicale divisée en tiers de ton. Nous avons, de plus, obtenu l'avantage de noter les mêmes sons de deux manières, et de pouvoir toujours substituer, sans inconvénient, l'une à l'autre quand cela devient utile; et voici comment.

En supposant deux sons à un ton d'intervalle l'un de l'autre, si l'on élève d'un tiers de ton la note inférieure, ou si l'on abaisse la note supérieure de deux tiers de ton, il est clair que cela donnera le même degré. Au contraire, si l'on abaisse la note supérieure d'un tiers de ton, ou si l'on élève la note inférieure de deux tiers de ton, il est encore évident que cela donnera le même degré. Par conséquent, si nous affectons la note inférieure du signe ×, par lequel nous désignons un tiers de ton ascendant, c'est la même chose que si nous affections la note supérieure du signe ♭ par lequel nous exprimons les deux tiers de ton descendans; de même, si nous affectons la note inférieure du signe ⁎ qui, selon nous, désigne deux tiers de ton ascendans, cela produit le même effet que si nous avions affecté la note supérieure du signe ♭ qui désigne le tiers de ton descendant; et cette ressource, comme on le verra bientôt, nous dispense de multiplier les signes et rend notre manière de noter beaucoup plus simple qu'elle ne le serait sans cela. Au reste, cela deviendra plus clair dans l'application; et pour qu'on en puisse juger d'avance, nous allons donner la gamme arabe notée de ces deux manières, en faisant correspondre les unes aux autres les notes affectées de signes différens qui expriment le même degré, et en écrivant au-dessus de chaque note la lettre arabe qui désigne le même son, ainsi que le nombre ordinal qui s'y rapporte.

Signes ou notes en lettres arabes, représentant les dix-huit sons différens de la gamme divisée par tiers de ton, et signes et notes de musique européenne correspondans de diverses manières aux mêmes lettres et aux mêmes sons arabes.

44 DE L'ÉTAT ACTUEL

Telle est la manière dont on a noté les dix-huit degrés de la gamme arabe divisée par tiers de ton. On a noté de même tous les sons du diagramme général, en désignant, comme dans l'exemple précédent, chaque son par un signe particulier. Ce diagramme comprend quarante sons séparés aussi les uns des autres par un intervalle d'un tiers de ton. Nous allons le présenter ici sous la même forme que nous avons présenté la gamme, en le notant de même de deux manières différentes avec les notes de notre musique européenne. On pourra y avoir recours par la suite, si, dans quelques exemples que nous donnerons, et où les notes arabes ne seront désignées que par des chiffres qui désignent leur ordre dans ce diagramme, il se rencontrait quelque chose que l'on voulût vérifier.

DE L'ART MUSICAL EN ÉGYPTE. 45

Diagramme général des sons du système musical des Arabes, noté avec leurs lettres, et traduit en notes de musique européenne.

	1	2	3	4	5	6	7	8	9	10
	ا	ب	ح	د	ه	و	ز	ح	ط	ع
	a.	b.	g.	d.	h.	ou.	z.	hh.	tt.	y.

	11	12	13	14	15	16	17	18	19	20
	يا	يب	يج	يد	يه	يو	يز	يح	يط	ك
	ya.	yb.	yg.	yd.	yh.	you.	yz.	yhh.	ytt.	k.

	21	22	23	24	25	26	27	28	29	30
	كا	كب	كج	كد	كه	كو	كز	كح	كط	ل
	ka.	kb.	kg.	kd.	kh.	kou.	kz.	khh.	ktt.	l.

	31	32	33	34	35	36	37	38	39	40
	لا	لب	لج	لد	له	لو	لز	لح	لط	م
	la.	lb.	lg.	ld.	lh.	lou.	lz.	lhh.	ltt.	m.

	1	2	3	4	5	6	7	8	9	10
	ا	ب	ح	د	ه	و	ز	ح	ط	ع
	a.	b.	g.	d.	h.	ou.	z.	hh.	tt.	y.

46 DE L'ÉTAT ACTUEL

11	12	13	14	15	16	17	18	19	20
ya.	yb.	yg.	yd.	yh.	you.	yz.	yhh.	ytt.	k.

21	22	23	24	25	26	27	28	29	30
ka.	kb.	kg.	kd.	kh.	kou.	kz.	khh.	ktt.	l.

31	32	33	34	35	36	37	38	39	40
la.	lb.	lg.	ld.	lh.	lou.	lz.	lhh.	ltt.	m.

ARTICLE IX.

Des circulations, gammes ou modes de la musique arabe.

Ce n'est pas, en général, le plus ou le moins haut degré d'élévation ou d'abaissement de la première note d'une gamme ou de la tonique d'un mode, qui en fait la différence chez les Arabes; mais c'est la diverse ordonnance des intervalles entre eux, qui constitue essentiellement cette différence. Ainsi, quelqu'élevé ou quelqu'abaissé que soit le ton dans lequel s'exécute la musique, il est toujours censé le même, si l'ordonnance des intervalles entre les sons n'en est pas changée.

Cependant les modes se varient en un très-grand

nombre de manières; et outre ceux qui sont en usage, on peut encore en composer beaucoup d'autres, en combinant différemment les divers intervalles de l'échelle musicale, ou seulement en ajoutant un son intermédiaire à ceux d'une gamme quelconque. Les exemples suivans feront mieux concevoir cela que tout ce que nous pourrions dire pour l'expliquer.

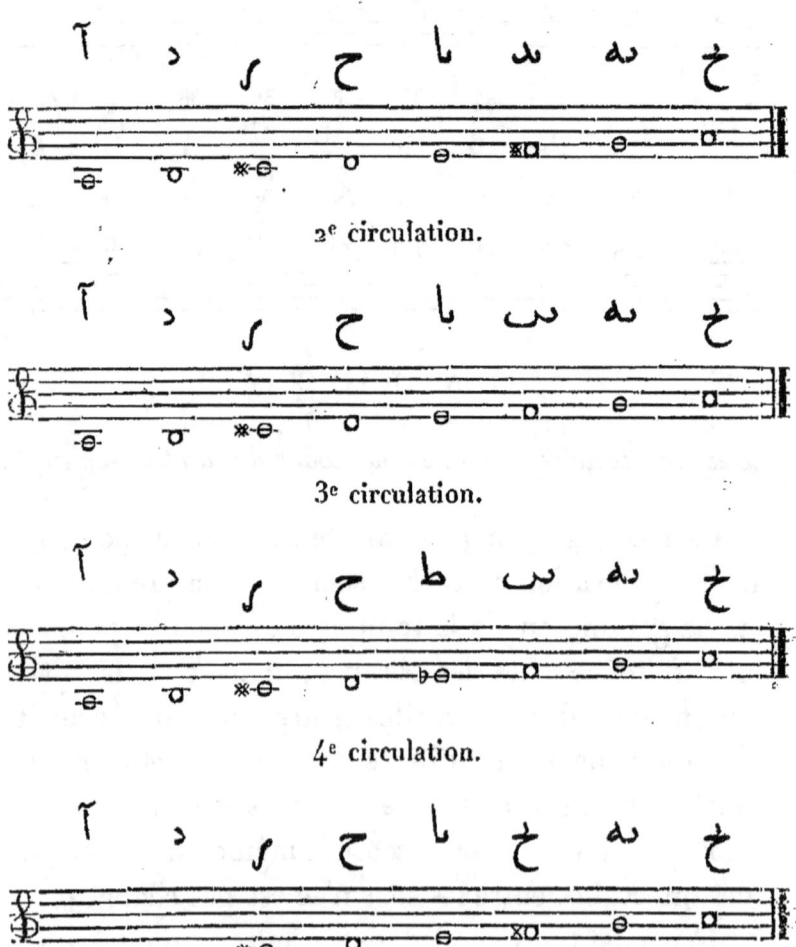

48 DE L'ÉTAT ACTUEL

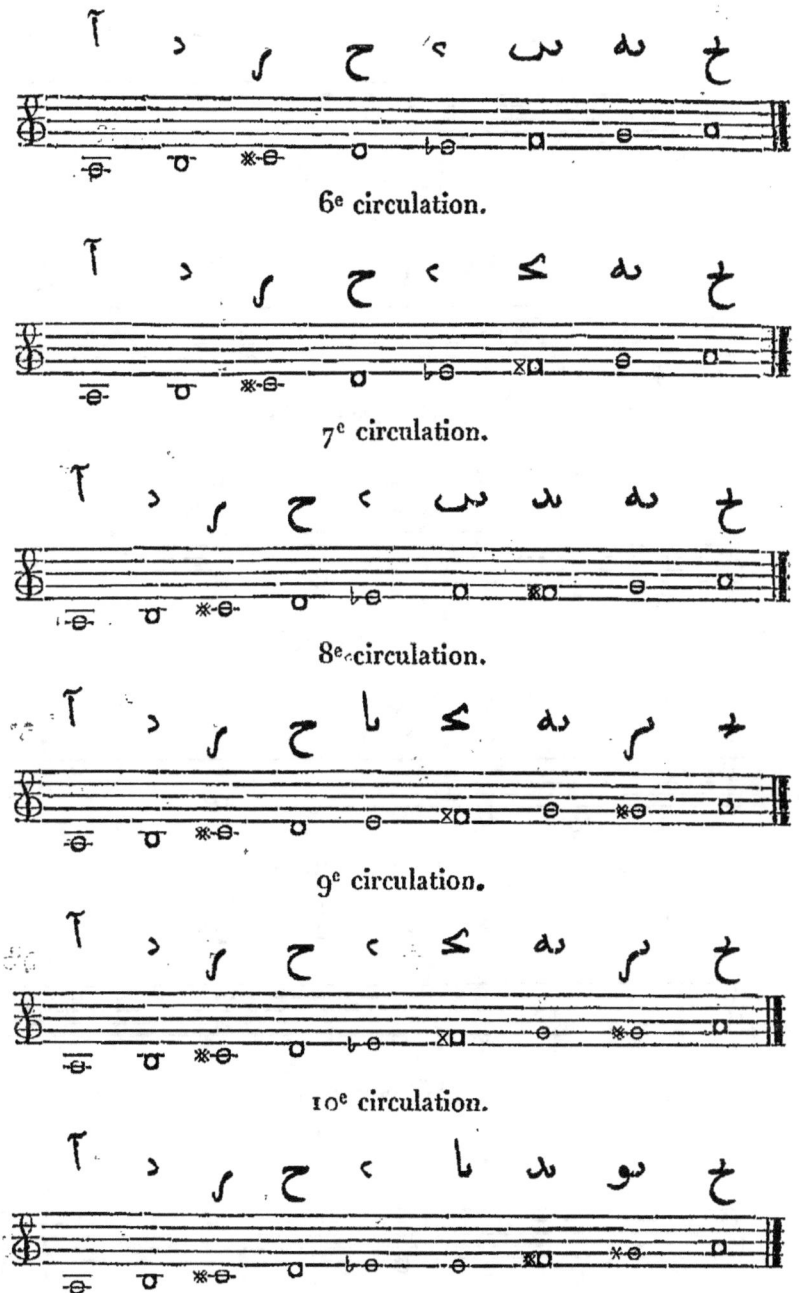

DE L'ART MUSICAL EN ÉGYPTE.

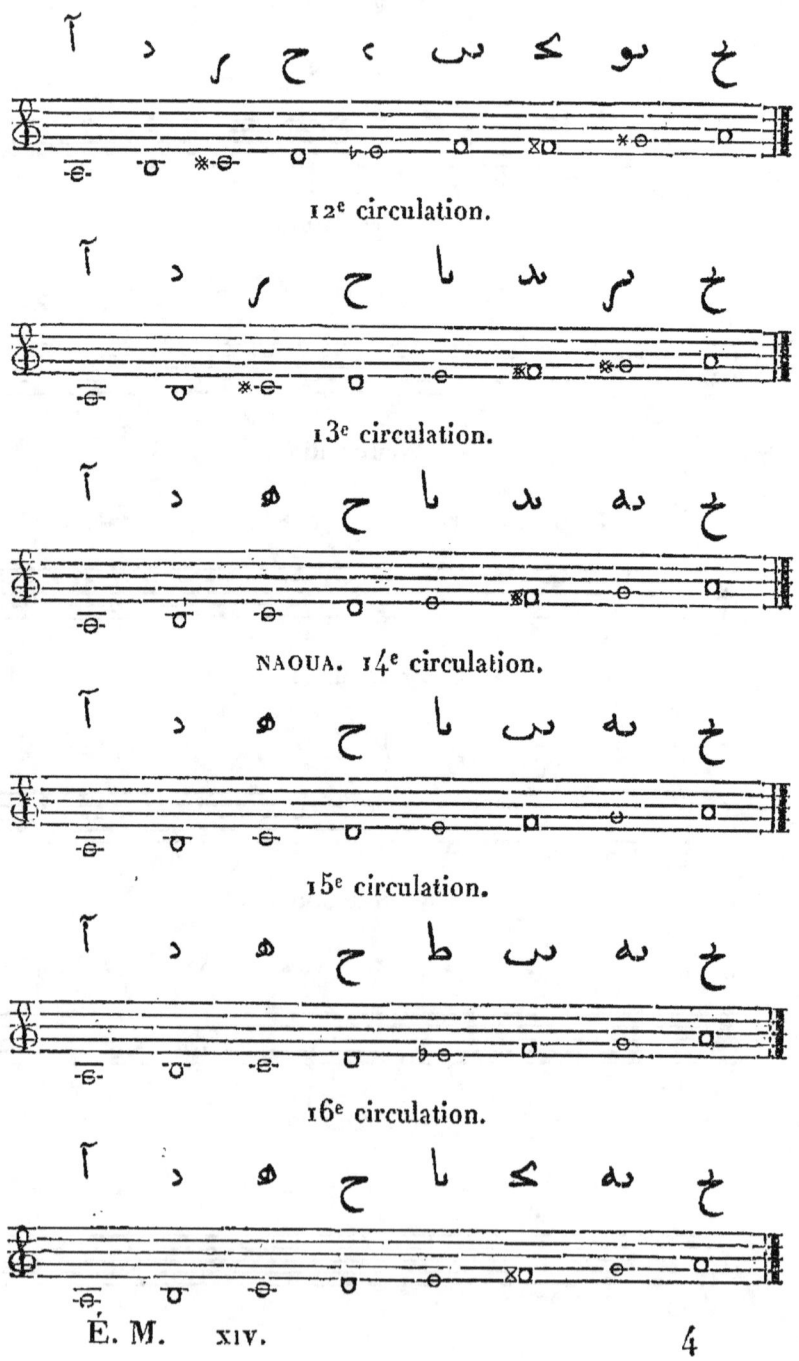

11ᵉ circulation.

12ᵉ circulation.

13ᵉ circulation.

NAOUA. 14ᵉ circulation.

15ᵉ circulation.

16ᵉ circulation.

50 DE L'ÉTAT ACTUEL

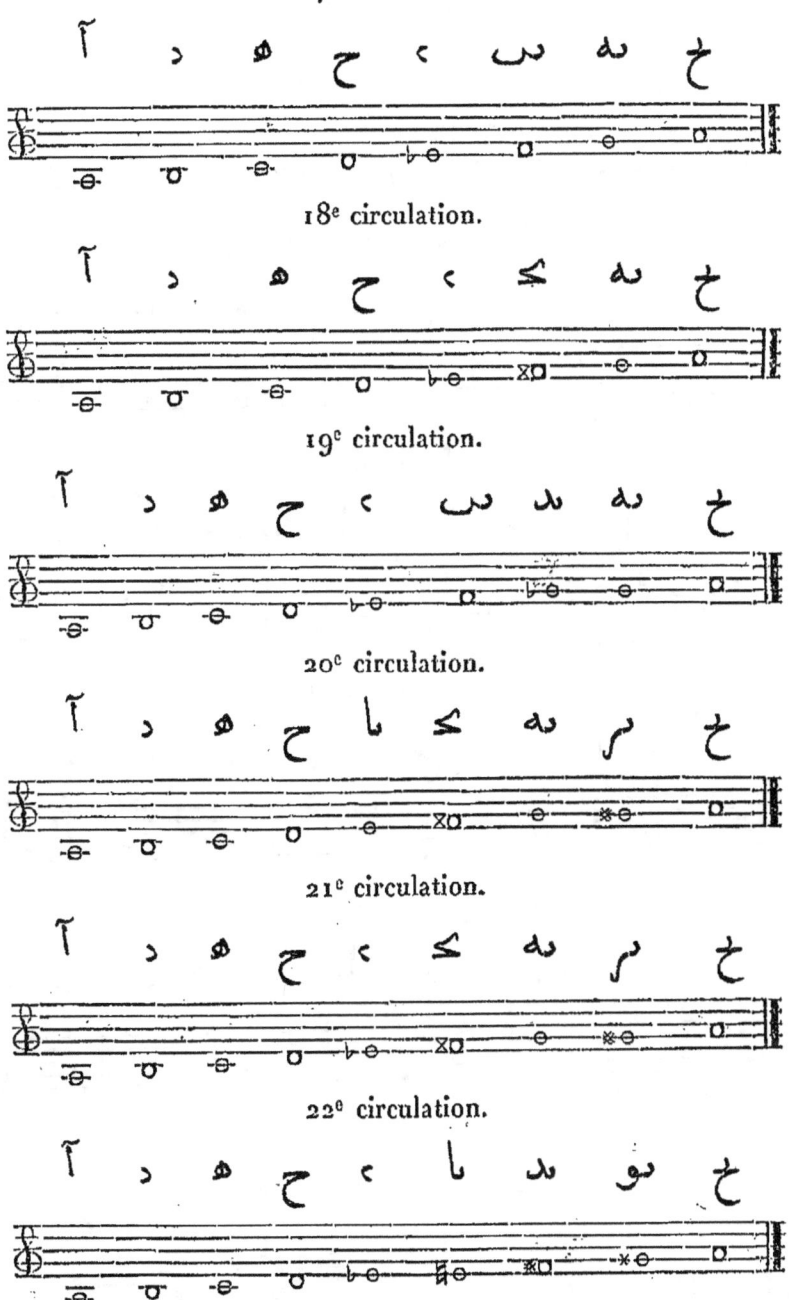

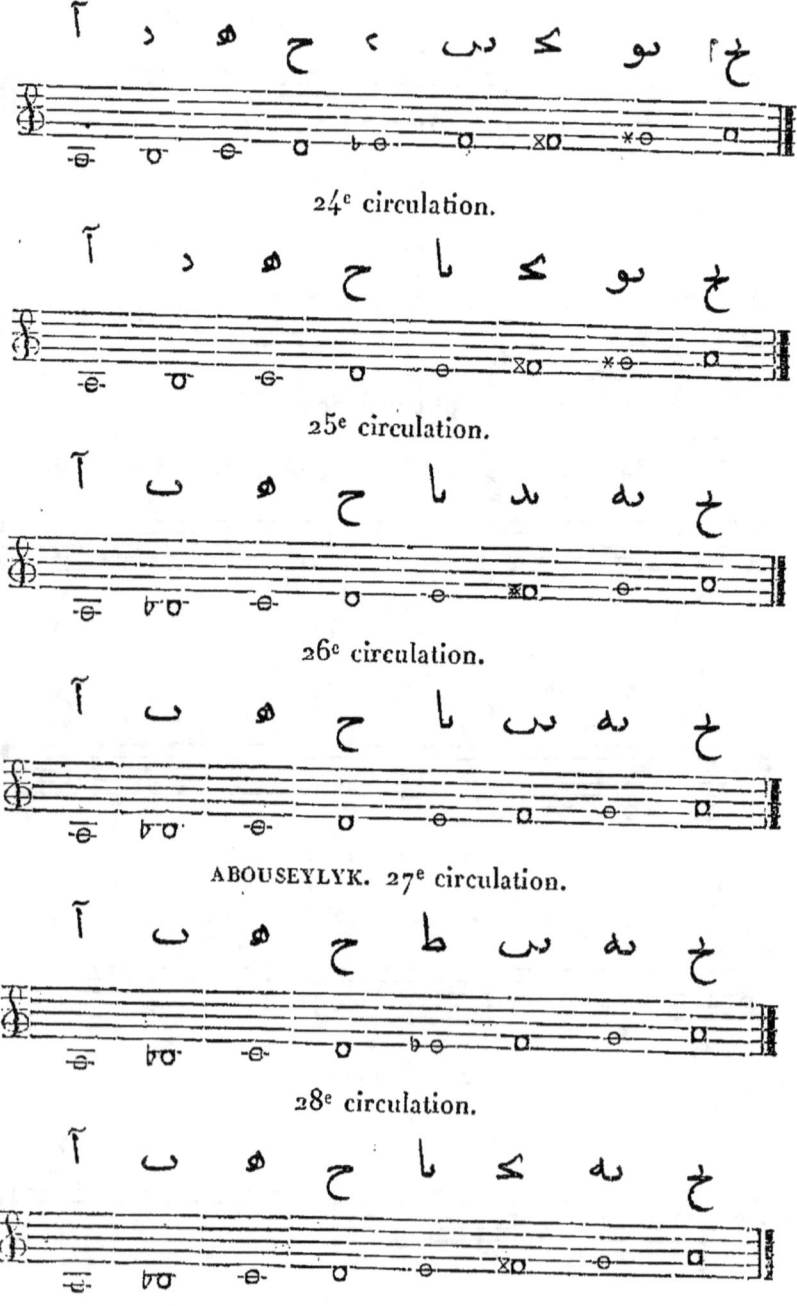

52 DE L'ÉTAT ACTUEL

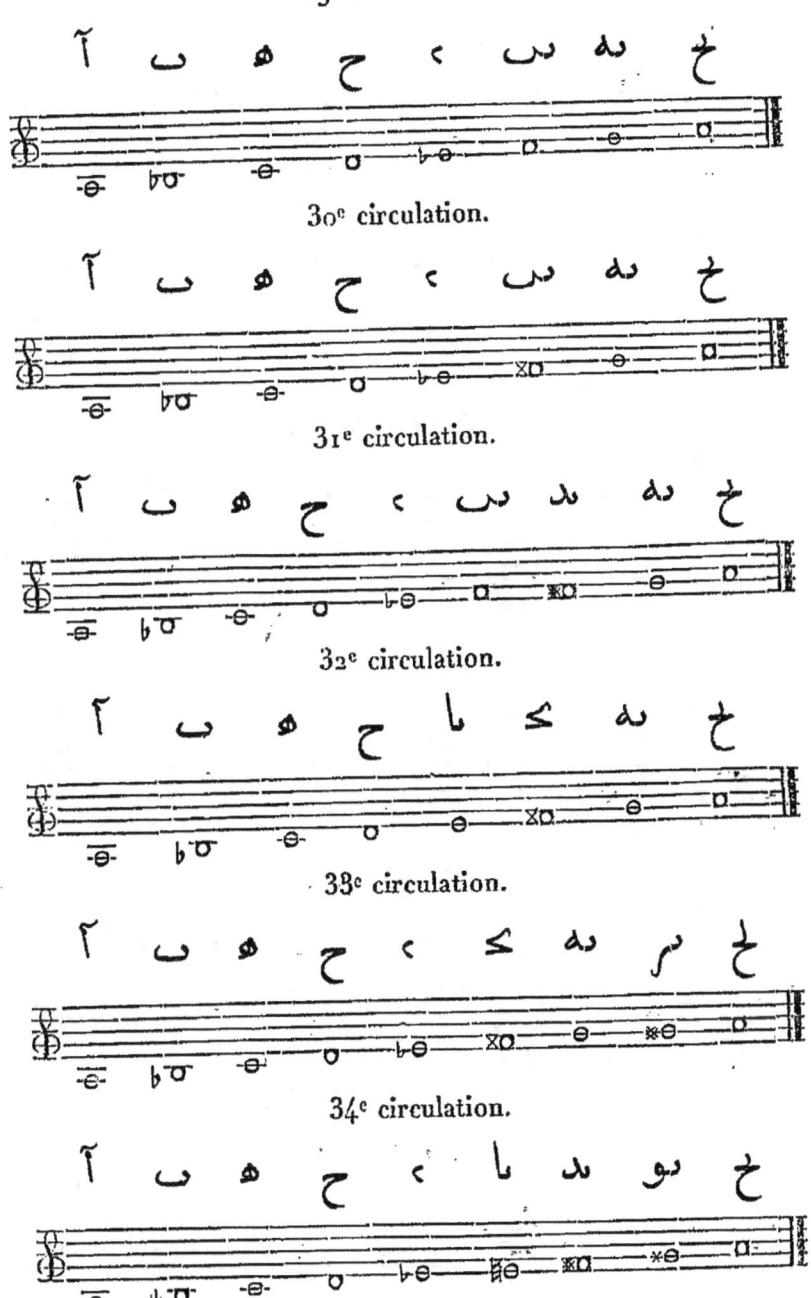

DE L'ART MUSICAL EN ÉGYPTE.

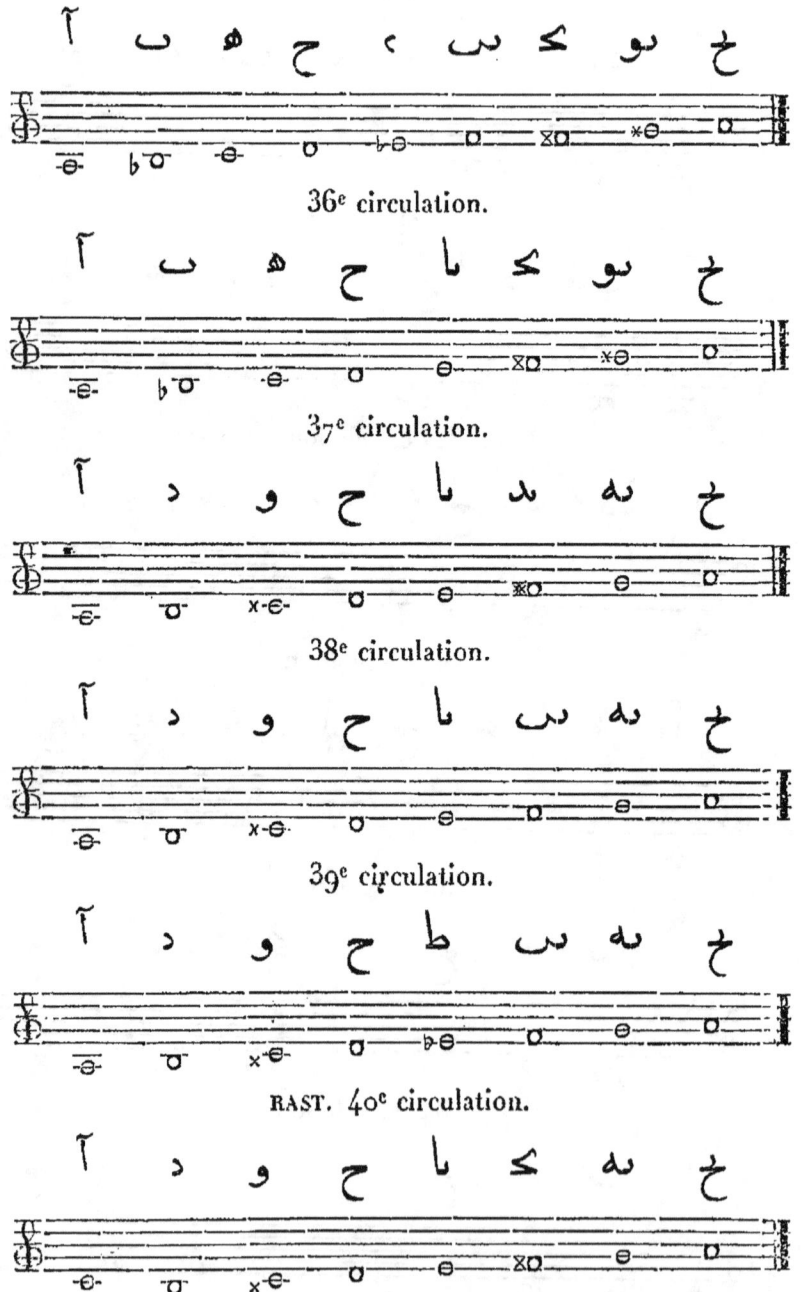

54 DE L'ÉTAT ACTUEL

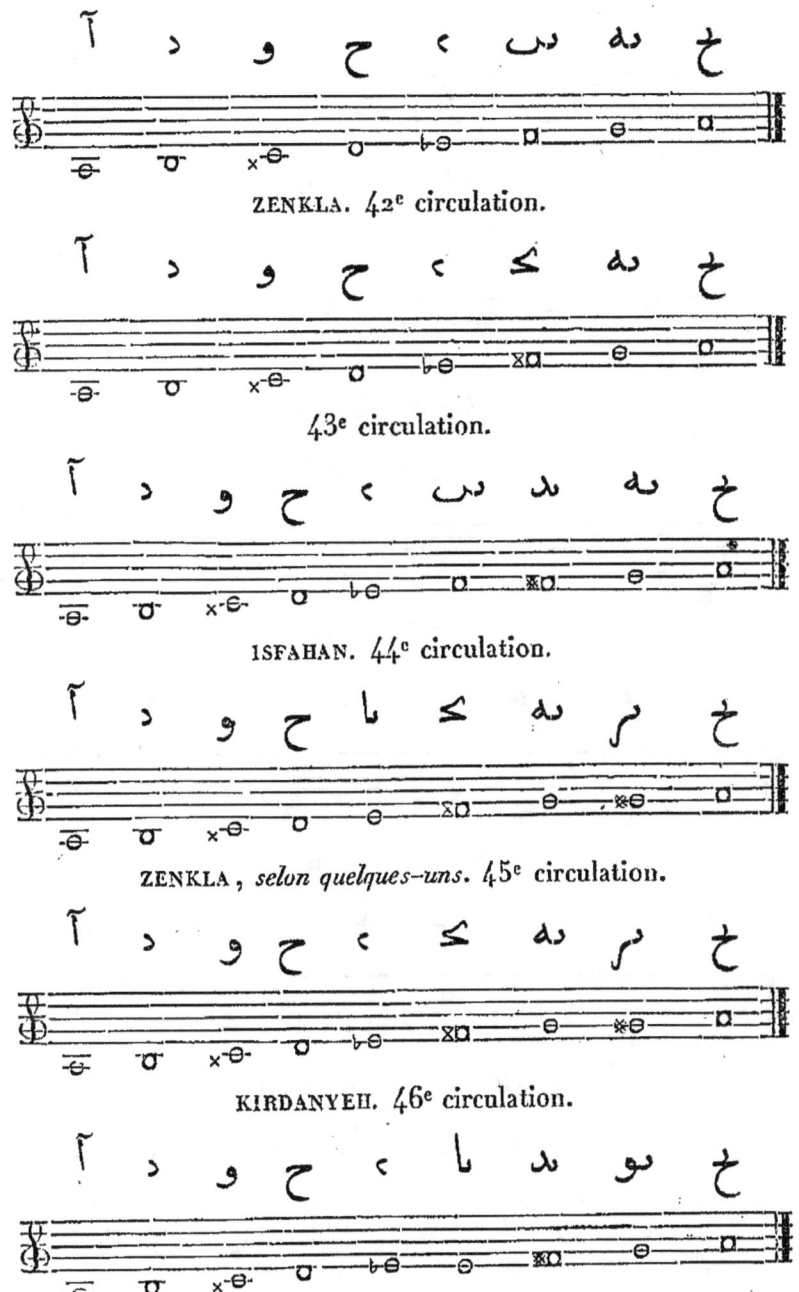

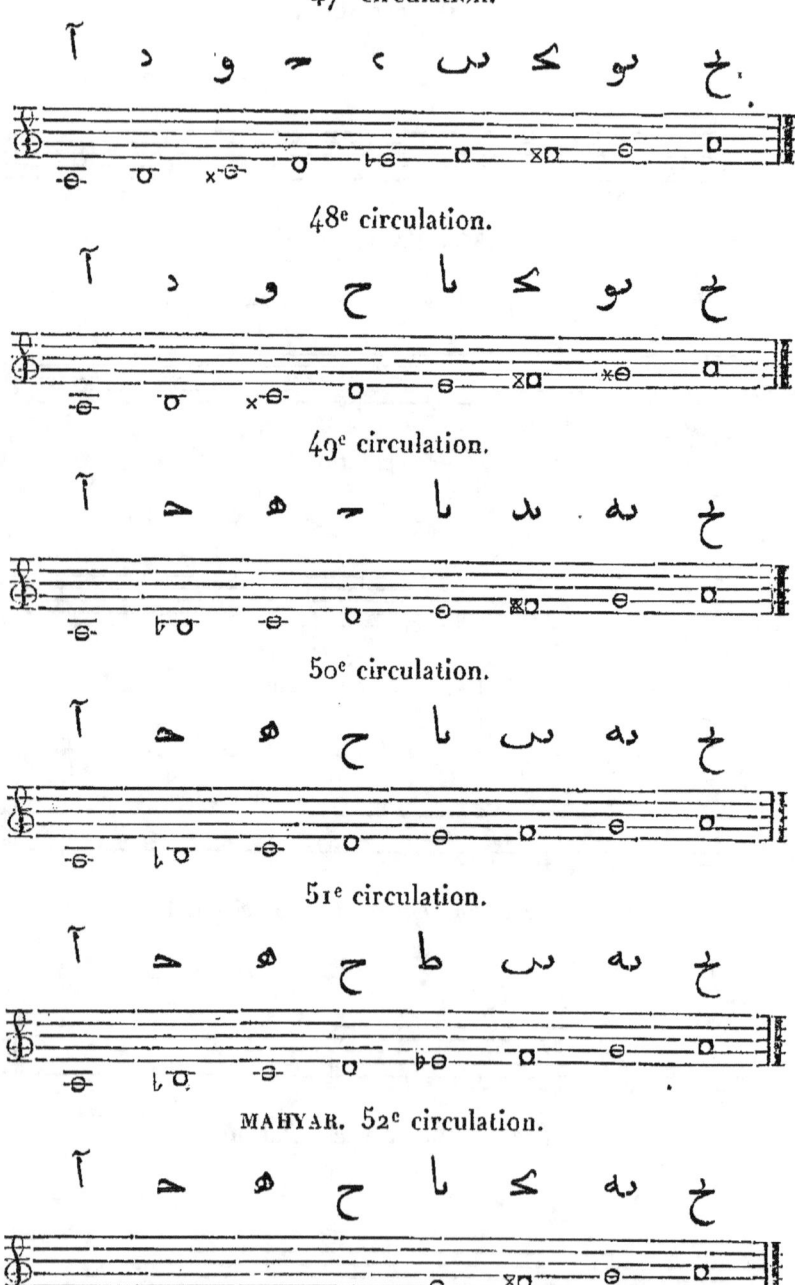

56 DE L'ÉTAT ACTUEL

HOSSEYNY. 53e circulation.

HOGAZ. 54e circulation.

55e circulation.

56e circulation.

57e circulation.

58e circulation.

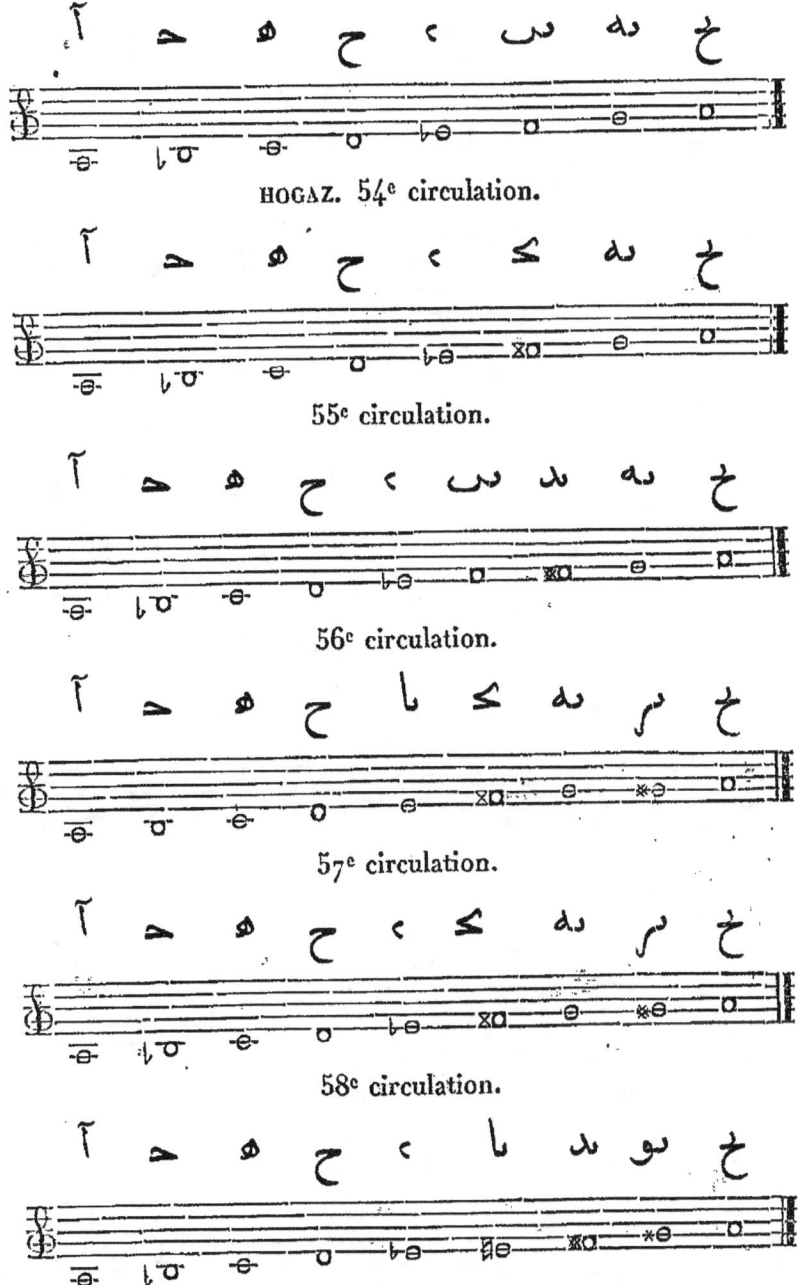

DE L'ART MUSICAL EN ÉGYPTE.

57

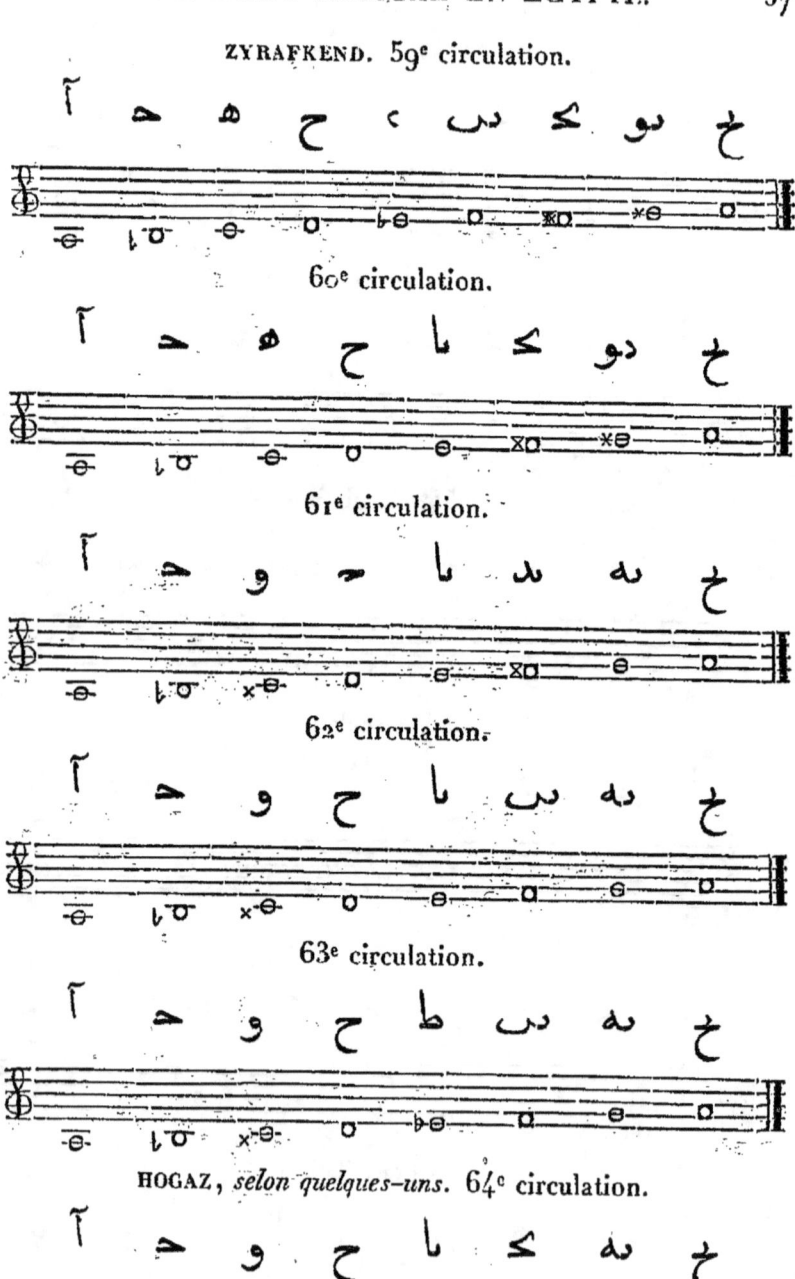

4.

58 DE L'ÉTAT ACTUEL

RAHAOUY. 65ᵉ circulation.

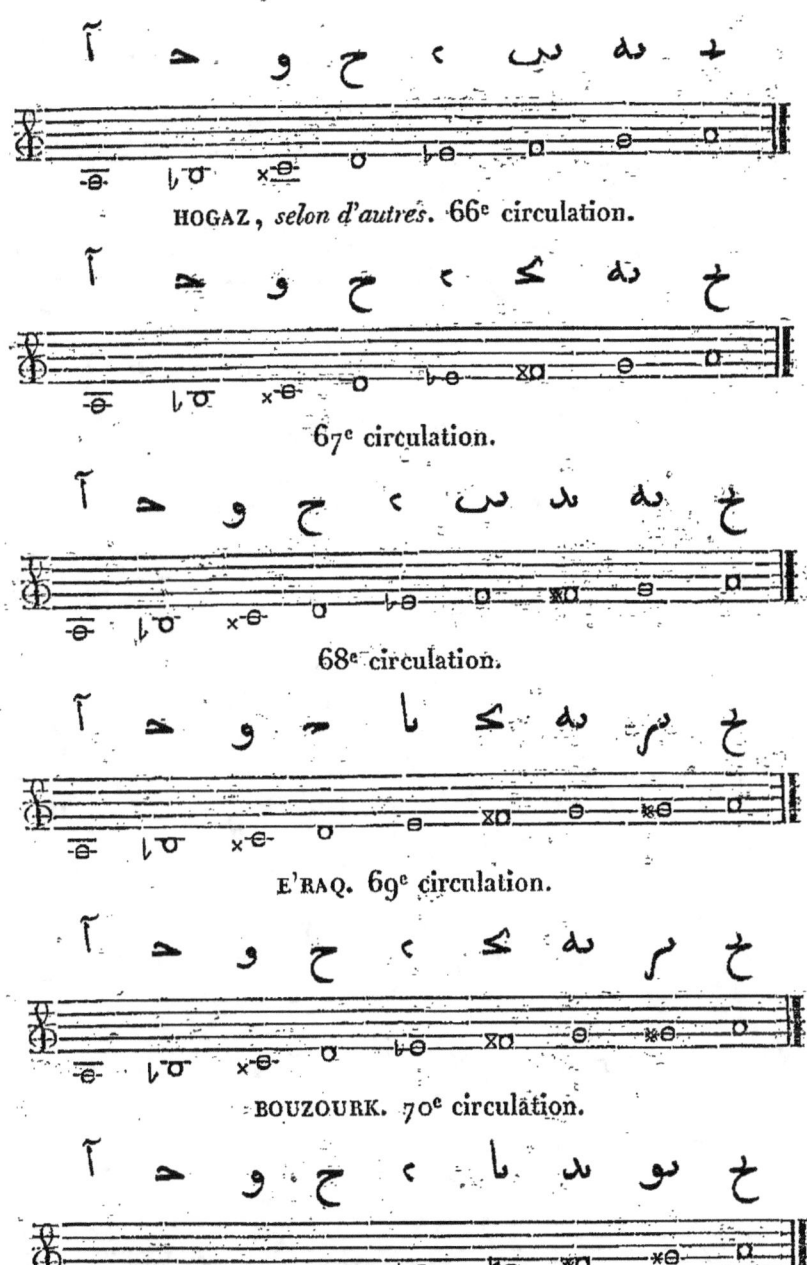

HOGAZ, *selon d'autres*. 66ᵉ circulation.

67ᵉ circulation.

68ᵉ circulation.

E'RAQ. 69ᵉ circulation.

BOUZOURK. 70ᵉ circulation.

DE L'ART MUSICAL EN EGYPTE.

KOUCHT. 71ᵉ circulation.

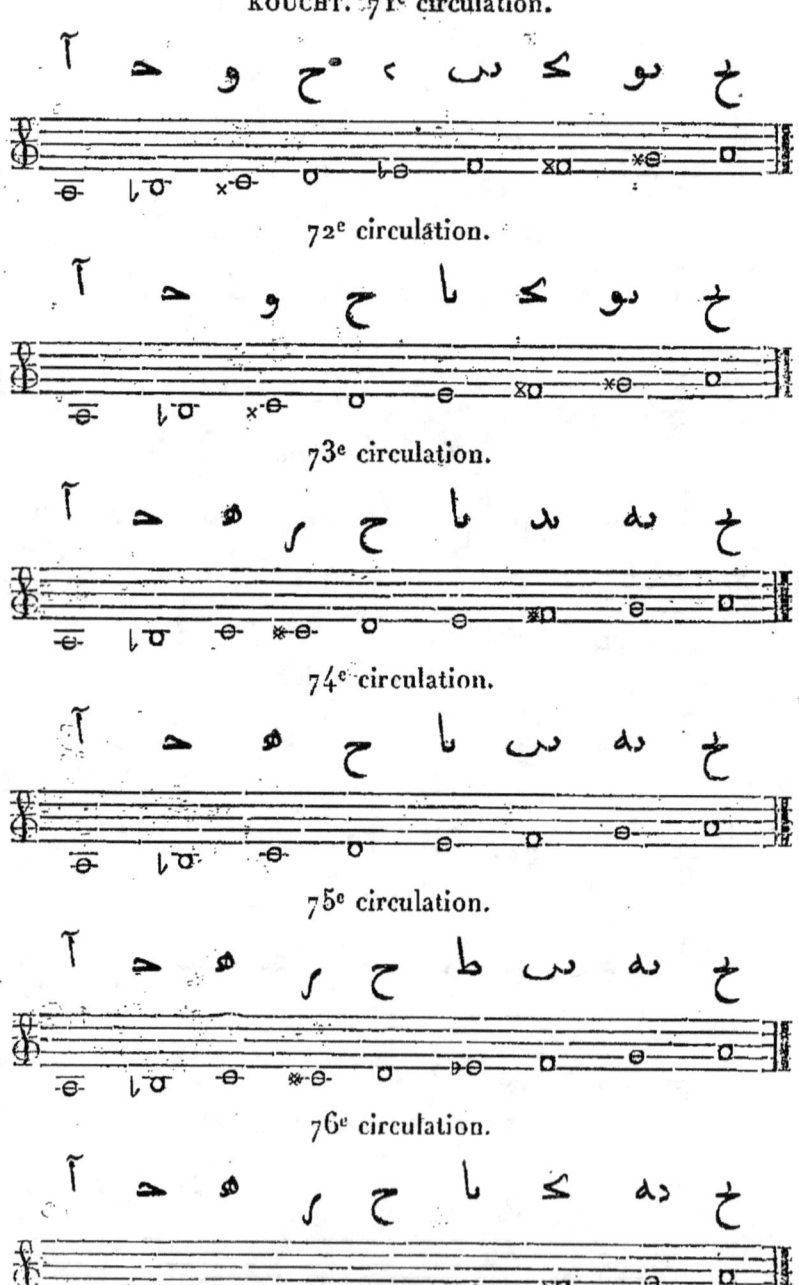

72ᵉ circulation.

73ᵉ circulation.

74ᵉ circulation.

75ᵉ circulation.

76ᵉ circulation.

60 DE L'ÉTAT ACTUEL

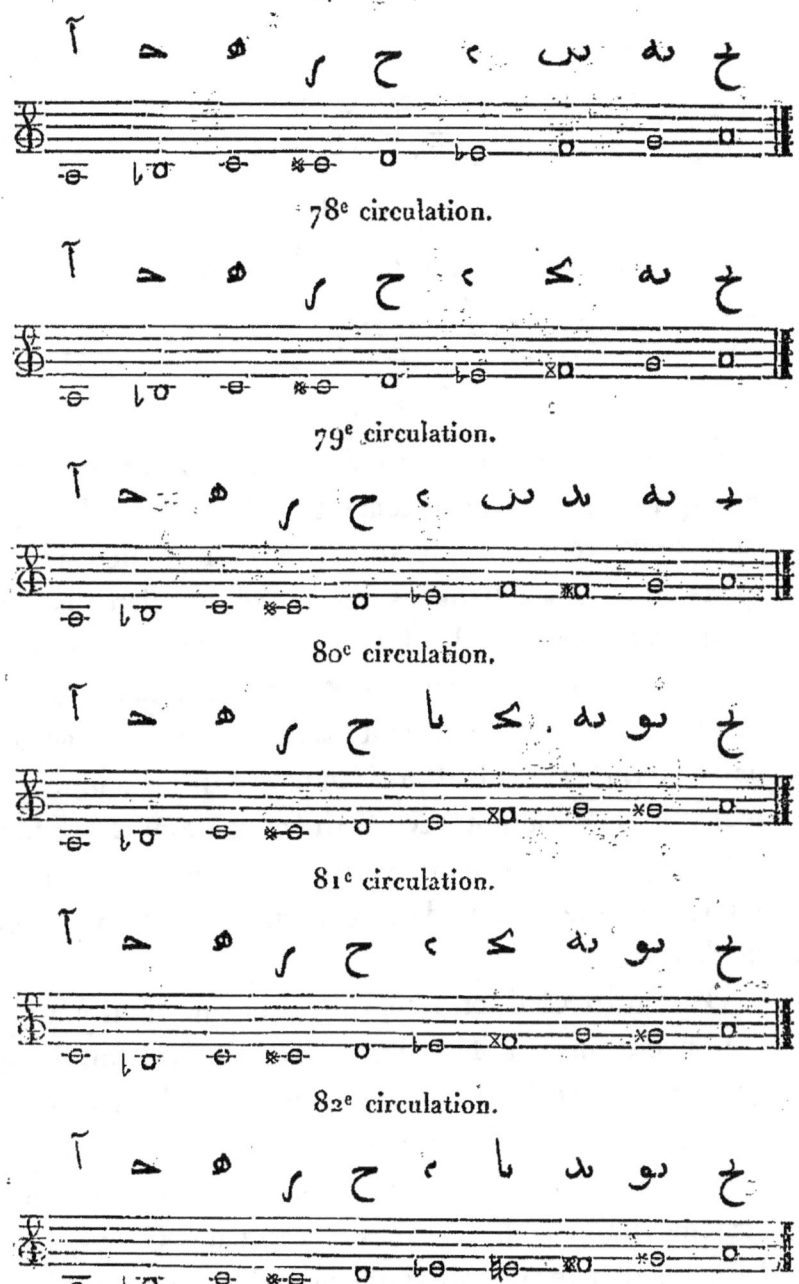

DE L'ART MUSICAL EN ÉGYPTE.

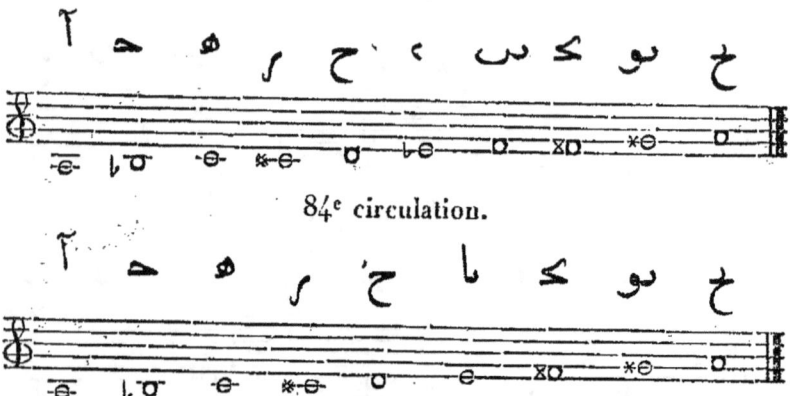

On remarquera dans ces circulations plusieurs gammes qui ne sont pas exactement conformes à celles que nous donnerons dans la suite des mêmes modes auxquels elles sont attribuées ici; et cela confirme ce que nous avons observé plus haut, en disant que le système arabe n'avait pas conservé constamment la même forme, et que les auteurs n'avaient pas toujours été d'accord entre eux. Il est évident, même par ce qui est noté dans le manuscrit d'où nous avons tiré ces gammes, que telle gamme, suivant quelques auteurs, appartenait à tel mode, et que, selon d'autres, elle appartenait à un mode différent.

D'un autre côté, on remarquera encore qu'il y a une note fixe et invariable qui se reproduit dans toutes ces gammes; c'est celle qui forme la quarte au-dessus du premier son grave, et la quinte au-dessous du dernier son aigu. Voilà donc encore un rapport d'affinité entre le système musical des Arabes et celui des Grecs, dans lequel la quarte était aussi une note fixe, non-seulement dans le genre diatonique, mais encore dans le chromatique et l'enharmonique.

Les Arabes, ainsi que les Grecs et ainsi que nous, ont donc regardé la quatrième note diatonique du ton comme une note fondamentale; ils ont donc aussi admis la division de l'échelle musicale de chaque mode par tétracordes, c'est-à-dire par petits systèmes de quatre sons. Mais, dans la crainte qu'on ne nous soupçonne de prêter trop gratuitement aux Arabes nos propres idées, nous allons faire parler lui-même l'auteur dont nous avons tiré les circulations précédentes.

« Telles sont, dit-il, les circulations connues; les notes radicales sont des divisions qu'on appelle MER [1]. La première MER de la quatrième circulation [2] est composée des quatre sons,

« La seconde MER, qui est la seconde division, est composée des quatre autres sons,

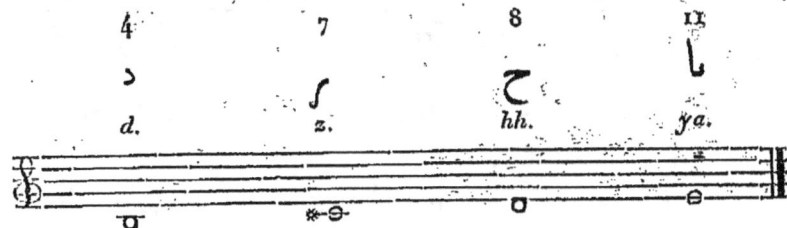

[1] *Voyez* ce qui a été dit à ce sujet, art. v, pag. 14.

[2] *Voyez* ci-dessus la quatrième circulation.

« La troisième MER est formée des quatre autres sons suivans,

« La quatrième MER est composée de ces quatre autres sons,

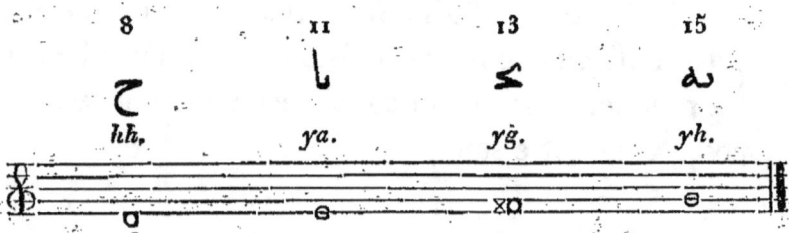

« La cinquième MER enfin est formée des quatre dernières notes,

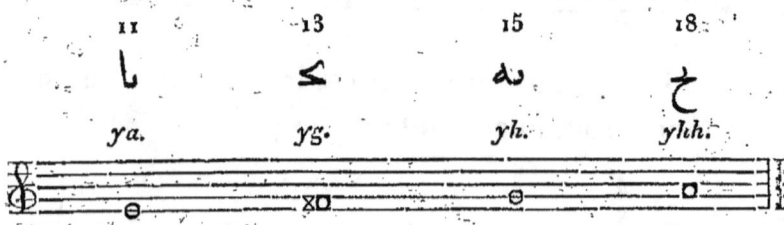

« Or, vous savez que cela n'est autre chose que les racines elles-mêmes.

« La seconde MER est la cinquième division des divisions ci-dessus mentionnées.

« La troisième MER est la sixième division.

« La quatrième MER est la quatrième division.

« La cinquième MER est la cinquième division. »

Voilà donc bien clairement établie la division de la quatrième circulation par tétracordes ou systèmes de quatre sons : l'auteur donne la division de cette circulation pour exemple des divisions dont toutes les autres circulations sont susceptibles.

Mais le texte, nous en convenons, n'est nullement intelligible ici, présenté tel qu'il est : il est hors de doute que le copiste arabe ne comprenait absolument rien à ce qu'il écrivait, et qu'il a omis ou corrompu quelques mots; ce qui a dénaturé le sens de l'auteur, qu'il n'est pas difficile de deviner.

D'abord il faut savoir que les musiciens arabes considèrent chaque degré d'une gamme comme une portion, une division de cette même gamme. Peut-être cela vient-il de ce qu'autrefois on se servait d'un monocorde, qu'on le divisait en ses diverses aliquotes pour reconnaître et fixer les justes rapports des sons musicaux entre eux, et de ce que, lorsqu'on ordonnait la série de ces sons, on appelait le 1er, le 2e, le 3e, le 4e, etc., des sons de cette série, la première, la seconde, la troisième, la quatrième, etc., division.

Cela posé, voici quel a dû être le sens de l'auteur : *la seconde* MER *se termine à la cinquième division*, c'est-à-dire au cinquième son ou degré de la gamme; *la troisième* MER *se termine à la sixième division*, c'est-à-dire au sixième son ou degré de la gamme; *la quatrième* MER *commence à la quatrième division*, c'est-à-dire au quatrième son ou degré de la gamme; ou bien on peut conserver le texte tel qu'il est en cet endroit, ainsi que dans la phrase suivante, en l'interprétant dans le sens que nous lui donnons.

« Or (continue le même auteur, ou plutôt son copiste et son interprète arabe), puisque les *divisions* signifient absolument la même chose que les MER, on ne peut pas dire que la quatrième circulation est formée de cinq MER, mais bien de trois, parce que la première est la même chose que la quatrième, et la seconde, la même chose que la cinquième.

« Il n'y a donc aucune différence entre elles, si ce n'est que l'une n'est point au même degré que l'autre. »

Suivant ce que dit ici l'auteur, les quatrième, cinquième, sixième, septième degrés qui forment la quatrième MER, *ré, mi, × fa, sol* de cette circulation, devraient être ordonnés de même que les premier, deuxième, troisième et quatrième degrés qui composent la première MER, *la, si, * ut, ré* de la même circulation ; et ce principe est conforme à la théorie musicale des Grecs, par laquelle il était établi que, dans tous les modes et dans tous les genres, les sons devaient toujours se trouver pareillement ordonnés de quatre notes en quatre notes. Il y a donc nécessairement une faute dans la manière dont a été notée en arabe cette circulation ; car les sons *ré, mi, × fa, sol*, de la quatrième MER, ne sont point entre eux dans les mêmes rapports que les sons *la, si, * ut, ré* de la première MER, puisque la note × *fa* de la quatrième MER n'est qu'à deux tiers de ton de la note *mi* qui la précède, tandis que la troisième note * *ut* de la première MER est à trois tiers de ton, c'est-à-dire un ton entier, de la note *si* qui la précède. Il faudrait donc, conformément aux principes de l'auteur, ou substituer ×*ut* à *ut, ou bien substituer *fa à ×*fa*; ce changement étant opéré, on trouvera, ainsi qu'il est dit ici, la quatrième MER semblable à la première, et la cinquième semblable à la seconde : il n'y aura en effet, de cette manière, que trois MER différentes dans cette circulation, lesquelles seront la première, la seconde et la troisième; de même qu'il n'y avait dans la gamme des Grecs que trois diatessarons différens; de même qu'il n'y aurait que trois sortes de quartes dans notre gamme moderne, si elle n'était pas vicieuse[1].

« Néanmoins, poursuit l'auteur, MER signifie la même chose que *division*, quoiqu'elle se trouve, par un degré différent, dans une autre MER. » Ceci est au moins très-équivoque, et fait pour induire en erreur quiconque n'a pas fait une étude particulière de la musique, ou n'a que des notions superficielles de celle des Arabes. C'est à peu près comme si l'on nous disait que les sons qui composent la quarte sont aussi des quartes, et sont absolument la même chose. Nous nommons bien, à la vérité, la quatrième note, soit en montant, soit en des-

---

[1] Il y a dans notre gamme trois quartes justes différentes, et une quarte superflue et dissonante, appelée *triton*, parce qu'elle est composée de trois tons. Ainsi l'on a les quatre suivantes, *ut*, *ré*, *mi*, *fa*; *ré*, *mi*, *fa*, *sol*; *mi*, *fa*, *sol*, *la*; *fa*, *sol*, *la*, *si*; *sol*, *la*, *si*, *ut*. La première et la cinquième de ces quartes sont semblables, l'une et l'autre composées d'*un ton*, d'*un ton* et un *demi-ton*; la seconde quarte est composée d'*un ton*, d'*un demi-ton* et d'*un ton*; la troisième quarte est composée d'*un demi-ton*, d'*un ton* et d'*un ton*. Toutes ces quartes ne diffèrent entre elles que parce que le demi-ton n'occupe pas la même place dans l'une que dans les autres; mais la quatrième quarte, qui est de trois tons, est fausse et dissonante, et décèle le vice de notre système musical.

cendant, à partir d'un degré quelconque, une quarte; mais c'est parce que nous la considérons alors, non isolément, mais dans son rapport avec la note du point de départ : autrement nous ne pourrions lui donner ce nom, pas plus que nous ne pourrions le donner aux sons intermédiaires.

Il en est de même des divisions ou des degrés de la gamme arabe : quoique quatre de ces divisions consécutives forment une MER, et que l'on appelle encore du nom de MER la première ou la dernière de ces quatre divisions, sons ou degrés, on ne peut pas dire que ces divisions soient la même chose que les MER, à moins que l'on n'entende par division chacune des quartes dont se composent les MER; et cela serait encore équivoque, puisque, suivant la théorie arabe, chaque son ou degré d'une gamme s'appelle aussi une division.

Nous voulions éviter de commenter, et cependant nous venons de le faire. Tout ce que nous citons aurait besoin d'être éclairci, ou, s'il ne l'est pas, reste obscur. Notre embarras est extrême, et notre travail des plus ingrats. Nous avons à rendre compte d'une espèce de musique dont l'art est peut-être le plus compliqué qu'on ait jamais connu, dont les principes sont presque entièrement corrompus, dont les formes systématiques sont absolument différentes de celles de notre musique, dont enfin les termes techniques n'ont point d'équivalens dans notre langue, et sont, pour la plupart, employés dans un sens figuré; nous sentons en même temps que nous ne devons rien avancer sans preuves, et conséquemment nous nous trouvons dans la nécessité de faire parler souvent les auteurs eux-mêmes. Mais, quelque soin que nous apportions dans le choix de nos citations, il nous est impossible de le faire de telle manière qu'il ne s'y rencontre encore ou des fautes de copie, ou des expressions étrangères, et des termes dont l'acception n'est point admise dans notre langue. Autant que nous le pouvons, nous multiplions les exemples, parce qu'ils rendent les choses plus sensibles et tiennent souvent lieu de longs éclaircissemens; mais tout n'est pas de nature à être éclairci de cette manière.

Nous avons dit précédemment que le nombre des modes ou circulations de la musique arabe est fort grand; cependant ceux dont l'usage a été le plus généralement répandu et s'est conservé davantage jusqu'à ce jour, se bornent à douze.

« On compte, dit le dernier auteur que nous avons cité, douze circulations, qui sont *o'châq, naouä, abouseylyk, rast, e'râq, isfahân, zyrafkend, bouzourk, zenklâ, rahâouy, hosseyny, hogâz*. Quant aux autres circulations, plusieurs ne sont point usitées, à cause des différences imperceptibles qu'elles offrent. Néanmoins on emploie quelques-unes de leurs notes dans la composition des circulations, et elles y produisent un effet agréable [1].

« Parmi les autres circulations, quelques-unes sont les circulations usitées dont nous avons parlé, mais dont les degrés sont changés. »

---

[1] C'est ce que nous avons vu pratiquer par les musiciens égyptiens, et ce que nous ferons remarquer lorsqu'il s'agira de leur pratique en cet art.

Nous aurions bien encore quelque chose à dire des circulations des *aouazât* et de quelques autres circulations mixtes composées, ainsi que de la diversité des opinions sur la composition de ces circulations, sur leur usage, sur leur effet et sur leurs noms; mais tout cela ne ferait qu'occasioner plus de confusion et d'incertitude dans les idées que nous en donnerions, sans ajouter rien de nouveau à ce que nous en avons déjà rapporté. Nous passerons donc aux exemples de la progression systématique et analogique des douze circulations dont il vient d'être fait mention; cette sorte de paradigme musical qui enseigne à transposer, par un seul et même moyen très-simple, un mode quelconque dans tous les dix-sept tons différens de l'échelle musicale, divisée par tiers de ton, offre le plus grand intérêt sous le rapport de l'art.

Si l'on est étonné du grand nombre de modifications dont un même ton est susceptible, on le sera bien davantage encore en considérant qu'il y a dans la musique arabe près d'une centaine de tons différens; et l'on concevra aisément combien les principes et les règles de cette musique doivent être étendus, et combien la pratique de l'art en doit être compliquée et difficile : conséquemment on découvrira une des causes qui ont fait en quelque sorte tomber cet art dans l'oubli en Orient, depuis que le goût et l'amour des sciences n'y ont plus été favorisés.

70 DE L'ÉTAT ACTUEL

Exemples de la progression systématique et analogique des douze circulations principales de la musique arabe.

MODE O'CHAQ. *Première circulation.*

Tabaqah ou gammes.

DE L'ART MUSICAL EN ÉGYPTE.

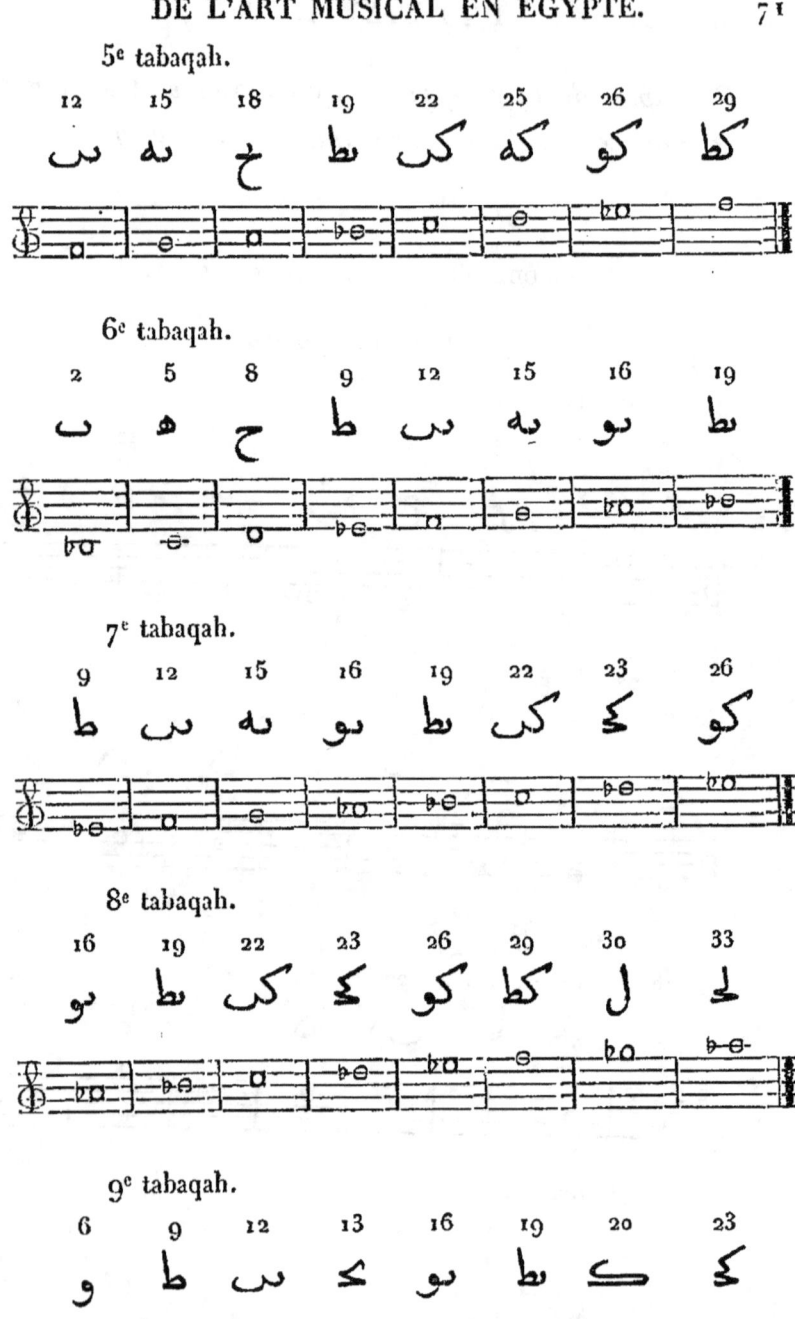

72 DE L'ÉTAT ACTUEL

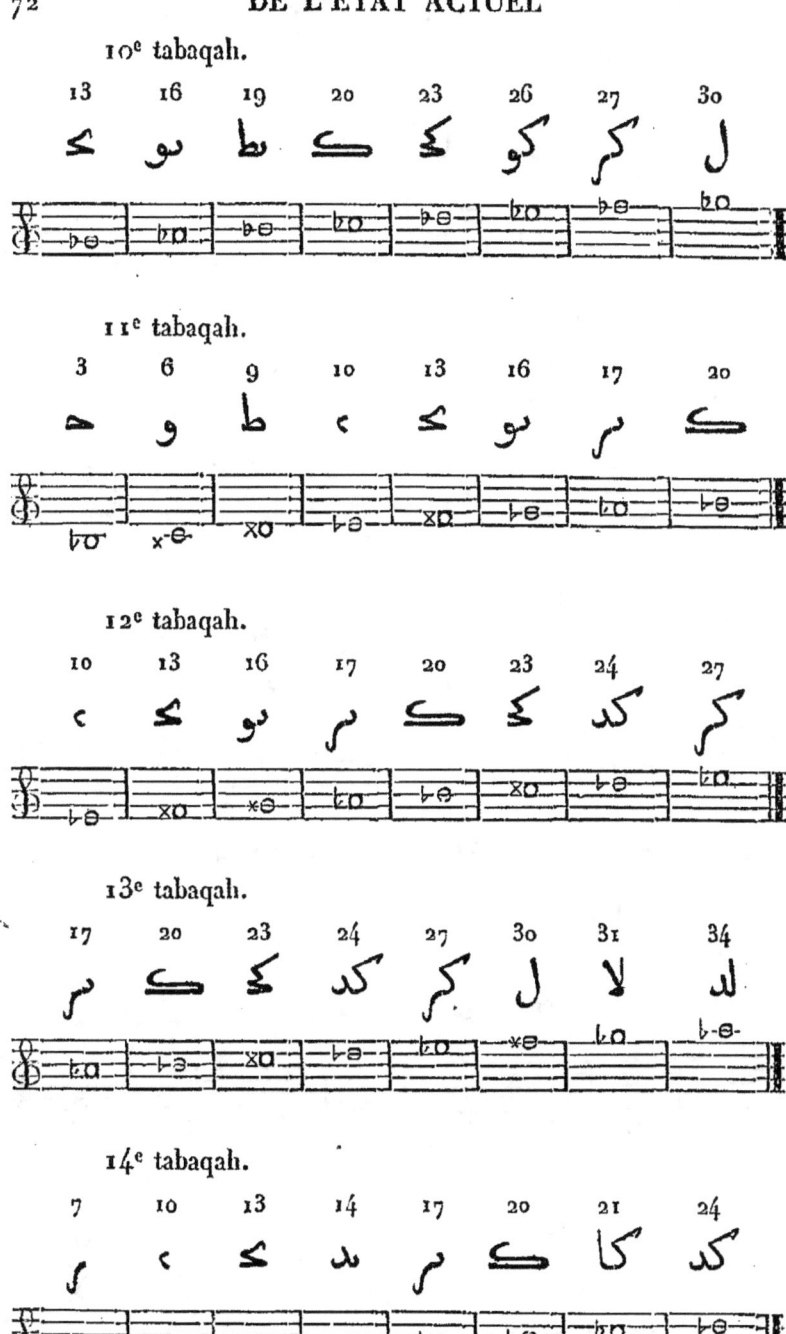

DE L'ART MUSICAL EN ÉGYPTE.

MODE ABOUSEYLYK. *Deuxième circulation.*

74 DE L'ÉTAT ACTUEL

DE L'ART MUSICAL EN ÉGYPTE.

75

76 DE L'ÉTAT ACTUEL

DE L'ART MUSICAL EN ÉGYPTE.

MODE NAOUA. *Troisième circulation.*

6e tabaqah.

2	5	6	9	12	13	16	19
ب	ه	و	ط	يب	يج	يو	يط

7e tabaqah.

9	12	13	16	19	20	23	26
ط	يب	يج	يو	يط	ك	كج	كو

8e tabaqah.

16	19	20	23	26	27	30	33
يو	يط	ك	كج	كو	كز	ل	لج

9e tabaqah.

6	9	10	13	16	17	20	23
و	ط	ي	يج	يو	يز	ك	كج

10e tabaqah.

13	16	17	20	23	24	27	30
يج	يو	يز	ك	كج	كد	كز	ل

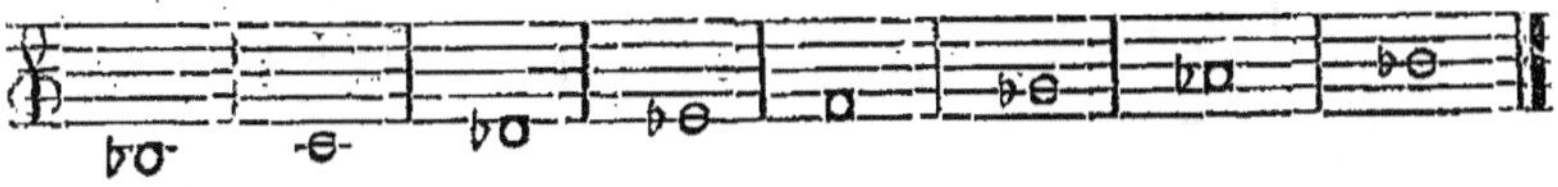

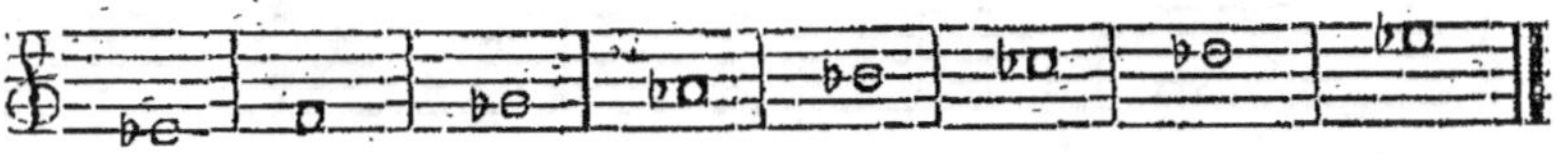

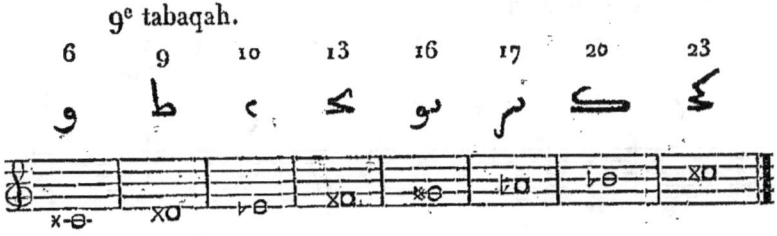

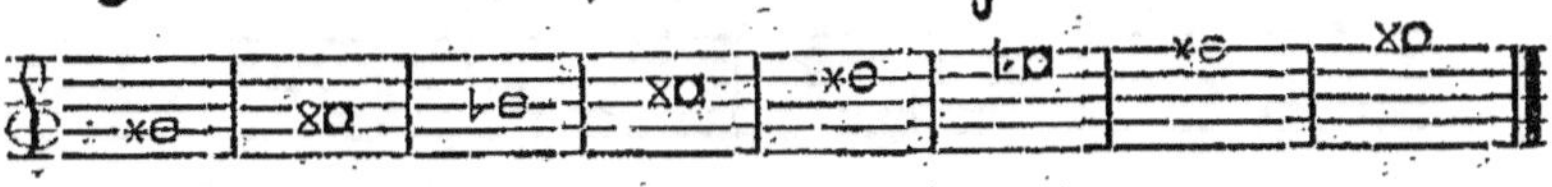

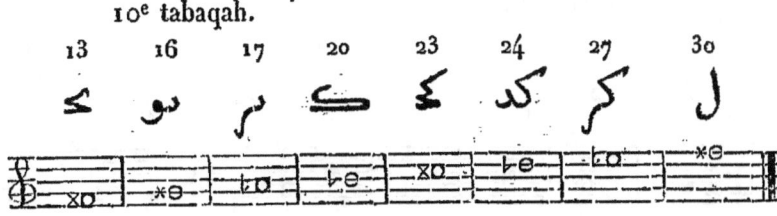

80 DE L'ÉTAT ACTUEL

MODE RAST. *Quatrième circulation.*

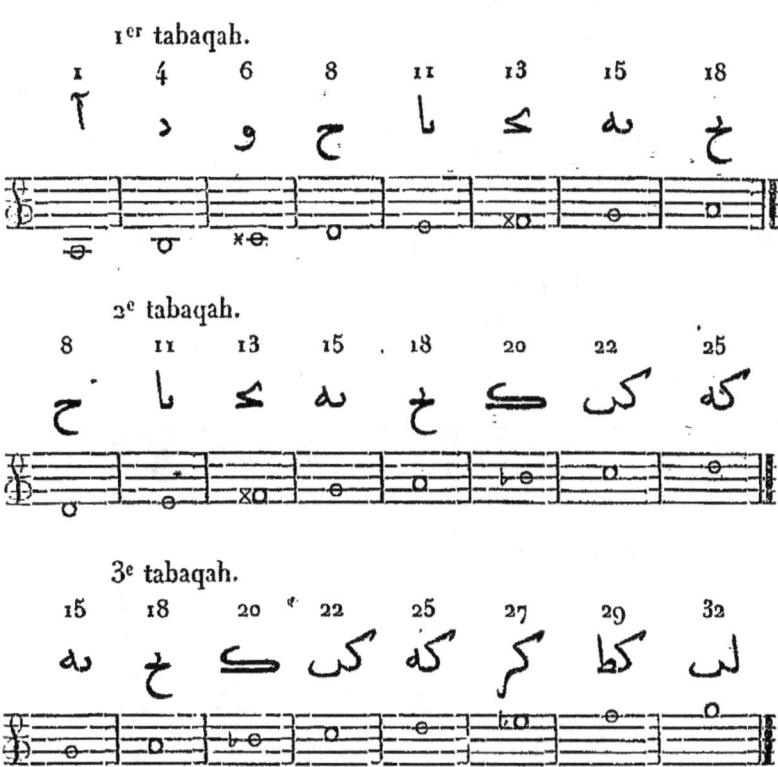

DE L'ART MUSICAL EN ÉGYPTE.

É. M.   XIV.

82 DE L'ÉTAT ACTUEL

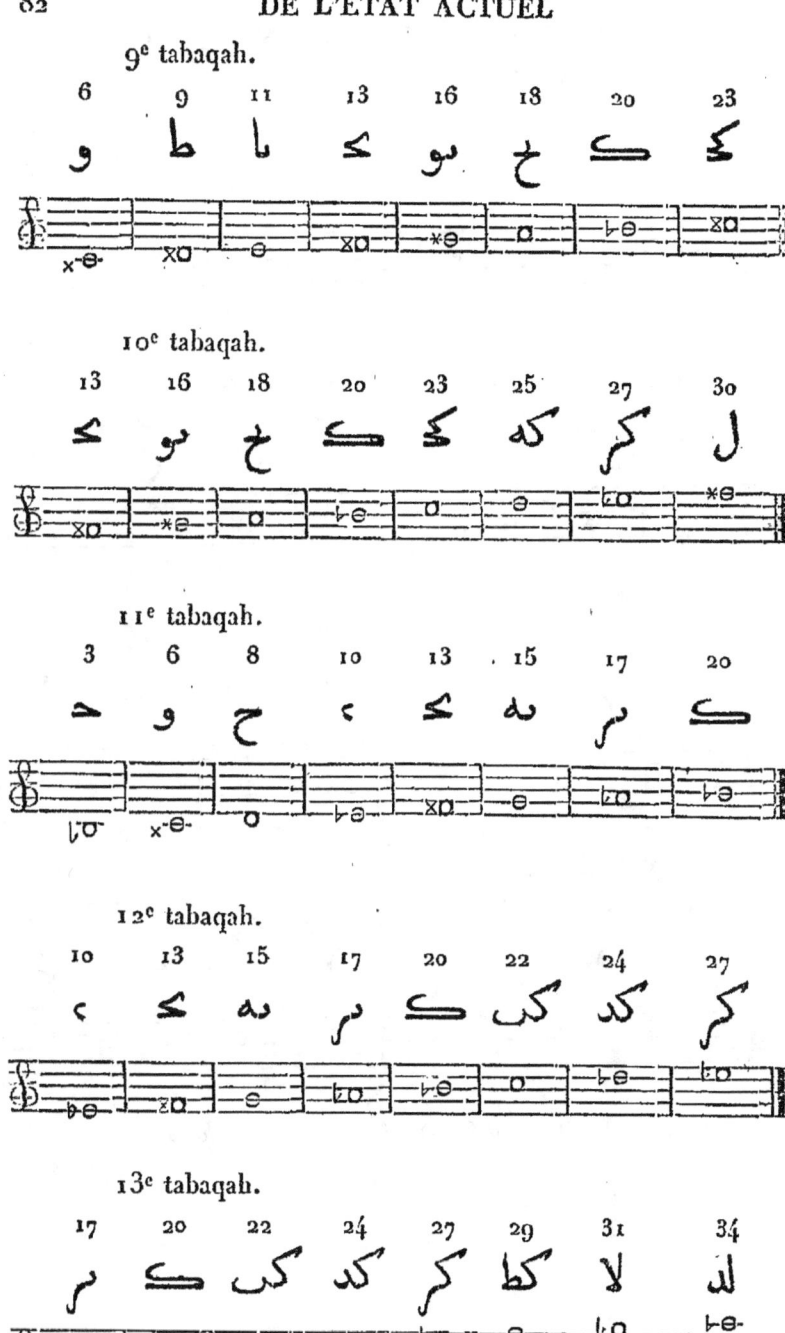

DE L'ART MUSICAL EN ÉGYPTE. 83

14ᵉ tabaqah.

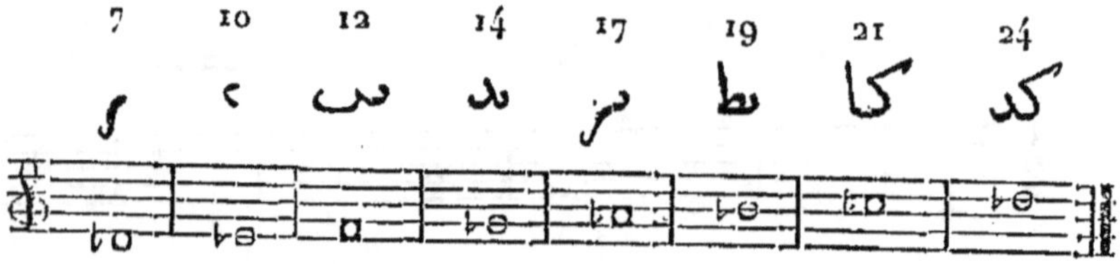

15ᵉ tabaqah.

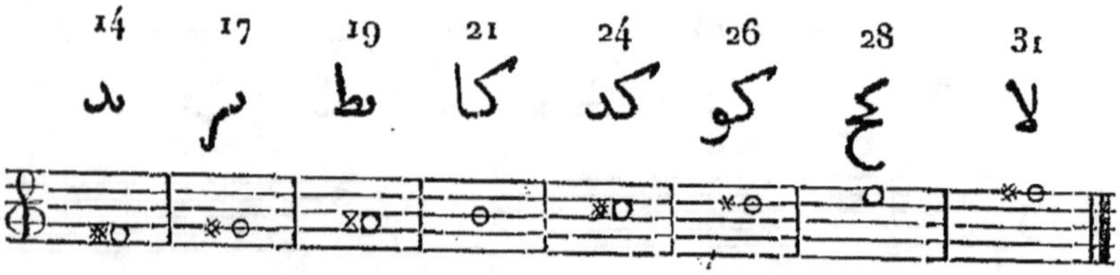

16ᵉ tabaqah.

17ᵉ tabaqah.

MODE HOSSEYNY. *Cinquième circulation.*

1ᵉʳ tabaqah.

84 DE L'ÉTAT ACTUEL

DE L'ART MUSICAL EN ÉGYPTE.

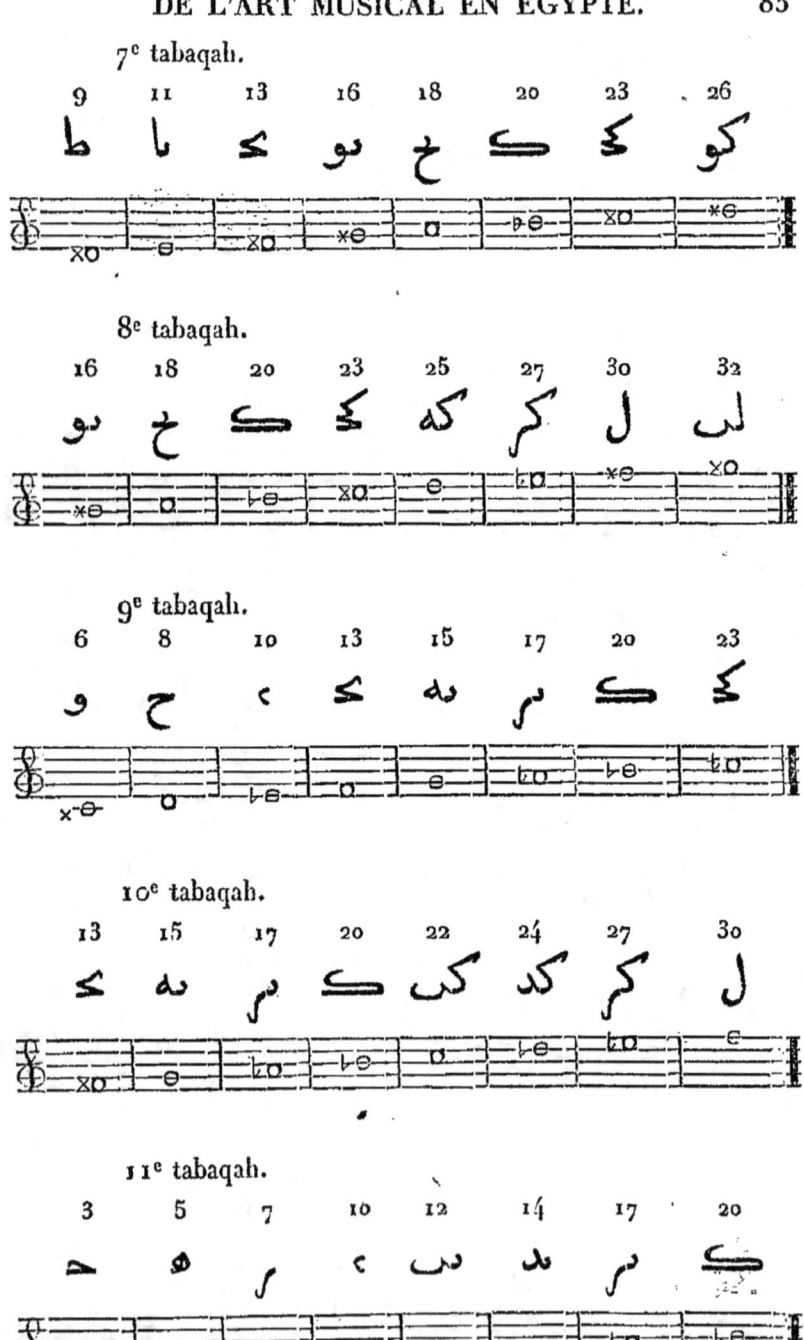

12e tabaqah.

10	12	14	17	19	21	24	27
ي	يب	يد	يز	يط	كا	كد	كز

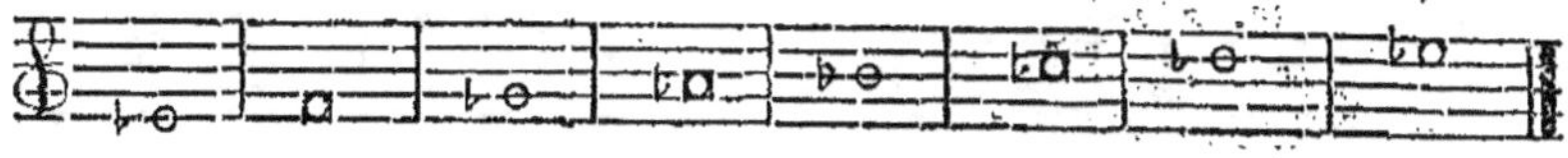

13e tabaqah.

17	19	21	24	26	28	31	34
يز	يط	كا	كد	كو	كح	لا	لد

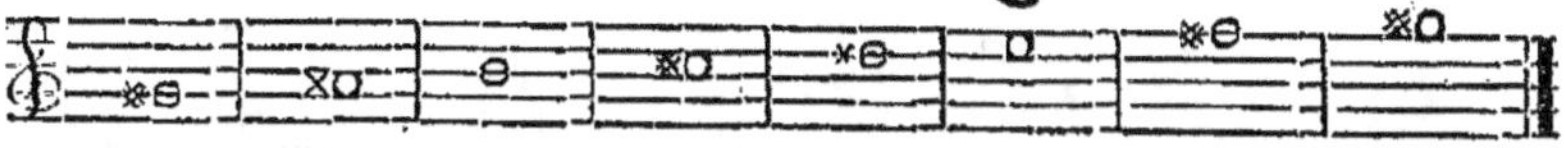

14e tabaqah.

7	9	11	14	16	18	21	24
ز	ط	يا	يد	يو	يح	كا	كد

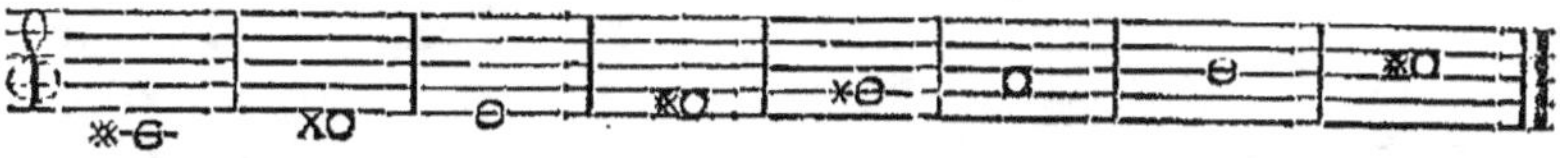

15e tabaqah.

14	16	18	21	23	25	28	31
يد	يو	يح	كا	كج	كه	كح	لا

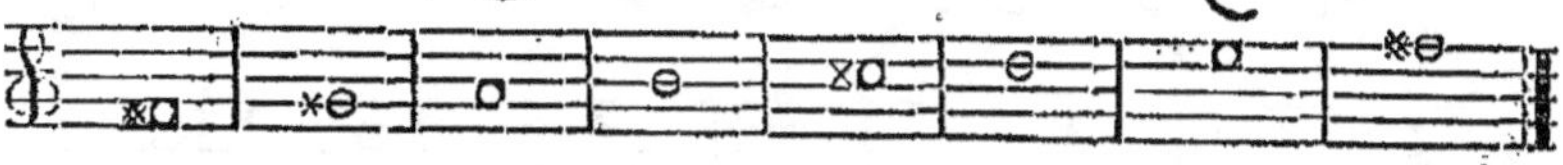

16e tabaqah.

4	6	8	11	13	15	18	21
د	و	ح	يا	يج	يه	يح	كا

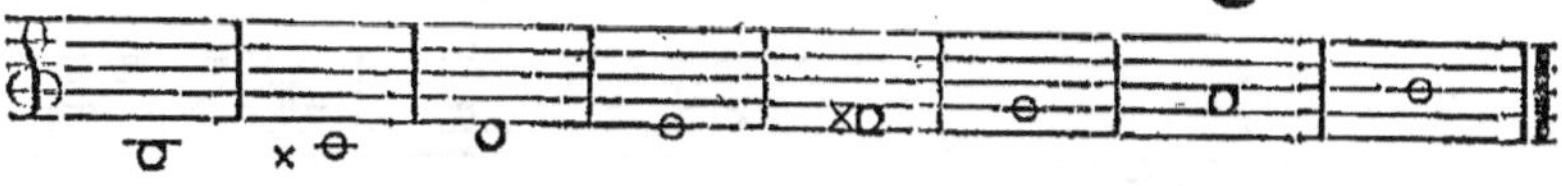

DE L'ART MUSICAL EN ÉGYPTE. 87

17ᵉ tabaqah.

MODE HOGAZ. *Sixième circulation.*

1ᵉʳ tabaqah.

2ᵉ tabaqah.

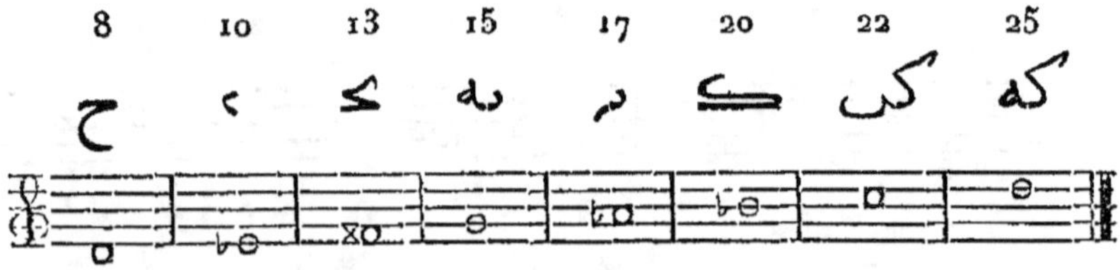

3ᵉ tabaqah.

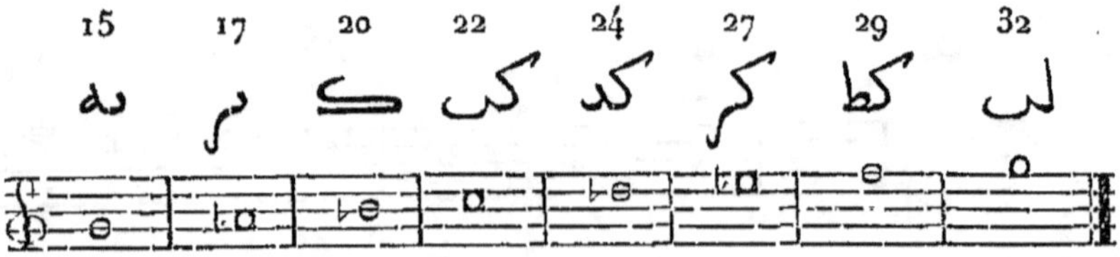

4ᵉ tabaqah.

88   DE L'ÉTAT ACTUEL

DE L'ART MUSICAL EN ÉGYPTE.

6.

DE L'ÉTAT ACTUEL

MODE RAHAOUY. *Septième circulation.*

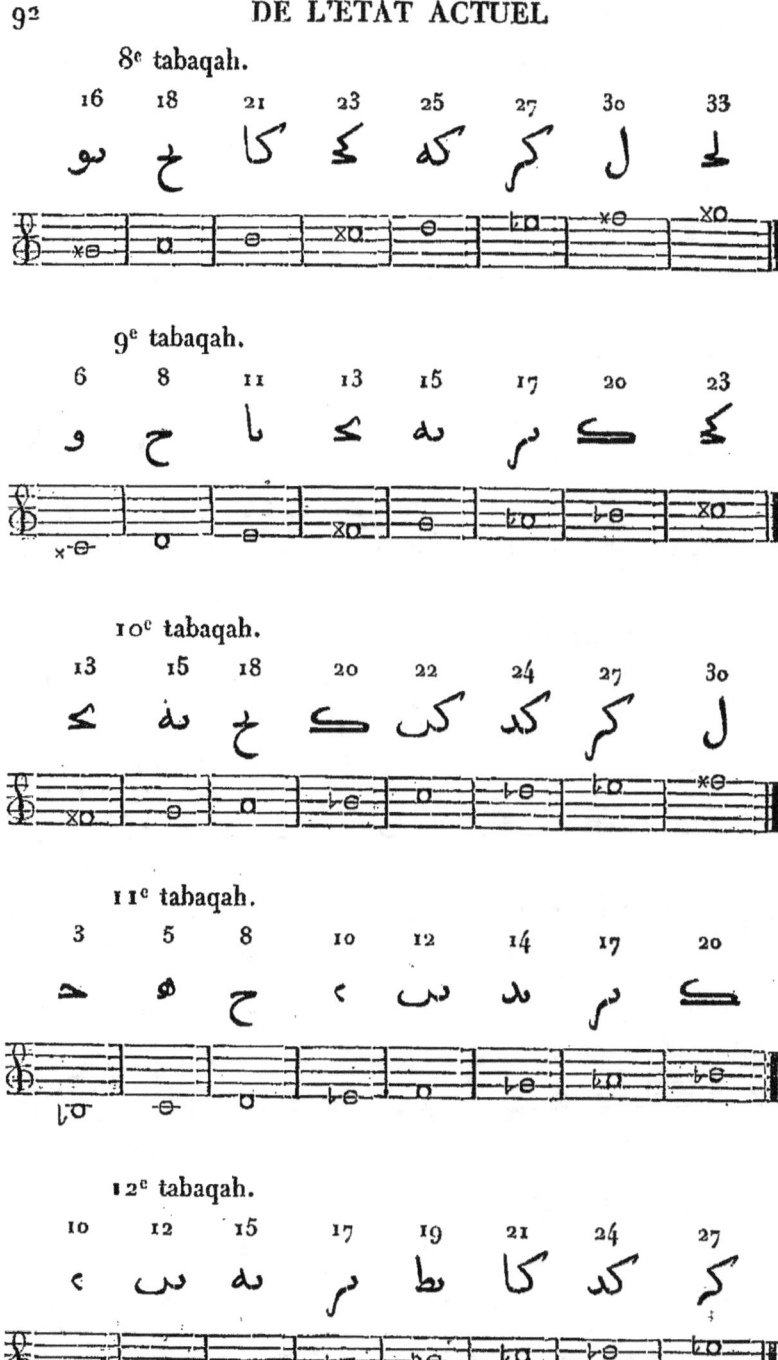

DE L'ART MUSICAL EN ÉGYPTE.   93

13ᵉ tabaqah.

| 17 | 19 | 22 | 24 | 26 | 28 | 31 | 34 |

14ᵉ tabaqah.

| 7 | 9 | 12 | 14 | 17 | 19 | 21 | 24 |

15ᵉ tabaqah.

| 14 | 16 | 19 | 21 | 24 | 26 | 28 | 31 |

16ᵉ tabaqah.

| 4 | 6 | 9 | 11 | 14 | 16 | 18 | 21 |

17ᵉ tabaqah.

| 11 | 13 | 16 | 18 | 21 | 23 | 25 | 28 |

DE L'ÉTAT ACTUEL

MODE ZENKLA. *Huitième circulation.*

DE L'ART MUSICAL EN ÉGYPTE.

6ᵉ tabaqah.

7ᵉ tabaqah.

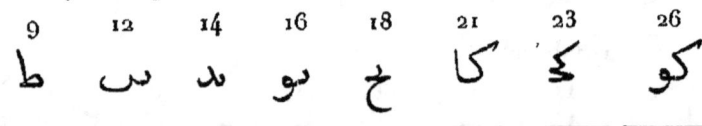

8ᵉ tabaqah.

9ᵉ tabaqah.

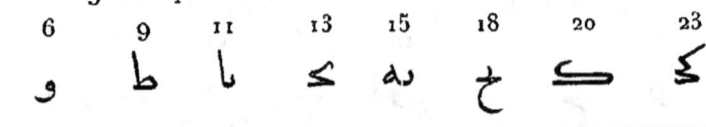

10ᵉ tabaqah.

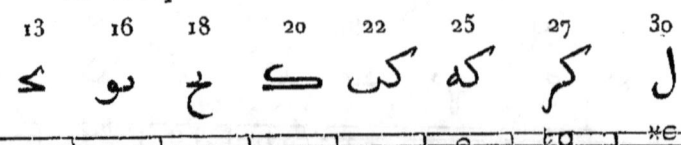
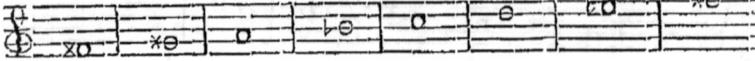

DE L'ART MUSICAL EN ÉGYPTE.

16ᵉ tabaqah.

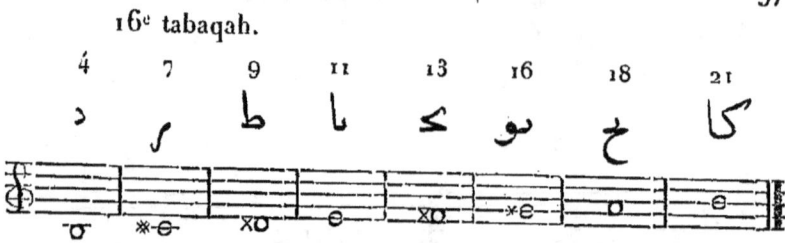

17ᵉ tabaqah.

MODE ISFAHAN. *Neuvième circulation.*

1ᵉʳ tabaqah.

2ᵉ tabaqah.

3ᵉ tabaqah.

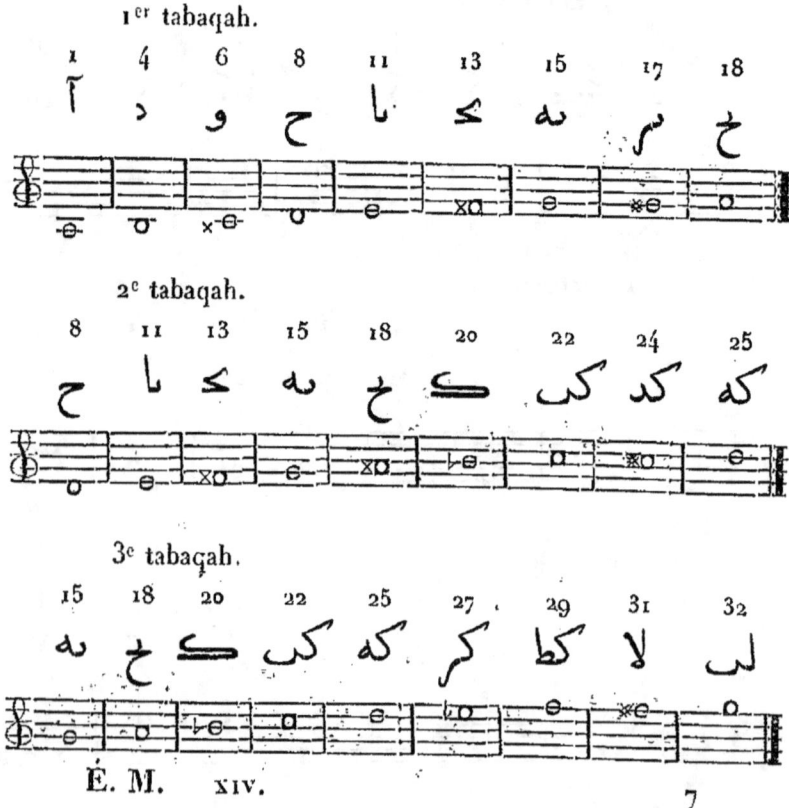

É. M. XIV.

DE L'ÉTAT ACTUEL

4ᵉ tabaqah.

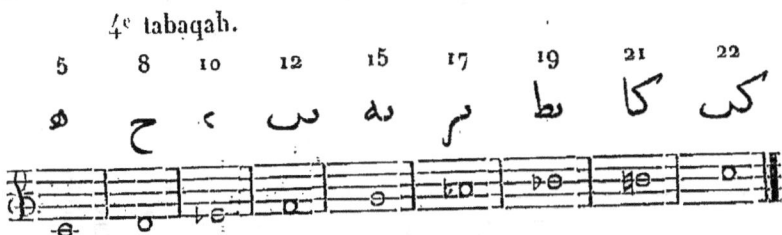

5ᵉ tabaqah.

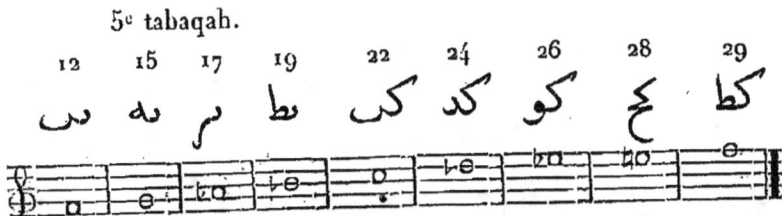

6ᵉ tabaqah.

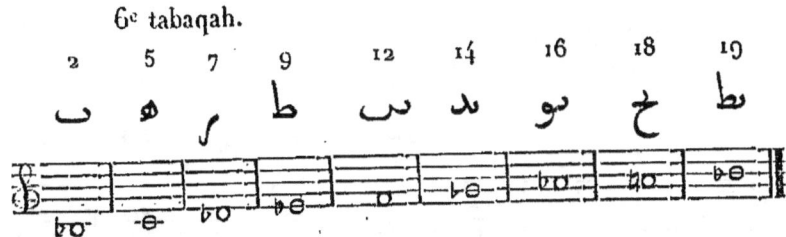

7ᵉ tabaqah.

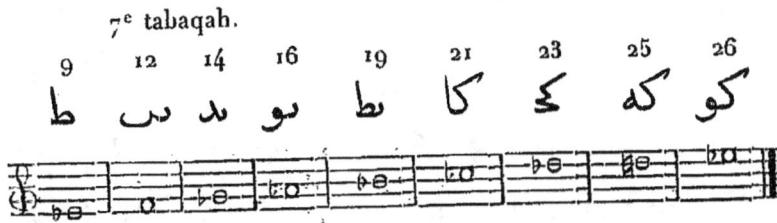

8ᵉ tabaqah.

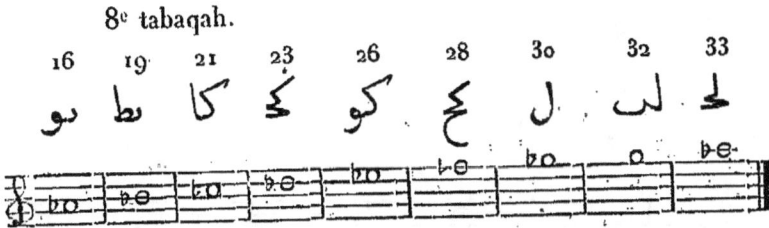

DE L'ART MUSICAL EN ÉGYPTE.

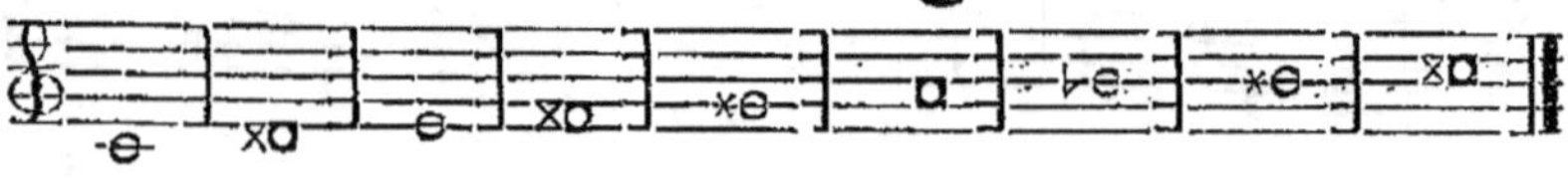

9ᵉ tabaqah.

10ᵉ tabaqah.

11ᵉ tabaqah.

12ᵉ tabaqah.

13ᵉ tabaqah.

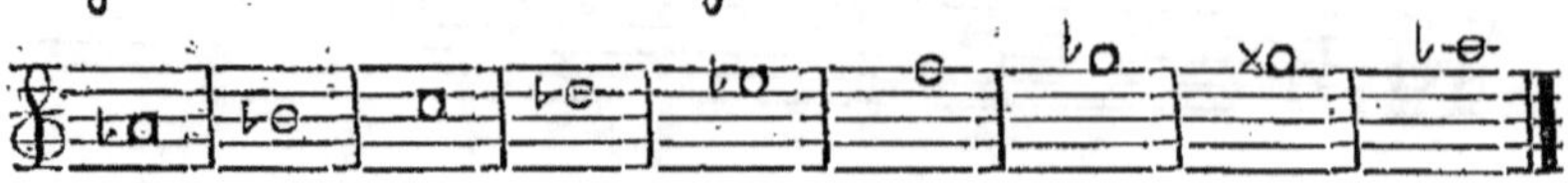

14e tabaqah.

7	10	12	14	17	19	21	23	24
ز	ي	يب	يد	يز	يط	كا	كج	كد

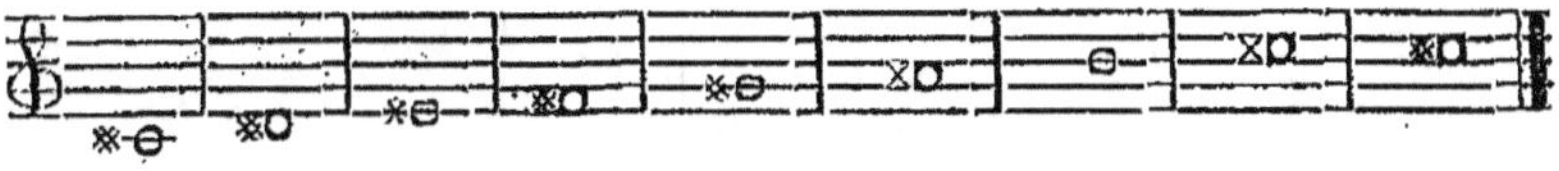

15e tabaqah.

14	17	19	21	24	26	28	30	31
يد	يز	يط	كا	كد	كو	كح	ل	لا

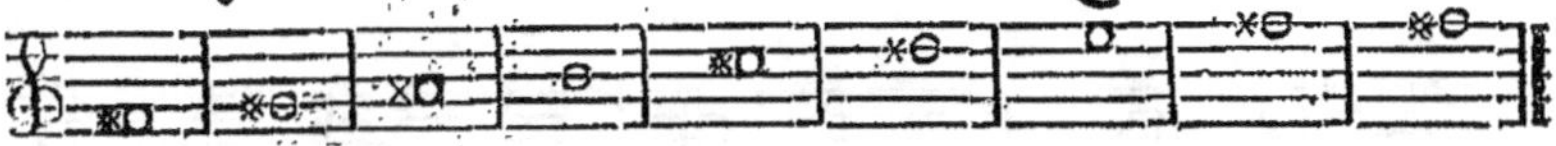

16e tabaqah.

4	7	9	11	14	16	18	20	21
د	ز	ط	يا	يد	يو	يح	ك	كا

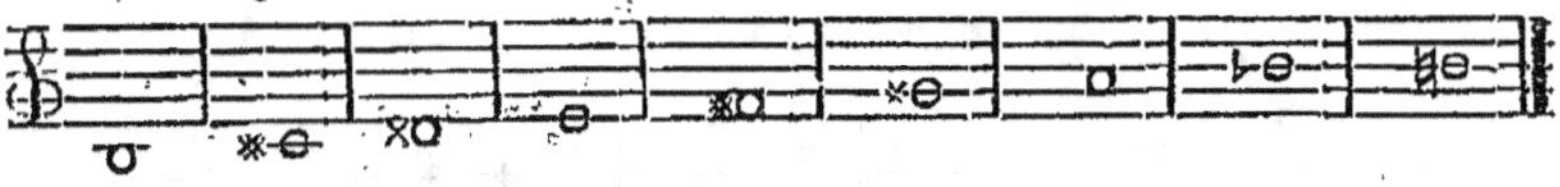

17e tabaqah.

11	14	16	18	21	23	25	27	28
يا	يد	يو	يح	كا	كج	كه	كز	كح

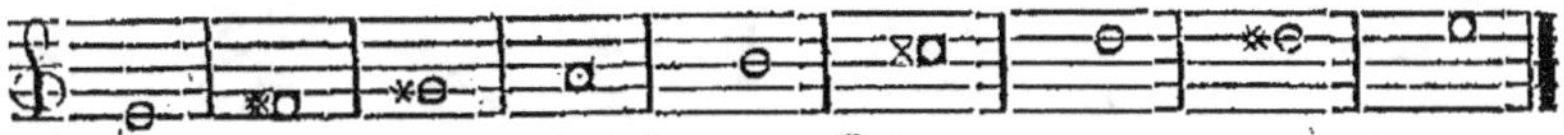

MODE E'RAQ. *Dixième circulation.*

1er tabaqah.

1	3	6	8	10	13	15	17	18
آ	ج	و	ح	ي	يج	يه	يز	يح

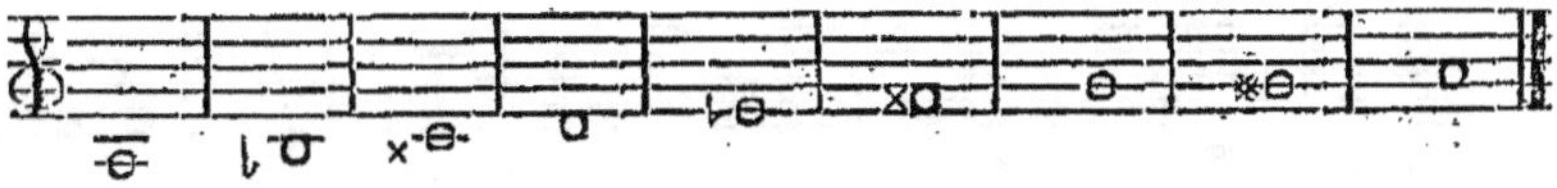

DE L'ART MUSICAL EN ÉGYPTE.

2ᵉ tabaqah.

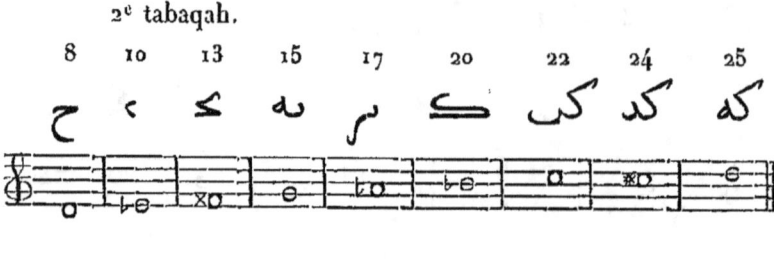

3ᵉ tabaqah.

4ᵉ tabaqah.

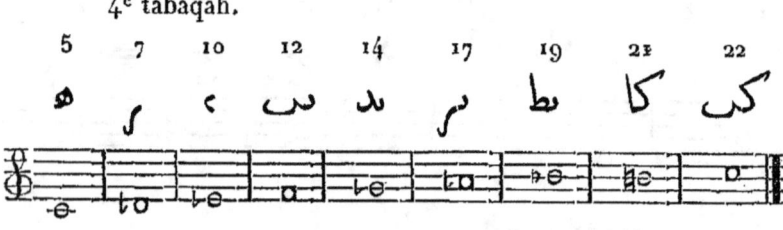

5ᵉ tabaqah.

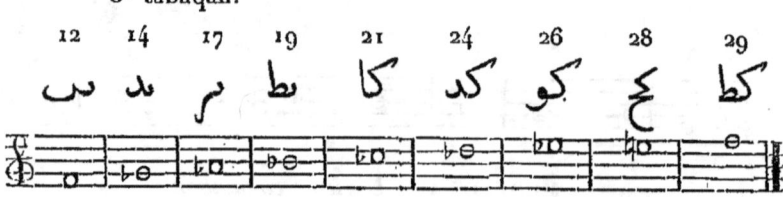

6ᵉ tabaqah.

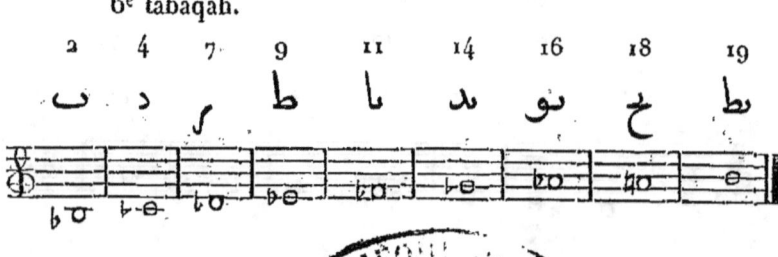

102 DE L'ÉTAT ACTUEL

7ᵉ tabaqah.

8ᵉ tabaqah.

9ᵉ tabaqah.

10ᵉ tabaqah.

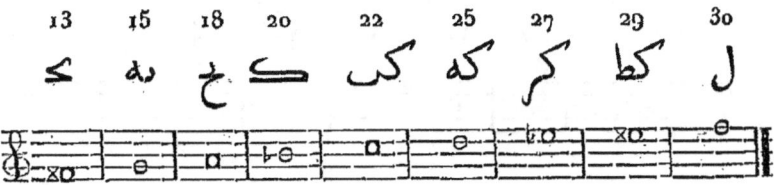

11ᵉ tabaqah.

DE L'ART MUSICAL EN ÉGYPTE.

12ᵉ tabaqah.

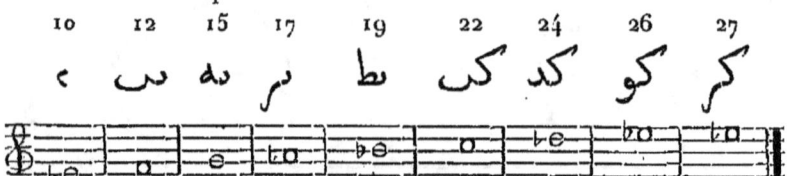

13ᵉ tabaqah.

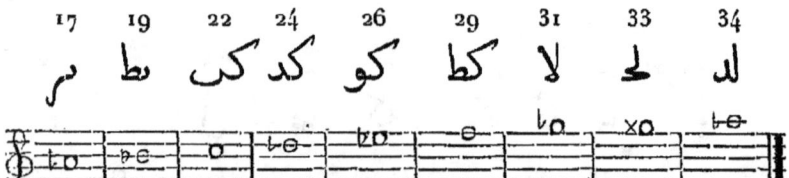

14ᵉ tabaqah.

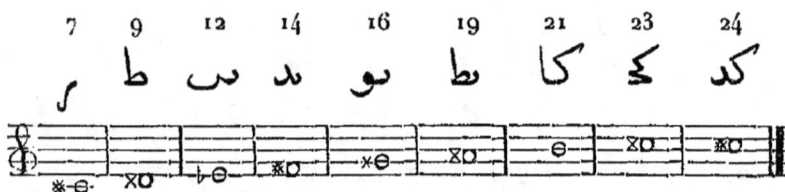

15ᵉ tabaqah.

16ᵉ tabaqah.

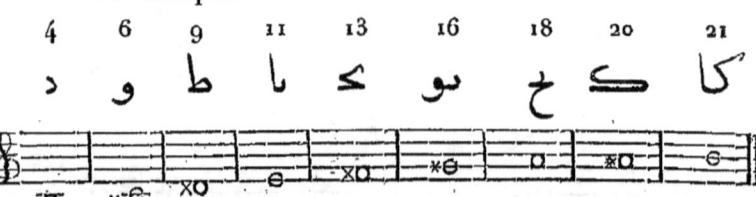

104   DE L'ÉTAT ACTUEL

17ᵉ tabaqah.

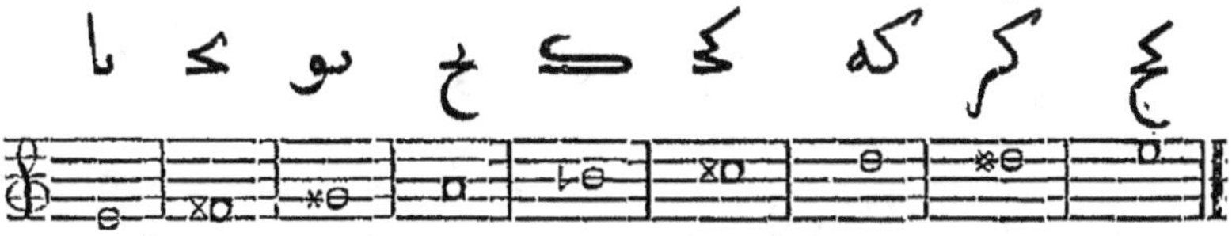

MODE ZYRAFKEND. *Onzième circulation.*

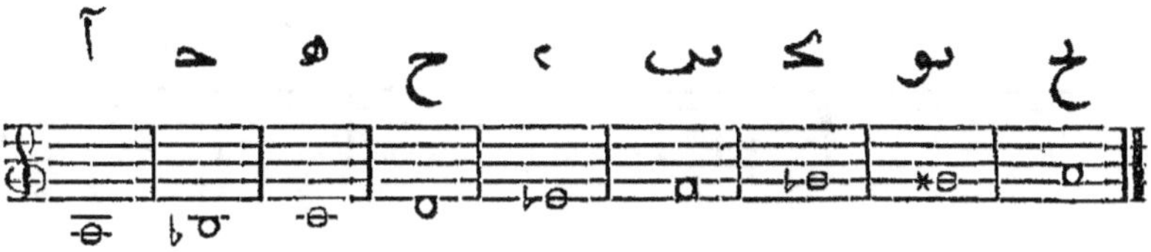

1ᵉʳ tabaqah.

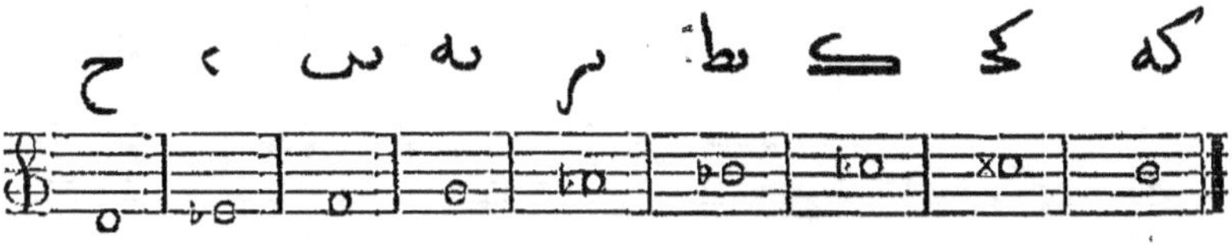

2ᵉ tabaqah.

3ᵉ tabaqah.

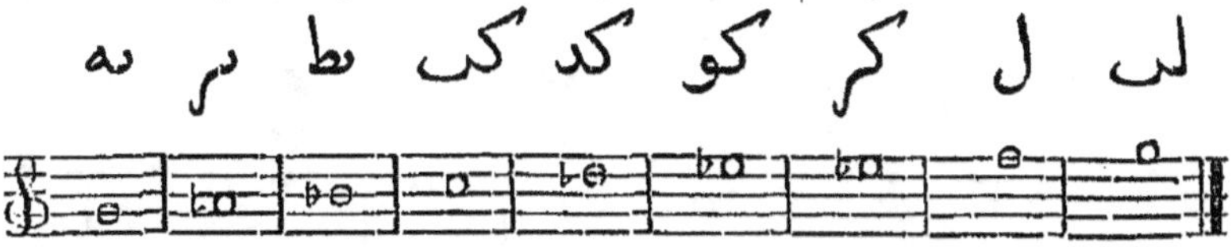

4ᵉ tabaqah.

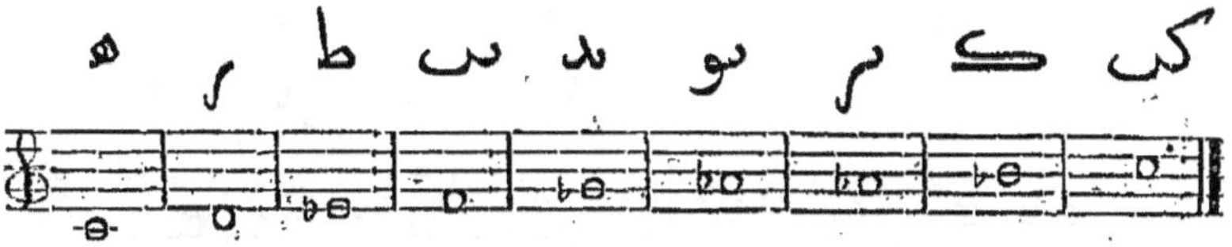

5ᵉ tabaqah.

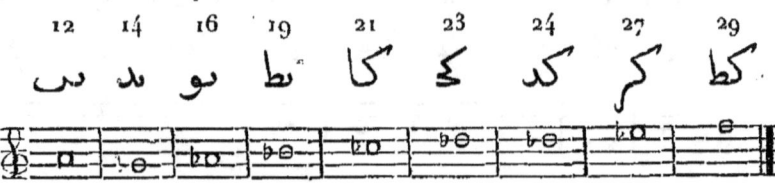

6ᵉ tabaqah.

7ᵉ tabaqah.

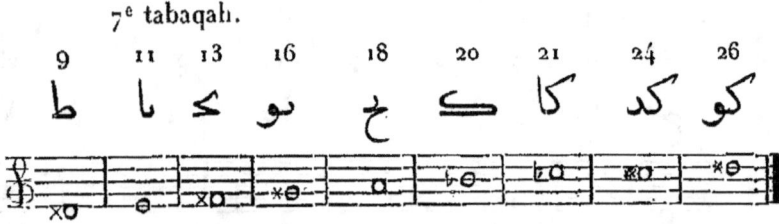

8ᵉ tabaqah.

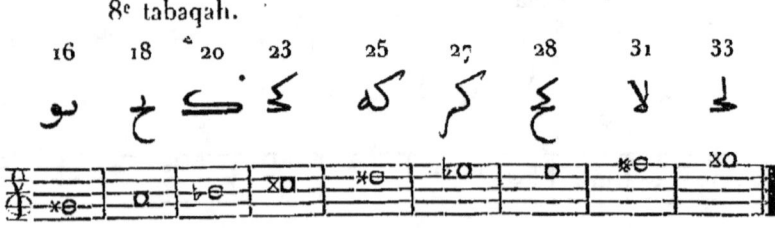

9ᵉ tabaqah.

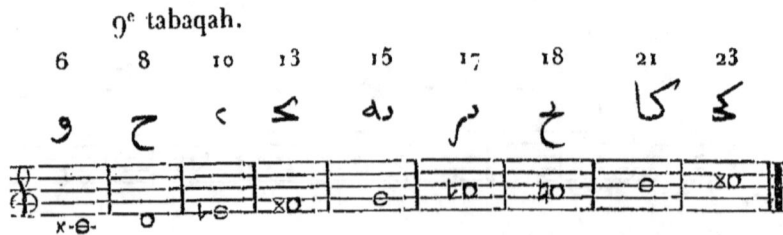

106   DE L'ÉTAT ACTUEL

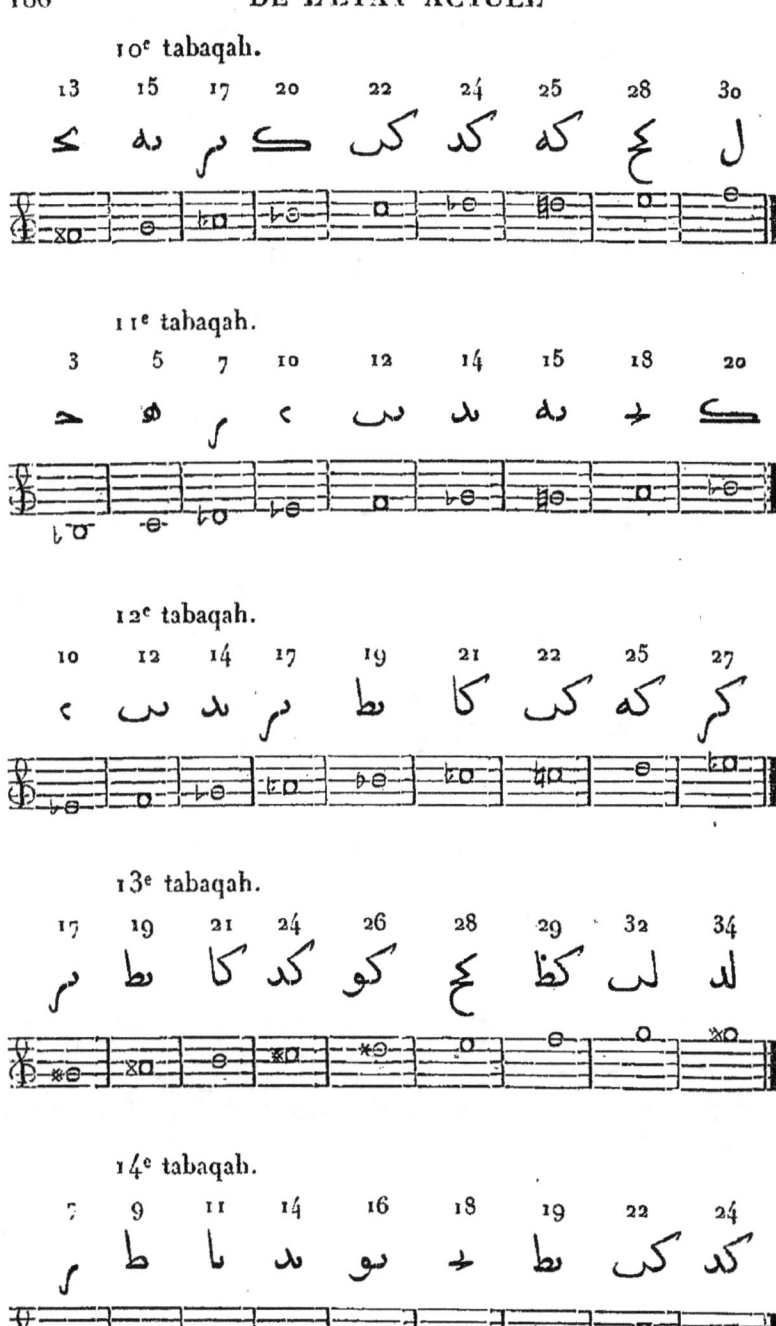

DE L'ART MUSICAL EN ÉGYPTE.

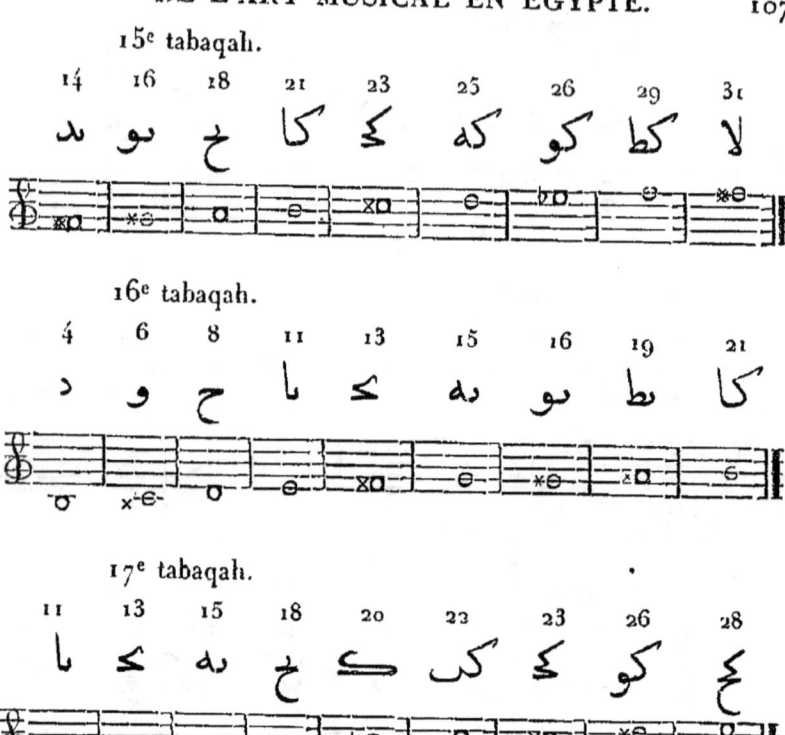

MODE BOUZOURK. *Douzième circulation.*

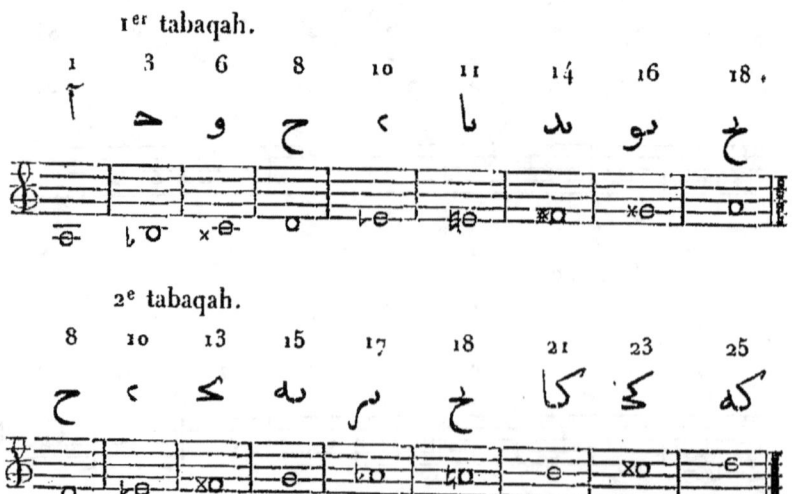

3e tabaqah.

4e tabaqah.

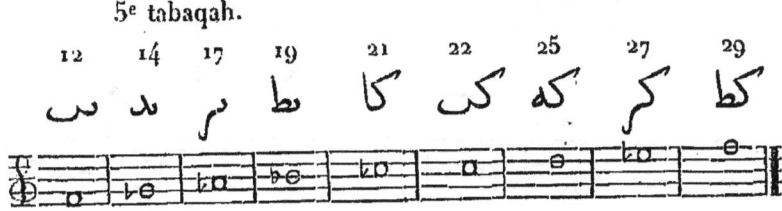

5e tabaqah.

6e tabaqah.

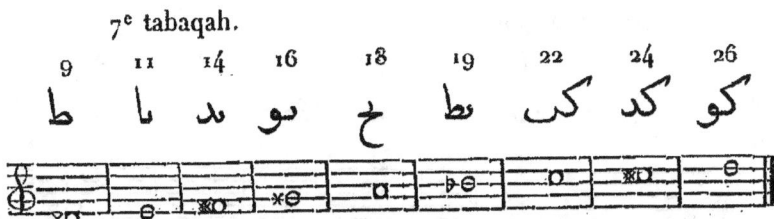

7e tabaqah.

DE L'ART MUSICAL EN ÉGYPTE.

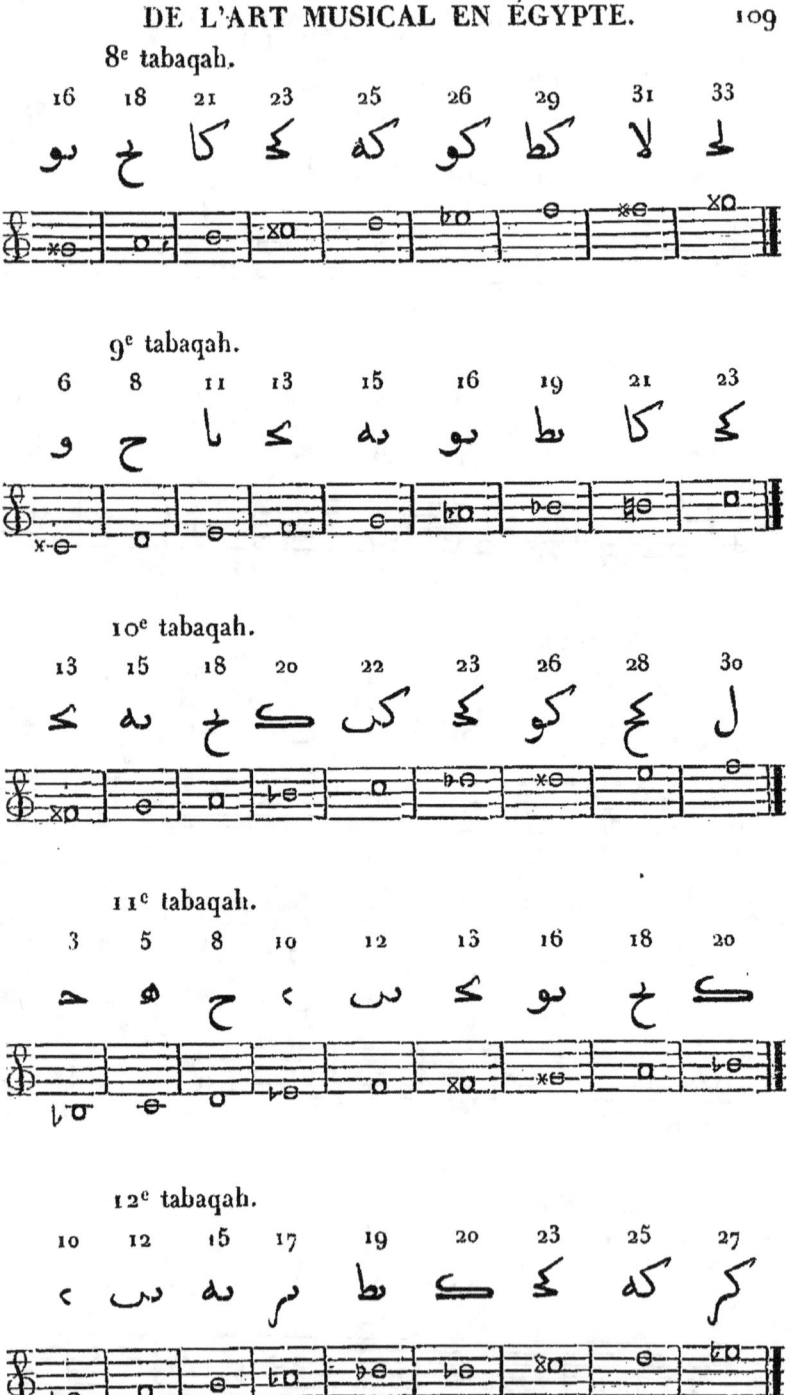

110 DE L'ÉTAT ACTUEL

On voit que toutes les gammes appelées en arabe *tabaqah*, et tous les sons mêmes qui les composent, sont toujours dans le rapport d'une quarte juste et parfaitement semblable, de l'un à l'autre tabaqah ; ce qu'il serait impossible de faire dans notre système musical, où il y a des tons plus forts dans le rapport de 8 à 9, et que, pour cette raison, nous appelons *majeurs*, et des tons plus faibles dans le rapport de 9 à 10, que nous appelons *mineurs* ; où, parmi les intervalles que nous nommons *demi-tons*, les uns excèdent et les autres n'égalent pas la moitié du ton, c'est-à-dire que les premiers sont dans le rapport de 5 à 9, et les autres dans celui de 4 à 9 [1] : il s'ensuit donc nécessairement que le système de la musique des Arabes est plus régulier et

---

[1] Nous savons que, par des hypothèses abstraites de calcul, on fait le demi-ton majeur de 15 à 16, et le demi-ton mineur de 24 à 25. Le calcul a l'avantage de pouvoir admettre comme réel tout ce qui est possible ou vraisemblable ; mais l'expérience ne peut s'étendre au-delà de ce qui est. Au reste, dans l'un et l'autre cas, il y aurait toujours deux sortes de demi-tons, l'un plus grand et l'autre plus petit que la moitié du ton : et, pour ne parler que du demi-ton diatonique, le seul qui puisse entrer dans la composition de ce que nous nommons la quarte juste, si on le combine avec les deux espèces de tons, le majeur et le mineur, il en résulte six sortes de quartes justes, différemment composées : la première, d'*un demi-ton*, d'*un ton majeur* et d'*un ton mineur* ; la seconde, d'*un demi-ton*, d'*un ton mineur* et d'*un ton majeur* ; la troisième, d'*un ton majeur*, d'*un ton mineur* et d'*un demi-ton* ; la quatrième, d'*un ton majeur*, d'*un demi-ton* et d'*un ton mineur* ; la cinquième, d'*un ton mineur*, d'*un ton majeur* et d'*un demi-ton*. Or, il n'est pas possible qu'avec ces divers intervalles diversement ordonnés, on puisse toujours avoir les mêmes rapports. Heureusement nous n'avons pas établi de règles qui fixent l'emploi de chacune de ces différentes quartes justes, soit en mélodie, soit en harmonie, et dans la pratique nous les regardons toutes six comme étant de même espèce ; autrement, notre art opposerait des difficultés très-grandes à ceux qui s'en occupent, et serait bien capable de dégoûter ceux qui ne l'étudient que pour leur plaisir.

plus analogue que le nôtre. Une pareille assertion nous aurait paru d'une absurdité révoltante, et nous l'aurions rejetée avec mépris, avant que nous nous fussions convaincus de son exactitude; mais aujourd'hui nous sommes forcés de l'admettre : quelque pénible que soit pour notre amour-propre cet aveu, la vérité l'exige, et nous ne pouvons le taire. Puisse-t-il, dans ce siècle si fécond en merveilles, déterminer quelque homme de génie courageux à entreprendre de faire disparaître du système de cet art chez nous la rouille des faux principes et des préjugés, indices trop certains de l'ignorance et de la barbarie des siècles où il a été formé! Puisse-t-il ranimer le zèle de tous les musiciens habiles, pour faire enfin sortir cet art du cercle étroit dans lequel la routine l'a mal-adroitement renfermé, et où il ne cesse d'être outragé par le mauvais goût, et tourmenté par les caprices bizarres d'une mode fantasque et inconstante!

CHAPITRE II.

De la pratique de la musique parmi les Égyptiens modernes.

ARTICLE PREMIER.

Du peu d'habitude qu'ont les Égyptiens modernes de réfléchir et de raisonner sur cet art; du succès de nos premières tentatives pour obtenir d'eux quelques notions sur les règles de la pratique, et des premières impressions qu'a faites sur nous la musique arabe exécutée par eux.

Ce n'a pas été sans beaucoup de peine et beaucoup de dégoût que nous avons pu réussir à découvrir en quoi consistent les connaissances en musique des Égyptiens. Le style excessivement verbeux des gens de cette nation, et les digressions sans fin dont leur entretien est toujours rempli, nous ont souvent forcés de les questionner pendant plusieurs heures et quelquefois pendant plusieurs jours de suite sur le même sujet, sans en recevoir une réponse claire et positive.

Avant que nous nous fussions procuré quelques manuscrits sur la musique arabe, et que nous eussions eu le temps et la facilité de les étudier assez pour y comprendre quelque chose, nous nous étions imaginé que les réponses évasives des musiciens égyptiens aux questions que nous leur faisions sur leur art, et les histoires qu'ils trouvaient toujours l'occasion d'y joindre, étaient, de leur part, un détour adroit qu'ils employaient par honnêteté, pour ne pas être dans la nécessité de nous dire qu'ils ne nous comprenaient pas et que nous ne nous servions pas des termes techniques pour leur rendre exactement nos idées : mais, dans la suite, lorsque nous pûmes nous exprimer dans le langage de l'art, nous fûmes convaincus que ce n'était pas là la raison; nous reconnûmes que ce style leur est aussi naturel que l'air qu'ils respirent, et que s'ils mettaient tant de retard à nous répondre, cela provenait uniquement de l'embarras où ils se trouvaient quand nous les interrogions, n'ayant, selon toute apparence, jamais songé à réfléchir sur ce qu'ils faisaient, et à s'en rendre raison.

Cependant, pour ne pas leur laisser apercevoir que nous avions reconnu leur ignorance, ce qui aurait pu diminuer leur confiance, les décourager et peut-être même les éloigner, nous eûmes recours à l'expérience. Mais ce moyen devint encore plus désagréable, plus rebutant et presque aussi ingrat que le premier.

Accoutumés au plaisir d'entendre et de goûter, dès la plus tendre enfance, les chefs-d'œuvre de nos grands maîtres en musique, il nous fallut, avec les musiciens égyptiens, supporter tous les jours, du matin jusqu'au soir, l'effet révoltant d'une musique qui nous déchirait les oreilles, de modulations forcées, dures et baroques, d'ornemens d'un goût extravagant et barbare, et tout cela exécuté par des voix ingrates, nasales et mal assurées, accompagnées par des instrumens dont les sons étaient ou maigres et sourds, ou aigres et perçans.

Telles furent les premières impressions que fit sur nous la musique des Égyptiens; et si l'habitude nous les rendit par la suite tolérables, elle ne put jamais néanmoins nous les faire trouver agréables pendant tout le temps que nous demeurâmes en Égypte.

Mais de même que certaines boissons dont le goût nous répugne les premières fois que nous en buvons, deviennent cependant moins désagréables plus nous en faisons usage, et finissent même quelquefois par nous paraître délicieuses quand nous y sommes tout-à-fait habitués, de même aussi une plus longue habitude d'entendre la musique arabe eût pu diminuer ou dissiper entièrement la répugnance que nous faisait éprouver la mélodie de cette musique. Nous n'oserions assurer qu'un jour nous n'aurions pas trouvé des charmes précisément dans ce qui d'abord nous a le plus rebutés : car combien de sensations que nous regardons comme très-naturelles, ne sont cependant rien moins que cela! Les Égyptiens n'aimaient point notre musique, et trouvaient la leur délicieuse; nous, nous aimons la nôtre, et trouvons la musique des Égyptiens détestable : chacun de son côté croit avoir raison, et est surpris de voir qu'on soit affecté d'une manière toute différente de ce qu'il a senti; peut-être n'est-on pas mieux fondé d'une part que de l'autre. Pour nous, nous pensons que la musique la plus agréablement expressive doit plaire le plus généralement, et que celle qui n'a que des beautés factices et de convention qui n'expriment aucun sentiment, ne peut plaire que dans le pays où l'on est accoutumé à l'entendre. Nous avons connu en Égypte des Européens remplis de goût et d'esprit, qui, après nous avoir avoué que, dans les premières années de leur séjour en ce pays, la musique arabe leur avait causé un extrême déplaisir, nous persuadèrent néanmoins que, depuis dix-huit à vingt ans qu'ils y résidaient, ils s'y étaient accoutumés au point d'en être flattés, et d'y découvrir des beautés qu'ils auraient été fort éloignés d'y soupçonner auparavant; elle n'est donc pas aussi baroque et aussi barbare qu'elle le paraît d'abord.

Au reste, ce que nous disons ici de l'effet qu'a produit sur nous la musique arabe, et ce que nous en dirons par la suite, ne doit point être regardé comme un jugement que nous portons de cette musique; l'ignorance, la maladresse, le mauvais goût, la mauvaise qualité de la voix des musiciens, celle du son des instrumens, peuvent avoir contribué beaucoup à l'effet que nous avons ressenti : mais toutes ces choses-là sont très-distinctes, ou plutôt sont tout le contraire de l'art.

Ce qui nous contrariait surtout le plus dans le commencement, en entendant chanter les musiciens égyptiens, car nous les faisions venir chaque jour chez nous, afin de pouvoir observer leur musique, c'était de ne pouvoir démêler les modulations des airs parmi les ornemens multipliés et d'une bizarrerie inconcevable dont ils surchargeaient leur chant. Nous ne le dissimulerons pas, nous avons été plus d'une fois tentés de renoncer au projet que nous avions formé de connaître la musique arabe; et nous n'aurions pas tardé à le faire, si, comme il arrive assez souvent en pareil cas, le hasard ne fût venu à notre secours, et n'eût fait réussir nos tentatives, au moment même où nous nous y attendions le moins. Voici l'expédient qu'il nous fit découvrir. Un de ces musiciens nous ayant chanté une chanson qu'un autre nous avait déjà fait entendre quelques jours auparavant, nous crûmes en reconnaître l'air, et c'était en effet le même. Pour nous en assurer, nous lui fîmes répéter plusieurs fois le premier couplet, phrase par phrase, pour avoir la facilité d'en noter le chant, afin de pouvoir ensuite en comparer l'air avec celui que nous avions cru reconnaître, lorsque nous aurions l'occasion de voir le premier musicien et de lui faire chanter la même chanson. Dans cette vue, nous nous appliquâmes à noter avec l'exactitude la plus scrupuleuse tout ce que nous entendîmes.

Quand nous eûmes fini, nous répétâmes l'air, au grand étonnement de celui qui nous l'avait dicté; car il avait eu toutes les peines du monde à s'y déterminer, regardant comme impossible d'écrire des sons, et d'apprendre dans un quart d'heure ce qui, nous disait-il, exigeait une étude suivie pendant bien des années. Il le trouva exact, à cela près que nous ne l'avions pas rendu avec le même accent, le même goût et la même expression que lui; ce qu'il regardait comme une chose importante : mais il était dans une sorte d'admiration de notre succès, et ne cessait de répéter *a'gayb*[1]*! a'gayb!* (quelle merveille! quelle merveille!) Il ne pouvait concevoir quelle figure nous avions pu donner aux sons différens de sa voix pour les reconnaître et nous rappeler leur degré d'élévation ou d'abaissement, celui de leur durée ou de leur vitesse. Nous aurions pu sur-le-champ lui expliquer tout cela; mais, voulant intéresser sa curiosité dans les recherches que nous faisions, et l'engager à ne rien négliger pour seconder promptement nos vues, nous lui promîmes que, lorsque nous serions plus instruits sur la musique arabe, nous lui ferions, à notre tour, connaître nos notes de musique. Toutefois, il nous parut soupçonner que nous avions employé autre chose que des moyens simples et naturels, et nous ne voulûmes pas perdre de temps à lui prouver le contraire.

Il publia ce fait avec une telle exagération, probablement que les gens du peuple s'imaginaient qu'il y avait de la magie, que les personnes plus instruites se perdaient en conjectures plus singulières et plus ridicules les unes que les autres; que les cheykhs eux-mêmes questionnèrent successivement plusieurs de nos collègues sur la possibilité de son existence, et qu'ils ne furent entièrement satisfaits que lorsqu'ils eurent appris de nous-mêmes en quoi consistaient nos moyens pour exprimer d'un seul trait, sur le papier, un son avec les principales modifications dont il est susceptible.

Une aventure aussi inopinée et aussi extraordinaire,

---

[1] عجيب *a'gayb;* ce mot est écrit ici suivant la prononciation vicieuse des Égyptiens.

occasionée par un fait qui nous avait semblé, jusqu'alors, n'avoir rien d'étonnant en lui-même, et que nous avions cru connu de tous les peuples qui ont adopté un système de musique, des principes et des règles pour la pratique de cet art, nous porta en ce moment à demander aux cheykhs s'ils n'avaient jamais entendu parler qu'il y eût eu des signes pour exprimer les sons et noter la musique arabe; ils nous assurèrent unanimement que non. Depuis, nous nous sommes informés de la même chose à tous les savans égyptiens et arabes, qui nous ont tenu le même langage que les cheykhs. Nous avons été jusqu'à demander à des négocians turks, natifs de Constantinople et qui habitent au Kaire, quelques renseignemens sur l'usage des notes de musique dans la pratique de cet art; ils nous ont affirmé que ces notes n'étaient point admises aujourd'hui dans la pratique ordinaire en leur pays, et qu'ils doutaient même qu'elles eussent jamais été d'un usage habituel généralement répandu en Turquie. Nous ne pouvons savoir jusqu'à quel point cette dernière autorité mérite la confiance; mais il est facile aux Français qui résident à Constantinople de dissiper sur ce point toutes nos incertitudes.

Constamment occupés au Kaire de nos recherches sur la musique, et ayant des communications habituelles avec les musiciens égyptiens, nous ne tardâmes pas à revoir celui d'entre eux qui, le premier, nous avait fait entendre la chanson dont nous venons de parler; nous la lui fîmes répéter, et nous la copiâmes derechef. En comparant cette copie avec la précédente, nous trouvâmes entre elles des différences très-marquées. Nous fîmes encore répéter la même chanson à tous les autres, et nous notâmes de nouveau exactement le chant de chacun. Parmi toutes ces copies, il ne s'en présenta pas deux qui fussent parfaitement conformes entre elles. En conséquence, nous essayâmes de noter à part tout ce qu'elles offraient d'invariable, pour voir si, par ce moyen, nous découvririons la forme réelle de l'air, imaginant bien que toutes les variétés que nous y avions reconnues appartenaient au goût de chaque musicien, et nous fûmes bientôt convaincus que nous ne nous étions pas trompés : car, après l'avoir simplifié en le dépouillant ainsi de ses accessoires, et l'avoir fait entendre successivement à tous ceux qui nous l'avaient chanté, tous le reconnurent fort bien; seulement tous nous reprochèrent de l'avoir privé des ornemens qui l'embellissaient. Mais nous leur fîmes observer que, pour nous, la mélodie simple était la personne même du chant, et que les ornemens n'en étaient que l'habit; que par conséquent, désirant faire connaissance avec la personne de la manière la plus intime, nous n'avions pu nous dispenser d'écarter tout ce qui dérobait à nos regards ses formes les plus intéressantes. Ils approuvèrent notre réflexion, et il fut convenu entre nous que chaque fois qu'ils exécuteraient désormais devant nous de la musique, ils nous la feraient entendre d'abord sans ornemens; qu'ensuite ils pourraient l'orner autant qu'il leur plairait, sans que cela nous empêchât de la reconnaître.

Nous n'obtînmes pas rigoureusement ce que nous

leur avions demandé; l'habitude qu'ils avaient contractée du contraire, leur avait rendu impossible cette exacte simplicité : mais enfin, comme ils mettaient toute leur application à se conformer à notre convention, leurs airs devinrent moins confus, et nous les distinguâmes davantage.

Par ce moyen et avec le secours de leurs instrumens dont nous nous servîmes pour leur faire mieux comprendre ce que nous voulions leur dire, nous eûmes la faculté de les aider à nous démontrer ce que nous voulions savoir. Dès ce moment, nos séances devinrent moins oiseuses, moins pénibles et plus profitables; et nous ne craignons pas d'assurer que si nous n'avons pas plus de choses à dire sur la pratique de la musique arabe en Égypte, c'est que les musiciens égyptiens n'en savent pas davantage.

Ces musiciens n'étant plus dirigés dans leur art par d'autres principes que ceux que l'usage leur a transmis, nous devions bien prévoir qu'une semblable tradition était trop susceptible d'abus, par l'ignorance ou la négligence de ceux qui en avaient été les organes depuis deux ou trois siècles, pour que ces principes se fussent perpétués, pendant un si long laps de temps, sans la moindre altération ; c'est pourquoi nous ne nous y sommes pas toujours arrêtés avec une entière confiance : mais nous devions bien penser aussi que des choses consacrées par un usage qui n'a été que négligé sans avoir jamais été entièrement interrompu, et auxquelles on n'a point eu l'intention d'ajouter quelque innovation, ne pouvaient avoir néanmoins été tellement dénaturées, qu'il n'en restât absolument rien; nous ne dûmes donc négliger aucun des moyens qui nous parurent propres à nous les faire reconnaître.

Quelle que soit la routine des musiciens égyptiens, elle n'était point à dédaigner pour nous; elle pouvait même éclaircir ou confirmer ce qui, dans les traités manuscrits que nous avions de la musique arabe, nous laissait encore quelques doutes. En effet, sans elle, nous n'eussions jamais obtenu les notions que nous avons acquises sur la pratique de cette musique, nous n'eussions jamais pu apprécier et déterminer le diapason de l'échelle musicale dont on y fait usage, nous n'eussions eu que des idées confuses sur les modes et sur les tons qu'on y emploie, nous n'eussions pu connaître les exceptions ou additions qui ont été établies dans les règles de la pratique, soit par le goût, soit par quelque autre motif; il nous eût été impossible enfin de donner, comme nous le faisons ici, des exemples notés, qui rendissent sensible à la vue ce que nous désirions de faire connaître

ARTICLE II.

Quelle connaissance les musiciens égyptiens ont actuellement du système de la musique arabe.

Une des principales causes qui ont fait que les musiciens égyptiens n'ont pas entièrement perdu la connaissance du système de la musique arabe, c'est que la tablature de leurs instrumens, de même que celle de tous les instrumens de musique des Orientaux, est formée d'après ce système : ce qu'ils y comprennent néanmoins, se borne à très-peu de chose.

Ils distinguent bien, à la vérité, par leurs noms les divers degrés de l'échelle diatonique des sons; ils savent aussi qu'il y a d'autres degrés intermédiaires aux précédens, et ils en font usage même assez fréquemment : mais ils ne sauraient dire au juste quelle est la nature et l'étendue de l'intervalle qui sépare ces degrés les uns des autres; seulement ils désignent par les noms d'*a'fq*[1] et de *baqeh*[2] les intervalles moins grands que les diatoniques : mais il ignorent que leur échelle musicale se divise par dix-huit degrés qui renferment dix-sept petits intervalles d'un tiers de ton chacun. Ils accordent leurs instrumens par quarte, par quinte et par octave : mais ils ne comprennent pas toute l'importance de ces intervalles dans la formation de leur système de musique; ils ne savent pas que quatre sons diatoniques consécutifs portent le nom de MER dans le langage technique de la théorie musicale arabe. En un mot, les notions qu'ils ont de leur art ne sont ni méthodiques ni réfléchies; elles ne sont, comme nous l'avons déjà observé, que le résultat d'une pratique routinière et d'une aveugle expérience.

---

[1] عفق *a'fq*, mot auquel ils donnent en musique l'acception de *retranchement, soustraction* d'une partie d'intervalle; c'est à peu près l'*apotome* des Grecs. Laborde a donc été mal informé quand il a écrit, dans son *Essai sur la musique*, que ce mot indiquait une *marche rapide du chant.*

[2] بقة *baqeh*, reste : cet intervalle répond au *lemma* des Grecs.

ARTICLE III.

Des modes musicaux et des modulations en usage dans la pratique chez les Égyptiens modernes.

Il s'en faut bien que les musiciens égyptiens connaissent et emploient tous les modes de la musique arabe et tous les *tabaqah* dans lesquels chacun de ces modes peut être transposé [1]. A cela près des douze modes principaux et de quelques-uns de leurs dérivés qu'ils peuvent exécuter sur un ou deux *tabaqah* seulement, à peine savent-ils le nom des autres. Ils composent la gamme du mode *rast*, qui est le type du système musical, de même que nous l'avons notée dans les exemples de la formation de ce système, pages 16, 18 et 21. Ils désignent les quatre premiers degrés et le sixième, de même encore que ces degrés sont désignés dans la théorie [2]; mais ils donnent à chacun des autres le nom du mode dont il est la tonique [3]. Pour distinguer les sons de l'octave grave, que dans la théorie on appelle *dessous des racines* [4], des sons de l'octave du *medium*, qu'on nomme *racines* [5], ils ajoutent au nom de chacun de ces sons l'épithète de *qab* [6]; ils désignent par

---

[1] *Voyez* les exemples qui terminent le dernier article du chapitre précédent.

[2] *Voyez* les exemples de la formation du système musical, p. 27.

[3] Ces noms en langage vulgaire du Kaire se prononcent *rast, doukâh, sihkâh, girkeh, naouâ, hosseyny, e'râq, kirdân*.

[4] *Voyez* les deux exemples de la page 21, au chapitre précédent, article VI.

[5] *Voyez* le premier et le second exemple, pages 18 et 19.

[6] قَب *qab* signifie *chef, prince*; il répond au mot ὑπάτη ὑπάτων, *principale des principales*, que les

DE L'ART MUSICAL EN ÉGYPTE.   125

l'épithète de *gaouáb* (réplique)[1] les sons de l'octave supérieure.

Exemple.

Rast...... Doukáh.. Sihkáh.... Girkeh... Naouä... Hosseyny. E'ráq.... Kirdán....

Quoique, suivant les progressions et transpositions des sons des *tabaqah* dont se compose la circulation de chaque mode, on puisse exécuter un air quelconque sur tous les dix-sept degrés de la gamme, il y a cependant un choix consacré par l'usage au moins, s'il ne l'est pas par les principes; le choix est indiqué par le degré qu'occupe dans l'échelle musicale la note tonique de chaque mode.

Lorsque l'on transpose un mode sur un autre degré que celui qui lui est assigné dans l'échelle musicale, on le distingue alors en joignant à son nom celui du degré où l'on établit sa tonique. Par exemple, si l'on transpose le *rast*, qui est le mode du premier degré, sur le troisième appelé *sihkáh*, on l'appelle le *rast* du *sihkáh*; si l'on transpose le *naouä* sur le quatrième degré, on l'appelle le *naouä* du *girkeh*.

Grecs donnaient aussi aux sons les plus graves de leur système. *Voyez* le deuxième exemple de la page 21.

[1] جَوَاب *gaouáb*, réponse ou réplique. *Voyez* le deuxième exemple de la page 21. Nous nous servons aussi du mot *réplique* pour distinguer les sons de l'octave supérieure. Il faudrait prononcer *djaouáb;* mais nous observons, pour la dernière fois, que nous ne nous exprimerons

Ces désignations seraient à peu près les mêmes que les nôtres, si, au lieu de dire *le ton de ré majeur*, *le ton de fa majeur*, *le ton de sol mineur*, *le ton de si mineur*, etc., nous disions le *mode majeur du ton de ré*, le *mode majeur du ton de fa*, le *mode mineur du ton de sol*, le *mode mineur du ton de si*, etc.; ce qui reviendrait absolument au même, ou serait peut-être encore plus exact.

Suivant ce que nous avons observé dans la pratique, chaque mode peut recevoir par accident quelques-uns des sons propres aux autres modes, et ces sons alors se nomment *morakkabát*[1]. Cette addition de sons dans un mode est autorisée par les principes, comme nous l'avons vu plus haut[2]; cela produit en quelque sorte l'effet d'une modulation feinte : c'est une licence qui demande beaucoup d'art de la part de celui qui se la permet, autrement il courrait les risques de moduler malgré lui et de changer de ton; ce qui paraîtrait d'autant plus choquant que la transition serait plus inattendue et plus subite.

Dans la musique arabe, comme dans la nôtre, il y a des règles pour passer d'un mode à un autre, dont

---

plus que conformément à la prononciation des Égyptiens du Kaire. Nous devons conserver aux choses dont nous rendons compte, leur physionomie locale.

[1] مُرَكَّبَات *morrakkabát*; singulier, مُرَكَّبَة *morakkabah*, composé, ajouté, introduit : c'est pourquoi, si l'on veut prévenir quelqu'un d'ajouter tel son, par exemple le *rast*, dans un mode quelconque autre que le *rast*, on lui dit, comme cela nous est arrivé, *el-kab el-rast*.

[2] *Voyez* l'article ɪx du chapitre précédent, page 68, *second alinéa*, où il est dit : « Néanmoins on emploie quelques-unes de leurs notes dans la composition des circulations, et elles y produisent un effet agréable. »

Nous aurons l'occasion sans doute de faire remarquer l'application de ce principe dans quelques-unes des chansons arabes que nous offrirons bientôt.

la principale est d'annoncer toujours par quelques notes de préparation qui disposent l'oreille au changement de ton qui doit avoir lieu. Cette préparation consiste particulièrement dans l'enchaînement des notes de la MER où se trouve le degré sur lequel on veut faire la transition, avec celles de la MER analogue et correspondante du mode dans lequel on veut entrer. De cette manière on peut passer successivement dans tous les modes, et revenir dans celui d'où l'on est sorti, sans blesser l'oreille.

Voilà tout ce que nous avons pu apprendre sur ce point, ou au moins ce qui nous a semblé mériter le plus de confiance dans ce que nous ont dit et fait entendre de la musique arabe les musiciens égyptiens.

Nous allons actuellement donner quelques exemples de la gamme de chacun des modes que ces musiciens nous ont paru le mieux connaître; nous l'avons notée à mesure qu'ils l'exécutaient avec leurs instrumens. On y distinguera les notes principales avec les notes accidentelles, en ce que les premières seront désignées par des rondes, et les secondes par des noires.

DE L'ÉTAT ACTUEL

Exemples de la gamme de chacun des modes connus et pratiqués par les musiciens égyptiens.

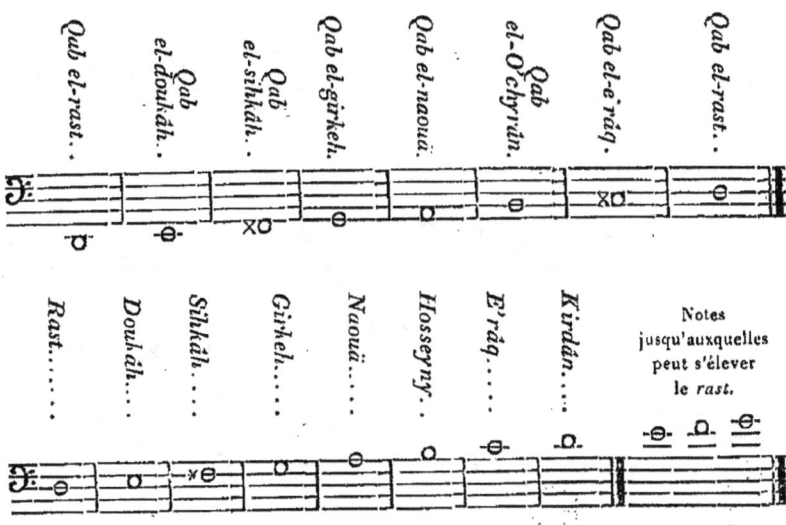

DOUKAH.

(Ce mode prend aussi le nom de *Mahyar*, étant élevé d'une octave.)

SIHKAH.

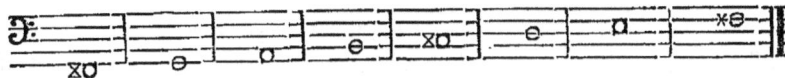

GIRKEH.

DE L'ART MUSICAL EN ÉGYPTE.

NAOUF. *Octave grave du naouä.*

O'CHYRAN. *Octave grave du hosseyny.*

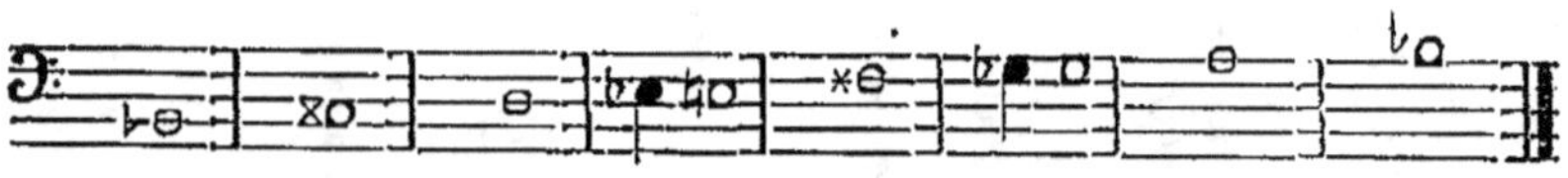

E'RAQ.

NYRYS.

Notes qu'on peut y ajouter.

ZENKLA.

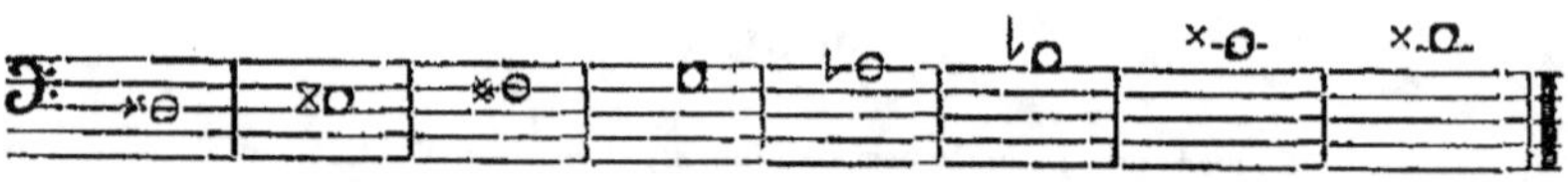

NYRYS BAYATY.

ISFAHAN.

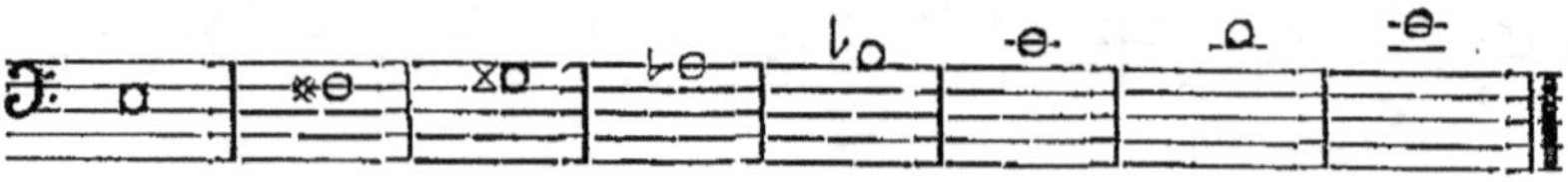

ZYRAFKEND.

O'CHAQ ou ABOUSEYLYK.

RAHAOUY.

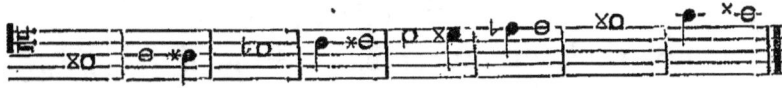

HOGAZ.

HOGAZ ISFAHAN.

RAML.

ARTICLE IV.

Des chansons musicales en arabe vulgaire, exécutées par les alâtyeh *ou musiciens de profession.*

On connaît déjà en France et en Angleterre beaucoup de chansons en arabe littéral; mais nous ne croyons pas qu'il soit jamais parvenu en Europe des chansons en arabe vulgaire, notées en musique. Celles que nous offrons ici auront donc le mérite de la nouveauté joint à celui de l'originalité; et ce qui leur donne un prix inestimable, c'est d'être accompagnées de la traduction française qu'en a bien voulu faire, à notre prière, le célèbre orientaliste M. Silvestre de Sacy, en les enrichissant de remarques critiques, tant sur la langue que sur le style et les usages des Égyptiens, toutes les fois que les paroles lui en ont offert l'occasion.

Nous avons déjà dit combien les airs de ces chansons paraissent compliqués et confus, chantés par les musiciens égyptiens, et combien il est difficile d'en démêler la mélodie au travers des ornemens bizarres et excessivement multipliés dont ceux-ci la surchargent. Nous avons fait connaître aussi les moyens que nous avons employés pour découvrir et noter le chant simple et vrai de ces chansons; nous avons rendu compte également des précautions que nous avons apportées à nous assurer de l'exactitude de notre copie. Il nous était donc facile de présenter ces airs, notés de l'une ou de l'autre manière : si nous avons préféré la plus simple, c'est qu'elle est aussi la plus claire, et que l'effet de l'autre n'est pas moins désagréable à la vue qu'à l'ouïe. Au reste, pour faire concevoir quels sont les ornemens que nous avons cru devoir retrancher, il suffit de dire qu'ils consistent, soit à porter la voix, en la traînant d'un son à l'autre, par toutes les nuances intermédiaires, ou à chevroter des *roulades* en parcourant ces mêmes degrés; puis, étant ainsi parvenu au point d'appui, à chevroter de nouveau des espèces de trilles, de martellemens, et le plus souvent à faire d'autres broderies ou d'autres ornemens indéfinissables par leur extravagante bizarrerie : outre cela, ils ajoutent des *ritournelles* de leur composition, à la fin des phrases du chant ou à la fin des couplets, en y joignant des paroles à leur guise, comme *yâ a'yny*, ou *yâ leyly*, ou bien *yâ l'allah lally*, etc., et répétant ces mots autant de fois qu'il leur plaît, pour prolonger l'étendue de leur ritournelle. Nous avons cru devoir retrancher toutes ces choses, qui ne tiennent point à l'art considéré en lui-même; elles eussent été déplacées ici, et nous eussent contraints de copier chaque air des deux manières dont nous l'avons copié d'abord pour nous, afin de le faire connaître; et l'on nous saurait sans doute peu de gré d'occuper ici, par ce double emploi, du temps et de la place, lorsque nous ne pouvons trop les économiser, pour ne pas être obligés de sacrifier des choses plus intéressantes dont il nous reste à parler.

Nous n'avons pu nous dispenser, en copiant les chansons suivantes, d'employer les signes qui nous ont déjà servi, dans les exemples précédens, pour désigner les tiers de ton ascendans et les tiers de ton descendans, parce que, sans cela, il eût été impossible de rendre la mélodie de ces chansons avec une aussi rigoureuse exactitude que nous l'avons fait; nous l'aurions même rendue méconnaissable, si nous n'avions pas apporté le plus grand soin à ne jamais négliger cette précaution indispensable, ou si, à la place du tiers de ton, nous eussions employé notre demi-ton mineur, et à la place des deux tiers de ton, notre demi-ton majeur; car, quelque faible que puisse en être l'effet, il est cependant assez sensible dans l'exécution pour qu'on ne doive jamais confondre ni le tiers de ton avec le demi-ton mineur, lequel est d'un comma plus fort, ni les deux tiers de ton avec le demi-ton majeur, lequel est d'un comma moins fort[1]. Nous avons acquis, par notre propre expérience, la conviction que la mélodie change absolument de caractère dès qu'on substitue une de nos divisions du ton à celle des Arabes.

Avant que nous nous fussions assurés qu'il y avait réellement dans l'échelle musicale de ces peuples des intervalles semblables à ceux dont nous venons de parler, nous attribuions l'effet choquant et la pénible impression que faisait sur nous le chant des musiciens égyptiens ou *alâtyeh*[2], soit à la maladresse de ceux-ci, soit à la mauvaise qualité de leur voix qui n'était ni bien nette ni fort assurée, soit à un défaut naturel qui rendait leur voix et leur oreille fausses. Ainsi, tantôt exprimant par un dièse le tiers de ton ascendant, nous notions l'air dans le mode majeur; et quand nous

---

[1] Les Arabes partagent le ton, comme nous, en neuf parties, que nous appelons, à l'exemple des Grecs, *comma*. Trois *comma* font donc un tiers de ton, lequel est plus faible que notre *demi-ton mineur*, puisque ce dernier se compose de quatre *comma*; et six *comma* ou deux tiers de ton sont plus forts que le demi-ton majeur, qui n'est que de cinq *comma*. Ainsi, en rapprochant nos divisions du ton avec celles des Arabes, exprimées par *comma*, on aurait cette proportion,

1 ton............	=	9 *comma*,
$\frac{2}{3}$ de ton......	=	6 *comma*,
$\frac{1}{2}$ ton majeur..	=	5 *comma*,
$\frac{1}{2}$ ton mineur..	=	4 *comma*,
$\frac{1}{3}$ de ton......	=	3 *comma*,

où l'on voit clairement que le demi-ton majeur est plus faible d'un comma que les deux tiers de ton, et le tiers de ton plus faible d'un comma que le demi-ton mineur.

[2] الآلاتية *alâtyeh*; sing., الآلاتي *alâty* : littéralement, *joueurs d'instrumens*; car ce mot vient du mot الآلات *alât*, qui signifie *instrumens* au pluriel, et dont le singulier est آلة *alah*, instrument. On appelle ainsi ces musiciens, parce qu'ils ne chantent jamais sans s'accompagner avec un instrument de musique, et que d'ailleurs leur principale profession est de jouer des instrumens.

l'exécutions ainsi devant notre musicien, il convenait que nous le chantions faux; nous-mêmes nous nous apercevions que cet air avait un caractère tout différent de celui que lui donnait l'*aláty* : tantôt retranchant le dièse, l'air devenait mineur, et l'*aláty* nous disait que nous n'en avions pas bien saisi la mélodie; nous sentions en effet aussi qu'elle n'avait plus le même caractère, la même teinte que lui donnait le musicien égyptien en la chantant. Quelqu'étrange que parût pour nous cette différence, il fallut bien en reconnaître la nécessité; mais nous ne savions comment l'exprimer.

Ce ne fut qu'en examinant la tablature des instrumens de musique d'Égypte et surtout de ceux dont le manche est divisé par des touches fixes, que nous commençâmes à nous apercevoir que les sons ne se suivaient pas, ainsi que les nôtres, par tons et demi-tons. Alors nous reconnûmes qu'un ton comprenait quatre degrés et trois intervalles égaux, chacun d'un tiers de ton, et enfin nous fûmes convaincus que cet intervalle que nous n'avions pu apprécier dans le chant de notre musicien, et qui était plus petit que notre demi-ton mineur, était un tiers de ton. Depuis, les manuscrits sur la théorie de la musique arabe nous ont confirmés dans cette conviction, et nous n'avons plus hésité à admettre de nouveaux signes pour exprimer les intervalles plus petits que ceux dont se compose l'échelle générale de notre système musical, et à donner une autre valeur au dièse et au bémol que nous avons conservés, en faisant représenter à l'un les deux tiers de ton ascendant, et à l'autre les deux tiers de ton descendant; par ce moyen, nous avons pu noter exactement tous les airs que nous avons entendus. C'est pourquoi nous osons assurer que les airs des chansons que nous offrons ici, sont parfaitement conformes, non pas au chant absurde de ceux qui nous les ont fait entendre, mais à la simple mélodie qui les compose. Ce que nous aurions désiré de noter de plus, si cela eût été possible, c'est l'accent d'abandon et de molesse avec lequel ces chanteurs expriment la mélancolique volupté répandue dans la plupart de ces chansons; mais nous nous serions bien gardés de rendre l'accent lascif et impudique qu'ils prennent plaisir à ajouter à des paroles grossières, qui ne respirent qu'un amour indécent et brutal, souvent même contraire à la raison.

CHANSONS DES ALATYEH.

MODE RAST, MESURE MASMOUDY.

Cet air commence sur le troisième degré appelé sihkàh.

[1] Ici, comme dans plusieurs autres endroits des chansons arabes, on remarque une syllabe ajoutée dans le mot par le chanteur, pour

136 DE L'ÉTAT ACTUEL

Rast.

ka - che - my - ry   Hab - beyt ge -
myl   be - no - houd roum - màm
Mitsl eg - ge - myl   mà   rà - àt a' -
yn.

| TEXTE *arabe de la chanson*
Yâ lâbesyn. | ORTHOGRAPHE en français du texte arabe, suivant la prononciation des Égyptiens. |

I

يا لابسين الششكلي
و محزمين بالكميسري
حبيت جيل بنهود رمان
مثل الجميل ما رات عيني

Yâ lâbesyn ech-chachakly
Ou mahazzemyn belkachmyry
Habbeyt gemyl benhoud roummàn
Mitsl eg-gemyl mà ràt a'yny.

TRADUCTION *française, par M. Silvestre de Sacy.*

I

O vous qui êtes vêtu d'une étoffe à fleurs [1] et qui avez une ceinture de cachemire, j'aime une beauté dont le

faire accorder les paroles avec la mélodie; quelquefois aussi, et par le même motif, on retranche des syllabes, comme on peut le remarquer au dernier mot de ce couplet. (M. *Villoteau.*)

[1] ششكلي est une corruption du mot turk جكلو, *fleuri.* (M. de Sacy.)

sein est semblable à des grenades : jamais mes yeux n'ont rien vu de si beau.

٢

يا بيض ويا لون الياسمين
يااللي على الصب لاحظ
وحياة عيونك و الوجنات
انا اسير اللواحظ

2

Yâ byad ou yâ loun el yâsmyn
Yâ-lly a'lä es-sab lâhaz
Ouhaydt a'younak ou el ougnât
Anâ asyr ellaoudhaz.

2

O toi qui es blanche et qui imites la couleur du jasmin, toi qui[1] connais l'amour que je te porte, j'en jure par la conservation de tes yeux et de tes joues, je suis esclave de tes regards.

٣

الخمر والورد الاحمر
يغزلوا في خدودك
ناديت من عظم وجدي
يا شبكتي من عيونك

3

El khamr ou-l-ouard el ahmar
Yghazeloû fy khodoudak
Nâdeyt min ao'zm ouagdy
Yâ chabkety min a'younak.

3

Le vin[2] et la rose rouge semblent parler[3] sur tes joues. Dans l'excès de mes transports amoureux, je me suis écrié : Ah! que tes yeux sont pour moi un filet inévitable!

[1] اللي est un mot vulgaire, pour الذي. (*M. Silvestre de Sacy.*)

[2] Le vin est pris ici dans un sens figuré; il signifie l'ivresse de l'amour, le feu de la volupté qui anime la couleur du visage : telle est l'explication que les Égyptiens nous ont donnée de ce mot. (*M. Villoteau.*)

[3] Au lieu de يغزلوا, *gazouillent, content des fleurettes*, M. Michel Sabbagh croit qu'il faut lire يغرزوا, *sont plantés*. Je n'ai point admis cette leçon, qui ne convient point avec l'idée du vin. (*M. de Sacy.*)

٤

قَالَ لِى غَزَالِى ادِينْ جِيتْ
وَافْعَلْ كَمَا تَخْتَارَ فِىْ
وَارَكِّبْكَ صَدْرَ بِرُمَّانْ
وَتَحُلَّ دَكَّةَ الْـــفِّىْ *

4

Qâl ly ghazâly adyn geyt
Ouâfa'l kamâ tekhtâr fiy
Ouârakkebak sedr biroummân
Outehell dikkah elfyy.

4

Ma gazelle m'a dit : Me voilà[1], je suis venue te trouver; dispose de moi comme il te plaira; je te placerai sur ce sein orné de grenades, et tu dénoueras la ceinture brodée de mille couleurs[2].

MODE RAST.

[1] ادين est un mot vulgaire, pour هذا, *voilà que*; c'est une expression qui n'est usitée qu'en Égypte. (M. Silvestre de Sacy.)

[2] دكّة ou plutôt تكّة est un mot d'origine persane, qui signifie proprement le cordon passé dans une coulisse, qui sert à serrer le haut du caleçon et à l'attacher. Quant au mot الفّى, qui devrait être écrit الفيه, il signifie à la lettre *où il y a mille*........ c'est-à-dire *brodée de mille couleurs*: il pourrait aussi vouloir dire *du prix de mille piastres*. (M. Silvestre de Sacy.)

N. B. Le *dikkah*, ou *dekkeh*, comme on le prononce au Kaire, est, pour les pauvres gens, composé d'une bande de toile plus ou moins grosse, laquelle passe dans la coulisse qui termine par le haut un très-long et large caleçon appelé *lebas*, que portent les femmes par-dessous leur chemise : il est ouvert en devant, et se ferme par le moyen du *dekkeh*, que l'on noue en faisant une double boucle, et dont on laisse pendre les bouts. Ce même *dekkeh*, chez les femmes riches, est composé d'une longue et large bande de mousseline très-fine, ordinairement brodée en soie de diverses couleurs, et en paillettes d'or et d'argent. Par-dessus le *lebas* les femmes riches mettent encore un très-large pantalon de soie, appelé *chintyân*. (M. Villoteau.)

DE L'ART MUSICAL EN ÉGYPTE.

se - taou-ha - choù le - ghy-â - bak

Yt - bas-se - moû hyn y - râ - ouk

Ouân ghib-te rad - doû gâ - ouâ - bak Ou -

ân ghib-te rad-doû ga-ouâ - - - bak.

TEXTE *arabe de la chanson*
Essâl a'lâ-lly ye'zzouk.

ORTHOGRAPHE en français du texte arabe, suivant la prononciation des Égyptiens du Kaire.

1

Essâl a'lä-lly ye'zzouk
Istaouhachoú leghyâbak
Ytbassemoû hyn yrâouk
Ouân ghibt raddoû gaouâbak.

TRADUCTION *française, par M. Silvestre de Sacy.*

I

Demande des nouvelles de ceux[1] qui te chérissent, que ton absence afflige, que ta vue comble de joie; malgré que tu sois éloigné d'eux, ils répondront à ta demande.

[1] اللي mot vulg., pour الذين. (*M. Silvestre de Sacy.*)

2

يا بدرُ سهم اللواحظْ
صابوا الشجى فى فؤاده
جد له بقبلة من فمك
يشفى ويبلغ مراده ٭

Yá bedr sahm ellaoudhaz
Sábou ech-chegy fy fouddhou
God lhou biqoublah min foummak
Youchfä ou yablogh moráddhou.

2

O (beauté semblable à la) pleine lune, les flèches de tes yeux ont atteint le malheureux (et l'ont blessé) au cœur : accorde-lui un baiser de ta bouche ; il sera guéri et obtiendra l'objet de ses vœux.

3

اهيف طاف بالكؤس
وجهه اخجل الشموس
ثغره ياسر النفوس
جمع الشهد والمدام

Ahyaf táf belkeous
Oughhou akhgal ech-chemous
Tsaghrhou yáser en-nefous
Gama' ech-chahad ou el moudám.

3

Une beauté à la taille légère a porté les coupes à la ronde ; son visage a fait rougir de honte le soleil ; sa bouche captive les âmes ; elle unit la douceur du miel à la force du vin [1].

4

علّنى ببنت الكروم
شادن من بنى الكرام
خمرة تذهب الهموم
كم فتى حبها وهام ٭

A'lleny bebent alkoroum
Cháden min beny el korám
Khamrat tezhab el hemoum
Kam fatä habbehá ouhám.

---

[1] Il faut presque toujours prendre au figuré les allusions où il s'agit du vin ou de la vigne ; car, quoique l'usage du vin soit interdit par la

4

Un jeune chevreuil, rejeton d'une race généreuse, m'a présenté[1] le jus de la vigne, ce vin qui dissipe les ennuis. Ah! combien d'autres l'ont aimé et en sont devenus fous!

Chanson de Malbrouk, *travestie en chant arabe par les Égyptiens*[2].

MODE RAST.

Yâ a'à-ze-ly khal-ly-ny Yâ a'à-ze-ly khal-ly-ny Heubb eg-ge-myl kà-ouy-ny Heubb eg-ge myl kà-ouy-ny A'-là eg-gamr lou ys-ly-ny Ber-rouh a-nâ mâ

religion musulmane, les poëtes arabes ne laissent pas de se servir très-souvent de ces expressions pour désigner la volupté, ou ce qui la cause, ou ce qui l'inspire : c'est ainsi qu'il faut encore entendre ici les mots de *vin*, de *jus de la vigne*, etc. (*M. Villoteau.*)

[1] Il est bon de remarquer, une fois pour toutes, que dans cette chanson et dans les suivantes, quoique tous les mots qui ont rapport à la personne aimée soient du masculin, il est cependant toujours question d'une maîtresse. C'est par une suite de l'usage où sont les Orientaux de ne point parler en public de leurs femmes, qu'on substitue le masculin au féminin. (*M. Silvestre de Sacy.*)

[2] Cette chanson fut composée pendant notre séjour en Égypte; mais l'air en était connu auparavant, et on le chantait sur d'autres

as - lâh Yâ tam-ra tam - ra - tay - ni Yâ

tam-ra tam - ra tay - ni Yâ tam-ra tam-ra -

tay - ni Yâ kouysto ci - toy-a Bo - no.

Texte *arabe de la chanson* Yâ a'âzely.	Orthographe en français du texte arabe, suivant la prononciation des Égyptiens du Kaire.
١	1
يا عاذلي خليــــني (bis)	*Yâ a'âzely khallyny* (bis)
حب الجميل كاويني (bis)	*Heubb eg-gemyl kâouyny* (bis)
على الجمر لو يسليــني	*A'lä eg-gamr lou yslyny*
بالـــروح انا ما اســلاه	*Ber-rouh and mâ aslâh*
يا تمـــر تمرتـــين	*Yâ tamr tamratayni*
يا كويستويا بونوا *	*Yâ kouystouyâ Bounoû* [1].

Traduction *française, par M. Silvestre de Sacy.*

I

Rigide censeur, laisse-moi; l'amour d'un objet charmant me consume : quand il devrait me faire fondre, comme si j'étais sur des charbons embrasés, non,

paroles. Cet air, suivant ce qu'on nous a appris, fut apporté en ce pays par des marchands grecs. Il avait été vraisemblablement déjà corrompu en Grèce avant de parvenir en Égypte ; car les change- mens qu'on y remarque ne sont nullement dans le goût et le style musical des Égyptiens. (*M. Villoteau.*)

[1] *Yâ tamr tamratayni* répond à *mironton-ton-ton mirontaine*. Je présume qu'il faut lire, *yâ koueys si-*

quand il y irait de ma vie, je ne saurais renoncer à sa possession [1].

Yâ tamr, etc.

٢

وجه الجميل بينوّر (bis)
جلّ الذى قد صوّر (bis)
وانا عليه بدور
شرع الهوى وياه
يا تمر *

2

Ougeh eg-gemyl bynaouar (bis)
Gell ellazy qad saouar (bis)
Ouáná a'leyh bedaouar
Chara' el haouä ouyâh.

Yâ tamr, etc.

2

Le visage de cette beauté répand l'éclat du jour [2] : gloire à celui qui l'a formée ! J'emploierai contre elle toutes les lois de l'amour, pour obtenir justice de ses rigueurs [3].

Yâ tamr, etc.

٣

الساق مثل اللولى (bis)
والشنتيان دابولى (bis)
لها سكر حله لى
ولعبت انا وياه
يا تمر *

3

Es-sâq mitsl ellouly (bis)
Ou ech-chintyân dâbouly (bis)
Lammá seker hallhou ly
Ou lae'bt aná ouyâh.

Yâ tamr, etc.

toya Bono (oh! qu'il est charmant, ce citoyen *Bono!*), et que *sitoya* est le mot *citoyen* altéré, et *Bono* le nom du général en chef, abrégé et corrompu. (*M. Silvestre de Sacy.*)

[1] Nous avons transcrit le texte arabe tel que nous l'a écrit le copiste arabe ; mais, dans ce dernier vers, il n'est point conforme aux paroles que nous avons entendu chanter par l'alâty, et que nous avons écrites sous la musique : nous ne sommes plus à portée de savoir au juste la raison de cette différence. (*M. Villoteau.*)

[2] le ب qui commence le mot بينوّر : est une sorte de particule préfixe que, dans l'usage vulgaire, on met devant les personnes de l'aoriste pour leur donner la signification du présent. Il en est de même de ادوّر ou بادوّر qui est pour بدوّر. (*M. Silvestre de Sacy.*)

[3] وياه est pour معه. Voyez ma

DE L'ÉTAT ACTUEL

3

Sa cuisse est comme une perle (*c'est-à-dire* a la blancheur d'une perle)[1] ; ses hauts-de-chausses sont de dâbouly[2] : dans son ivresse[3], elle a dénoué sa ceinture, et je me suis amusé avec elle.

Yâ tamr, etc.

۴

قوام حبيبى مايــس (bis)
و جفن عينــه ناعــس (bis)
ما احلاه فى الملابس
و الله جيــل تيــاه
يا نمر ٭

4

Qaoudm habyby mâys (bis)
Ou gefn a'ynhou nâe's (bis)
Mâ-hlâh fy el malâbes
Ou allah gemyl tyâh.

Yâ tamr, etc.

4

Ce que j'aime a une taille délicate ; les cils des yeux respirent une molle langueur : que de grâces l'embellissent quand il est couvert de ses vêtemens ! Par Dieu, quelle beauté fière et charmante[4] !

Yâ tamr, etc.

Chrestomathie arabe, t. III, p. 344. (*M. Silvestre de Sacy.*)

[1] لولى est pour لولو ou لولوة. (*M. Silvestre de Sacy.*)

[2] C'est une sorte d'étoffe fine de soie et de coton, rayée de diverses couleurs, qui se fabrique à Damas. (*M. Silvestre de Sacy.*) — Il s'agit ici du *chintyân* dont nous avons parlé à la fin de la note [2] de la page 138. (*M. Villoteau.*)

N. B. Les cheykhs de la religion et tous les musulmans un peu sévères dans leurs principes religieux ne font jamais usage de ces sortes d'étoffes, comme ils ne se servent jamais non plus d'aucun meuble fabriqué en or ou en argent, parce qu'ils prétendent que ces superfluités de luxe étaient rejetées par le prophète, et sont contraires à l'esprit de la religion. (*M. Villoteau.*)

[3] Le mot سكر, qui, dans son acception propre, signifie l'ivresse du vin, doit s'entendre ici de l'ivresse de l'amour : cette expression est une conséquence naturelle de l'observation qu'on nous a faite sur les mots *vin*, *vigne*, etc., et que nous avons rapportée dans les notes de la chanson précédente. (*M. Villoteau.*)

[4] Le mot تياه exprime en même

DE L'ART MUSICAL EN ÉGYPTE.

5

Yá lábes el limouny (bis)
A'zzály fyk lámouny (bis)
Nánd gefä yá a'youny
Lak tsaghr má ahláh.
Yá tamr, etc.

5

O toi qui portes des habits d'une étoffe orangée, mes censeurs m'ont reproché mon amour pour toi. O mes yeux, c'est assez[1] user de cruauté envers moi; ta bouche a des charmes inexprimables.

Yá tamr, etc.

6

El heubb qásy oulhou nás (bis)
A'yá el tabyb el medaouy (bis)
Yá madda'y el heubb qoul hás
Leysa el mahabbeh da'áouy.
Yá tamr, etc.

6

L'amour est cruel. Parmi ceux qu'il blesse, il en est qui rendent inutiles tous les soins du médecin qui tâche de les soulager. O toi qui feins un amour que tu ne

---

temps quelque chose de fier et de gracieux : *Et fugit ad salices, et se cupit antè videri.* (M. Silvestre de Sacy.)

[1] نانا ou نأنا est un mot du lan- gage vulgaire en Égypte, qui exprime la même chose que كمى *il suffit,* en arabe littéral. (M. Silvestre de Sacy.)

146 DE L'ÉTAT ACTUEL

ressens pas, dis, C'est assez[1] : l'amour n'est point un sujet de jactance et de vaines prétentions[2].

Yá tamr, etc.

V

يا من يجي يتفرج (bis)
على نهود بمدرج (bis)
سيدي الحليوا حرج
ما احدش يعلاه
يا تمر

Yá men yguy ytfarrag (bis)
A'lá nohoud bemdarrag (bis)
Sydy el heuley oud harrag
Má ahadich ya'láh.

Yá tamr, etc.

7

O toi qui viens repaître tes yeux de la vue de ce sein et de ces cheveux étagés[3], ma maîtresse, l'objet de ma tendresse, a défendu que qui que ce fût[4] osât y toucher.

Yá tamr, etc.

---

[1] حاس est un mot du langage vulgaire, qui signifie *finissez, retirez-vous*. Si, par exemple, un homme étant tombé entre les mains de gens qui le maltraitaient, appelle à son secours, celui qui viendra pour le secourir criera à ceux qui le maltraitent, حاس عن فلان. (*M. Silvestre de Sacy.*)

Ce mot, que l'on prononce *houch* dans le langage vulgaire au Kaire, s'emploie beaucoup plus souvent dans le sens de *retire-toi, va-t'en*, qu'autrement. Il nous a paru qu'on ne faisait même ordinairement usage de cette expression que par mépris, ou au moins par une très-grande familiarité. (*M. Villoteau.*)

[2] J'ai substitué ليس à هيا qu'on lit dans l'original et qui ne donne aucun sens. Peut-être a-t-on voulu écrire هل est-ce que l'amour..... (*M. Silvestre de Sacy.*)

[3] M. Michel Sabbagh croit qu'il faut على جبين ممدرج, de ce front dont les cheveux sont bien étagés. Je trouve dans un fragment d'une traduction italienne, *delle poppe, e dei capelli a gradini* (des seins et des cheveux étagés), ce qui réunit les deux sens ; j'ai adopté cette traduction. (*M. Silvestre de Sacy.*)

[4] ما احدش est pour ما احد, en ajoutant, comme l'on fait souvent dans le langage vulgaire aux propositions interrogatives et négatives, ش qui vient de شي *chose*. (*M. Silv. de Sacy.*) — L'expression ما احدش, que, dans le langage vulgaire, on prononce *má aha-*

DE L'ART MUSICAL EN ÉGYPTE.

8

محبوب قلبى جانى (bis) *Mahboub qalby gâny* (bis)
بورد خده جانى (bis) *Beouard khaddhou gâny* (bis)
ولحبّه الجانى *Oul-heubbhou el gâny*
والله جميل تيه *Ouallah gemyl tyâh.*
يا تمر *Yâ tamr*, etc.

8

L'objet que chérit mon cœur est venu me trouver avec les roses de ses joues, et m'a contraint à lui vouer mon amour. Par Dieu, quelle beauté fière et charmante !

Yâ tamr, etc.

MODE O'CHAQ.

dich, signifie ici la même chose que *nemo* en latin, ou *personne* en français pris dans le sens de *nul*. Enfin, littéralement, *má ahadich* veut dire *qui que ce fût*, ou *qui que ce soit*, selon l'occurrence; nous en avons acquis la certitude par la réponse que nous fit un très-habile grammairien du Kaire, lorsque nous lui demandâmes ce que signifiait le *chin* ش ou le mot *chay*, شى, que, dans le langage vulgaire, on ajoute fréquemment à la fin des mots arabes. « Le mot *chay*, nous dit-il, ainsi que la lettre *chin* ش, qui est une abréviation de ce mot, s'emploie en pareil cas dans le sens de *quoi que ce soit*. » Or, cette explication est confirmée, comme on le voit ici, par l'interprétation que M. Silvestre de Sacy nous donne de *má ahadich*. On peut en effet, sans altérer le sens de l'arabe, rendre toujours en français par *quoi que ce soit*, ou par *qui que ce fût*, le mot *chay* شى, ou son abréviation *chin* ش, toutes les fois que, dans le langage vulgaire, ce mot est ajouté à la fin des mots. (M. *Villoteau*.)

148 DE L'ÉTAT ACTUEL

ech - che - goun Yâ a'yn yà a'yn yà a'y - ny a' - lä ech-che-goun a' - lä ech'-che-goun Yâ mâ - ys fo - dah eg-gho-doun Ouas-l-el-ha - byb ma - tä y - koun Le - tet - mym qa - lak eg - ge - foun.

Texte arabe de la chanson Chagany.	Orthographe en français du texte arabe, suivant la prononciation des Égyptiens du Kaire.
۱.	1
شجنى يفوق على الشجون	Chagany yafouq a'lä ech-chegoun
يا مايس فضح الغصون	Yâ mâys fodah eg-ghodoun
وصل الحبيب متى يكون	Ouasl el habyb matä ykoun
لتتميم قلق الجفون	Letetmyn qalak eg-gefoun[1].

[1] Le musicien paraît avoir ajouté après le premier vers, les mots يا عينى على الشجون. (*M. Villoteau.*)

DE L'ART MUSICAL EN ÉGYPTE.

TRADUCTION *française, par M. Silvestre de Sacy.*

1

Mon ennui surpasse tous les ennuis : ô toi, beauté délicate, dont les mouvemens pleins de grâce l'emportent sur les balancemens des tendres rameaux, quand serai-je uni à l'objet de mon amour, pour mettre une fin aux tourmens qui ravissent le repos à mes paupières ?

2

قسما به وحياته
وبما حواه من الفنون
ان زارنى متستترا
قرت بزورته العيون

Qasamâm bihi ouhyâthou
Ou bemâ haouâh min el fenoun
En zârny metsattarân
Qarret bezourthou el a'youn.

2

J'en jure par cet objet chéri, par sa vie et par tout ce qu'il possède de talens, s'il me rend une visite clandestine, sa vue charmera mes yeux et les comblera de plaisir.

MODE NYRYS-GIRKEH.

Zâ - ha - rat a' - leyk a' - leyk - a sa - bâ - ba - ty sa - bâ - ba - ty Min ba'- dy kâ - - - net kâ - ne - ta khâ - fy - ah

[1] *kirdân.*

Al-bas-ta-ny — — — — tsaub as-se-qâm   Youl-be-sak tsaub — — — tsaub el a'-fy-ah.   [2] Yà a'yn ouà bi-nour-i ouegh ouà bi-nour-i ouegh-i kas-sa-y-dy sa-y-dy Là taf-daha — — na a'-y-ou-bhou — —.

[1] Ici la modulation entre dans le ton de kirdàn, qui est un ton à l'octave aiguë du rast. Le musicien qui nous dicta cette chanson et auquel nous la répétâmes, quand nous l'eûmes copiée, craignant que nous ne pussions entonner cet intervalle avec justesse, s'écria, comme malgré lui, au moment où nous en fûmes à cet endroit, *orbout el kirdán*, c'est-à-dire *attache le kirdán*; et, à sa grande surprise, nous ne manquâmes pas d'*attacher le kirdán*. (M. Villoteau.)

[2] A partir des mots *yà a'yn* que le musicien a ajoutés, ainsi qu'il arrive souvent, le reste est emprunté du second couplet; ce sont les deux derniers vers, qui, par la manière dont ils nous ont été prononcés et tels que nous les avons fidèlement rendus par l'orthographe, sont presque méconnaissables. (M. Villoteau.)

DE L'ART MUSICAL EN ÉGYPTE.

Texte arabe.	ORTHOGRAPHE en français du texte arabe, suivant la prononciation des Égyptiens du Kaire.

١

ظهرت عليك صبابتى
من بعد كانت خافيه
البستنى ثوب السقام
يلبسك ثوب العافيه

1

Zaharat a'leyk sabábaty
Min ba'dy kánet kháfyeh
Albastany tsaub as-seqám
Youlbesak tsaub el a'áfyeh

TRADUCTION *française, par M. Silvestre de Sacy.*

1

Mon amour que j'ai long-temps tenu caché, a enfin éclaté à tes yeux; tu m'as couvert du vêtement d'une langueur mortelle : puisses-tu être enveloppé des vêtemens d'une parfaite santé !

٢

ولقد اتى لك عاشقا
يرجو وصالك شافيه
فبنور وجهك سيدى
لا تفضحن عيوبه

2

Ou laqad atá lak a'áchiqán
Yergou ousálak kháfyeh
Fabnour ougahak sydy
Lá tafdahenn a'youbhou.

2

Ton amant vient à toi, animé par l'espoir de trouver la guérison dans la jouissance de ce qu'il aime : maîtresse de son cœur, il t'en conjure par l'éclat de ton visage, ne trahis pas ses faiblesses.

TON D'E'RAQ.

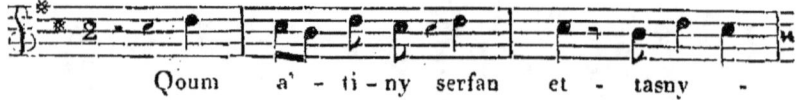

Qoum a'- ti-ny serfan et-tasny-

152　DE L'ÉTAT ACTUEL

[musical score]

ym-l el kaous Fe-mà le-ta-ge-dyd tag-dyd el a-fràh el a-fràh el-là-l qa-dym.

On applique les quatre vers
suivans au même chant.

Texte arabe.

ORTHOGRAPHE en français du texte
arabe, suivant la prononciation des
Égyptiens du Kaire.

1

Qoum a'àtiny serf et-tasnym

Malàn el kaous

Femà letagdyd el afràh

Ellà el qadym

Ouàse'y bihà yà snou el rym

Sa'y el a'rous

Oumorr fynà bilàqdàh

Marr en-nasym

TRADUCTION *française, par M. Silvestre de Sacy.*

1

Lève-toi, donne-moi le vin des célestes demeures, remplis-en ma coupe : rien n'est plus propre à ranimer les plaisirs qu'un vin vieux. O fille d'une tendre gazelle, présente-nous cette liqueur, comme fait une nouvelle mariée ; fais circuler la coupe entre nous, et que son passage soit aussi doux que celui du zéphyr.

2

راح بها عهد التكليم
ضمن الطروس
مشحونه منها الالواح
قبل الكليم
نعيد فى الاكباد الهيم
و فى النفوس
من قبل نشات الارواح
روح النعيم

Ráhon bihá a'hed el-taklym
Doum alterous
Machhounah minhá el alouáh
Qabl el kelym
To'yd fy-lakbád el hyam
Oua fy-n-nefous
Min qabl nechát el arouáh
Rouh en-na'ym

2

Le vin rappelle les entretiens de Dieu avec Moïse, et suggère des paroles dignes d'être consignées dans les livres. Avant le temps de ce prophète, les tablettes étaient déjà remplies des discours qu'avait inspirés cette précieuse liqueur. Elle rend la vie aux cœurs et aux amans malheureux, en les animant du souffle de la joie : et ce pouvoir divin, elle a commencé à l'exercer avant même que le souffle du Créateur eût animé les mortels[1].

3

باكر الى الروض الممطور
وقت الصباح
فقد اتانا بالنوار
فصل الربيع

Bákir ilá el raud el-mamtour
Ouaqt el sabáh
Faqad atáná ben-naouár
Fasl er-reby'

[1] Cette strophe est fort obscure, et j'ai été obligé de la paraphraser pour rendre les allusions exprimées par les mots *taklym*, *alouáh* et *kelym*, toutes relatives à l'entretien de Moïse avec Dieu et aux tables de la loi. La seconde partie de la même stance fait allusion à la création de l'homme, dont le corps fut animé par le souffle de Dieu : elle contient une exagération ou hyperbole outrée, du genre que les Arabes

و الطل كالدرّ المنثور
بالمسك فاح
و الغيث قد عمّ الاقطار
غيث مريــع

Ou at-tal kâldorr al mantsour
Belmiski fâh
Ou al gheytsou qad a'mmâ-lâqtâr
Gheytsa mary'.

3

Hâte-toi de te rendre de grand matin dans ce jardin arrosé des eaux du ciel, car le printemps vient de nous ramener les fleurs; la rosée, semblable à des perles jetées sans ordre, exhale l'odeur du musc; une pluie bienfaisante ranime en tous lieux la nature, et fait de toute la terre une prairie couverte d'une riche végétation.

۴   4

و الورد كالكم المزرور
يحكي الاقاح
و انشدت عجم الاطيـــار
فى البديـــع
و البان من إجل التسليم
محنى الروس
و شم وجنات التفــاح
تحيى الرميم *

Ou al ouard kâl komm el mezrour
Yahky-l-aqâh
Ouenchadet a'gm el atyâr
Fy el bedy'
Ou al bân min agl et-teslym
Mohny-r-reous
Oua chamm ouagnât et-toffâh
Tohyi-r-remym.

4

La rose, semblable à une manche boutonnée, imite les fleurs de la camomille¹ ; tous les oiseaux, en leurs

---

nomment اغراق et علو. (M. Silvestre de Sacy.)

¹ اقاح est le pluriel de اقحوان. J'ai suivi l'interprétation ordinaire en traduisant ce mot par camomille; mais j'ignore si c'est là sa véritable signification. Les poëtes font très-souvent allusion à cette fleur. (M. de Sacy.)

DE L'ART MUSICAL EN ÉGYPTE.

langages étrangers, rivalisent d'éloquence; le rameau du myrobolanier incline la tête pour nous saluer; l'odeur que l'on respire sur les joues de la pomme embaumée, ranime la cendre des morts.

MODE NAOUA.

Mesure douyek.

¹ mah-bou-by là-bas bour-ney-tah Ou dek-ke-thou o'q-dah 'ou chneyt-tah Ta-leb-tou ouas-lhou qàl ly' sbey-tah ² Mà-hlà ka-là-mhou bi-t-

¹ Les ornemens de cet air, exécuté comme il l'est ordinairement par les musiciens ou autres habitans naturels de l'Égypte, étant un peu moins baroques que ceux des autres chansons arabes, nous avons entrepris de les noter. Quoiqu'ils ne défigurent pas la mélodie autant que les autres, cependant toutes les notes sont tellement chargées de broderies, que chaque phrase de musique forme une roulade, et que le chant simple se trouve comme enveloppé, au point de devenir presque insensible. (*M. Villoteau.*)

² Ce mot *sbeytah* est pour *esp*-

156 DE L'ÉTAT ACTUEL

ta - lyâ - ny. Yà sa - lâm min a' - you-nhou A'youn ghouze - làn¹ Yà salâm Yà sa - làm ma ba - nam.

Texte arabe.	ORTHOGRAPHE en français du texte arabe, suivant la prononciation des Égyptiens du Kaire.
١	I
محبوبي لابس برنيطه	Mahbouby lâbas bourneytah
و دكته عقده و شنيطه	Ou dekkethou o'qdah ou chneyttah
طلبت وصله قال لي اسبيطه	Talebtou ouasïhou qâl ly esbèytah
ما احلا كلامه بالطلياني	Mâ-hlâ kalâmhou bi-t-talyâny.
يا سلام من عيون	Yâ salâm min a'younhou
عيون الغزلان	A'youn ghouzlân
واصلني يا حلو الكلام	Ouasilny yâ heloû-l-kalâm.
يا سلام *	Yâ salâm!

TRADUCTION *française*, par M. Silvestre de Sacy.

I

Mon bien-aimé est couvert d'un chapeau ; des nœuds et des rosettes ornent ses hauts-de-chausses². J'ai voulu

etta, qui est le mot italien corrompu *aspetta*. (M. Villoteau.)

¹ Il n'y a que ces deux sortes de refrains que nous ayons entendus ;

le surplus a été ajouté par les copistes arabes. (M. *Villoteau*.)

² A la lettre, *sa ceinture*. Voyez ci-dessus la note ² de la chanson *Yâ*

le baiser; il m'a dit (en italien) : Attends[1]. Ah! qu'il est doux son langage italien! Dieu me garde de celui dont les yeux sont des yeux de gazelle! Baise-moi, toi dont le langage est si doux.

Salut!

2

ما احسنك يا فرط الرمان
لما تنادى بالامان
وفى يدك ماسك الفرمان
تبقى الرعيه قلبها فرحان
يا سلام ❊

Má ahsanak yá Fart er-rommán
Lammá tenády bel amán
Oufy ydak másek el fermán
Tebqá er-ra'yeh qalbouhá farhán.
Yá salám!

2

Que tu es donc beau, Fart-er-rommân[2], lorsque tu proclâmes la sûreté publique et une entière amnistie, tenant en main le firman! tu rends la joie aux cœurs des sujets.

Salut!

3

اوحشتنا يا سارى عسكر
نشرب القهوة بالسكر
و عسكرك داير يسكر
فى البلد حبوا النسوان
يا سلام ❊

Aouhachtená yá sáry a'skar
Techrab el qahoueh bis-soukkar
Ou a'skarak dáyr yaskar
Fy-l-balad habboû-n-nesouán.
Yá salám!

---

lábesyn, pag. 138. (M. de Sacy.)

[1] Le mot *attends* est exprimé dans l'original en italien, *aspetta*. (M. Silvestre de Sacy.)

[2] *Fart-er-rommán* est une corruption de *Bartholoumi* ou *Barthelemi*. Il s'agit ici du colonel Barthélemi, que le général en chef de l'armée d'Orient avait chargé de la police du Kaire. Les habitans trouvant ce nom difficile à prononcer, l'avaient changé en *Fart-er-rom mán*. (M. Silvestre de Sacy.) — Ce mot, dans le langage vulgaire, équivaut à *éplucheur de grenades*. (M. Villoteau.)

3

Tu nous as fait soupirer par ton absence[1], ô général en chef, qui prends le café avec du sucre, et dont les soldats ivres parcourent la ville pour chercher les femmes !
Salut !

4

اوحشتنــــا يا جنــــــار
يا جميل يا راخى العذار
و سيفـــك فى مصـــر دار
على الغز و على العربان
يا سلام

Aouhachtená yâ genenâr
Yâ gemyl yâ râkhy el e'zâr
Ou seyfak fy Masr dâr
A'lä-l-ghouzz ou a'lä el e'rbân.
Yâ salâm !

4

Tu nous as fait soupirer par ton absence, ô général[2] charmant, et dont les joues sont si agréables, toi dont le glaive a frappé, dans la capitale de l'Égypte, les Turks et les Arabes !
Salut !

5

اوحشتــــنا يا جمـــــسور
يا جميل يا راخى الشعــور
من يوم جيت مصر فيها نور

Aouhachtená yâ gamhour
Yâ gemyl yâ râkhy-ch-cha'our
Men youm geyta Masr fyhâ nour

---

[1] Le terme original signifie proprement *tu nous as chagrinés* : c'est une phrase dont on se sert pour exprimer à un voyageur le regret qu'on a de le voir partir. (*M. Silvestre de Sacy.*)

N. B. C'est aussi une formule d'honnêteté, d'un usage presque aussi fréquent que celui du bon jour ; on s'en sert ordinairement pour exprimer à une personne le vif désir qu'on avait de la voir, et combien il tardait que l'instant en fût arrivé. (*M. Villoteau.*)

[2] جنار *genenâr* est une corruption de جنرال *général*.

DE L'ART MUSICAL EN ÉGYPTE.

زى قنديل من بلــور *Zey qandyl men ballour.*
يا سلام & *Yâ salâm!*

5

Tu nous as fait soupirer par ton absence (représentant de la) république, si charmant et dont la chevelure est si belle! Depuis le jour que tu es entré au Kaire, cette ville a brillé d'une lumière semblable[1] à celle d'une lampe de cristal!

Salut!

6

يا جمهور عسكرك داير فرحان *Yâ gamhour a'skarak dâyr farhân*
فى قطع الغزو العـــربان *Fy qata' el ghouzz ouâl-e'rbân*
يا سلام بونابارتــه *Yâ salâm* BOUNABARTEH
يا سلام ملك الســـلام *Yâ salâm malek el salâm.*
يا سلام & *Yâ salâm!*

6

O (représentant de la) république, tes soldats pleins de joie courent de toutes parts[2] pour frapper les Turks et les Arabes. Salut, BONAPARTE! salut, roi de paix[3]!

Salut!

---

[1] زى . dans le langage vulgaire de l'Égypte, est synonyme de مثل. (*M. Silvestre de Sacy.*)

[2] Le premier vers de ce couplet me parait trop long: je crois qu'il faut ôter فرحان, ou plutôt, à cause de la rime, داير. (*M. Silvestre de Sacy.*)

[3] Dans l'original on lit seulement pour le quatrième vers de ce couplet, ملك السلام *melik es-salâm*. J'ai ajouté auparavant les mots يا سلام; je ne sais si j'ai bien fait. (*M. Silvestre de Sacy.*)

Dans une autre copie arabe de cette même chanson, on lit, *yâ salâm* BOUNABARTEH *melek el islâm;* ce qui signifie, *salut,* BONAPARTE, *roi de l'islamisme :* mais alors le quatrième vers est trop court pour le chant; ce qui prouve qu'il y a une erreur.

La correction de M. de Sacy fait

V

يا رسول الغــــــرام قم
هات لى اهيـــف القوام
الذى ان نهض يقـــوم
يمنعه ردفه القيـــام
يا سلام *

Yâ rasoul el gharâm qoum
Hât ly ahyaf el qaouâm
Ellazy en nahad yqoum
Ymna'h redfahou el qyâm.
Yâ salâm !

7

Messager d'amour, lève-toi, amène-moi cette beauté à la taille légère, que le poids de sa croupe empêche de se lever, quand elle veut se redresser et se tenir debout[1].

Salut !

disparaître la faute qu'on a commise, et donne à ce vers la mesure que le chant exige. (*M. Villoteau.*)

[1] Une grosse croupe étant considérée comme une beauté par les Orientaux, je pense avoir bien rendu la fin de ce couplet. Je trouve une traduction bien différente dans les brouillons de M. Villoteau : « Messager d'amour, cours me chercher un amant leste et expéditif; car le mien, avec ses larges épaules, ne peut agir. » Mais le texte n'est pas susceptible de ce sens. Dans la traduction italienne je lis, *il quale volendo levarsi per alzarsi, impedisce di replicare l'alzata;* l'auteur de cette traduction paraît n'avoir pas compris le sens du mot ردفه. (*M. Silvestre de Sacy.*)

N. B. Des difficultés qui ne pouvaient être de nature à embarrasser un orientaliste tel que M. de Sacy, nous avaient forcés à nous écarter sciemment de la lettre du texte.

1°. Nous ne songions pas que les Égyptiens, dans leurs chansons, en parlant de leurs maîtresses, étaient dans l'usage, comme l'a très-bien remarqué M. de Sacy, de ne les désigner que par le masculin. 2°. Le mot أهيف, qui signifie une taille légère et dégagée, pouvant se prendre aussi dans le sens de *prompt, alerte, courageux*, nous avions préféré ce dernier sens, parce qu'il convient mieux à un homme, et nous avions abandonné la première signification, parce qu'une taille légère, loin d'être recherchée en Égypte, n'inspire que la pitié ou le mépris, comme étant un indice de la misère et des privations auxquelles la personne est exposée. 3°. Quoique nous eussions bien senti l'acception du mot ردفه, nous n'avions pu saisir le mot équivalent en français; mais il ne pouvait échapper à M. de Sacy. Ce sont là les raisons qui nous ont portés à penser qu'il ne

DE L'ART MUSICAL EN ÉGYPTE.

٨

قم بنا يا سيدى نسكر
تحت ظل الياسمين
نقطف الخوخ من على امّه
والعواذل شايفين
يا سلام

8

Qoum benâ yâ sydy neskar
Taht zell el yâsmyn
Naqtaf el khokh men a'lü ommhou
Oual a'oudzel châyfyn.
Yâ salâm!

8

Allons ensemble, seigneur, nous enivrer à l'ombre des jasmins. Nous cueillerons la pêche sur l'arbre qui la porte, à la vue de nos rigides censeurs.
Salut!

AUTRE CHANSON SUR LE MÊME AIR[1].

Mah-bou - by   fâ - yt
a' - ley - yeh   Kallemthou
- mà   radd   a' -
leh - yeh   Kachmy - rhou

s'agissait que d'un homme que le poids de son corps empêchait de se mouvoir et de se lever. Au reste, M. de Sacy, en nous communiquant ses observations critiques, ne fait qu'user d'un droit qui depuis long-temps lui est acquis, et nous en avons la plus vive reconnaissance. (*M. Villoteau.*)

[1] Il paraît que les airs de la musique arabe éprouvent quelques variations, suivant qu'ils sont appliqués à des paroles de mesures différentes. (*M. Villoteau.*)

MÊME CHANSON, MODE NAOUA.

DE L'ART MUSICAL EN ÉGYPTE.

Texte *arabe de la chanson* Mahbouby.	Orthographe en français du texte arabe, suivant la prononciation des Égyptiens du Kaire.

١

محبــــوبى فايـــت على
كلمتـــــه ما رد على
كشميره بماية عدديــه
ما احلا قومه فى لبس الهنديه
يانا يانا اه يا حالى
ليلى ليلى يا لليلى

I

Mahbouby fdyt a'leyyeh
Kallemthou mâ radd a'leyyeh
Kachmyrhou bi midyah a'dadyah
Má-hlâ qoumhou fyl abs al hen-
dyah.
  Yânâ! yânâ! ah yâ hâly
  Leyly leyly yâ leleyly.

Traduction *française, par M. Silvestre de Sacy.*

I

 Mon amante a passé près de moi; je lui ai adressé la parole, et elle ne m'a point répondu. Son cachemire vaut cent piastres comptant. Que sa taille est belle sous ces vêtemens d'étoffe des Indes [1] ! Hélas! hélas! quelle est ma situation! O nuit! ô nuit! quelle nuit j'ai passée [2] !

[1] C'est-à-dire de mousseline ou de toile de coton.
[2] يانا يانا sont des mots qui ne signifient rien; comme *oh lon lun la*. (M. Silvestre de Sacy.)

٢

محبوبى له خال فوق خدّه
والالحاظ تجرح مع قدّه
اهيف ما فى الغزلان ندّه
زاد بى فرحى لما جانى
يانا يانا

2

Mahbouby lhou khâl fouq khad-
dhou
Oual alhâz tegrah ma' qaddhou
Ahyaf mâ fy el ghouzelân naddhou
Zâd by farhy lemmâ gâny.
Yânâ! yânâ!

2

Mon amante a sur la joue un grain de beauté; ses yeux et sa taille blessent le cœur. Sa légèreté surpasse celle de toutes les gazelles. Quand elle est venue me visiter, sa vue m'a comblé de joie.

Hélas! hélas! etc.

٣

محبوبى لابس منتانه
و نهوده البيض عريانه
كلّمته قال لى روح نانه
يضربوك تصعب علىّ
يانا يانا

3

Mahbouby lâbes mentâneh
Oua nehoudhou el beyd a'ryâneh
Kallemthou qâl ly rouh nânch
Ydrabouk tesa'b a'leyyeh.
Yânâ! yânâ!

3

Mon amante est vêtue d'un (riche) manteau; son sein blanc n'en est point couvert. Je lui ai adressé la parole; elle m'a dit : Va, cela suffit[1] : on te frapperait, et j'en serais pénétrée de douleur.

Hélas! hélas! etc.

---

[1] نانه est un terme du langage vulgaire en Égypte; il exprime le même sens que كفى *c'est assez*. Voyez ci-devant la note [1], pag. 145. Dans cette même stance, منتانه est un terme vulgaire, dérivé sans doute de l'italien. (*M. Silvestre de Sacy.*)

DE L'ART MUSICAL EN ÉGYPTE.

٤

جلّ الخالق فى وجناتـــه
يفتن صبّه من لفتـاتــه
يا روحى على حركاتــه
كيف الحيله الصبر اعيانى
يانا يانا ٭

4

Gall el khâleq fy ouagendthou
Yften sabbhou men leftâthou
Yâ rouhy a'lä harakâthou
Keyf el heyleh es-sabr a'yâny.
Yânâ! yânâ!

4

Ses joues sont la gloire du Créateur qui les a formées. Quand elle tourne la tête, ses grâces irritent les passions des amans : oh! qu'ils sont ravissans, tous ses mouvemens[1]! Quel artifice imaginerai-je? Je ne puis plus y tenir.

Hélas! hélas!

MOUCHAH DANS LE MODE SYKEH.

Mesure medaouer.

O'raq.
a'fq.

A'l - eych yà mounà qal - by yà
sy - dy[2] tar dä bel tar - dä bes-se-doud Oua

[1] On a en Égypte diverses formules pour exprimer la surprise et l'admiration. Un musulman s'écrie ما شا الله *ce qui plaira à Dieu;* un chrétien سبحان الخالق *loué soit le Créateur!* Une femme musulmane ou chrétienne, n'importe, dit, si elle admire les paroles d'un homme, يا عينى على كلامه *ô mes yeux, à cause de ses discours!* Dans d'autres cas, elle dit, يا قلبى على اوصافه *ô mon cœur, à cause de ses qualités!* يا روحى على جماله *ô mon esprit, à cause de sa beauté!* يا روحى عليه *ô mon esprit, à cause de lui!* (M. de Sacy.)

[2] Cette chanson est remarquable

par les licences que s'y est permises le compositeur de la musique. Non-seulement il s'est permis de répéter certains mots, comme *tardä bel, tardä bes-sedoud*, pour arrondir les phrases de son chant; mais il a encore ajouté des mots, comme *yá sydy* (ô mon maître, ou bien ô monsieur), que nous indiquerons chaque fois qu'ils se présenteront dans la suite, et qui ne font point partie du vers. (*M. Villoteau.*)

[1] Les mots *yá sydy* sont encore ajoutés ici par le compositeur de la musique. (*M. Villoteau.*)

[2] Les mots *yá sydy* sont également ajoutés ici. (*M. Villoteau.*)

[3] Les mots *yá a'yn* pour *yá a'yny* (ô mes yeux) sont aussi des mots ajoutés. (*M. Villoteau.*)

[4] Les mots *yá sydy* sont ajoutés comme ci-dessus. (*M. Villoteau.*)

a' - dam a' - dam fy-l - ou - goud.

موشح سبيكد *
Texte arabe.

ORTHOGRAPHE en français du texte arabe, suivant la prononciation des Égyptiens du Kaire.

١

1

على إيش يا منا قلبي ترضى بالصدود

A'l-eych yâ mounâ qalby tardâ bes-sedoud

ونشمت لتعذبي عذولي جحود

Ou touchmet le-ta'ziby a'zouly gahoub

على إيش يا غزال نافــــر

A'l-eych yâ ghazâl nâfer

تهجرني وأنا صابــــر

Tahgourny ouânâ sâber

هجرك ما له آخــــر

Hagrak mâ lahou akher

فتــــت الكبــــود

Fattet el keboud

وأنا صرت من اجلك عدم في الوجود *

Ouânâ serto men aglak a'dam fy-l-ougoud.

TRADUCTION française, par M. Silvestre de Sacy.

1

Pourquoi, désir de mon cœur, consens-tu à l'éloigner de moi? Pourquoi, ingrate, prends-tu plaisir aux tourmens que me font éprouver mes censeurs? Pourquoi, gazelle farouche, me fuis-tu, moi qui supporte tes caprices? Ton absence n'a point de fin. Tu as brisé mon cœur: et, grâce à ta cruauté, mon existence au milieu des êtres a été réduite au néant.

٢

2

محبوبي الذي أهواه بديع الجمال

Mahbouby ellazy ahoudh bedy' el gamâl

كويس رشيق القد وريقه | Koyes rachyq el qadd ouryqhou
زلال | zeldl
مليح كامل الاحداق | Melyah kámil el ahddq
سبا ساير العشاق | Sabá sáyr el o'cháq
قلبى له مشتاق | Qalby lahou michtdq
وهو لى جهود | Ou hou ly gahoud
الذى يحسد العشاق عمره لا يسود * | Ellazy yahsed el o'cháq a'mrhou lá ysoud.

2

L'amante qui est l'objet de ma passion est d'une beauté rare ; elle est charmante, et d'une taille légère; sa salive est d'une fraîcheur parfaite. Elle est jolie, et ses yeux sont d'une beauté qui ne laisse rien à désirer; elle a mis dans les fers tous les amans, et mon cœur brûle pour elle : elle est cependant ingrate et insensible à ma flamme. Quiconque ne répond que par la jalousie aux sentimens des amans, n'aura jamais les faveurs de la fortune.

٣ | 3

نصبت شرك صيدى لهذا الغزال | Nasabt charak saydy lehazá el ghazál
بقيت فى الشرك وحدى شبيه الخيال | Baqeyt fy-ch-charak ouahdy chebyeh el khyál
جايز ما التفت صوبى | Gáyz má el tafat soby
وما ادرى مكتوبى | Ou má adry maktouby
يا مهجتى ذوبى | Yá mohgety zouby
غزالى شرود | Ghazály charoud
ما دى الا غزال نافر يصيد الاسود * | Má-d-ellá ghazál náfer ysyd el asoud.

3

J'ai tendu mes filets pour prendre cette gazelle, et je suis demeuré moi-même seul dans le filet : semblable à un fantôme, elle a passé, sans daigner se tourner vers moi : j'ignore quel sort me destine le ciel. O mon âme, fonds-toi (en larmes) : ma gazelle ne se laisse pas approcher ; ce n'est pas autre chose qu'une gazelle farouche qui fait la chasse aux lions.

ARTICLE V.

Des a'ouâlem, *des* ghaouâzy *ou danseuses publiques ; des diverses espèces de ménétriers, jongleurs, saltimbanques, farceurs, etc., qui font usage de quelques instrumens de musique.*

Les *a'ouâlem* sont des chanteuses et danseuses de profession. Il paraît qu'il y en a de deux espèces : l'une, de celles qui se comportent avec décence et jouissent de l'estime des honnêtes gens ; l'autre, de celles qui foulent aux pieds toutes les bienséances, qui n'ont aucune pudeur et n'inspirent que du mépris. On vante beaucoup les chansons des premières, et l'art avec lequel elles les exécutent : mais nous n'avons pu ni les voir ni les entendre ; elles s'éloignèrent du Kaire, nous a-t-on dit, sitôt que les Français s'en furent rendus maîtres. Ce ne fut que vers les derniers temps de notre séjour en Égypte, qu'elles rentrèrent dans cette capitale ; encore elles se tenaient cachées, et il n'était pas possible de vaincre leur répugnance à chanter devant des hommes et surtout devant des Français. Ordinairement, lorsqu'elles sont invitées au nom de quelques riches particuliers à venir chanter à l'occasion de quelque fête ou réjouissance domestique, des femmes les conduisent dans le *harym*[1] : là elles chantent des chansons en s'accompagnant d'une espèce de tambour de basque appelé *târ*[2] en arabe, ou d'un tambour d'une autre forme, nommé *darâboukkeh*[3]. Pendant tout le temps qu'elles restent dans ce lieu, le maître de la maison n'a pas la liberté d'y entrer, sous quelque prétexte que ce soit; il est d'usage, au contraire, qu'il descende avec ses amis dans la cour ou dans la rue, pour jouir du plaisir d'entendre chanter ces *a'ouâlem*.

La seconde espèce d'*a'ouâlem*, comme nous l'avons déjà observé, est celle des danseuses publiques, sans mœurs et sans pudeur : on distingue celles-ci par le nom de *ghaouâzy*[4]. Elles se présentent dans les lieux les plus fréquentés, sur les places publiques, et dans les maisons quand elles y sont appelées, pour gagner quelques médins qu'elles quêtent, ou que quêtent pour elles ceux ou celles qui les accompagnent en jouant de quelque instrument. Lorsqu'elles dansent dans les rues, elles sont toujours assurées que leur quête ne sera point infructueuse; car les femmes sont très-cu-

---

[1] حريم *harym* : ce mot signifie une chose sacrée, défendue, un lieu prohibé qu'on ne doit pas violer; c'est le nom de l'appartement des femmes en Égypte, comme dans tout l'Orient. Cet appartement est toujours le plus retiré et le plus élevé de la maison.

[2] طار *târ*.

[3] ضرابكّة *darâboukkeh* : ce tambour ressemble à peu près à un grand entonnoir de bois, recouvert d'une peau par-dessus; nous en parlerons dans la Description historique, technique et littéraire des instrumens de musique des Orientaux, *troisième partie*, chap. IV.

[4] غوازى *ghaouâzy*.

rieuses de les voir et de les entendre, et ne manquent jamais de les encourager en leur jetant quelques pièces de monnoie au travers des grilles de bois qui ferment les fenêtres de leur *harym*. Les chants et les voix rauques et glapissantes de ces danseuses ne forment pas une mélodie bien douce et bien agréable; leurs danses n'offrent pas un spectacle fort attrayant : mais cela distrait probablement les Égyptiennes de la triste et ennuyeuse monotonie de leur captivité.

Il est impossible de décrire cette sorte de danse avec exactitude dans notre langue; elle est telle, qu'on ne peut rien imaginer de plus obscène que les mouvemens dont elle se compose[1]. Cette danse, où ni les pieds ni

---

[1] Cette danse était connue des Grecs et en usage dans les fêtes bacchanales; elle devint publique par la suite. Du temps des Romains, les Gaditanes s'y étaient acquis une grande réputation. Les poètes latins l'ont décrite avec une vérité énergique, qui révolterait la délicatesse de nos mœurs, et que la décence ne tolérerait pas dans notre langue. En voici plusieurs exemples :

Forsitan exspectes ut Gaditana canoro
Incipiat prurire choro, plausuque probatæ
Ad terram tremulo descendant clune puellæ,
Irritamentum veneris languentis, et acres
Divitis urticæ : major tamen ista voluptas
Alterius sexús; magis ille extenditur, et mox
Auribus atque oculis concepta urina movetur.

Juvenal. sat. XI, v. 162.

Nec de Gadibus improbis puellæ
Vibrabunt sine fine prurientes
Lascivos docili tremore lumbos.
Sed, quod non grave sit, nec inficetum,
Parvi tibia condyli sonabit.

Martial. lib. V, epigr. LXXIX, v. 26 et seq.

Edere lascivos ad Bœtica crusmata gestus,
Et Gaditanis ludere docta modis;

le haut du corps n'ont presque aucune part, exprime avec la plus audacieuse indécence les diverses émotions que peuvent occasioner dans l'âme, et les actions auxquelles peuvent porter les progrès d'une passion amoureuse, et les titillations les plus vives d'un désir sensuel impatient. D'abord les mouvemens, trop faiblement marqués pour être scandaleux, ne semblent avoir d'autre objet qu'un plaisir innocent; mais, devenant plus sensibles par degrés, on ne tarde pas à y reconnaître l'image révoltante de ce que le libertinage a de plus effronté. L'expression de la figure et du maintien de la danseuse caractérise successivement toutes les gradations de la passion que manifestent les impudiques mouvemens de son corps. On voit naître l'inquiétude, puis la mélancolie; le trouble et l'agitation du cœur leur succèdent; bientôt le désordre répandu

Tendere quæ tremulum Pelian Hecubæque maritum
Posset ad Hectoreos sollicitare rogos ;
Urit et excruciat dominum Thelesina priorem ;
Vendidit ancillam, nunc redimit dominam.
Martial. lib. vi, epigr. lxxi.

Tum tremulum crissat, tam blandum prurit, ut ipsum
Masturbatorem fecerit Hippolytum.
Martial. lib. xiv, epigr. cciii.

Motus doceri gaudet Ionicos
Matura virgo, et fingitur artubus
Jam nunc, et incestos amores
De tenero meditatur ungui.
Horat. lib. iii, od. vi.

Huc huc convenite nunc, spatalocinædi,
Pede tendite, cursum addite, convolate planta,
Femore facili, clune agili, et manu procaces,
Molles, veteres, Deliaci manu recisi.
Petron. Satyr.

dans tous les sens manifeste le désir impatient de jouir. A l'ivresse et en quelque sorte au spasme du plaisir, on juge que le désir est satisfait; mais cet état se change presque aussitôt en abattement qu'accompagne la honte. Cependant ce sentiment se dissipe peu à peu, la confiance renaît, et la passion se reproduit avec plus de force encore que la première fois. Ainsi se continue cette impudique pantomime, jusqu'à ce que les spectateurs en soient rassasiés et se retirent, ou jusqu'à ce que la danseuse soit lasse.

Ce qu'on aura peut-être de la peine à croire, c'est l'énergie que prête à l'expression de cette danse le rhythme du bruit des instrumens à percussion; il en caractérise tous les mouvemens d'une manière à n'y rien laisser de douteux. Rien n'est plus voluptueux que le cliquetis argentin, et j'oserai dire le son aqueux, des castagnettes d'airain que les danseuses ont dans chaque main. Cet instrument a la forme de très-petites cymbales d'un diamètre de quarante-huit millimètres[1], et est épais à peu près d'un millimètre vers les bords. Une petite boucle en cordonnet, que l'on fait passer au travers d'un trou qui est au centre de la partie bombée de cet instrument, où elle est arrêtée en dedans par un nœud, sert aux danseuses à introduire leur doigt pour tenir ces castagnettes sans en gêner le mouvement. Elles en ont une paire dans chaque main, c'est-à-dire une castagnette attachée au pouce et l'autre au grand doigt, tant de la main droite que de la main gauche; de cette manière elles les frappent l'une contre

---

[1] Environ un pouce huit lignes.

l'autre, tantôt successivement, tantôt toutes à-la-fois, suivant l'effet qu'elles veulent produire. Le son est d'autant plus éclatant qu'elles les frappent davantage l'une sur les bords de l'autre; il l'est moins en raison de ce qu'elles les avancent davantage l'une sur l'autre; et il est presque étouffé et sans éclat quand elles les frappent d'aplomb, de manière que l'une couvre exactement l'autre. C'est par le choix et l'usage que les danseuses savent faire à propos de ces diverses modifications du son de leurs castagnettes, et par le rhythme convenable qu'elles ne manquent jamais d'adapter parfaitement à la situation qu'elles veulent peindre, qu'elles caractérisent d'une manière étonnante l'effet du sentiment dont elles exécutent la pantomime. Tout en faisant entendre cet agréable cliquetis, elles développent, étendent ou élèvent mollement leurs bras en les arrondissant, comme si elles sollicitaient et attendaient un embrassement; puis elles les rapprochent de leur figure et presque sur leurs yeux baissés, qui expriment la pudeur ou la honte, comme si elles voulaient se dérober aux regards.

En un mot, tous les mouvemens de cette danse tendent à exprimer les combats de la pudeur contre l'amour, le triomphe de celui-ci et la défaite de celle-là; et suivant que les mouvemens de la danseuse et le cliquetis des castagnettes sont ou plus modérés, plus égaux et plus doux, ou plus prononcés et plus vifs, ou qu'ils deviennent plus intermittens, et que les sons perdent leur éclat et deviennent plus étouffés et plus sourds, on sent que le combat est plus ou moins égal, ou que le plus fort triomphe et jouit de son avantage, et que le plus faible succombe et se soumet à la discrétion du vainqueur.

Voici les divers rhythmes des castagnettes, qui expriment les alternatives de ce combat : nous aurions pu en ajouter beaucoup d'autres encore, mais qui ne sont que des nuances et des variations de ceux-ci.

Des deux mains ensemble, et faiblement, les castagnettes un peu avancées l'une sur l'autre, le son peu éclatant.

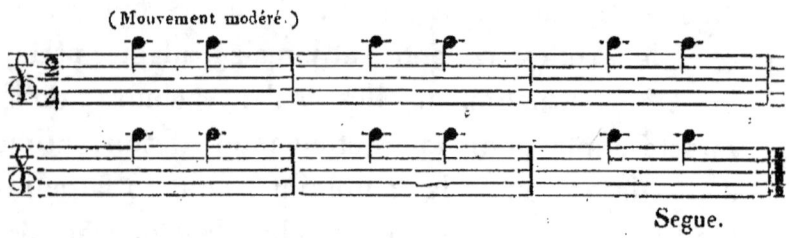

Des deux mains alternativement, un peu plus fort, les castagnettes moins avancées l'une sur l'autre, le son plus éclatant.

Des deux mains alternativement, plus fort, les castagnettes avancées près des bords, le son plus éclatant encore.

DE L'ÉTAT ACTUEL

Des deux mains alternativement, très-fort, les castagnettes frappées sur les bords l'une de l'autre, le son très-éclatant.

Des deux mains alternativement, les castagnettes avancées l'une sur l'autre, le son moins éclatant.

Des deux mains à-la-fois, les castagnettes d'aplomb, son étouffé.

Des deux mains alternativement, les castagnettes moins avancées l'une sur l'autre, son éclatant.

DE L'ART MUSICAL EN ÉGYPTE.

Dans les rhythmes suivans, on suit la même progression, d'abord croissante, puis décroissante, mais proportionnellement plus prononcée, ainsi que dans les exemples précédens.

(Mouvement très-vif et très-fort.)

(Mouvement ralenti, moins fort.)

Segue.

Quelque dangereuses que puissent paraître les conséquences du plaisir que les Égyptiens prennent à ces sortes de danses, nous ne nous sommes cependant pas aperçus que ceux-ci apportassent d'autre intérêt à les voir, que celui que nous apportons à nos spectacles, où les passions les plus odieuses et les crimes les plus atroces sont aussi représentés sous des formes tantôt séduisantes, tantôt repoussantes. Ces spectacles ne sont pour nous que des tableaux de l'histoire mise en action. Comme nous savons que tout y est feint, notre attention se porte presque exclusivement sur le mérite de la ressemblance de la copie avec son modèle, dont nous nous établissons les juges. Plus l'art occupe notre esprit, moins nous réfléchissons à ce qu'est en elle-même l'action qui en fait l'objet, et aux conséquences qu'elle peut avoir dans la société. Les enfans et les gens du bas peuple sont peut-être les seuls sur lesquels l'illusion serait capable d'avoir une influence funeste par les impressions profondes et durables qu'elle pourrait faire sur eux.

Les mœurs des Égyptiens, qui ne sont pas, à beaucoup près, aussi délicates que les nôtres, ne leur faisant guère apercevoir d'indécence hors de ce qui est illégitime, ils ont des idées fort différentes des nôtres sur ce point. Il leur semble tout naturel de nommer et de découvrir, même devant les enfans, des choses dont la pensée seule nous fait rougir[1]. Cependant il n'est pas permis à une femme de laisser voir sa figure à un

---

[1] Les Égyptiens ressemblent fort, sous ce rapport, aux anciens Grecs. Les comédies d'Aristophane et de Plaute nous prouvent que si les an-

autre homme que son mari; et si par hasard elle se trouve surprise sans son voile, elle n'hésite pas à découvrir toute autre partie de son corps pour cacher son visage : c'est pourquoi les *ghaouâzy*, qui dansent fort souvent à visage découvert, sont regardées en Égypte comme des femmes prostituées.

Il est donc probable que les Égyptiens, avec de tels préjugés, ne considèrent pas leur danse du même œil que nous. Toutefois, les gens bien élevés parmi eux n'approuvent pas une chose qui réjouit beaucoup la populace; c'est que la danseuse lève son voile, et qu'un bouffon, qu'on désigne sous le nom de *khalbous*[1], réponde par ses postures grossièrement indécentes et par ses gestes impertinens aux divers mouvemens de celle-ci.

Les *ghaouâzy* sont souvent accompagnées par certains ménétriers qu'on comme *ghazaouâty*[2], lesquels jouent du *rebâb*[3], ou de la *kemangeh a'gouz*[4], ou de la *kemangeh farkh*[5], ou du hautbois égyptien appelé *zamir*[6]; le plus souvent leur danse est accompagnée d'un tambour de basque[7] dont jouent ordinairement

---

ciens avaient des mœurs plus chastes que les nôtres, ils avaient beaucoup moins de pudeur. La chasteté et la pudeur auraient-elles donc un principe différent ?

[1] خلبوص *khalbous.*
[2] غزواتي *ghazaouâty.*
[3] *Voy.* la Description historique, technique et littéraire des instrumens de musique des Orientaux, *première partie*, chap. xii.

[4] Nous donnons ici ce mot orthographié suivant la prononciation vicieuse des Égyptiens de la ville du Kaire; en bon arabe, on doit prononcer *kemandjeh a'djouz*. Voyez la Description historique, technique et littéraire des instrumens de musique des Orientaux, *première partie*, chap. x.
[5] *Ibid.* chap. xi.
[6] *Ibid. deuxième partie*, ch. 1er.
[7] Il y a en Égypte plusieurs es-

de vieilles danseuses à qui l'âge a fait perdre l'agilité nécessaire pour continuer leur premier métier : mais rarement les *ghaouâzy* dansent sans être accompagnées du *darâboukkeh* [1], dont jouent les *ghazaouâty*. Le rhythme des tambours, quoiqu'un peu différent de celui des castagnettes des danseuses, en imite cependant toutes les modifications; on en obtient aussi des sons de diverses qualités, selon que l'on frappe plus ou moins près du centre ou de la circonférence de leur surface. Les sons les plus aigus sont produits par les doigts de la main gauche qui soutient l'instrument, et les sons les plus graves sont produits par des coups frappés, avec tous les doigts réunis à plat de la main droite, sur le milieu de la peau tendue qui couvre cet instrument.

Pour donner une idée du rhythme et des sons de ces espèces d'instrumens, nous offrirons seulement deux ou trois exemples. Les sons graves obtenus de la main droite, nous les marquons par une note à double queue; et les sons aigus, produits par les doigts de la main gauche, nous les représentons par les autres notes.

(Mouvement ralenti [2].)

pèces de tambours de basque, telles que le طار *târ*, le بندير *bendyr*, le دفّ *deff*, le رقّ *req*, le مزهر *mazhar*. Voyez le mémoire cité ci-dessus, *troisième partie*, chap. II, art. 5.

[1] *Ibid. troisième partie*, chap. IV.
[2] Les sons de cette espèce d'instrument ne sont point assez appréciables pour que nous ayons pu les déterminer rigoureusement; ceux que nous avons notés ici ne représentent que la différence que nous

Segue.

(Mouvement modéré.)

Segue.

(Mouvement plus vif.)

Il y a aussi des ménétriers ou jongleurs d'une classe inférieure à celle des *ghazaouâty*; on les appelle *tarrâqah*[1]. Ceux-ci font usage de la flûte appelée *nây*[2], du *rebâb* et du *darâboukkeh*, et chantent quelquefois, mais absolument sans art, les chansons les plus vulgaires. On les rencontre à la suite des *qoradâtyeh*[3], c'est-à-dire, de ceux qui font danser les singes, les chiens, les chèvres, les ours, etc., ou des escamoteurs,

avons cru distinguer entre eux de l'aigu au grave.

[1] طرّاقة *tarrâqah*.

[2] ناي *nây*. Voyez-en la description

dans le mémoire cité ci-dessus, *deuxième partie*, chap. v.

[3] قرداتيه *qoradâtyeh* : ce mot est dérivé de قرد *qerd*, qui signifie *singe*.

qu'on nomme *haouâk*[1], ou de ceux qui montrent la curiosité[2].

On en rencontre d'autres qui représentent les ombres chinoises[3] et chantent avec accompagnement du *req*.

On pourrait encore citer quelques professions dans lesquelles on fait usage de certains instrumens, telles que, 1°. celle des *bahalaouyn*[4], qui sont des espèces de saltimbanques, qui tantôt dansent sur la corde, et tantôt, montés sur des échasses, suivent le cortége des fêtes publiques et des noces, en s'accompagnant du *târ* ou de la viole appelée *kemangeh*; 2°. celle des *genk*[5], qui sont des femmes juives qui enseignent à danser, et qui quelquefois, montées sur des ânes, suivent le cortége des noces en jouant du *rebâb* ou du *târ*. Mais nous nous arrêterons là; car nous abandonnerions insensiblement notre objet, en entrant dans des détails où la musique n'a presque plus de part.

---

[1] هواك *haouâk*, escamoteur.

[2] Nous ignorons si ceux-ci ont un nom particulier : les renseignemens que nous nous sommes procurés à leur égard, ne nous ont rien appris de plus que ce que nous avions vu par nous-mêmes; telle est la définition qu'on nous en a donnée : هواك شي يقال له تصاوير في صناديق « Chose curieuse que l'on fait voir en peinture dans des boîtes.»

[3] Nous n'avons pu encore apprendre si ces derniers avaient un nom particulier; on les définit ainsi : طايفه يلعبوا خيال الظل ويغنوا بالرق والعرقيه « Société de gens qui jouent avec les ombres, et qui chantent au son du *req* et de l'*a'raqyeh* ou *e'raqyeh*. »

[4] بهلوين *bahalaouyn*.

[5] جنك *djenk*.

ARTICLE VI.

De la musique guerrière.

Quoiqu'on ne puisse douter que les Égyptiens ne soient capables de conserver une fermeté stoïque dans les plus grands malheurs, dans les périls extrêmes, et jusque dans les apprêts du supplice et dans les plus horribles tourmens [1], ils n'ont cependant nullement le caractère belliqueux. S'ils l'avaient eu, ils n'auraient pas abandonné à des étrangers, depuis près de trois mille ans jusqu'à ce jour, la possession, la garde et la défense de leur pays : il n'est donc pas étonnant qu'on ne trouve point chez eux, à proprement parler, de musique guerrière.

Ils ont cependant des airs de marches, mais non de marches purement militaires, tels que les nôtres. Ces airs, chez eux, sont ceux qu'on exécute dans certaines circonstances solennelles, comme à la procession du ramadân [2], à celle du mahmal [3], ou de la convocation des *Hággy,* c'est-à-dire de ceux qui se disposent à faire le pélerinage de la Mekke, ou lorsque les autorités civiles et militaires du Kaire vont recevoir le pâchâ envoyé par la Porte ottomane pour gouverner l'Égypte. La parfaite conformité qui existe entre ces airs et ceux de notre musique militaire, tant par le choix des ins-

---

[1] L'histoire offre des témoignages non équivoques de cette fermeté. Xénophon, dans sa Cyropédie, livre VII, cite un fait bien remarquable à cet égard. Nous avons aussi eu connaissance de plusieurs faits qui confirment ces témoignages.

[2] رمضان

[3] محمل

trumens dont on se sert pour les exécuter, que par le rhythme plus fortement prononcé qui les caractérise, nous a déterminés à les placer dans cet article. En effet, de même que dans notre musique militaire, on n'y emploie que les instrumens les plus bruyans, comme hautbois, trompettes, cymbales, tambours; on n'y admet ni les instrumens à cordes, ni les flutes : quant aux clarinettes, elles ne sont point en usage en Égypte.

Mais le nombre des timbales et des tambours[1] de diverses proportions est si considérable, produit un si grand tintamarre, l'éclat des cymbales est si étourdissant, le son aigre et perçant des hautbois appelés *zamir*[2] vibre si vivement en l'air, celui des trompettes est si déchirant, que le plus bruyant et le plus tumultueux charivari qu'on puisse imaginer ne donnerait encore qu'une faible idée de l'effet général qui résulte de cet ensemble.

Un de ces airs, qui nous a paru le plus remarquable par l'originalité de sa mélodie, et surtout par l'époque mémorable qu'il nous rappelle, c'est celui qui fut exécuté lorsque les cheykhs, les autorités civiles et mili-

---

[1] Il faut excepter de ce nombre le *târ*, le *bendyr*, le *req*, le *deff*, le *mazhar*, le *daráboukkeh*, espèce de grand vase avec un long pied cylindrique et creux, et tous les autres instrumens de ce genre. Ils ne sont point employés en pareil cas, soit parce qu'ils sont particulièrement destinés aux plaisirs du peuple, à accompagner les danses des *ghaoudzy*, celles des singes, des chiens, des chèvres, des ours, etc., les farces des jougleurs de toute espèce, et que, par cette raison, ils rappelleraient des idées peu conformes au respect dû à de pareilles solennités; soit parce qu'ils ne font pas assez de bruit : mais la première raison nous paraît la plus vraisemblable.

[2] *Zamir* ou *zamr* au singulier, et *zoummarah* au pluriel.

taires du Kaire, et les Français qui habitaient cette ville, suivis d'une foule immense d'Égyptiens et d'étrangers de toutes les classes, allèrent, à un quart de lieue hors de la ville, recevoir le général en chef Bonaparte ramenant son armée après l'expédition de Syrie. Jamais un souverain chéri de ses sujets ne fut accueilli dans ses états par des marques plus éclatantes de la joie publique causée par sa présence, que le fut en ce moment le général en chef; jamais des frères qui s'aiment tendrement, et qui pendant long-temps ont été séparés les uns des autres, ne se sont donné mutuellement de plus touchans témoignages d'affection, que le firent alors les Français qui étaient au Kaire et ceux qui revenaient de Syrie.

La plus belle musique européenne n'eût pu distraire notre admiration d'un spectacle aussi intéressant; mais la barbare mélodie de celle que nous entendîmes, en nous rappelant que nous étions à six cents lieues de notre patrie et dans une autre partie du monde, produisit sur nous une impression si puissante, et donna une si grande énergie aux sentimens que nous éprouvions, que les expressions manquent pour la décrire. La marche des Scythes, dans l'opéra d'*Iphigénie en Tauride* de Gluck, toute sublime qu'elle est, et peut-être par cela même, ne nous eût pas aussi fortement émus que le fit le style sauvage de la marche suivante, exécutée par les musiciens égyptiens, et accompagnée comme nous venons de le dire. L'air de marche de Gluck rappelle le caractère impitoyable et féroce des Scythes de la Tauride, avec cette énergie d'expression qu'il n'est permis d'atteindre qu'à l'art le plus parfait, dirigé par le sentiment le plus délicat et le goût le plus exquis; et c'est précisément cette perfection de l'art et cette délicatesse de goût qui fortifient en nous la confiance que nous donne l'idée consolante d'être éloignés et à l'abri de pareilles horreurs dans un pays policé et sagement gouverné : mais l'air de la marche égyptienne était l'effet immédiat, très-réel et très-sensible, de la grossière barbarie de ces peuples au milieu desquels nous vivions. Le voici :

AIR DE MARCHE ÉGYPTIEN.

Rhythme mokhammes [1].

[1] On appelle ce même rhythme *douyek* en turk; c'est le même qui était connu des Grecs, sous le nom de *rhythme égal* ou *rhythme dactylique*.

Les temps marqués par une longue se nomment *doum*, et ceux qui sont marqués par une brève se nomment *tek*, sur les instrumens à percussion. Dans le chant, au lieu de *doum*, le même temps se nomme *tta*; et au lieu d'appeler *tek* le second temps, on le nomme *dih*. Le *doum*, de même que le *tta*, est le temps fort. Le *doum* se distingue sur les instrumens à percussion, en ce qu'il se frappe de la main droite sur le milieu de l'instrument, et qu'il produit un son plus grave et plus fort. Le *tek*, au contraire, se frappe de la main gauche et plus près de la circonférence, en sorte qu'il produit un son plus aigu et plus maigre. Le *tta* se marque en frappant avec la main sur le genou; et le *dih*, qui est le temps faible, se frappe sur le genou également, avec l'index de la même main. Il est donc évident que les Égyptiens font, relativement aux temps rhythmiques et musicaux, la même distinction que nous.

Ce qui ne contribue pas peu à occasioner une grande confusion dans l'effet de ces sortes de marches, c'est la diversité des variations des temps du même rhythme qui se fait entendre sur les cymbales, les tambours et les timbales. Nous présenterons quelques-uns de ceux que nous avons notés. Nous prévenons que nous avons encore marqué par des notes à double queue les temps forts et les sons graves frappés par la main droite, et que les temps faibles, ainsi que les sons aigus frappés par la main gauche, nous les avons désignés par les autres notes.

Grosses caisses, chaque main armée, l'une d'une baguette et frappant d'un côté, l'autre d'une verge et frappant de l'autre.

Timbales appelées noqqâryeh : *il y en a toujours deux, l'une très-grosse et l'autre de moyenne grosseur.*

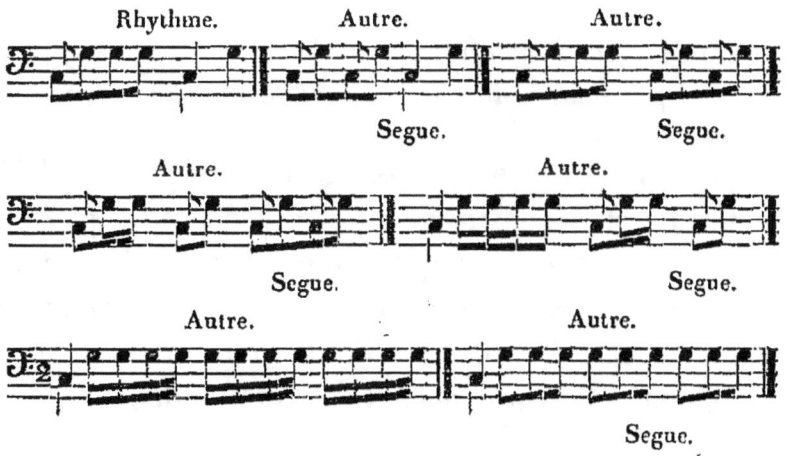

DE L'ART MUSICAL EN ÉGYPTE.

Petites timbales plates appelées naqrazân.

Très-petites timbales.

Cymbales : on les frappe presque d'aplomb.

ARTICLE VII.

De la musique ou du chant religieux en général, et en particulier du chant appelé eden *ou* ezân.

Mahomet a défendu aux musulmans l'usage de la musique et des instrumens, et cependant ils psalmodient ou chantent presque toutes leurs prières; quelquefois ils les accompagnent avec le son des instrumens de musique : ils ont même des hymnes qu'ils chantent en l'honneur du prophète et de leurs saints.

Nous n'entreprendrons pas de rapporter ici tous ces chants : mais nous en ferons connaître quelques-uns dans chaque genre, afin qu'on puisse en juger ; et nous nous contenterons de décrire les autres.

Le chant par lequel nous commencerons, sera celui que font entendre les *mouedden*[1] du haut des minarets[2], pour annoncer l'heure de la prière.

Telles sont, suivant ce qu'on rapporte[3], l'origine et la cause de cette sorte de proclamation :

« Comme l'apôtre des musulmans, lors de sa retraite à Médine, ne faisait pas toujours les cinq prières canoniques à la même heure et aux mêmes instans, ses disciples, qui manquaient souvent de faire le *namâz*[4] avec lui, s'assemblèrent un jour pour délibérer sur les moyens d'annoncer au public les momens du jour et de la nuit où leur maître s'acquitterait de ce premier devoir religieux. Les drapeaux, les cloches, les trompettes, les feux, furent successivement proposés pour signaux, aucun ne fut admis. On rejeta les drapeaux, comme ne convenant point à la sainteté de l'objet; les

---

[1] مُوَذِّن *mouedden ;* en bon arabe, *mouezzen.*

[2] Sorte de tour ronde très-haute, vers le milieu de laquelle est une galerie qui en fait le tour en dehors : c'est de là que le *mouedden* entonne sa proclamation en faisant le tour de cette galerie, et s'arrêtant vis-à-vis chacun des points cardinaux du monde, c'est-à-dire vis-à-vis du levant, du midi, du couchant et du nord. On choisit ordinairement des aveugles pour remplir cette fonction, dans la crainte que des clairvoyans n'aperçoivent les femmes sur les terrasses des maisons, où elles s'occupent souvent de certains détails du ménage. On appelle aussi en Égypte cette tour, *madyneh ;* ce mot s'écrit en arabe مَبْذَنَة.

[3] *Voyez* le Tableau général de l'Empire Ottoman, par M. d'Ohsson; Paris, 1788; tom. II, *Code religieux,* pag. 108.

[4] نَماز est un mot persan : c'est

cloches, pour ne pas imiter les chrétiens [1]; les trompettes, comme les instrumens propres au culte des Hébreux; les feux, comme ayant trop d'analogie avec la religion des pyrolâtres.

« Dans cette contrariété d'avis, les disciples se séparèrent sans rien conclure : mais, pendant la nuit, l'un d'eux, *Abdallah-ebn-zeyd-Abderiye*, voit en songe un être céleste vêtu de vert; il s'ouvre à lui, sur l'objet dont s'occupaient les disciples du prophète. Je vais vous montrer, lui dit cet esprit céleste, comment vous devez remplir ce devoir important de votre culte. Il monte alors sur le toit de la maison, et fait l'*ezân*[2] à haute voix, avec les mêmes paroles dont on s'est servi depuis pour annoncer les cinq heures canoniques.

« A son réveil, Abdallah court exposer sa vision au prophète, qui le comble de bénédictions et autorise à l'instant *Bilal Habeschy*, un autre de ses disciples, à s'acquitter, sur le toit de son hôtel, de cet office auguste sous le titre de *moezzen*. »

Nous noterons ici cette formule de convocation à la prière, conformément au chant que nous avons entendu le plus souvent et le plus distinctement. Il est cependant susceptible de quelques changemens ou variations, suivant le goût ou selon l'étendue et la force de la voix du mouedden.

le nom commun qu'on donne à chacune des cinq prières canoniques.

[1] Il est encore une autre circonstance où les musulmans ont rejeté les clochettes dont se servent les chrétiens; il en sera fait mention à l'article des récitateurs, où il s'agit des *mousahher*.

[2] أذان *ezân*; ce mot signifie, en arabe, *proclamation*.

Les chants des diverses proclamations qui se font sur les minarets, sont de plusieurs sortes. Ils ont, en général, un caractère tout-à-fait original et différent de celui de tous les autres chants. Ils doivent toujours être entonnés avec la plus grande force et dans les tons les plus aigus de la voix, afin qu'ils soient entendus d'aussi loin qu'il est possible; ce qui fait qu'ils tiennent le milieu entre les cris et le chant le plus orné. Nous les avons copiés, nous osons le dire, avec une exactitude telle, qu'ils seront facilement reconnus de tous ceux qui les ont entendus en Égypte : mais, à moins d'avoir été soi-même sur les lieux, il est impossible d'apprécier toutes les difficultés qu'il nous a fallu vaincre pour y réussir parfaitement, quoique nous nous les soyons fait répéter fort souvent chez nous.

Chant de convocation à la prière.

[1] Nous avons copié les chants sur la clef de *sol*, comme étant la plus généralement connue; mais il est facile de supposer ce chant au diapason des voix d'homme.

Autre chant sur les mêmes paroles.

al-laho ak-bar ach-ha-dou en nâ là i-lah ell-al-lah — — — achhadou en-nâ là i-lah ell-al-lah ach-ha-dou en-nâ Mohammed ra-soul al-lah hayé a'-lä es-sa-làt hayé a'-lä el fe-lâh alla-ho ak-bar — — — — — — — là i-lah ell-al-lah.

Autre chant dont nous n'avons pu distinguer les paroles.

Chant du mouedden, avant la prière du point du jour.

Soube — hàn al-lah a-bâ-dy el a-

ARTICLE VIII.

Des cérémonies et des chants des mouled.

Les Égyptiens ne font point d'anniversaire de la mort des personnes décédées; mais ils célèbrent l'anniversaire de la naissance. Cette cérémonie, qu'on nomme *mouled*, se fait avec plus ou moins de solennité et de pompe, en raison de la vénération qu'inspire la personne qui en est l'objet. Si c'est en mémoire d'un saint ou d'une sainte qu'on célèbre ce mouled, on se rassemble dans la principale mosquée du quartier où est située la chapelle, ou bien où est le tombeau de ce saint; et de là on se rend en procession au lieu qui lui a été spécialement consacré.

La description que nous allons faire du mouled de *setty Zeynab*[1], une des saintes les plus vénérées des

---

[1] زينب *Zeynab*. C'est l'aînée des quatre filles que Mahomet eut de *Khadygeh*, sa femme. Le quartier connu sous le nom de *setty Zeynab* au Kaire, est voisin de celui de Qàsim-bey que nous habitions. La mosquée sous l'invocation de setty Zeynab est située dans le quartier de ce

DE L'ART MUSICAL EN ÉGYPTE.

musulmans, et les chants que nous allons y joindre, suffiront pour donner une idée assez exacte des autres cérémonies de ce genre.

La procession étant partie de la mosquée de setty Zeynab, commença d'abord sa marche en entonnant cette hymne :

HYMNE DU MOULED DE SETTY ZEYNAB.

TON DE HOGAZ, MESURE SOFYAN.

nom, lequel est entre le quartier de la mosquée de *Touloun* et celui de Qàsim-bey.

[1] En comparant l'orthographe des paroles qui sont écrites sous le chant, avec l'orthographe de la prononcia-

DE L'ÉTAT ACTUEL

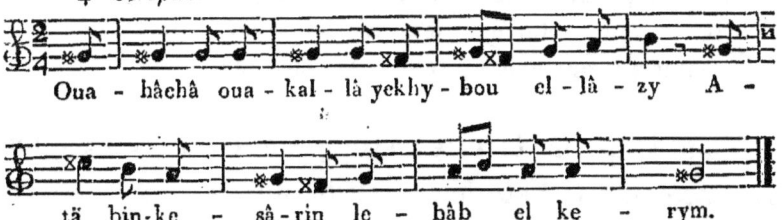

4ᵉ Strophe.

Oua - hâchâ oua - kal - là yekhy - bou el - là - zy A - tä bin - ke - sâ - rin le - bâb el ke - rym.

Texte.	PRONONCIATION arabe.
رضيت بها قسم الله لى	*Radyto bimâ qasam allaho ly*
وفوضت أمرى الى خالقى	*Ouafaouadtou amry ilä khâleqy.*

TRADUCTION en français, par M. Silvestre de Sacy.

Je suis content de ce que Dieu m'a donné en partage,
et je laisse à mon Créateur le soin de tous mes intérêts.

كما احسن الله فيما مضى	*Kamâ ahsen allaho fymâ madä*
كذلك يصلح فيما بقى	*Kezaleka yoslehou fymâ baqy.*

Comme Dieu m'a comblé de bienfaits par le passé, de même, à l'avenir, il disposera de tout à mon avantage.

وقفت ببابك ياذا الغنى	*Ouaqaftou bibâbika yâzâ-l-ghinä*
فقير وانت بحالى عليم	*Fayyron ouenta bihâly a'lym.*

Je me suis présenté à ta porte, ô toi qui es éminemment riche : je suis pauvre, et toi tu connais ma situation.

وحاشا وكلّا ينجيب الذى	*Ouahâchâ ouakallä yekhyboul-lazy*
اتى بانكسار لباب الكريم	*Atä binkesârin lebâb el kerym.*

tion ordinaire de ces mêmes paroles en poésie, qui est celle que nous avons suivie dans la colonne qui est en regard, on aperçoit une différence bien sensible, laquelle provient de certaines licences qui sont permises lorsque l'on chante, afin de pouvoir faire répondre, d'une manière plus exacte et plus agréable à l'oreille, les paroles au temps rhythmiques.

[1] M. Silvestre de Sacy, dont l'o-

Non, à Dieu ne plaise, il ne sera pas trompé dans son espoir, celui qui vient avec un cœur brisé se présenter à la porte de l'être le plus généreux.

Tandis qu'on chante cette hymne, la procession s'avance vers le lieu de sa destination.

Ces processions sont ordinairement très-nombreuses et se font aux flambeaux. Elles se composent, 1°. de *foqahâ* qui chantent des hymnes telles que celle que nous venons de présenter; 2°. d'un très-grand nombre de confréries de *foqarâ*¹ qui ont leurs chants, leur musique et leurs drapeaux particuliers. Les drapeaux de chaque confrérie sont toujours de la même couleur que celle du turban, conformément aux usages prescrits par les réglemens de ces confréries : ainsi les uns ont un drapeau blanc, comme les *qâdryeh*, les *teâmyeh*, les *a'louânyeh*, etc.; les autres l'ont noir, comme les *refâa'yeh*, etc.; d'autres l'ont rouge, comme les *chynnâouyeh*, les *a'ysâouyeh*, les *naqchabandyeh*, les *qasemyeh*, etc.; d'autres le portent vert, comme les *mellâouyeh*, les *bourhamyeh*, etc.; d'autres l'ont jaune, comme les *a'fyfyeh*, etc. Chaque confrérie est éclairée

pinion fait autorité relativement à la prononciation de l'arabe littéral, orthographie ainsi le texte de cette hymne, qu'il a bien voulu, à notre prière, traduire en français.

¹ Il y a peu de musulmans qui n'appartiennent à l'une ou à l'autre de ces confréries, et il y a presque autant de confréries différentes qu'il y a de *mechâykh* ou saints musulmans; et comme chacun est libre de s'associer à telle ou telle confrérie qu'il lui plait, il y en a qui adoptent celle qui, dans tel pays, s'est établie sous le nom de tel saint, et d'autres qui adoptent la confrérie établie sous le nom du même saint dans un autre pays, ou même dans le sien; en sorte qu'il y a encore dans chaque endroit plusieurs confréries qui portent le même nom, et sont distinguées par celui des pays auxquels elles appartiennent et dont elles suivent les usages.

par un plus ou moins grand nombre de *menârah*[1] et de *mechâe'l*[2] qui répandent une lumière très-éclatante. Une multitude de musulmans que la dévotion attire de toutes parts à cette cérémonie, se presse en foule pour la suivre.

Les *foqahâ* sont à la tête : entre eux et la première confrérie de *foqarâ* est un groupe de musiciens qui exécutent sur leurs instrumens des airs de musique; et après chaque confrérie de *foqarâ* il y a de même un groupe de musiciens qui jouent également de leurs instrumens. Ces instrumens sont les hautbois, l'espèce de flûte appelée en arabe *mizmâr*, les cymbales, les timbales appelées *naqrazân*, une très-petite timbale nommée *bâz*, les tambours, le tambour de basque appelé *bendyr*; et leur effet le plus remarquable est un bruit tumultueux. Tout cela, néanmoins, est distribué de manière qu'il n'y a ni confusion ni désordre, et que le bruit des uns n'empêche pas absolument d'entendre le chant des autres.

La procession étant arrivée à la chapelle où sont

---

[1] Les *menârah* مَنَارَة sont des espèces de très-grands candélabres coniques, composés de trois ou quatre tablettes en bois, formant chacune un large cercle plat : la première tablette est d'un plus grand diamètre que la seconde, celle-ci d'un plus grand diamètre que la troisième, ainsi de suite, de manière que chaque tablette inférieure dépasse en dehors de toute sa largeur la tablette qui est immédiatement au-dessus d'elle; chaque tablette est percée, dans son pourtour, de trous où sont fichées des bougies ou des chandelles. Ce *menârah* est porté au haut d'un long bâton.

[2] Les *mechâe'l* مشاعل sont des espèces de réchauds fermés, dans le bas, d'une plaque ronde de fer; et sur la hauteur, ils sont partagés par deux ou trois cercles ou bandes rondes du même métal, lesquelles sont soutenues par deux montans également de fer. Ce réchaud est porté au haut d'un long bâton; on fait brûler dedans de petits morceaux de bois résineux.

déposées, à ce qu'on croit, les reliques de la sainte musulmane, chacun y va faire sa prière et son offrande; car les musulmans ont une très-grande confiance dans les vertus miraculeuses de leurs *mecháykh* ou saints, et surtout de ceux qui sont du sang ou de la famille de Mahomet; et pour obtenir la faveur d'y participer, ils déposent quelques médins dans un petit bassin qui est sur le tombeau de celui ou de celle qu'ils viennent prier, après avoir baisé sa tombe; ou bien ils y font brûler une bougie. S'ils sont malades, ou s'ils ont des parens qui le soient, ils font toucher leurs vêtemens à ce tombeau. Assez ordinairement aussi ils déposent des branches de myrte sur le tombeau pendant qu'ils font leurs prières, et les reprennent ensuite, pour les attacher près de leurs lits ou les suspendre dans le lieu qu'ils habitent. Les pauvres font toucher aussi de gros paquets de branches de myrte à ce tombeau, et les vont ensuite distribuer dans les rues aux passans, et surtout à ceux dont ils s'imaginent devoir être le mieux récompensés : aussi ne manquaient-ils jamais d'en offrir à tous les Français qu'ils rencontraient, pendant le temps que nous occupions l'Égypte, sans que la différence de religion leur inspirât le moindre scrupule.

Tandis que chaque dévot musulman va rendre hommage au cheykh vénéré, les *foqahá* vont s'asseoir en dehors de la chapelle; et là, ils chantent un des chapitres du *Qorán*, qu'ils divisent en quatre parties, et qu'ils se distribuent entre eux, en sorte que chacun ne chante qu'un quart de ce chapitre; après cela suivent des *mouchahat* et des *qasáyd*.

Les confréries de *foqarâ* se partagent également chacune de son côté dans l'enceinte extérieure de la chapelle, avec ses drapeaux et sa musique, ou sur la place qui la précède. Là elles exécutent la danse qui est propre à leurs usages respectifs, et chantent en même temps l'air suivant à deux parties, dont la basse s'exécute en chœur, et dont la plus haute est remplie par le *monched*, c'est-à-dire par celui qui dirige le mouvement du chant ainsi que celui de la danse en marquant la mesure, laquelle est, d'ailleurs, rendue très-sensible par le bruit des cymbales et des tambours.

Chant de la danse religieuse des foqarâ.

La danse de ceux-ci consiste à former un rond, et à tourner ainsi tous à-la-fois, en cadence, en se tenant par la main, et jetant la tête tantôt à droite, tantôt à gauche, à chaque temps de la mesure. D'abord le mouvement de cette danse est lent, ainsi que celui du chant; puis le monched l'accélère par degrés en chantant, et les mouvemens de tête deviennent conséquemment aussi plus rapides et plus violens; enfin, ces mouvemens, s'accélérant toujours par degrés, finissent par être d'une telle rapidité, que plusieurs des *foqarâ*, autant par étourdissement que par fatigue, succombent et tombent à terre dans un état d'ivresse et de fureur qui les fait chercher à se jeter sur ceux qui les environnent, et quelquefois à les mordre. Mais ordinairement on s'empresse de leur porter des secours et de les calmer par tous les moyens que l'on croit les plus convenables; et quand ils ont repris leurs sens, on les vénère comme des cheykhs : ils font baiser leurs mains à ceux qui se présentent devant eux, ou les leur imposent sur la tête. Quelquefois aussi il se rend à ces sortes de fêtes, des poëtes qui chantent des vers à la louange du saint.

Quand les prières sont finies, les *foqahâ* s'en retournent avec le peuple à la mosquée, en chantant ce qui suit :

Chant du retour de la procession du mouled à la mosquée.

Ce chant, comme on voit, n'est composé que de deux sons. Il commence très-lentement, en sorte que chaque son se prolonge à perte d'haleine; c'est ce que nous avons indiqué par les rondes : puis il s'accélère par degrés, et devient moins lent, comme nous l'avons indiqué par les blanches; puis il devient plus vif, ce que nous avons indiqué par les noires; plus on approche de la mosquée, plus il devient vif; enfin, quand on est près d'entrer dans la mosquée, il est devenu tellement rapide, qu'on ne peut plus le continuer : on y pénètre en silence, et la cérémonie du *mouled* est finie.

ARTICLE IX.

Des chants et de la danse des zekr [1] *des* foqarâ.

Les *foqarâ* exécutent encore des chants et des danses à peu près semblables aux précédens, dans certaines cérémonies pieuses, telles que celles des *zekr*. Dans celles-ci, les *foqarâ* de la même confrérie se réunissent, soit dans les mosquées fondées par leur patron, soit dans toute autre où ils ont des fondations établies par lui, ou, à son intention, par quelqu'un de ses zélés sectateurs, et où ils se rendent à certains jours de la semaine ou du mois qui leur ont été indiqués.

Il y aurait un article fort intéressant à faire sur ces sortes de confréries, sur leur origine, sur leurs usages, sur leurs danses, sur leur costume, sur les marques distinctives qui les font reconnaître; car chacune d'elles diffère des autres en quelques-uns de ces points. Nous regrettons que les renseignemens que nous avons pris à ce sujet ne puissent trouver place ici, où il ne s'agit que de musique : en effet, ils ne peuvent convenir que dans un mémoire spécialement consacré à faire connaître les mœurs et les usages des Égyptiens.

Nous pourrons cependant, sans perdre de vue notre

---

[1] ذكر *zekr* : ce mot signifie commémoraison. On appelle ainsi les prières, les chants et les danses des *foqarâ*, en mémoire des saints qu'ils vénèrent le plus, principalement en mémoire de leurs patrons.

objet principal, dire quelque chose d'un *zekr* de *foqarâ* de la confrérie des *Semmânyeh*, auquel il nous fut permis d'assister, le 29 prairial, an IX de la république (18 juin 1801). Cette confrérie a été instituée par Mohammed el-Semmân. Ceux qui la composent n'ont point de marques distinctives bien apparentes dans leur costume; ils portent le turban blanc : leur discipline est une des plus austères. Ainsi que les autres *foqarâ*, ils ont leur danse particulière. Ceux du mouled de *setty Zeynab* se tenaient par la main en tournant, et étaient accompagnés du bruit des cymbales antiques, appelées *kass* en arabe, et de plusieurs autres espèces d'instrumens; ceux-ci forment quelquefois aussi le rond, mais sans se tenir par les mains, et laissant tomber leurs bras le long du corps. Au lieu de tourner comme les précédens, ils ne font que s'élever sur la pointe des pieds, et sautent ainsi sans perdre terre et sans bouger de place. Le monched se tient au milieu d'eux, et dirige le chant qu'ils exécutent sur ces paroles *lâ ilaha ellâ-llah*, ou bien seulement en disant *allah*, ou *qayoum*.

Leur *zekr* le plus solennel est celui qu'ils célèbrent près du tombeau du cheykh *Châfe'y* [1], sur la place Roumeyleh, derrière la citadelle du Kaire; il dure quatre jours, depuis le 8 de moharram jusqu'au 12 du même mois. Ce n'est pas à celui-là que nous avons assisté, mais c'est à un autre de la même confrérie, dans une petite mosquée du quartier *Kharrâtyn*. Dès

---

[1] C'est le nom d'un chef d'une des quatre sectes orthodoxes de la religion musulmane.

que les *foqarâ* furent rassemblés dans cette mosquée, ils s'y placèrent sur deux rangs parallèles, et s'assirent sur leurs talons. Ils commencèrent par réciter ou plutôt ils psalmodièrent quelques chapitres du Qorân, sous la conduite de deux *monched* qui les dirigeaient en chantant. Après ces espèces de cantiques, ils exécutèrent le chant suivant sur ce ton lugubre :

Le mouvement de ce chant fut d'abord très-lent; ils balançaient un peu leur corps en le portant en avant, tantôt d'un côté, tantôt de l'autre, et toujours en suivant la cadence et la mesure du chant. Ils accélérèrent ensuite par degrés la mesure du chant et de leurs mouvemens; et à chaque reprise du même chant, ils en pressèrent de plus en plus la mesure, jusqu'à ce qu'enfin il ne leur fût plus possible de la suivre, à cause de son extrême rapidité; alors ils entonnèrent cet autre chant plus lugubre encore que le précédent :

Ils l'exécutèrent également avec beaucoup de lenteur d'abord; puis ils pressèrent par degrés le mouvement jusqu'à ce qu'ils ne pussent plus le continuer.

Pendant tout ce chant ainsi que pendant le précédent, les *monched*[1] chantèrent des *qasâyd* sur la mesure que le chef des *foqarâ* marquait en frappant avec sa main sur son genou. Ainsi se termina le zekr, qui dura à peu près trois quarts d'heure.

ARTICLE X.

Concerts pieux.

Les concerts pieux n'admettent point d'instrumens de musique : ils s'exécutent ordinairement la nuit chez les riches particuliers, à l'occasion de la fête du maître de la maison, ou de l'anniversaire de sa naissance, ou en réjouissance de quelque événement heureux arrivé chez lui.

Nous avons été plusieurs fois témoins de ces différentes sortes de concerts. Ils se composent de trois parties qu'on appelle *alât*, et qui durent un tiers de la nuit. Le premier alât commence par des chapitres du Qorân, que des *foqahâ* récitent en forme de psalmodie ; ensuite

---

[1] *Monched* signifie, en arabe, un *chanteur-poëte*, plutôt qu'un *chanteur-musicien*. Le véritable sens de ce mot est le même que celui de *chantre* quand on s'en sert en parlant des anciens poëtes qui chantaient leurs poëmes : sans cette distinction, on confondrait les Arabes précédens avec les *mohaddetyn*, dont nous parlerons bientôt et qui ne sont que des narrateurs ou récitateurs, qui récitent, non leurs propres poëmes, mais les poésies des autres ; ce qui fait qu'on peut, avec beaucoup de raison, les regarder comme une espèce de rapsodes. *Voyez*, pour le mot *monched*, le verbe نَشَدَ *nachada*, et pour celui de *mohaddetyn*, le verbe حَدَثَ *hadata*, dans le Dictionnaire heptaglotte de Castell.

N. B. Le т dans les mots *mohaddetyn* et *hadata* se prononce comme ts en arabe littéral.

on chante des *mouchahat*[1]; puis viennent les *qasâyd*[2], et enfin des *adouâr*[3].

Le plus beau concert de ce genre que nous ayons entendu, fut exécuté, dans la nuit du 4 au 5 de moharram de l'an 1215 de l'hégire[4], chez O'smân aghâ, en action de grâces de sa convalescence d'une ophthalmie dont il avait beaucoup souffert pendant treize jours. Nous y fûmes conduit par le cheykh el-Fayoumy, qui y avait été invité. La première partie du concert commença par le second chapitre du Qorân[5], qu'une douzaine de *foqahá* récita d'une manière qui différait peu du chant. Ensuite d'autres *foqahá* chantèrent des *mouchahat*, puis des *qasâyd*, auxquels succédèrent des *adouâr*, ou des couplets que chacun reprenait à son tour.

La seconde partie débuta par des *qasâyd* divisés en petites portions de deux ou trois vers, qui furent chantées successivement par chacun des *foqahá*; et l'on finit par un chant en chœur général, c'est-à-dire un chant exécuté à l'unisson par tous les *foqahá*.

La troisième partie commença par des *moâlât*[6]. Les quatre premiers vers furent récités par un des *foqahá*, et le cinquième ou le dernier fut chanté en chœur par

---

[1] Les *mouchahat* sont des poëmes mis en chant et soumis à la mesure musicale.

[2] Les *qasâyd* sont des poëmes dont le chant n'est soumis qu'à la mesure des vers.

[3] *Adouâr*, singulier *dour*, couplet.

[4] Cette époque répond à la nuit du 27 au 28 floréal de l'an IX de la république, ou à la nuit du 17 au 18 mai 1801.

[5] C'est le *sourat el Baqarah*, ou chapitre de la Vache, que les *foqahá* divisent en quatre parties qu'ils se partagent entre eux.

[6] Singulier, *moâl*. Chaque moâl n'est que d'un couplet, composé de

tous les autres en forme de refrain. Après, on exécuta en chœur des *tesbyh*, qui sont des airs plus gais et d'une mesure à trois temps assez vive : puis on chanta le *dâreg*, qui n'est autre chose que le mouchah précipité. Enfin, on termina par une espèce de grand air, accompagné d'une tenue en forme de bourdon; et lorsque cet air fut achevé, on adressa des complimens à chaque personne de la société en particulier et nominativement.

Nous observâmes dans ce concert, de même que dans tous les autres, que les *foqahâ* abusaient des ornemens et des broderies; qu'ils prolongeaient les syllabes autant et beaucoup plus que ne le font quelques chanteurs européens. Nous remarquâmes aussi qu'on leur fit répéter jusqu'à dix à douze fois les passages qui plaisaient davantage[1], et qu'à chaque répétition on applaudissait avec des transports d'enthousiasme et par des acclamations de joie. Il ne nous convient point de blâmer d'une manière absolue le goût de toute une nation; mais nous nous rappellerons toujours la contrariété insupportable que nous avons été forcés de dissimuler en cette circonstance, pour ne pas manifester combien notre goût, formé par l'habitude de la musique européenne, nous

---

cinq vers, dont quatre finissent par une rime semblable et dont le cinquième a une rime différente.

[1] Nous ignorons si lorsque les Orientaux assistent à nos concerts ou à nos spectacles, et qu'ils entendent demander à nos virtuoses de chanter de nouveau l'air qu'ils viennent d'exécuter, ils éprouvent, en les voyant applaudir avec transport, les mêmes impressions et les mêmes sentimens dont nous avons été émus en entendant redemander et applaudir certains passages du chant des *foqahâ*; mais, si cela est, ils ne doivent pas assurément emporter chez eux une idée trop favorable de notre goût et de notre raison.

faisait trouver déraisonnables, extravagans, et les chants que nous entendions, et plus encore les applaudissemens dont on les encourageait.

ARTICLE XI.

Chants, cérémonies, usages et préjugés relatifs aux enterremens parmi les Égyptiens.

Il y a des gens en Égypte dont la principale profession est de chanter devant le corps des morts qu'on porte en terre; on les appelle *moqry*[1]. Ils reçoivent ordinairement de ceux qui les emploient, une gratification de dix à quinze pârats. La mélodie d'aucun de leurs chants ne nous a paru lugubre, et analogue aux sentimens qu'inspire la circonstance pour laquelle ils sont destinés; la mesure en est plutôt vive que lente; et la manière leste ainsi que le ton d'indifférence avec lesquels ces chants sont rendus, nous avaient fait deviner, avant qu'on nous l'eût dit, qu'ils étaient payés, et que ceux qui les exécutaient couraient après leur salaire. Il est vraisemblable néanmoins que ces *moqry* réservent les chants qu'ils estiment davantage pour ceux qui les récompensent le mieux; et si cela est, comme nous avons cru nous en apercevoir, leur goût ne paraît pas autant à dédaigner dans le choix qu'ils en font que dans le caractère qu'ils leur donnent. Nous offrirons pour exemples, les trois chants suivans, qu'ils emploient pour trois classes différentes de la société[2].

[1] مقري *moqry*.

[2] Nous aurions pu multiplier ici

DE L'ART MUSICAL EN ÉGYPTE.

Chant d'enterrement pour les personnes distinguées.

Chant d'enterrement pour les particuliers un peu aisés.

Chant d'enterrement pour les gens du peuple et les fellâh.

Ces chants se répètent continuellement depuis que le mort est enlevé de chez lui jusqu'au lieu de sa sépulture.

les exemples, car on entend encore d'autres chants de cette espèce : mais tous n'ont pas un caractère très-distinctif, et ils se ressemblent en quelque sorte.

Les musulmans regardent comme une œuvre très-méritoire de porter le corps d'un mort en terre, et s'empressent de se remplacer les uns les autres de distance en distance dans cet office. Le mort est porté dans un cercueil, sur les épaules, par quatre hommes, deux à un bout, et deux à l'autre. Il a la tête en avant, c'est-à-dire dans une direction opposée à celle de la marche du cortége qui l'accompagne. Au bout antérieur du cercueil, qui est celui où se trouve la tête du mort, est un montant formé d'une petite planche de bois étroite, qui est recouverte d'un châle quand le défunt était riche, ou simplement d'un *miláyeh* (sorte de couverture en toile de coton bleue) si la personne est pauvre. C'est sur ce montant qu'on place la coiffure que le défunt ou la défunte portait de son vivant. Pour un homme, c'est le *tarbouch*[1], autour duquel est roulé le turban[2]; si c'est une femme ou un enfant, on y ajoute les bijoux dont on avait coutume de l'orner, ainsi que les tresses en soie brune ou noire, imitant les cheveux. Ces tresses, dont se parent toutes les femmes, leur descendent jusqu'au bas des reins, et sont chargées, dans toute leur longueur, de petites plaques d'or, ou de petites pièces de monnoie du même métal, ou bien de petites pièces d'argent si la personne n'est pas riche, ou même de petites plaques de cuivre si elle n'est pas aisée; ou enfin ces tresses sont nues, si ce sont des personnes très-malheureuses. Quand ce sont des filles,

---

[1] Grande calotte très-profonde en laine rouge.

[2] Le turban est un grand châle de mousseline ou de cachemire blanc, rouge ou vert, de six à sept aunes de long, sur environ deux de large, qui se roule autour du *tarbouch*.

on ajoute leurs colliers et les autres parures dont elles se servaient.

Aux enterremens des gens opulens, le cercueil est précédé d'un groupe d'enfans; un d'entre eux, placé au milieu, porte le livre du Qorân sur un petit pliant. Ces enfans chantent tous ensemble des prières sur un ton assez gai et d'un mouvement léger : chacun d'eux reçoit pour cela deux pârats ou médins[1]. Devant eux est un certain nombre de chantres appelés *moqry,* dont nous avons déjà parlé : ceux-ci chantent d'autres prières sur un ton moins vif et moins gai que les précédens. En avant de ces derniers est encore une autre compagnie de *moqry,* chantant encore d'autres prières sur un autre ton et d'une autre mélodie; en avant de ceux-ci, s'en trouvent encore d'autres; enfin, quelquefois il y a dix à douze de ces compagnies de *moqry.* Derrière le cercueil sont les pleureuses gagées, ayant la tête ceinte d'une espèce de fichu brun ou noir, roulé, et noué d'un seul nœud par derrière, ou bien tenant dans leur main ce bandeau élevé en l'air, et l'agitant : toutes poussent confusément des cris; mais le plus grand nombre d'entre elles semblent plutôt singer ridiculement la douleur que l'imiter. Leurs cris, quoique très-aigus et très-perçans, ont un ton trop soutenu et trop assuré pour exprimer l'angoisse de la douleur; leurs mouvemens sont trop décidés et trop délibérés pour annoncer l'abattement de la tristesse : en un mot, elles

---

[1] *Parah* ou médin, c'est la même chose. On nomme ainsi en Égypte une petite pièce de monnoie, qui équivaut à 9 deniers de notre monnoie.

ont plutôt l'air de se moquer du mort et de ceux qui les paient, qu'elles n'ont l'air de pleurer. Cependant elles ne cessent d'appeler le défunt par les noms les plus tendres, et de vanter ses bonnes qualités morales et même physiques. Si c'est un homme, elles crient, *yâ akhouy, yâ khay, yâ habyby, etc.* (ô mon frère! ô mon bien-aimé! ô mon ami! etc.); s'il est marié, *yâ a'rys, terouh, mâ terga'ch* (ô mon époux, tu t'en vas et tu ne reviendras plus!); si c'est une femme, elles disent, *yâ okhty, yâ habybty, yâ setty, etc.* (ô ma sœur! ô mon amie! ô ma maîtresse! etc.); si elle est mariée, *yâ a'rousty, etc.* (ô mon épouse! etc.); si c'est un enfant, *yâ oualad, etc.* (cher enfant! etc.); si c'est une fille, *yâ benty, etc.* (ô ma fille! etc.), en ajoutant mille autres expressions de tendresse et de regrets les plus touchans[1]; mais tout cela d'un ton si forcé et si froid, que cela serait regardé, avec raison, comme

---

[1] Quelquefois, et beaucoup plus souvent qu'on ne l'imaginera en Europe sans doute, le convoi est arrêté, parce que les porteurs, au lieu d'avancer, ne font plus que tourner, ou ne peuvent plus, disent-ils, supporter le cercueil ou contenir le mort près de s'échapper : cela arrive presque toutes les fois que celui qu'on porte en terre passe pour un saint. En Égypte, ceux qui sont regardés comme ayant des droits incontestables à ce titre, sont ceux qui, de leur vivant, ont paru les plus imbécilles, ou les plus extravagans, ou même les plus furieux. Ces gens-là errent ordinairement nuit et jour, nus (nous avons vu aussi des femmes en ce cas, et errer ainsi), ou passent une partie de la journée à faire mille contorsions hideuses, à se frapper à grands coups de poing la figure ou la poitrine, et à se meurtrir ou déchirer le corps; ils s'abandonnent sans aucune retenue à tous les actes contraires à l'honneur, à la décence, à la pudeur, et même à la probité; ils violent les femmes et les filles chez elles ou en public. *Violer* n'est peut-être pas précisément le terme propre ici, puisque, malgré le dégoût que ces misérables doivent inspirer, on a une telle vénération pour eux, que les femmes n'osent pas leur opposer la moindre résistance, qu'elles les laissent pénétrer dans leur *harym*, et croient faire une œuvre pieuse et

la plus impertinente mystification par une personne vivante et de bon sens à laquelle cela s'adresserait.

Mais les proches parentes du mort, pénétrées d'une méritoire en satisfaisant la brutale concupiscence de ces monstres à figure humaine.

Un de ces êtres, qu'ont sans doute connu tous les Français qui ont habité au Kaire, ou qu'ils reconnaîtront infailliblement au portrait que nous venons de tracer, mourut en cette ville le 22 floréal an IX de la république (12 mai 1801), et fut enterré le lendemain (à cette époque, nous demeurions encore dans cette capitale de l'Égypte); c'était un jeune homme de vingt à vingt-deux ans. Tandis qu'on le portait en terre, il donna aussi les indices de sainteté dont nous venons de parler; les porteurs se trouvèrent tout-à-coup arrêtés à moitié chemin, et ne purent s'empêcher de tourner pendant très-long-temps, avant de pouvoir continuer leur route. Le même jour, un cheykh que nous occupions journellement à nous donner des renseignemens, afin de nous diriger plus sûrement dans nos recherches sur les institutions, les mœurs et les usages des habitans de l'Égypte, arriva chez nous avec un empressement extraordinaire, et nous annonça le miracle dont il venait d'être témoin, comme ayant fait, lui, partie du convoi funèbre. D'abord nous ne lui témoignâmes que de la surprise; puis, par degrés, nous l'amenâmes à raisonner sur l'événement qu'il venait de nous rapporter. Enfin, après lui avoir persuadé que Dieu tout-puissant, et toujours grand en toutes choses, ne manifestait jamais sa volonté que d'une manière digne de lui, et que c'était l'offenser que de lui attribuer des stratagèmes ridicules que tout homme sensé rougirait d'employer, nous lui demandâmes s'il regardait comme impossible que, dans ces sortes de miracles, on abusât le peuple, soit que les porteurs fussent payés pour s'arrêter et tourner de la sorte, soit qu'ils eussent quelque intérêt particulier et caché à agir ainsi. Notre cheykh convint que tout cela était non-seulement possible, mais encore assez probable, et que ce signe de sainteté dont il avait été témoin, lui devenait d'autant plus suspect, qu'il se rappelait qu'en effet on avait découvert plusieurs fois que ce n'était qu'une fraude. Déjà nous nous disposions à approfondir davantage avec lui cette discussion, lorsqu'il continua en nous disant que les preuves les plus certaines de sainteté étaient lorsque le mort s'enlevait de son cercueil et s'élançait comme s'il voulait s'envoler, ou lorsqu'il forçait les porteurs à courir à toutes jambes, ou lorsqu'il proférait ces mots :

بسم الله توكلت على الله

Bismi-llahi tovakkolto a'lā-llahi.

Alors nous ne nous sentîmes plus assez de courage pour combattre toutes ces erreurs, et nous restâmes persuadés qu'elles tenaient autant à la faiblesse de son esprit qu'à l'empire que les préjugés exercent sur la plupart des hommes.

douleur réelle, sa femme, sa mère, sa sœur, sa fille, etc., restent à la maison et le pleurent amèrement, en se tenant assises ou par terre. A l'instant où il vient de trépasser, elles s'en vont sur les terrasses qui dominent leur maison, crier *yâ hagmety* (oh! quel malheur!), et expriment les motifs de leurs regrets de la manière la plus déchirante. Les autres parentes qui ne touchent pas de si près le défunt, viennent pleurer avec elles et leur donner des consolations; elles vont s'asseoir, non par terre, mais sur le divan. On fait venir aussi quelquefois dans la maison des pleureuses, pour y chanter des cantiques funèbres, en s'accompagnant du *daráboukkeh*, du *târ*, du *bendyr*, du *req*, du *deff* ou du *mazhar*. Le deuil dure onze mois; et, pendant les huit premiers jours, les plus proches parens ne sortent pas de chez eux.

ARTICLE XII.

Chant et danse funèbres.

Cet article aurait dû être placé avant le précédent, si l'on considère l'ordre des événemens et des faits; mais, eu égard à son peu d'importance quant à l'art qui nous occupe et aux mœurs des Égyptiens, nous n'avons pas jugé qu'il dût paraître plutôt.

Il s'agit, en effet, d'une danse et d'un chant exécutés près du corps du mort avant qu'il soit enlevé de la maison, et déjà nous avons décrit toutes les cérémonies funèbres; mais nous ne croyons pas qu'on doive confondre le chant et la danse dont nous allons parler, avec les cérémonies et les chants ordinairement en usage parmi les Égyptiens en pareil cas, puisqu'on ne les observe que parmi un petit nombre de *fellâh* ou paysans de certaines contrées de l'Égypte.

Voici donc comment ces *fellâh* honorent leurs parens morts, avant de les faire porter en terre.

Après qu'on a enseveli le corps et qu'on l'a placé dans son cercueil, on le descend et on le place au milieu de la cour. Les voisines, qui se sont rendues dans la maison pour consoler les femmes et se joindre à elles afin de rendre les derniers devoirs au défunt, les conduisent près du cercueil où est le mort : une d'entre elles s'empare du tambour de basque nommé *târ*, et frappe dessus le rhythme suivant; aussitôt toutes les autres, avec les parentes du mort, se forment en rond autour du cercueil, et commencent à chanter *aba, aba, etc.*, en sautant et frappant des mains en cadence, et continuent ainsi pendant un grand quart d'heure.

Chant et danse funèbres des fellâh.

RHYTHME DU TAR.

ARTICLE XIII.

Prières et chant du sebhah[1].

Pendant plusieurs jours de suite et au plus pendant neuf jours consécutifs après le trépas d'une personne décédée, les musulmans, parens et amis du défunt, se rassemblent dans sa maison, pour y faire en commun des prières pour lui, et y exécuter un chant à peu près semblable à ceux des *zekr*. On appelle ces prières *sebhah*, parce que, tandis que les uns lisent quelques chapitres du Qorân, les autres récitent le chapelet musulman appelé *sebhah*. Ce chapelet, peu différent du nôtre, si ce n'est qu'il n'y a point de croix, consiste dans une centaine de grains égaux, sur chacun desquels on prononce successivement le nom de Dieu, *Allah*, ou *Allaho lâ ilaha illa hou el hayo-l-qayoum*, jusqu'à ce qu'on ait parcouru ainsi tous les grains; ce qu'on recommence dix, douze, vingt, cinquante fois, cent fois et deux cents fois, ou plus, suivant la dévotion de chacun de ceux qui font cette prière. Pendant ce temps, d'autres chantent ce qui suit, et chaque jour on répète la même chose :

Là i - laha ell - al - lah Moham - med rasoul al - lah. Là i -

[1] سبحة *sebhah*, prière à la gloire de Dieu.

ARTICLE XIV.

Des trois espèces de chant connues des anciens et retrouvées chez les Égyptiens modernes; la première purement musicale, la seconde propre à la récitation poétique, et la troisième propre à la prononciation oratoire.

Les anciens Grecs distinguaient trois espèces de chant : l'une, purement musicale, dont ils nommaient les sons ἐμμελής, *emmelés* (modulé), parce que, disaient-ils, les sons étaient séparés par des intervalles déterminés [1]; l'autre, qui était propre au discours, dont ils appelaient les sons ἐκμελής, *ekmelés* (non modulé), parce que ces sons n'étaient point séparés par des intervalles semblables aux précédens, ou parce qu'ils étaient au contraire *continus* [2]; et la troisième, qui participait des deux précédentes, appartenait à la récitation poétique [3].

---

[1] Aristox. *Harm. Element.* l. 1, pag. 4, 9, 18. — Aristid. Quintil. *de Musica*, lib. 1, pag. 7, apud *Antiquæ Musicæ Auctores septem*, *Græc. et Lat.* edente Marco Meibomio, *Amstelod* 1652, vol. 1 et 11.

[2] *Ubi suprà.*

[3] Nous n'avons pas rangé dans la classe des récitations poétiques les chants de convocation à la prière que nous avons notés ci-dessus, quoique nous soyons intimement persuadés qu'ils y ont appartenu originairement. Défigurés comme ils le sont aujourd'hui, ils ne donneraient pas, en cet état, une idée juste de la forme du chant poétique à ceux qui ne la concevraient pas. D'ailleurs, il est possible que le chant de convocation à la prière soit d'un genre moyen entre la récitation poétique et le chant musical : on sait que les Arabes ont eu un grand nombre de prosodies diverses, parmi lesquelles les musulmans en ont consacré quatorze au chant spirituel; qu'ensuite sept ont été rejetées comme profanes, et que, parmi les autres qui ont été adoptées par les ministres de la religion, la plus estimée et la plus généralement suivie est celle qu'on nomme *assym*, et qui a été destinée à la prière : mais on n'a pas également

Ces trois espèces de chant existent encore aujourd'hui en Égypte, à quelque altération près, que l'ignorance et le mauvais goût leur ont fait subir, mais qui ne les rend pas tellement méconnaissables qu'on ne puisse encore les distinguer très-parfaitement les unes des autres.

Autant nous prenons de soin aujourd'hui à ne pas chanter en parlant, autant les anciens s'appliquaient à le faire. *Chanter*, selon eux, c'était accentuer juste, avec une expression énergique et vraie, embellie de toutes les grâces que l'expérience et l'observation avaient indiquées à l'art pour en rendre l'effet plus puissant et plus persuasif. Ce fut cet art qui forma à l'éloquence les Socrate, les Platon, les Lysias, les Isée, les Isocrate, les Démosthène, les Eschine.

Dans ces temps reculés, on enseignait la musique conjointement avec la grammaire; ou plutôt la grammaire, la prosodie, et la prononciation en général, n'étaient que des parties de la musique, laquelle consistait essentiellement dans l'expression vraie et gracieuse des sentimens qu'excitent en nous toutes nos idées, comme nous l'apprennent Platon, Aristote et tous les philosophes anciens : c'est pourquoi, chez les Grecs, quiconque aurait laissé échapper dans le discours une seule inflexion de voix fausse, ou un seul

---

conservé le nom de la prosodie des chants de convocation à la prière qui s'exécutent sur les minarets; ce qui prouve qu'on ne s'est pas beaucoup occupé non plus d'en conserver la tradition exacte, et que les règles n'en sont pas maintenant mieux connues que le nom. N'étant pas mieux fondés et ne pouvant appuyer suffisamment notre opinion, nous avons mieux aimé la garder pour nous que de chercher à la mettre en crédit.

accent sans expression ou d'une expression douteuse, aurait donné de soi une opinion aussi défavorable que le ferait parmi nous une personne qui, en parlant, ferait des barbarismes et des solécismes. Il est plus honteux de paraître ignorant chez nous, qu'il ne l'était chez les anciens Grecs; et il était plus honteux chez eux de manifester un mauvais goût ou un goût peu délicat, qu'il ne l'est chez nous. Tout homme bien élevé parmi eux possédait l'art d'accentuer avec une expression énergique et vraie[1]; mais aujourd'hui les principes de cet art sont perdus. Les meilleurs orateurs et les meilleurs comédiens les ignorent, quoiqu'à force de tâtonnemens ils soient parvenus à en acquérir la pratique. Cela est si vrai, qu'aucun d'eux ne serait capable de démontrer méthodiquement les principes de la déclamation, et qu'en général on regarde aujourd'hui comme impossible d'établir sur ce point des bases fixes et communes à tous les hommes, de quelque caractère qu'ils soient.

Trop éloignés des lieux et des temps où cet art fut en vigueur, nous ne pouvons apercevoir des traces sensibles de son existence chez la plupart des peuples actuels; du moins elles nous y paraissent fort douteuses. Chez les Égyptiens, au contraire, où cet art prit naissance, où il fut prescrit par les lois, il a laissé des traces trop profondes pour que le temps ait pu les effacer entièrement depuis qu'il n'y est plus cultivé. Toutes les espèces de discours publics, religieux ou

[1] On peut voir et lire en entier, sur ce sujet, le vingt-sixième chapitre des Voyages d'Anacharsis en Grèce, par Barthélemy.

profanes, y sont encore réellement chantées, quoiqu'évidemment sans art. Les principes de la prosodie, c'est-à-dire des accens et du chant, y ont été négligés et sont tombés dans l'oubli; l'ignorance en a corrompu la pratique, et la routine a propagé les erreurs de l'ignorance : mais l'usage de chanter les discours publics s'y est conservé; et cela confirme ce que Plutarque nous apprend, lorsqu'il nous dit : « Il a donc esté un temps que la marque et la monnoye de la parole qui avoit cours, estoient les carmes, les chants et cantiques, parce qu'alors toute histoire et toute doctrine de philosophie, toute affection, et brief, toute matiere qui avoit besoin de plus grave et ornée voix, ils la mettoient toute en vers poétiques et en chants de musique[1]. » C'est pour cette raison aussi qu'on donnait le nom de *chant* à tous les genres de discours qui étaient prononcés publiquement, comme on peut s'en convaincre par l'étymologie des mots *tragédie, comédie, ode, épisode, palinodie, rapsodie*, que nous avons empruntés du grec, et dans lesquels nous voyons reparaître constamment le mot *ode*, qui en grec signifie *chant*[2]; c'est pourquoi aussi tous les poëtes ont conservé l'usage immémorial de dire *je chante*, pour annoncer qu'ils vont rappeler, avec une vérité énergique, des faits mémorables.

Cet art du *chant* appliqué au discours, tel qu'il se présente aujourd'hui en Égypte, pourrait être comparé

---

[1] Plutarque, *des Oracles de la prophétesse Pythie*, trad. d'Amyot.

[2] *Tragédie* vient de τράγος et de ῳδή (*ódé*), qui signifie chant; *comédie* vient de κώμη et de ῳδή; *épisode* vient de ἐπὶ et de ῳδή; *palinodie* vient de πάλιν et de ῳδή; *rapsodie* vient de ῥάπτω et de ῳδή; *parodie*

à une pièce de monnoie antique qui n'aurait pas cessé d'avoir cours, mais dont l'empreinte se serait effacée par degrés; ce qui lui aurait fait perdre insensiblement une grande partie de sa valeur. Il est incontestable que les trois espèces de chant dont nous avons parlé se sont conservées en Égypte; mais on ne peut disconvenir qu'elles n'y aient éprouvé une très-grande altération.

ARTICLE XV.

Du chant oratoire.

Le chant oratoire en Égypte, aujourd'hui, est évidemment celui des prières des musulmans, lequel est dirigé par les règles de cette espèce de prosodie arabe qu'on nomme *assym*. Il n'a pas toujours des graduations aussi marquées ni aussi distinctes que celles du chant de la récitation poétique, dont nous parlerons bientôt; mais cependant les sons en sont assez soutenus et assez appréciables pour être distingués.

Nous donnerons pour exemple de cette sorte de chant la prière du Fâtihah, telle que nous l'avons fort souvent entendu réciter par le cheykh el-Fayoumy, pendant que nous habitions chez lui.

Comme l'appartement que nous occupions était presque contigu à celui où il faisait ordinairement la prière au milieu des gens qui composaient sa maison,

vient aussi de παρὰ et de ᾠδὴ; *prosodie* vient également de πρὸς et de ᾠδὴ. Dans tous ces mots, on retrouve le mot *chant* : l'histoire seule, qui était faite pour être lue plutôt que pour être chantée, n'a point reçu de nom semblable.

et des personnes du voisinage qui s'y rendaient, nous entreprîmes de copier le chant de cette prière. Pour le faire plus exactement, nous réglâmes du papier, comme pour noter de la musique, ayant soin de laisser entre les lignes un espace assez grand pour y intercaler deux autres petites lignes au crayon, destinées à noter les sons intermédiaires aux sons diatoniques, et nous écrivîmes d'avance les paroles du Fâtihah, afin de n'avoir plus qu'à suivre les inflexions de la voix. Quand notre papier fut ainsi disposé, nous nous préparâmes à noter le chant de cette prière, à l'heure à laquelle le cheykh el-Fayoumy avait coutume de la faire réciter. Nous ne nous servîmes pas de nos notes pour cela; le temps que nous aurions employé à les former, ne nous eût pas permis de suivre la voix : mais avec notre crayon, nous tracions de simples traits que nous portions rapidement d'un intervalle à l'autre; et quelque grand ou quelque petit qu'il fût, quelque forts ou quelque faibles qu'en fussent les sons, nos lignes principales ou intermédiaires, les traits plus fortement ou plus faiblement prononcés de notre crayon, nous offraient des moyens de les indiquer de la manière la plus exacte.

Dès que la prière fut finie, et dans la crainte que, le souvenir de ce chant venant à s'effacer, notre sténographie ne nous laissât quelques doutes que nous n'aurions pas prévus, nous traduisîmes ce chant en notes musicales ordinaires.

La voix du cheykh el-Fayoumy, en récitant cette prière, semblait être dirigée plutôt par une inspiration d'enthousiasme que par la réflexion. Les nuances de ses sons étaient si expressives, si énergiquement prononcées et si sensibles, que leur succession formait une espèce de chant très-pathétique, qu'il n'était pas difficile d'apprécier. La mesure, cependant, n'en était pas aussi régulière que notre mesure musicale; mais les cadences ou repos étaient périodiques, fréquens, correspondans et presque symétriques, en sorte que le changement que nous y avons apporté en les assujettissant à notre mesure, est presque imperceptible : quant aux inflexions de la voix, nous les avons notées avec la plus scrupuleuse exactitude. Nous observerons néanmoins qu'on rendrait mal l'effet de ce chant, ou plutôt qu'on le dénaturerait entièrement, si l'on faisait trop sentir la mesure et si on ne le chantait pas d'une manière déclamée; à plus forte raison, si on l'exécutait sur un instrument dont les sons ne sont susceptibles d'aucune des nuances de la déclamation, et ont quelque chose de fixe et de roide qui n'existe point dans la voix, on lui donnerait un caractère absolument opposé à celui qu'il doit avoir, c'est-à-dire qu'il paraîtrait insignifiant, tandis qu'il est onctueux et animé du sentiment le plus vif et le plus pathétique[1].

---

[1] Les autres prières qui se font dans les mosquées ou ailleurs, sont de ce genre, un peu plus ou moins fortement accentuées. Il y en a qui ne passent pas l'étendue d'une quarte ou d'une quinte, étendue prescrite par les règles de la prosodie ou du chant du discours des anciens.

FATIHAH RÉCITÉ A HAUTE VOIX.

Bis - mil - lah - i er-rahman er - ra - hym el ham - dou-l-el - la - he rabbi el a' - le - myn er-rahman er - ra - hym mà - le - ki y-oum ed - dy - ni e - yà - kà na'-bo - do ou e - yà - ka nes-ta' - y - no eh - di - nà - s-ri - rà - ta el mos - ta -

« Au nom de Dieu, clément et miséricordieux, louanges à Dieu maître de l'univers, clément et miséricordieux. Roi du jour du jugement, nous t'adorons, et nous réclamons ton assistance. Dirige-nous dans le sentier du salut et de ceux que tu as comblés de tes bienfaits, de ceux qui n'ont pas mérité ta co-

DE L'ART MUSICAL EN ÉGYPTE.

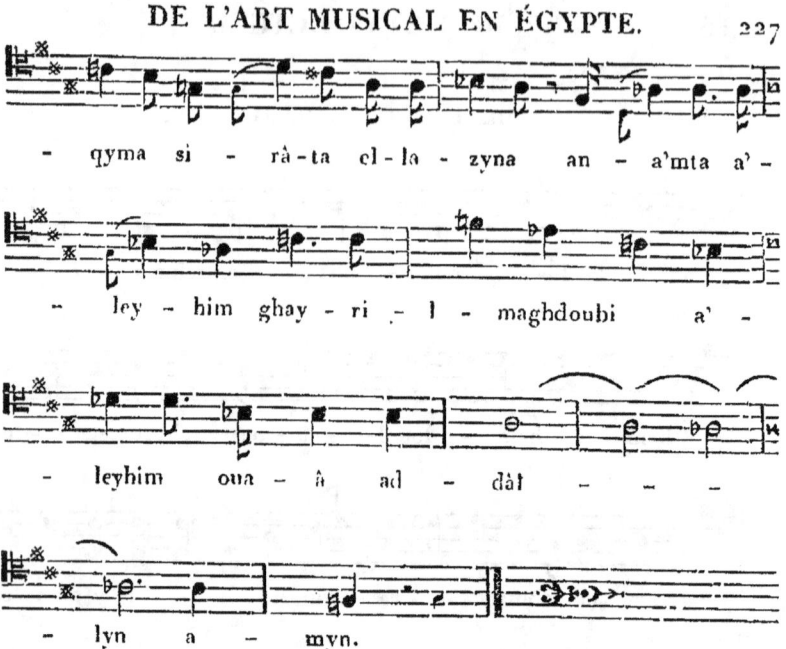

- qyma si - rà - ta el - la - zyna an - a'mta a' -
- ley - him ghay - ri - l - maghdoubi a' -
- leyhim oua - à ad - dàl -
- lyn a - myn.

Certes, ce chant passe de beaucoup l'étendue de voix prescrite par les règles de la prosodie du discours chez les anciens, et dont nous parle Denys d'Halicarnasse dans son Traité de l'arrangement des mots : mais, dans une prière aussi fervente que l'est celle-ci, les élans de l'âme entraînent la voix au-delà des limites où elle se renfermerait dans le discours ordinaire; et l'on voit qu'elle franchit des intervalles d'autant plus grands et avec d'autant plus de force, que l'idée représentée par les mots inspire un sentiment plus vif et plus énergique.

lère, et qui ne sont pas du nombre des égarés. Ainsi soit-il. »

Cette prière, nommée فاتحة *fà-* *tihah*, est le premier chapitre du Qorân.

ARTICLE XVI.

Du chant poétique, des improvisateurs, des récitateurs ou rapsodes, et des narrateurs égyptiens.

Ainsi que les improvisateurs d'Europe, les improvisateurs d'Égypte, qu'on appelle *châ'er*[1], se servent d'un instrument pour soutenir leur voix tandis qu'ils improvisent. Cet instrument est le *rebâb*[2] monté d'une seule corde[3]. L'utilité qu'ils en retirent, c'est de main-

---

[1] شاعر *châ'er*, poëte; pluriel, شعراء *choa'râ*.

[2] رباب *rebâb*. Laborde, dans son Essai sur la musique, tom. 1er, pag. 380, a fait graver cet instrument; c'est celui qu'on voit sous le n°. 5 : il le nomme *repab*, et prétend que ce mot vient du grec; il ajoute qu'en arabe on l'appelle *semendje*. Mais il a été assurément mal informé : le mot *repab* n'est pas plus grec que le mot *semendje* n'est arabe; et l'un et l'autre ne sont, dans aucune langue, le nom d'un instrument. Parmi les instrumens arabes, il y en a bien un qu'on nomme كمنجه *kemangeh*, et qui est vraisemblablement celui que Laborde a écrit *semendje*; mais ce nom est persan, et nullement arabe: outre cela, l'instrument connu sous ce nom diffère autant du *rebâb* que la trompette marine diffère du violon. Néanmoins, nous avons voulu nous assurer si le nom de *rebâb* était réellement arabe, et nous avons consulté un des savans les plus érudits du Kaire dans la langue arabe; voici sa réponse telle qu'il nous l'a donnée par écrit :

رباب اسم الالة الطرب وهو مأخوذ من ربّب

Rebâb esm el âlat el tarab oua hou mâkhouz men rebbab.

« *Rebâb* : nom d'un instrument résonnant et qui dérive de *rebbaba* (il a résonné). »

M. Silvestre de Sacy croit que le mot *rebâb* est originairement persan, et observe que c'est aussi l'opinion des lexicographes persans. On a pu dans la suite en former, en arabe, le verbe ربّب, qui doit signifier *résonner comme le rebâb*. Les Persans prononcent *robâb*.

[3] Le *rebâb* monté de deux cordes est celui dont se servent les chanteurs proprement dits pour accompagner leur voix et jouer des airs.

tenir le ton dans lequel ils chantent, par une tenue qu'ils font sur le même son, pendant la durée de leur récit; et pour l'ordinaire ils ajoutent à cette tenue les ornemens suivans :

Accompagnement de rebâb, exécuté par les poëtes lorsqu'ils improvisent ou qu'ils récitent quelque poésie.

Autre.

Quelque peu préparés que nous fussions à cette harmonie, nous n'en avons pas été trop choqués : elle a produit sur nous presque le même effet que le bourdon de nos musettes.

Nous ne nous sommes pas trouvés à portée de noter le chant du récit des poëtes; mais on s'en fera une idée assez juste, en prenant pour moyen de comparaison le chant oratoire que nous venons d'offrir, surtout si l'on se représente un chant de ce genre déclamé avec une certaine mesure toujours régulière et cadencée, sans cependant être aussi modulé et aussi orné que le chant musical, et sans que les sons se succèdent tous par des intervalles aussi exactement proportionnés les uns aux autres que dans la musique proprement dite,

Les récitateurs qu'on nomme en Égypte *mohaddetyn*[1], sont de véritables rapsodes qui récitent les poëmes historiques ou romanesques des anciens poëtes arabes. Les uns les récitent en les lisant, les autres les récitent par cœur. Ils choisissent pour leur sujet l'histoire d'*A'ntar*, héros arabe, qui vivait au temps de Mahomet, ou les hauts faits de *Roustam Zal*, héros persan, ou de *Beybars*, roi d'Égypte, ou des Ayoubites, qui ont régné dans ce pays, ou de *Bahlouldân*, bouffon de la cour du khalife Haroun el-Rachyd.

Ceux qui récitent par cœur s'attachent communément à un seul genre de poëme, et ne célèbrent la mémoire que d'un seul héros, sous le nom duquel on les distingue les uns des autres.

On appelle *Zâheryeh*[2] ceux qui chantent les actions héroïques de Zâher[3]. Ceux qui chantent les exploits

---

[1] مُحَدِّثِين *mohaddetyn*.

[2] ظاهريه *Zâheryeh*.

[3] ظاهر *Zâher* : ce surnom est commun à un grand nombre de princes musulmans. Le trente-septième khalife Abbasside, qui monta sur le trône de Baghdâd en l'année 662 de l'hégire, fut surnommé ظاهر بامر الله *Zâher-biamr-allah*. Le septième khalife Fatémite, qui succéda, en Égypte, à son père, le fameux Hâkem, en l'année 411 de la même ère, portait le surnom de ظاهر لاعزاز دين الله *Zâher-lie'zâz-dyn-allah*. Parmi les fils de Saladin, il y en a un qui régna à Alep, dont le surnom est الملك الظاهر *Al-melik az-zâher*. Enfin, plusieurs sultans des deux dynasties des Mamlouks Baharites et Circassiens ont porté ce même surnom. Les plus illustres sont بيبرس البندقداري *Beybars al Bondoqdâry*, quatrième sultan de la première de ces dynasties, et برقوق *Barqouq*, premier sultan de la seconde, qui fut contemporain de Tamerlan. Il est vraisemblable que l'un de ces deux sultans est l'objet des chants des *Zâheryeh*. Je pense que c'est plutôt le dernier.

Il ne faut pas confondre ظاهر *Zâher* avec زهير *Zoheyr*, nom d'un poëte célèbre. (*Note communiquée à M. Villoteau par M. Silvestre de Sacy.*)

mémorables d'A'ntar[1], héros qui conquit l'Arabie du côté de la Mekke, le long de la mer Rouge, se nomment *A'ntaryeh*[2]. On appelle *Zanâtyeh*[3] ceux qui rappellent les hauts faits de *Zanâty*[4], personnage célèbre, et très-vénéré des musulmans. On nomme *Abou-zeydyeh*[5] ceux qui chantent les vertus guerrières d'Abouzeyd[6]. D'autres portent le nom de *Zoghby*[7], parce qu'ils célèbrent la valeur que déployèrent les *Zoghby* dans les combats qu'ils eurent à soutenir contre les *Helâly*.

[1] عنتر *A'ntar*. On appelle aussi de ce nom un des sept poëtes dont les poëmes sont nommés *mo'allaqât*. Le style de ce poëte, dit William Jones, est élevé, menaçant, harmonieux, pompeux; il est orné de descriptions et de belles images. Ce poëte était fils de *Selâdy*.

[2] عنتريه *A'ntaryeh*.

[3] زناتيد *Zanâtyeh*.

[4] زناتي *Zanâty*.

[5] ابو زيديه *Abou-zeydyeh*.

[6] ابو زيد *Abou-zeyd*.

[7] زغبي *Zoghby* : ce mot pâraît dériver de زغب, qui sans doute est le nom du personnage : le ي final indique des gens de la famille de celui-ci, ou ceux qui lui appartiennent, ou enfin ceux qui se sont dévoués à lui, tels que ceux qui font profession de célébrer ses exploits. Il est parlé, dans les *Mille et une nuits*, de nains qu'on nomme *zoghby*, c'est-à-dire, couverts de poil, parce qu'ils avaient le corps velu : peut-être les *Zoghby* dont on raconte les actions mémorables, étaient-ils de cette race. Golius, au mot زغب, dit seulement *lanugine seu pilis ejusmodi præditi, avium pulli*. Nous nous sommes procuré en Égypte, et nous avons apporté avec nous en France, un manuscrit contenant les poésies que récitent les rapsodes appelés du nom de *Zoghby*. Malheureusement, il est incomplet; conséquemment nous n'avons pu y puiser des notions suffisantes sur les héros qui y figurent. Seulement nous avons été convaincus que les faits y sont enveloppés dans une multitude de fictions. Les principaux personnages de ce roman sont l'émyr *Sarhân* et la princesse *Chammah*. L'émyr Sarhân va combattre contre les Arabes appelés *Hasab*, suivi de trente cavaliers de sa famille et de vingt mille braves de la tribu de *Helâl* Il se bat avec un jeune guerrier nommé *Ghânem*, de la famille des *Zoghby*, et défait ses troupes. Cette guerre entre les deux partis se continue avec un égal acharnement; tout le pays, depuis la Perse jusqu'à la Mauritanie, devient le théâtre de leurs exploits et de mille aventures plus surprenantes et plus merveilleuses les unes que les autres, dans

Enfin, d'autres prennent le nom de *Helâlyeh*, parce qu'ils récitent des vers en l'honneur de Helâl [1].

Les lieux où se rendent le plus habituellement les improvisateurs et les *mohaddetyn*, sont les cafés, parce que là ils sont toujours sûrs d'avoir un nombreux auditoire, également disposé à les encourager et à récompenser leur talent. Les gens riches, ne fréquentant point les cafés, font venir chez eux ces rapsodes, comme ils font venir les musiciens et les danseuses pour les amuser, le plus souvent à l'occasion de certaines réjouissances domestiques, comme à la naissance d'un enfant, le jour d'un mariage ou pour fêter les personnes qu'ils reçoivent chez eux.

ARTICLE XVII.

Mousahher : *leur chant; instrumens dont ils se servent; leurs fonctions et leurs priviléges pendant le temps du Ramadân.*

Il est une autre espèce de récitateurs et narrateurs tout-à-la-fois, dont nous avons cru devoir faire une classe à part, parce que ce n'est pas là leur profession habituelle; nous voulons parler de ceux qu'on n'entend que pendant le temps du ramadân [2], et qui se nomment

---

lesquelles figure la princesse Chammah.

[1] *Helâl* est le surnom d'*Ebn-Keryât*, le plus éloquent homme de son siècle : il avait une mémoire si heureuse, qu'elle a passé en proverbe, et que les Arabes disent.....

اِحْفَظ من اِبن *Ahfaz min Ebn...*
« Il surpasse en mémoire Ebn..... » pour prouver combien quelqu'un a une mémoire prodigieuse.

[2] رَمَضَان *ramadân*, suivant la prononciation du Kaire; et, en bon

mousahher[1]. On qualifie de ce nom ceux qui tous les jours, tant que dure le ramadân, annoncent l'instant du point du jour, appelé en arabe le *souhour*[2], et l'époque à laquelle doit se faire le dernier repas de la nuit; c'est pourquoi l'on nomme ce repas *sahour*[3]. Dès qu'il est fini, il n'est plus permis aux musulmans de boire ni de manger jusqu'après le soleil couché; ils sont tenus même d'observer jusqu'à ce moment la plus stricte continence.

Le mousahher ressemble, sous plusieurs rapports, à ceux qu'on appelait *bournobiles* dans la plupart des provinces occidentales de France, avant notre révolution[4]: mais, au lieu de la sonnette dont se servait le *bournobile*, et qui est un instrument défendu parmi les musulmans, comme nous l'avons vu à l'article VII, p. 190, il a une petite timbale appelée *bâz* ou *tablet el-mousah-*

---

arabe, *ramaszán*. C'est ainsi que les musulmans nomment leur carême.

[1] مُسَحِّر *mousahher*, c'est-à-dire, *réveilleur*, celui qui réveille au point du jour.

[2] السُّحُور *el souhour*.

[3] السُّحُور *el suhour* : ce mot répond à notre mot *réveillon*.

[4] Ceux-ci étaient, pour l'ordinaire, des sonneurs ou des bedeaux, qui, les veilles de grandes fêtes, et surtout pendant les avents et pendant le carême, allaient la nuit, revêtus, par-dessus leurs habits, d'une tunique de toile grossièrement peinte, chacun dans les rues de sa paroisse, et s'arrêtaient à la porte des particuliers dont ils recevaient des gratifications. Là ils tintaient quelques coups d'une clochette qu'ils tenaient à la main, et criaient aussitôt : *Réveillez-vous, gens qui dormez, et priez pour les fidèles trépassés*. Ensuite ils chantaient les litanies dans lesquelles ils avaient soin de ne pas oublier le patron du maître de la maison, et le répétaient trois fois; puis ils chantaient quelques hymnes, qu'ils faisaient précéder ou suivre par quelques tintemens de leur sonnette. Nous rappelons ceci, afin qu'on puisse mieux en faire le rapprochement avec ce que nous allons rapporter du mousahher; car l'analogie qui existe entre notre bournobile et le mousahher, ne serait pas plus grande quand l'un aurait été établi à l'imitation de l'autre.

her[1], sur laquelle il frappe quatre coups, de temps en temps, et dont voici le rhythme :

Chaque mousahher ne parcourt que les rues de son quartier : encore, pour avoir ce privilége[2], il est tenu de payer un droit à celui qui en a la surveillance. De même que le bournobile, il ne s'arrête qu'à la porte de ceux qu'il croit disposés à le bien récompenser ; mais là, après avoir récité quelques prières, il chante des poëmes et des histoires en vers, et fait des souhaits heureux au maître de la maison, en s'accompagnant toujours avec sa petite timbale, qu'il frappe par intervalles quatre coups de suite, comme nous l'avons noté. Cependant, plus favorisé que notre bournobile, il lui est permis de s'introduire dans les maisons, de pénétrer même jusqu'à la porte des *harym*, et d'y réciter des poésies galantes. Au lieu de s'y annoncer par cette triste formule de nos bournobiles, *Réveillez-vous, gens qui dormez, et priez pour les fidèles trépassés*, le mousahher emploie celle-ci, en s'adressant aux femmes : *Fermez vos paupières, ô yeux de narcisse*[3]. Très-sou-

---

[1] باز *báz*, ou طبلة المسحّر *tablet el mousahher*, c'est-à-dire tambour du mousahher.

[2] Cette profession, sous le gouvernement des Mamlouks, rapportait quelquefois jusqu'à 500 écus du pays (ce qui fait à peu près 1607 fr. de notre monnoie) à ceux qui l'exerçaient ; mais elle devint moins lucrative pour eux sous le gouvernement français.

[3] غضى جفونك يا عيون

vent il y chante aussi l'histoire scandaleuse du jour, ou, pour nous exprimer comme le font les Arabes, *ce qui arrive entre le chat et la souris*[1]. Sitôt que l'aurore commence à se faire apercevoir, chaque musulman rentre chez soi, le plus grand silence règne dans la ville, et le devoir du mousahher est suspendu jusqu'à la nuit suivante.

ARTICLE XVIII.

De l'inclination naturelle des Égyptiens pour la musique et pour le chant, et de l'usage du chant dans la plupart des circonstances et des travaux de la vie civile.

En reprochant aux Égyptiens d'avoir négligé la musique, et d'y être barbares et ignorans, nous n'avons pas prétendu dire qu'ils n'avaient aucune aptitude à cet art ; nous avons des preuves trop fortes du contraire pour concevoir d'eux une pareille opinion.

Platon parlait avec une sorte d'enthousiasme du choix exquis que les habitans de ce pays avaient fait des expressions les plus convenables pour peindre les sentimens. Démétrius de Phalère rapporte que la douceur de la mélodie des hymnes que leurs prêtres adressaient aux dieux, et qu'ils chantaient sur les sept voyelles, produisait un effet aussi agréable que les sons de la flûte et de la cithare. Athénée, sur le témoignage de plusieurs anciens auteurs, nous apprend que ces peuples

النرجسي *ghoddä goufounek yä* ما جرى بين القط والفار
a'youn el nargasy.   *má gárä beyn el qott ou el fâr.*

avaient fait de tels progrès en musique sous les Ptolémées, qu'ils y surpassaient les musiciens les plus habiles des pays connus alors.

Mais, quand l'histoire se tairait sur ce point, il existe de nos jours des faits incontestables, d'après lesquels on ne peut douter des dispositions naturelles des Égyptiens pour l'art musical; c'est d'avoir, autant et peut-être même plus qu'aucun autre peuple, le sentiment de la mesure et de la cadence, et de régler si bien, par ce moyen, tous leurs mouvemens dans les travaux les plus pénibles qui demandent un concours d'efforts réunis, que deux hommes, parmi eux, réussissent souvent à faire avec une facilité étonnante ce qui ne pourrait être exécuté sans beaucoup de peine par quatre d'une autre nation où l'on ne sait point concerter les efforts avec la même précision. Soit qu'ils portent des fardeaux, ou qu'ils fassent d'autres ouvrages pénibles pour lesquels ils sont obligés de se réunir plusieurs, et où il faut autant d'adresse et d'accord que de force dans les mouvemens, ils ne manquent jamais de chanter ensemble ou alternativement, en cadence, pour que chacun d'eux agisse en même temps et uniformément, et prête à propos son secours aux autres. Cela nous rappelle l'usage où étaient les anciens d'avoir des chants appropriés aux mouvemens de tous les genres de travaux, tels que les chants des *moissonneurs*, des *vendangeurs*, des *meuniers*, des *tisserands*, des *rameurs*, des *puiseurs d'eau*, etc., etc.[1] Nous ne

---

[1] *Voyez*, pour tous ces divers chants, Athénée dans ses Deipnosophistes, liv. xiv, ch. 3, et Photius dans sa Bibliothèque, pag. 983.

serions pas même très-éloignés de croire que les Égyptiens, chez lesquels on reconnaît encore tant d'usages qui appartiennent évidemment à la haute antiquité, eussent conservé celui-là; du moins il est certain qu'il y existe encore dans plusieurs états, exactement tel qu'il y a été remarqué par les anciens Grecs, et depuis par les Romains, comme parmi les rameurs et les puiseurs d'eau pour l'arrosement des terres : car tous leurs mouvemens sont réglés par des chants, pour la plupart, d'une mélodie simple et agréable; peut-être même sont-ce là encore ces chants du Nil si vantés de temps immémorial par les poëtes [1]. Au reste, il n'est pas douteux que si les Égyptiens n'eussent eu ni inclination ni aptitude naturelles pour la musique et pour le chant, qui sont des choses proscrites par la loi de leur prophète, ils n'en auraient conservé absolument rien. Plus sévères que tous les autres musulmans dans le maintien de la discipline qu'a établie Mahomet, le zèle scrupuleux qu'ils apportent à remplir les devoirs qu'elle leur impose, leur aurait fait interdire et repousser l'usage du chant partout où ils l'auraient reconnu, sous quelque forme qu'il se fût présenté, tandis qu'au contraire ils ont composé des chants et des hymnes en l'honneur des saints et des saintes de leur religion, ils en ont composé même en l'honneur de leur prophète, et, ce qui est bien plus fort encore, ils les multiplient dans leurs jours de fêtes, en y ajoutant la plupart de leurs instrumens de musique : ils ont aussi des chants,

---

[1] Æschyl. *Supplem.* v. 1032. — *Cotylum.* — Ovid. *de Arte amandi*, Martial. lib. III, epigramm. 62, *ad* v. 339.

comme nous l'avons vu, même pour les convois funèbres; ce qui leur est expressément défendu par leur religion. Ainsi il faut donc qu'un ascendant irrésistible les ait entraînés malgré eux, et ne leur ait pas permis de céder à la voix de leur conscience, qui doit, à chaque instant, leur reprocher de commettre une impiété; et cet ascendant ne peut être que la nature même de leur organisation, qui les a disposés pour le chant et pour la mesure.

Nous ne rassemblerons pas dans ce travail tous les divers chants que nous avons entendus des Égyptiens et que nous avons recueillis; le nombre en est trop grand, d'ailleurs; plusieurs n'étant formés que de deux ou trois sons mesurés seulement, dans le dessein de régler en cadence les mouvemens des ouvriers et des gens de peine, la mélodie n'en est pas assez agréable pour trouver place ici. Ce qui serait capable de lui donner quelque intérêt, ce seraient les détails dans lesquels nous pourrions entrer sur les travaux, les exercices, les jeux et les cérémonies de la vie civile de ces peuples; mais nous craignons d'empiéter sur les droits de ceux qui doivent traiter cette matière.

N'ayant donc plus de réflexions à faire sur ce qui concerne la musique des Égyptiens, nous allons présenter tout simplement quelques espèces de chants qu'il nous reste encore à faire connaître et qui méritent le plus d'être connus.

DE L'ART MUSICAL EN ÉGYPTE.

Air que chantent les parens et amis du prétendu, en le conduisant chez sa future épouse.

Air de musique exécuté par le hautbois appelé zamir, *tandis qu'on promène la nouvelle mariée autour de son quartier.*

(Cet air se répète autant de fois qu'il plaît au musicien : c'est l'air de *Malbrouk*, exécuté à la manière des Égyptiens.)

Prélude.

Air.

Autre air propre à la même circonstance.

Rhythmes que marquent les femmes sur le tambour de basque, tandis que la nouvelle mariée, assise sur son divan, reçoit les cadeaux qu'on lui fait.

(Les notes à double queue indiquent les sons graves.)

Rhythme de la main droite.

Rhythme des doigts de la main gauche qui tient le tambour de basque.

Chant d'un cheykh, ou pauvre, demandant l'aumône, au Kaire[1].

Chant d'un faqyr de Girgeh.

Nota. Nous n'avons pu distinguer les paroles de ces sortes de chansons.

[1] Il y a aussi au Kaire, ainsi qu'à Paris, des pauvres et des aveugles qui chantent des cantiques dans les rues. On rencontre des hommes ou des femmes, suivis d'un ou deux enfans, qui chantent aussi alternativement un couplet de ces cantiques : les enfans prennent ordinairement le même chant, mais à la quinte au-dessus du ton des premiers ; et c'est ce que les anciens appeloient *antiphonie*.

DE L'ÉTAT ACTUEL

Chant d'un faqyr de Syout.

Chants des bateliers du Nil.

Ces chants sont plus ou moins gais ou vifs, suivant que les bateliers et les rameurs éprouvent moins de difficultés et qu'ils sont plus contens : ces mêmes chants servent à régler leurs mouvemens, et ils les continuent tant qu'ils ne changent point de manœuvre.

En faisant route.

Zey - ny - à he - ley - oueh.

Lorsque le vent est bon.

Qoum yal - lah a - bou sa - làm.

Lorsque la barque touche le fond, et que les marins, craignant de s'engraver, ont abandonné leurs moqdàf *(rames) pour se servir du* medreh *(de la perche), et qu'ils plongent au fond du lit du fleuve, pour détacher la barque et la remettre à flot.*

Yallah sa - làm. Yallah sa -
Rameurs. *Ráys.*

Cris pénibles que font les matelots quand, après avoir été obligés de se mettre à l'eau, et de s'adosser aux flancs de la barque pour la désengraver, *ils la poussent avec effort.*

Quand ils commencent à remettre la barque à flot.

Quand les matelots sont rentrés dans la barque, et qu'ils commencent à se servir de leurs rames.

Le vent enflant la voile.

Autre.

Autre.

Chant qui sert de prélude et de refrain à une chanson que chante le rdys.

Chant des rameurs.

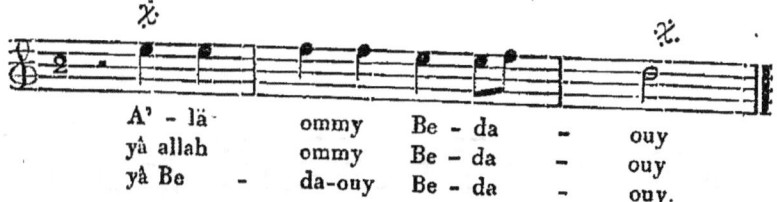

DE L'ART MUSICAL EN ÉGYPTE.

Autre.

Yà-llah min hà-làk a-bou sa-là-meh

Chant en antiphonie.

Chant des marins lorsqu'ils emploient les rames pour avancer dans la direction du fleuve.

Yà e'l-be-nât ellä ma-souneh.

Autre.

DE L'ART MUSICAL EN ÉGYPTE.

Autre.

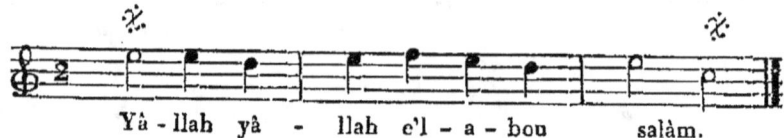

Yà-llah yà-llah e'l-a-bou salàm.

Autre.

Allah yà-llah a-bou sa-làm. Al-lah yà-l.

Autre.

Yà allah min hâlak a-bou sa-là-meh.

Matelots qui nagent avec la rame par un bon vent.

E'l-be-nàt el-là mà-sou-neh.

Ráys.

Sà-là-màt yà abou salàmeh. Sà-là-màt yà
Rameurs.

Ráys.

abou sa-là-meh. Sa-là-màt yà a-bou sa-la-me.
Sa-
Rameurs.

248 DE L'ÉTAT ACTUEL

Lorsqu'il y a du danger de s'engraver et qu'ils cherchent à l'éviter.

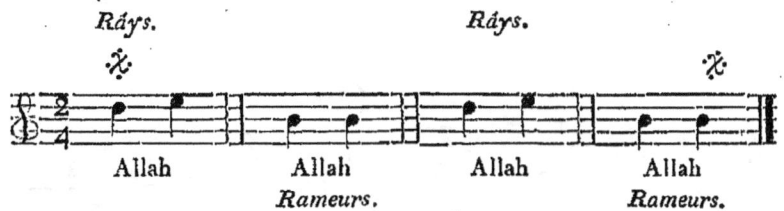

Quand l'écueil est passé.

Autre.

DE L'ART MUSICAL EN ÉGYPTE.

Autre.

Autre.

Pour faire virer de bord.

DE L'ÉTAT ACTUEL

En faisant route.

Chant des puiseurs d'eau, pour l'arrosement des terres près d'Esné[1].

[1] *A*. Pendant ce chant, ils remontent et vident le vaisseau avec lequel ils ont puisé de l'eau; c'est un panier fait de feuilles et de branches de palmier, au fond duquel il y a une peau de mouton. Ce panier est attaché au bout d'une longue corde, qui tient à une perche suspendue en bascule sur une espèce de potence, ou sur un tronc d'arbre formant la fourche. — *B*. Pendant ce chant, ils descendent leur panier et puisent l'eau. — *C*. Pendant ce chant, ils remontent de nouveau leur panier. — *D*. Ici, ils le redescendent.

Chant des puiseurs d'eau près de Qéné.

Chant des puiseurs d'eau près de Manfalout.

Chant des puiseurs d'eau près de Louqsor.

Chant des puiseurs d'eau près de Louqsor, appelant pour être relevés.

Nota. Le temps que chacun d'eux doit employer à puiser de l'eau avant de se faire relever, est celui que met à se vider un pot de quatre pintes rempli d'eau, et qui se vide goutte à goutte, par un petit trou qui est au fond.

CHAPITRE III.

Chants et danses de quelques peuples de l'Afrique, dont un assez grand nombre d'habitans sont fixés au Kaire.

ARTICLE PREMIER.

Chants et danses des Barâbras, qui habitent aux environs de la première cataracte du Nil.

La plupart des habitans des diverses contrées de l'Afrique que l'on rencontre au Kaire, y ont été amenés comme esclaves, ou s'y sont rendus d'eux-mêmes pour se mettre à l'abri de la misère dont ils ne pouvaient se garantir chez eux, ou plutôt pour se préserver de mourir de faim. Ne sachant aucun état, et n'ayant ni le courage ni la volonté d'en apprendre un, ils se contentent de se placer comme portiers, ou comme gardiens de magasin, en gagnant très-peu de chose[1]. Leur fidélité les fait préférer aux Égyptiens par les Égyptiens eux-mêmes ; et ce choix, qui est une censure

---

[1] Avant que nous arrivassions en Égypte, on leur donnait deux ou trois médins par jour, qui sont de petites pièces de monnoie qui valent à peu près trois liards chacune : nous, nous leur en donnâmes cinq ; ce qui faisait quatre sous moins un liard, sur quoi ils étaient obligés de se nourrir ; et nous passions pour être très-généreux.

des mœurs de ceux-ci, atteste au moins la justesse de leur discernement. Ce sont les Barâbras, qu'on nomme aussi *Barbarins* ou *Berbères,* qui sont le plus ordinairement en possession des places de portiers et de garde-magasins. Le pays qu'ils habitent est toute la contrée de l'Afrique, le long du Nil, depuis l'île d'Éléphantine vis-à-vis la ville d'Asouân, jusqu'à quatre lieues au-delà de la première cataracte. Leur langue s'appelle la langue *routane :* elle n'est point écrite ; c'est une espèce de patois, qui est à l'égard de la langue arabe ce qu'est le patois des Auvergnats à l'égard de la langue française [1].

Curieux de connaître les mœurs de ces Africains, dont les habitudes nous paraissaient si simples et si innocentes, nous les réunissions quelquefois, et nous leur donnions, à peu de frais, des fêtes où nous les laissions librement se livrer à la joie. Nous les invitions à danser, à chanter, et à jouer de leurs instrumens de musique quand ils le savaient, et nous notions chaque fois les chants ou les airs qu'ils nous faisaient entendre. L'originalité de la mélodie de ces chants et de ces airs, la franche et tumultueuse gaîté avec laquelle ils ont été rendus en notre présence, sont des choses qu'on ne peut ni noter ni décrire parfaitement, parce qu'il est impossible d'exprimer en musique et par des mots le caractère que donnait à ces chants le naturel enfantin de ces bonnes gens.

[1] Nous avons formé un petit vocabulaire des mots de leur langue. Parmi ces mots, il s'en trouve quelques-uns qui ne sont nullement arabes; leurs noms de nombre surtout sont très-différens de ceux de la langue arabe.

Leurs airs de danse, ainsi que la danse elle-même, s'exécutent à deux chœurs. Chaque chœur se forme de quatre, de six, de huit danseurs, et quelquefois d'un plus grand nombre, tous rangés sur une même ligne, vis-à-vis l'autre chœur et parallèlement à lui, à deux ou trois pas de distance. La danse consiste à frapper des mains et des pieds en cadence tous en même temps, à marquer avec les mains un rhythme différent de celui que marquent les pieds, et à s'avancer ainsi les uns vis-à-vis des autres, d'abord tous ceux qui composent le premier chœur, puis le second, les uns et les autres conservant toujours le même ordre, c'est-à-dire restant toujours dans la même direction.

Les airs de danse que nous présentons ici, sont ceux que ces bonnes gens exécutèrent chez nous, lorsque nous les y rassemblâmes en réjouissance du rétablissement de *Khalyl,* notre *baouâb* (portier), leur camarade et leur compatriote; car, quoiqu'âgé d'environ vingt-un ans, et n'ayant point encore été circoncis; il eut le courage et la force de supporter la douloureuse opération à laquelle la religion musulmane lui commandait de se soumettre. Ordinairement cette opération se fait à l'âge de sept ans, et il paraît qu'alors elle est moins dangereuse. Khalyl en fut très-incommodé pendant huit à dix jours; mais en Égypte les plaies extérieures et vives se guérissent facilement et presque d'elles-mêmes, surtout quand on a soin de les laver de temps en temps. Ainsi les ablutions prescrites par la religion musulmane, qui faisait un devoir à notre baouâb de se laver cinq fois par jour toutes les parties du corps par lesquelles se font les principales excrétions, contribuèrent probablement beaucoup à sa prompte guérison.

Nous allons noter séparément le chant de chaque chœur de la danse, ainsi que le rhythme des mains et celui des pieds. Il paraît que les paroles de ce chant appartiennent exclusivement à la langue routane.

[1] Nous notons cet air de danse à la clef de *sol*, comme étant la clef la plus généralement connue de toutes les personnes qui savent la musique. — Les Barâbras n'... de langage écrit, on n'a pu orthographier ces paroles que selon la prononciation, et non d'après la méthode adoptée

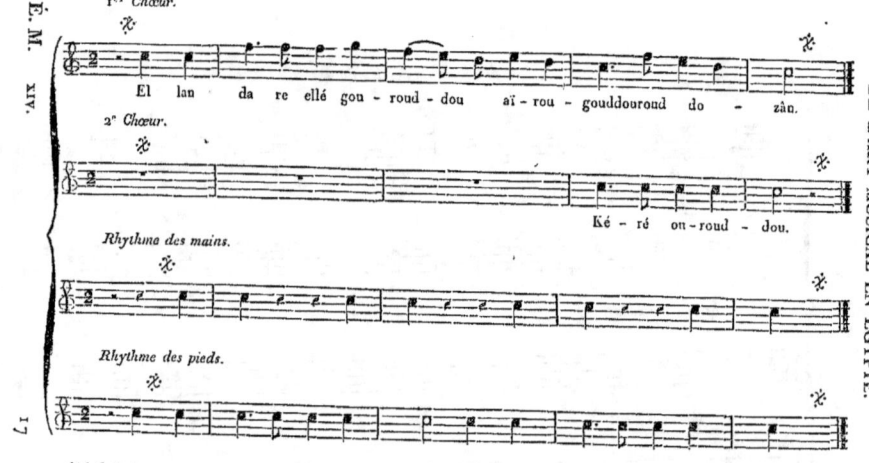

(A la fin de chaque couplet, la danse s'arrête, le premier chœur chante ce qui suit, puis le chant précédent recommence sur de nouvelles paroles, et la danse reprend de même.)

Aï oua chi rio gan gan ga rim.

Autre air de danse des Barábras.

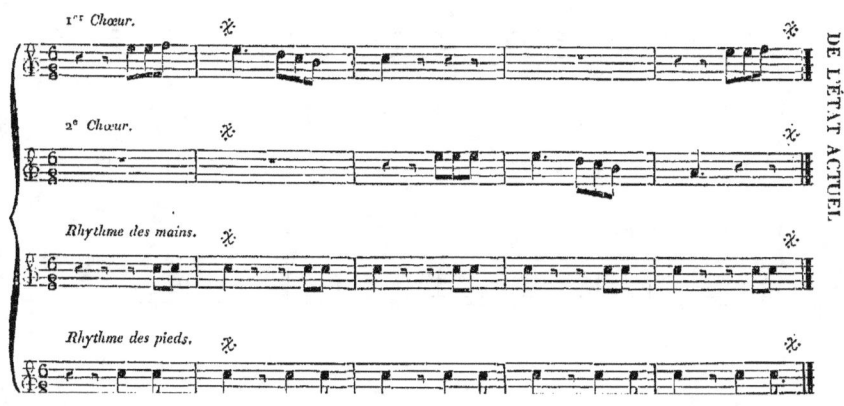

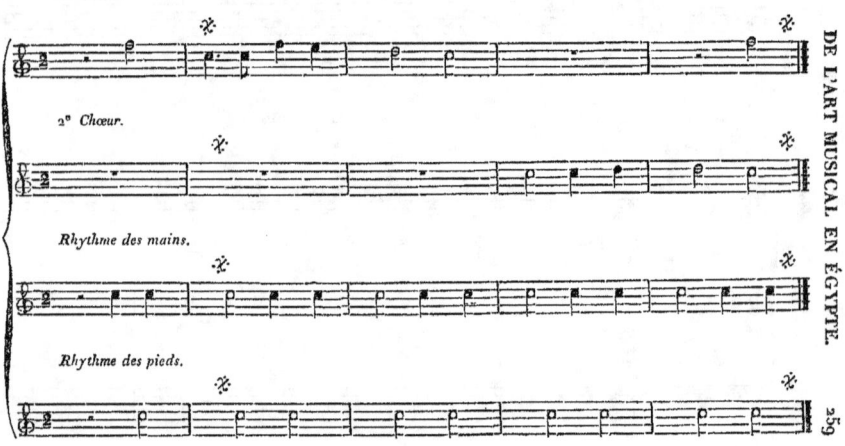

Autre air de danse des Barâbras.

ARTICLE II.

Des chants des habitans de Dongolah.

Nous ignorons si, parmi les voyageurs qui ont parcouru l'intérieur de l'Afrique, quelques-uns ont eu la curiosité de noter des chants des habitans de Dongolah; mais nous croyons qu'aucun n'a fait connaître ces chants en Europe. Cependant ils ne sont pas plus à dédaigner que beaucoup d'autres qu'on a transmis de pays plus éloignés encore, et dont les peuples n'ont pas non plus une civilisation très-avancée.

Les airs de chant des différens peuples sont pour les musiciens ce que sont pour les peintres les dessins des figures de ces mêmes peuples : de même que ceux-ci trouvent dans ces figures des physionomies originales de caractères divers, que leur imagination seule n'aurait pu leur faire concevoir, et qui leur servent à varier celles des personnages qu'ils font entrer dans un tableau; de même aussi les premiers découvrent dans les chants de ces mêmes peuples un nouveau genre de mélodie, qui peut aussi leur inspirer des chants d'une agréable originalité lorsqu'ils en ont besoin. Le grand talent est de savoir employer toutes ces choses à propos, et de les placer de manière qu'elles produisent le plus grand effet.

La mélodie du chant des habitans de Dongolah est plus douce et plus mélancolique qu'elle n'est bruyante et gaie. L'instrument dont ils s'accompagnent, est une lyre antique, grossièrement fabriquée. Cette lyre, qu'ils appellent *guisarke*, est fort en usage dans toute la Nubie. Les Barâbras la connaissent sous le nom de *kisser*, et en jouent aussi : mais nous ne nous sommes pas aperçus qu'ils s'en servissent pour s'accompagner en chantant. Le même instrument se nomme, dans quelques autres contrées, *kissar*, ou *kiçar*; et au Kaire, on le nomme *kiçarah* et *kitarah Barbaryeh*, c'est-à-dire, *guitare des Barâbras*. Le mot *kitara*, que les Grecs ont écrit κιθάρα et qu'ils prononcent *kiçara*, aurait-il été, dans son origine, synonyme de lyre ? C'est au moins ce que donne lieu de penser ce nom appliqué par les Africains à l'instrument dont il s'agit, lequel est une véritable lyre; car les mots *guisarke*, *kisser*, *kissar*, *kiçar*, *kiçarah* et *kitarah* des Africains, ne sont qu'un seul et même mot diversement prononcé.

Mais il s'agit moins ici du nom et de la forme de cet instrument, que de l'effet qu'il produit; et cet effet, sans être très-harmonieux, approche beaucoup de l'harmonie. On sera peut-être surpris même de reconnaître, dans l'accompagnement de cet instrument, des accords confus qui ne demandaient qu'un peu d'art pour être conformes à nos règles. Si c'est le hasard qui les a produits, cela ne prouve pas moins que celui qui en jouait était organisé pour être musicien, s'il eût été instruit en musique.

La *guisarke* se tient et se pince de la main gauche : une courroie attachée aux deux branches de l'instrument sert à le soutenir et à appuyer le poignet tandis que les doigts agissent. La main droite est occupée à frapper les cordes avec le *plectrum*, lequel est un morceau de cuir suspendu à un bout de cordon noué autour de la branche gauche de cette lyre.

L'air du chant est appelé *ghouna*. Le mot *ghouna*, selon toute apparence, est une corruption de l'arabe غناء *ghenâ*, chant, air de musique. Les paroles de la première chanson, ainsi que celles des chansons de Barâbras, n'ont rien de commun avec la langue arabe; mais, dans les chansons suivantes, on remarque non-seulement des paroles arabes, mais encore des mots italiens corrompus.

Ghouna du pays de Dongolah, avec accompagnement de la lyre, appelée en cet endroit guisarke.

DE L'ART MUSICAL EN ÉGYPTE.

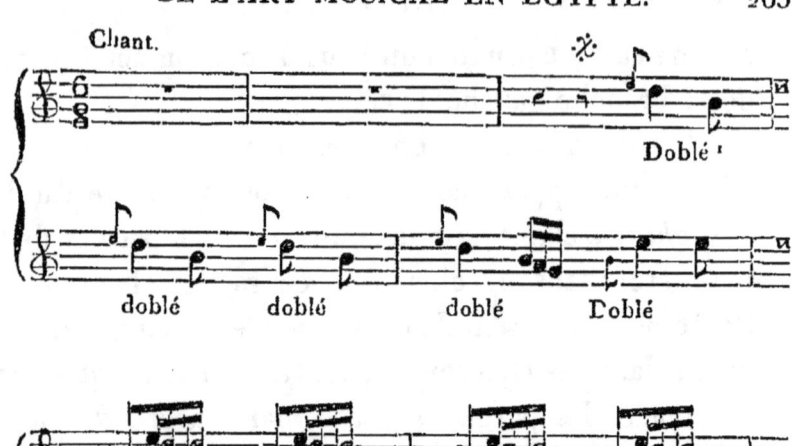

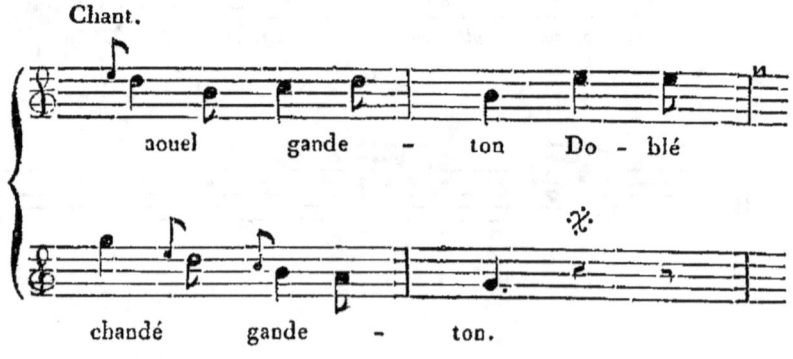

[1] Dans le mot *doblé*, le *b* doit se prononcer très-légèrement, en approchant à peine les lèvres l'une de l'autre; si, en se touchant, elles se serraient, si faiblement que ce pût être, le *b* serait trop fort : il faut que cette lettre tienne du *b* et du *v*, sans être cependant ni l'un ni l'autre.

1ᵉʳ COUPLET.

*Doblé doblé doblé doblé
Doblé aouel del fahah* (bis).

2ᵉ COUPLET.

*Doblé doblé doblé doblé
Doblé aouel del kayar* (bis).

3ᵉ COUPLET.

*Doblé doblé doblé doblé
Doblé ïa chekleva* (bis).

4ᵉ COUPLET.

*Doblé doblé doblé doblé
Doblé aouel del hamaleb* (bis).

Autre ghouna.

Prélude.

Autre ghouna.

(Tous les accompagnemens étant à peu près semblables à l'un des trois précédens, nous nous dispenserons de les noter pour les chansons suivantes.)

[1] Suivant ce qu'a pu nous faire comprendre notre homme de Dongolah, auquel la langue arabe n'était pas très-familière, voici le sens des paroles de cette chanson : « O Alymeh ! ô Sèlimeh ! un de tes fils est tué, ton autre fils pleure ! O Fatomeh ! la nuit de notre pays, notre nuit nous presse, cette nuit nous tourmente, notre nuit, Fatomeh ! ô Fatomeh ! »

Autre ghouna.

Autre ghouna.

ARTICLE III.

Du chant et de la danse des femmes du pays de Sodan.

Parmi les esclaves d'un Français au Kaire, il se trouvait une femme du pays de Sodan, qui passait pour être une fort habile danseuse; mais elle ne voulait pas danser devant les hommes : cependant on la détermina à danser en notre présence, et elle accompagna cette danse d'un chant fort court, dont nous n'avons pu retenir les paroles.

Au lieu d'agiter le bas du corps, comme le font les Égyptiennes lorsqu'elles dansent, celle-ci agitait les épaules en les haussant continuellement et toujours en cadence; elle tournait aussi de temps en temps la tête, tantôt à droite, tantôt à gauche, d'un air d'inquiétude d'abord, ensuite d'un air d'impatience, puis en accélérant ses mouvemens et frappant quelquefois brusquement du pied; de sorte que, ses mouvemens devenant de plus en plus rapides, elle paraissait furieuse, sa voix semblait être étouffée, et ses paroles étaient souvent interceptées par la suffocation et les soupirs. Enfin la danseuse, comme si elle eût été exténuée de fatigue, termina sa danse dans un état pénible à voir.

Air de danse des femmes du pays de Sodan.

ARTICLE IV.

Des airs de chant et de danse des habitans du Sénégal et de Gorée.

Autant que nous pouvons en juger par ce que nous avons entendu, les airs de chant et de danse des habitans du Sénégal et de Gorée sont d'une mélodie qui ne doit point déplaire aux Européens, et qui diffère peu de celle des chansons du pays de Dongolah, que nous avons rapportées dans le deuxième article de ce chapitre. Nous croyons qu'on ne nous saura pas mauvais gré d'avoir placé ici quelques-uns de ces airs, qui, à ce que nous pouvons présumer, ne sont point encore connus.

Chant de danse des habitans du Sénégal.

Air de danse de Gorée.

Chant des pêcheurs de Gorée.

270 DE L'ETAT ACTUEL

Autre.

~~~~~~~~~~~~~~~~~~~~~~~~~~~~~~~~~~

CHAPITRE IV.

De la musique[1] des Abyssins ou Ethiopiens.

ARTICLE Ier.

De l'origine et de l'invention de la musique éthiopienne.

Les Abyssins reconnaissent pour auteur de leur musique saint Yared[2]. Suivant la tradition reçue chez eux,

[1] ማኅሌት *mehalet*, musique.
[2] ቅዱስ ፡ ያሬድ *khoddous : Yared*, saint Yared.

DE L'ART MUSICAL EN ÉGYPTE. 271

il acquit la connaissance de cet art par l'inspiration du Saint-Esprit. Voici comment cette tradition nous a été rendue par le patriarche et les prêtres abyssins, dans une des visites que nous nous rendions réciproquement pendant le séjour qu'ils firent au vieux Kaire, lorsque nous étions en Égypte.

Saint Yared, né à Semien[1] sous le règne du *negous Kaleb*[2], c'est-à-dire du roi Kaleb, fut envoyé à Oksem[3] pour y apprendre à lire. Après avoir été pendant sept ans à l'école dans cette ville, sans avoir fait aucun progrès dans la lecture, son maître le renvoya. Comme il s'en retournait chez lui, dans la saison des grandes chaleurs, il rencontra un arbre appelé en éthiopien *ourka*[4], à l'ombre duquel il se mit pour se reposer. Dès qu'il fut couché, il aperçut un gros ver qui rongeait l'arbre en s'avançant vers la cime. Ce ver étant tombé à terre, puis étant monté derechef et étant encore tombé comme la première fois, enfin ayant recommencé sept fois la même chose avec aussi peu de succès, cela donna à penser à saint Yared. Que signifie cela? se dit-il à lui-même. Pourquoi ce ver a-t-il fait sept fois des tentatives pour monter à la cime de cet arbre et est-il tombé autant de fois à terre? Ne serait-ce pas là une image de moi-même,

---

[1] ሰሜን *Semien*, ville d'Abyssinie.

[2] ንጉሠ *negous* ካሌብ *Kaleb*, roi Kaleb.

[3] አክሱም *Oksem*. C'était la ville où le roi Kaleb avait établi sa cour et fixé sa résidence. On trouve dans les relations des voyageurs, dans les traités de géographie et sur les cartes, le nom de cette ville orthographié de cette manière, *Auxum*. Nous l'écrivons ici conformément à l'orthographe et à la prononciation des prêtres abyssins.

[4] ወርክ *ourka*.

qui, pendant sept années consécutives, suis allé à l'école et n'y ai pu rien apprendre? Aussitôt il avala le ver; le Saint-Esprit descendit sur lui sous la forme d'un pigeon, lui enseigna l'art de la lecture, celui de l'écriture, ainsi que celui de la musique, et lui inspira en même temps les trois modes *guez*[1], *ezel*[2] et *araray*[3]: le premier destiné aux jours de férie; le second réservé pour les jours de jeûne et de carême, pour les veilles de fêtes et pour les cérémonies funèbres; le troisième consacré aux principales fêtes de l'année. Instruit par ce miracle, il composa un traité des principes et de la pratique du chant actuellement en usage en Abyssinie.

ARTICLE II.

Comment nous sommes parvenus à acquérir quelque connaissance de la musique éthiopienne.

Nous aurions bien désiré que ces bons prêtres eussent pu nous dire en quoi consistait chacun des modes qu'ils venaient de nous nommer, quelle était la différence qui distinguait ces modes entre eux, quelle était la gamme, et quel était le ton propre à chacun; mais, quoique nous n'eussions pas trop de peine les uns et les autres à exprimer nos idées dans la langue arabe qui nous était également étrangère à tous, lorsque nous sortions du style

---

[1] ጒእዝ *guez*.
[2] እዘል *ezel*.
[3] አራራይ *araray*. Ce mot አራራይ nous a encore été orthographié dans une autre circonstance,

ordinaire de la conversation et qu'il s'agissait des termes techniques de la musique, nous ne savions plus comment nous expliquer: ils ignoraient ces termes dans la langue arabe, et ceux de la musique éthiopienne nous étaient absolument inconnus.

Nous eûmes recours à l'expérience pour nous faire comprendre d'eux, et conséquemment nous les priâmes de vouloir bien, de leur côté, nous démontrer par des exemples ce que nous ne pouvions concevoir dans leurs discours. Cette voie, qui était la seule que nous eussions à prendre, était aussi la plus courte pour arriver à notre but : mais nous y étions, pour ainsi dire, conduits en aveugles; notre intelligence n'était point satisfaite; chaque exemple devenait un problème à résoudre.

Cependant, comme nous avions déjà réussi de cette manière jusqu'à un certain point pour la musique des Arabes, nous espérions aussi quelque succès en agissant de même à l'égard de celle des Éthiopiens, et notre attente ne fut point trompée. Nous notions donc les airs et les chants des prêtres abyssins, à mesure qu'ils nous les faisaient entendre; nous les examinions ensuite quand nous étions seuls; puis nous les leur répétions dès que nous les revoyions une autre fois, ou nous les invitions à vouloir bien nous les répéter, afin de savoir si notre copie était exacte ou non; et quand nous nous étions assurés qu'il n'y avait point de fautes, nous communiquions à ces bons prêtres les observations auxquelles l'examen de leurs chants avait donné lieu; nous pesions leurs réponses, et nous mettions en note le résultat. C'est avec ces précautions que nous sommes parvenus à apprendre ce que nous allons faire connaître de la musique éthiopienne, sur laquelle, jusqu'à ce jour, on n'avait encore pu avoir que des données vagues et superficielles.

ARTICLE III.

De l'inexactitude des notions qu'on nous avait données de la musique éthiopienne.

Le peu de chose qu'on avait appris relativement à la musique éthiopienne, on ne le tenait que de quelques voyageurs, qui, trop peu versés dans l'art musical, n'y avaient pas acquis assez d'expérience pour faire des observations utiles dans un pays étranger, ou qui, trop préoccupés par des recherches importantes dont l'objet n'avait rien de commun avec la musique, ne pouvaient porter leur attention que sur ce qui était de nature à frapper davantage leurs sens, comme, par exemple, sur la forme des instrumens, sur le bruit ou sur les sons qu'ils rendaient, sur le degré de surprise qu'éprouvaient les étrangers la première fois qu'ils voyaient jouer de ces instrumens.

Il est vrai que le P. Kircher, dans son fameux ouvrage publié sous le titre d'*Ars magna consoni et dissoni*, partie VIII, *Musurgia mirifica*, pag. 135, a noté la musique d'une strophe de quatre vers éthiopiens ; mais il ne dit point comment elle lui est parvenue : il ne se donne même pas la peine d'en prouver l'authenticité ; ce qui eût été cependant bien nécessaire pour dissiper nos doutes sur ce point. Peut-être l'a-t-il trouvée dans quelques-uns des mémoires que les jésuites de l'Éthiopie, de même que ceux qui résidaient dans les autres contrées de l'ancien et du nouveau monde, aviaent le soin d'adresser au chef-lieu de leur ordre: mais cela ne nous rassure pas encore, nous osons le dire, sur la fidélité avec laquelle cette strophe a été copiée lorsqu'on l'a fait passer en Europe; et l'on va juger si nos inquiétudes sont fondées ou non.

ARTICLE IV.

De quelle manière on avait défiguré le chant et corrompu les mots d'une strophe en quatre vers éthiopiens, et comment les Abyssins nous ont chanté et écrit cette même strophe.

Dans une de nos premières entrevues avec les prêtres abyssins, ayant fait tomber la conversation sur leurs chants religieux, nous leur dîmes qu'on nous en avait fait connaître quelque chose en Europe, et nous leur chantâmes aussitôt la strophe dont nous venons de parler, telle qu'elle est notée dans l'ouvrage du P. Kircher.

Nous l'offrons ici afin qu'on puisse en comparer le chant et les paroles avec les mêmes paroles écrites par les prêtres abyssins et avec le chant qu'ils nous ont fait entendre et que nous avons copié sous leur dictée.

Strophe de quatre vers éthiopiens, avec le chant, donnée par le P. Kircher.

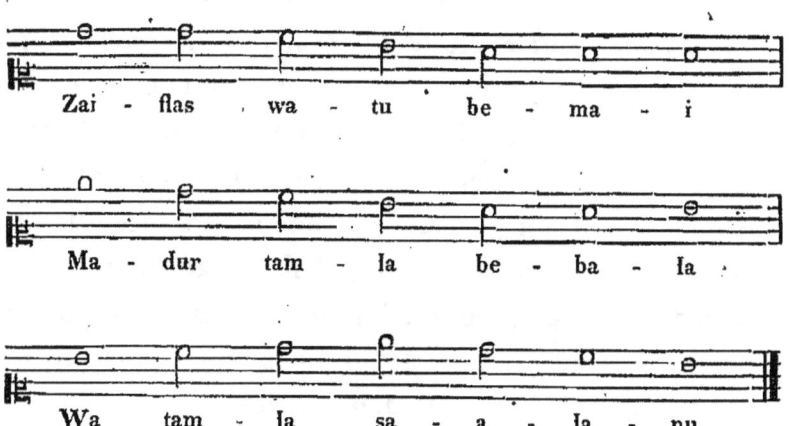

Ce fut, pour ces bons prêtres, à peu près la même chose que si nous leur eussions chanté du français ou de l'italien : ils ne comprirent rien ni au chant ni aux paroles. Quand nous leur eûmes mis sous les yeux le texte imprimé dans l'ouvrage de Kircher, à peine purent-ils le lire; tant il paraît que les lettres avaient été altérées dans le dessin qu'on en avait fait, et tant ces lettres avaient été grossièrement exécutées avec des caractères en bois.

Néanmoins, dès qu'ils eurent reconnus deux ou trois mots, ils devinèrent le reste, et nous écrivirent la strophe entière en caractères du dialecte *amara*[1], excepté le

---

[1] አማር *amara*. C'est le premier des dialectes éthiopiens, et celui dont on se sert communément dans toute l'Abyssinie et particulièrement pour les livres d'église. On compte quatorze de ces dialectes dans toute l'Éthiopie. Il n'y a guère d'Abyssin qui n'en sache deux ou trois; et ceux qui voyagent habituellement, les parlent presque tous. Le mot *amara*, suivant l'orthographe de Ludolphe, de Castell et de tous les orientalistes, est écrit avec une aspiration, de cette manière, *amhara*; mais nous avons ici suivi l'orthographe des prêtres abyssins, qui nous l'ont écrit sans aspiration.

N. B. Tous les caractères alphabétiques du dialecte *amara*, n'étant pas encore parvenus en Europe, et, par conséquent, manquant

mot *Fison*¹ qui a été oublié dans la strophe rapportée par Kircher, parce qu'ils copièrent fidèlement cette strophe : mais ils rétablirent ce mot en nous la chantant, et, de plus, substituèrent le mot *badiva*² au mot *bemai*, lequel, ayant une syllabe de moins, ne s'accorde point avec le chant des Éthiopiens; et ils retranchèrent, par la même raison sans doute, les mots *deva beêlé*, lesquels ne se trouvent point non plus dans leur chant que nous avons copié et que nous donnons ici³.

Nous offrons d'abord cette strophe telle que Kircher l'a rapportée, mais en en rétablissant la véritable orthographe éthiopienne, qu'il avait étrangement altérée.

en grande partie ou peut-être en totalité à l'Imprimerie royale, on a substitué à ces caractères dont nous avions exclusivement fait usage dans notre manuscrit, ceux d'un autre dialecte qui est le seul connu hors de l'Afrique.

¹ Le mot *Fison*, dans la strophe chantée par les prêtres abyssins, suit immédiatement celui de *Geon*. Nous écrivons, en Europe, ces deux mots de cette manière, *Gihon*, *Phison*; ce sont les noms de deux fleuves qui coulaient dans le Paradis terrestre. Chaque peuple de l'Orient croit les reconnaître dans les deux plus grands fleuves qui arrosent son pays : les uns veulent que ce soit le *Tigre* et l'*Euphrate* ; d'autres prétendent que c'est le *Gange* et l'*Indus* ; les Éthiopiens pensent que c'est le *Nil* et le *Niger*.

² Les Éthiopiens, en général, prononcent très-souvent la lettre *b* comme un *v* ; et c'est ce qui arrive dans le mot *badiva*, que nous écrivons selon la prononciation, et où nous avons rendu par un *v* la lettre *b* qui se trouve dans l'éthiopien. Au reste, la lettre *b* est toujours prononcée par les Éthiopiens très-faiblement, et de la même manière que nous avons observé que notre musicien de Dongolah la prononçait.

³ Si Kircher eût su qu'il y avait dans le premier vers de cette strophe un mot de plus, et à la fin du second vers, un mot qui avait une syllabe de plus que celui qu'il y a mis, il auroit sans doute établi d'autres règles que celles qu'il a données pour composer le rhythme et le chant de cette strophe; et s'il eût connu la musique éthiopienne il n'aurait point donné cette strophe pour être du troisième ton.

278 DE L'ÉTAT ACTUEL

ግዮን ፈለገ ሰማይ
Geon falage samay

ዘይ ፈለሕ ወእቱ በማይ
Zey felhé ouétou bemay.

ምዳር ተመለእ ደብ በዕል
Meudré temellé deva beélé

ወ ተመልእ ሰእለኒ
Oua temellé saalani.

La voici maintenant notée en musique, conformément au chant des prêtres abyssins. Nous nous la sommes fait répéter plusieurs fois, afin de ne pas y négliger la plus petite nuance de voix, quand elle a été de nature à pouvoir être rendue par nos notes.

ኣራራይ ፡ ዘማ ARARAY ZÉMA.

TON OU MODE ARARAY[1].

(Mouvement modéré.)

[2] Gué - on - - - - - e

[1] Nous ajoutons ici le nom du mode dans lequel ce chant est composé. Il y a apparence qu'il était ignoré de celui qui communiqua cette strophe à Kircher, puisque ce dernier ne nous l'a point fait connaître.

[2] Nous orthographions ainsi, pour indiquer qu'il faut prononcer le g dur.

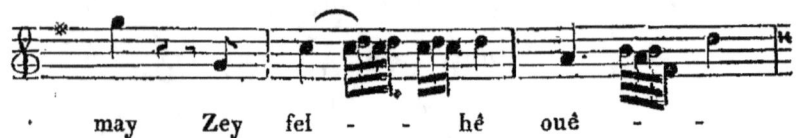

Il y a assurément une trop grande différence entre cette prononciation et celle qui résulte de l'orthographe avec laquelle Kircher a écrit les mêmes paroles, pour qu'on puisse l'attribuer à la différence des dialectes dans lesquels elles auront pu être rendues. Quant au chant, il n'y a pas l'ombre de ressemblance entre celui-ci et celui qui a été donné par Kircher. Dans ce dernier,

¹ La lettre *s* du mot *Fison* doit se prononcer comme dans le mot *son*.

la mélodie est purement européenne, et entièrement opposée, par son extrême simplicité, à celle des Orientaux. Dans le chant des Abyssins, que nous avons noté ici, elle est excessivement travaillée ; et c'est-là, selon nous, ce qui décèle d'une manière indubitable, que le chant donné par Kircher est supposé : car il n'est pas vraisemblable qu'un chant consacré au culte ne soit pas su parfaitement des prêtres qui l'exécutent tous les jours ; et il l'est encore moins que les Éthiopiens aient fait d'aussi grands changemens dans leurs chants religieux (ce qui arrive rarement chez tous les peuples), surtout étant persuadés, comme ils le sont, que leurs chants ont été dictés par le Saint-Esprit à un des saints qu'ils vénèrent le plus.

ARTICLE V.

De l'exécution des chants religieux des Éthiopiens par les prêtres abyssins que nous avons connus, et de celle qui a lieu dans les églises d'Abyssinie.

En considérant l'art avec lequel est composé le chant de la strophe précédente, on serait tenté de croire qu'il fallait que ceux qui l'ont exécuté devant nous fussent des virtuoses très-habiles en musique ; peut-être même serait-on disposé à les soupçonner d'avoir eu l'ambition de le paraître ; mais nous pouvons assurer qu'il n'y a rien de plus opposé à la réalité. Les prêtres abyssins que nous avons connus, étaient d'une candeur et d'une modestie trop grandes pour avoir de la vanité ; et leur voix affaiblie et presque éteinte par l'abstinence continuelle dans laquelle ils vivaient, ne leur permettait guère de mettre dans leur chant beaucoup de prétention. Ce qui paraît être ici des ornemens recherchés, n'était qu'un balancement presque imperceptible de la voix, à peu près semblable à celui que font entendre les enfans qui ne peuvent encore parler, lorsqu'ils jouissent, comme en extase, du plaisir que leur causent certains objets. Soit que cela fût particulier à ces bons prêtres, ou que ce soit la manière de chanter en Abyssinie, ce que nous ne croyons pas, il est certain qu'ils ne soutenaient nullement leurs sons, et qu'ils laissaient, pour ainsi dire, glisser leur voix d'une manière enfantine et niaise, et avec une sorte de défaillance.

Il ne fallut pas moins que l'habitude que nous avions d'entendre et d'exécuter nous-mêmes la musique depuis plus de trente ans, pour que nous pussions apprécier de tels sons et distinguer des chants rendus avec autant de faiblesse.

Quand nous avons dit que nous ne pensions pas que les Abyssins fussent dans l'usage de rendre leurs chants religieux avec autant de douceur, de mollesse et d'abandon qu'ils en mirent dans ceux que nous entendîmes au Kaire, c'est que tout nous persuade que ces chants doivent avoir, en Abyssinie, un caractère très-mâle, très-ferme et très-vigoureux; autrement, ils seraient étouffés et par le bruit d'une quantité considérable de timbales qu'on ne cesse de battre à la porte des églises, et par les danses tumultueuses que les prêtres et le peuple exécutent tous à-la-fois au dedans, pendant la durée des cérémonies du culte, dont ces danses font partie. Semblables aux danses des Barâbras, dont nous avons parlé, les danses religieuses des Abyssins se composent de petits sauts ou trépignemens des pieds et de battemens des mains, d'accord avec le bruit des timbales et des sistres qui en marquent le rhythme [1]. Or, tout cela doit retentir en l'air trop fortement pour laisser aux voix même les plus mâles et les plus éclatantes la facilité de se faire entendre, si elles n'étaient soutenues avec beaucoup d'énergie.

Mais, comme un très-grand bruit, quand on veut juger de la mélodie du chant, est souvent plus nuisible que l'extrême faiblesse de la voix de ceux qui l'exécutent, si nous eussions eu à choisir entre ces deux moyens pour apprécier la mélodie des Abyssins, nous aurions, à coup sûr, préféré le dernier, qui nous semble devoir être encore le moins incommode et le moins douteux; car une intonation trop violente rend ordinairement les sons faux et produit un effet désagréable. Ainsi nous ne nous croyons pas moins bien fondés à parler de la musique des Éthiopiens, que si nous eussions voyagé dans leur pays.

ARTICLE VI.

Des livres de chant, de l'échelle musicale et des notes de musique des Éthiopiens.

Nous n'aurions pas trouvé, sans doute, en Abyssinie

---

[1] Le sistre est une espèce de crotale dont l'usage est encore en Abyssinie, comme il l'a toujours été chez tous les peuples anciens, exclusivement réservé aux prêtres. On avait bien parlé de ces danses avant nous; mais on n'avait point encore dit de quelle nature elles étaient et comment elles s'exécutaient.

même, des ressources plus grandes que celles qui nous ont été offertes par la complaisance des prêtres abyssins, pour obtenir des renseignemens que nous désirions avoir sur la musique éthiopienne. Ils avaient des livres de chant, où la mélodie est notée en caractères ou lettres de l'alphabet *amara*, à peu près de même que le fut l'ancienne musique grecque dans les derniers temps, c'est-à-dire depuis environ quatre cents ans avant l'ère chrétienne. Ils mirent tout le zèle et l'empressement possible à nous les montrer et à nous les faire comprendre. Ils s'offrirent même à nous enseigner l'éthiopien, et nous composèrent, à cet effet, un alphabet en langue *amara*; ils nous firent apprendre quelques déclinaisons et quelques conjugaisons. Mais le peu de temps que nous avions à donner à cette étude, et l'impatiente curiosité que nous avions de connaître leur musique, ne nous permettaient guère de nous occuper de la grammaire *amara* : il semblait que nous pressentissions que nous nous trouverions forcés d'abandonner nos recherches avant de les avoir terminées.

Nous les pressâmes donc de nous expliquer la propriété et l'usage des notes de musique éthiopienne. Malheureusement ils ne le pouvaient faire dans des termes qui nous fussent connus, et nous perdîmes plusieurs choses que nous ne pûmes comprendre.

Ce que nous entendîmes très-clairement, c'est que leur échelle musicale se compose de diverses espèces d'intervalles, les uns plus grands, les autres plus petits, et qu'elle comprend vingt et quelques de ces intervalles ; mais nous ne pûmes saisir le sens de la définition qu'ils nous donnèrent de la nature de ces intervalles. Ils nous firent également entendre qu'ils avaient un très-grand nombre de notes différentes : que ces notes, de même que celles de la musique grecque moderne, désignent, non les sons ou les degrés de l'échelle musicale, mais les intervalles compris entre les degrés; que telle note, par exemple, désigne un demi-ton, telle autre un ton, telle autre une tierce par degrés disjoints, ou dont les sons doivent se succéder plus ou moins également, avec plus ou moins de lenteur ou de rapidité, et ainsi de suite des autres: en sorte qu'il y a des notes différentes pour chacun des divers intervalles, pour chacune des diverses manières de parcourir avec la voix ces mêmes intervalles, et pour les divers ornemens qui peuvent s'y adapter. Nous aurions été satisfaits si nous eussions pu concevoir de même ce qu'ils nous disaient pour nous faire connaître l'application de toutes ces choses; mais ni leurs discours, ni même les exemples qu'ils nous donnaient en chantant, ne nous éclairaient parfaitement sur ce point. Quand nous leur demandions un exemple chanté de l'effet ou de l'application des notes, jamais ils ne se bornaient à un seul son, c'était toujours une phrase de chant qu'ils exécutaient; et cela ne pouvait être autrement, puisque chaque note désigne un intervalle entier, et que chaque intervalle doit être composé au moins des deux sons extrêmes qui le terminent. Cependant, s'ils s'étaient toujours renfermés dans les limites de cet intervalle, nous aurions pu comprendre quelque chose: mais, soit que les Éthiopiens, non plus que la plupart des Orientaux, ne fussent pas dans l'usage de chanter la note simple ou le chant simple, et qu'ils déroutassent sans cesse nos oreilles par leurs broderies; soit aussi, comme nous

nous en sommes quelquefois aperçus, qu'ils nous donnassent pour exemple un trait de chant connu où se trouvait la note dont nous voulions connaître la propriété, ils nous laissaient toujours dans la même incertitude, et nous ne pouvions en faire le choix au milieu de tant d'autres qui entraient dans la composition de ce même trait de chant.

Il fallut encore tenter un autre expédient, et nous prîmes le parti de nous faire noter plusieurs chants entiers sur chacun des trois modes musicaux *guez*, *ezel* et *araray*, avec les caractères propres à chacun d'eux; car ce qui occasione une des plus grandes difficultés qui se présentent dans la connaissance des notes, c'est que chaque mode a les siennes propres, et que telle note désigne une chose dans un mode et une autre dans un autre mode. Nous traduisîmes donc en notes de musique européenne les chants notés en éthiopien, dans chacun des trois modes susdits. Nous remarquâmes quelles étaient les notes qui répondaient le plus ordinairement à telles notes européennes; puis nous communiquâmes nos observations aux prêtres abyssins, pour nous assurer de la justesse des rapprochemens que nous avions faits. Voici quel en a été le résultat: nous n'oserions le garantir absolument exempt d'erreur; nous ne l'offrons ici que comme un indice dont d'autres pourront tirer parti.

NOTES DE MUSIQUE ÉTHIOPIENNE.

ሐ... *hé*........ *Demi-ton* ascendant.
ስ.... *se*........ *Demi-ton* descendant.

ከ.... *ka* ou *kiaka*. *Ton* ascendant en passant à un autre intervalle sans s'arrêter.

ዌ.... *oué*....... *Ton* ascendant bref.

ገ.... *gue*....... *Ton* ascendant soutenu.

ዋ.... *oua*...... *Ton* ascendant avec cadence sur le second son.

ዋከ... *ouaka*..... *Ton* ascendant avec cadence sur le premier son, et un petit repos sur le second.

ሖ.... *ho*........ *Ton* ascendant en passant rapidement du premier son au second, où l'on s'arrête un peu.

ቤ... *bé*........ Ce signe indique qu'il faut monter et descendre successivement d'un ton, c'est une cadence de repos.

ኑ.... *nou*....... *Ton* ascendant.

ጸ.... *thze*...... *Ton* descendant.

ዐኔ... *ane*....... *Tierce* diatonique majeure ascendante.

ቱ.... *tou*....... *Tierce* diatonique majeure ascendante, avec une cadence sur le second son.

ደ.... *de*........ *Tierce* diatonique majeure ascendante, et passant rapidement sur le second son.

ቆ.... *khke*...... *Tierce* majeure ascendante en un seul intervalle, avec une petite note portée sur le dernier son.

ና.... *na*........ *Tierce* diatonique majeure ascendante avec un léger repos sur le troisième son.

ዘኢ... *zéa*....... *Tierce* diatonique majeure ascendante.

ዋ.... *oua*....... *Tierce* mineure ascendante et ensuite descendante par degrés conjoints.

DE L'ART MUSICAL EN ÉGYPTE.

ወ...	*oue*......	*Tierce* mineure ascendante par degrés conjoints.
ያ...	*ya*........	*Tierce* mineure en un seul intervalle.
ነፈ...	*nafe*......	*Tierce* mineure ascendante par degrés disjoints.
እለ...	*ale*.......	*Tierce* mineure descendante par degrés disjoints.
ዮፈ...	*of*........	*Tierce* diatonique mineure descendante, et cadence de repos.
ኀነ...	*hane*......	*Tierce* mineure ascendante par degrés disjoints, et ensuite par degrés conjoints ou diatoniques.
ዱ...	*dou*.......	*Tierce* mineure descendante en un seul intervalle.
እ...	*e*.........	*Quarte* ascendante diatonique.
የ...	*ye*........	*Quarte* ascendante en un seul intervalle, avec cadence.
ዉ...	*ouo*.......	*Quarte* ascendante par degrés disjoints ou en un seul intervalle.
አ...	*a*.........	*Quarte* ascendante par degrés disjoints, et ensuite par degrés conjoints.
؍ ou ؏	....	*Quarte* diatonique descendante avec un léger repos sur le dernier son.
ዲ...	*di*........	*Quarte* diatonique descendante en prolongeant et cadençant le premier son.
ሤ...	*se*........	*Quarte* diatonique descendante en faisant succéder rapidement les sons les uns aux autres.
በ...	*bo*........	*Quarte* descendante par degrés disjoints avec un léger repos.
ዘሐ..	*zahe*......	*Quinte* ascendante par degrés disjoints ou en un seul intervalle, en soutenant et cadençant le dernier son.

ዘዘ	zéze	*Quinte* ascendante par degrés disjoints ou en un seul intervalle.
ሢ	si	*Quinte* descendante diatoniquement, avec un léger repos sur le dernier son.
ረ	re	*Anemer,* cadence finale avec ou sans point d'orgue.
ረሰ	rese	*Derse,* cadence de repos avec point d'orgue.
ረ	re	
ረ ሰ	rese	*Cadence* finale en montant.
ዖፍ	of	*Cadence* de repos en descendant de tierce.
ፍ	fe	*Cadence* de repos en montant de tierce.
ቤ	bé	*Son* soutenu et cadencé, ou repos passager.
ቀ	ke	*Prolongement* de la cadence de repos en montant.
⌒		*Agover* son soutenu et cadencé.
θ		*Tze-agover* son soutenu et prolongé.
ቅ	khkoou	*Son* de suspension à une chûte de quarte.
ረ		*Agover re* son soutenu et préparatoire pour la cadence de repos final, en descendant par un point d'orgue jusqu'à l'octave grave.
θ	tze	*Son* prolongé et quelquefois cadencé.
ያ	ya	*Son* rapide.
ጠ	thto	*Son* soutenu.
ሕ	ho	*Son* répété et prolongé.
፤		*Arakrek,* son cadencé.
•		*Hiaz,* son répété.

Ce sont-là les principales notes[1] de musique connues des Abyssins. S'il y en a d'autres, elles n'ont point encore reçu la sanction de l'usage, puisqu'elles ne se trouvent point employées dans les trois modes de musique éthiopienne inventés par saint Yared, ou, pour nous conformer à la tradition des Éthiopiens, inspirés par le Saint-Esprit à ce saint.

On pourra juger de la propriété de ces notes par l'application qui en a été faite dans ces trois modes, dont nous ferons connaître la mélodie.

ARTICLE VII.

Des trois principaux modes de la musique religieuse des Éthiopiens; chants notés en éthiopien et traduits en notes de musique européenne dans chacun de ces modes.

La mélodie des modes musicaux des Éthiopiens ayant été, suivant eux, inspirée miraculeusement à saint Yared, n'est pas vraisemblablement soumise à des règles que l'on puisse expliquer, comme l'est la mélodie enfantée par l'art : aussi les prêtres abyssins ne nous ont pas paru avoir jamais cherché à en connaître la composition. Tout ce qu'ils ont pu nous en dire et ce que l'expérience nous a prouvé, c'est que la mélodie des chants des jours de grandes fêtes est plus travaillée, sur un ton plus élevé

---

[1] Il y en a plusieurs qui nous ont paru douteuses, tant par la diversité de leur emploi, que parce que quelques-unes d'elles n'étaient pas parfaitement bien formées : celles-là se trouvent notées, mais nous n'avons pu les expliquer.

et plus éclatant; celle des chants destinés aux fêtes du second ordre, c'est-à-dire celle du second mode, est sur un ton plus modéré et moins éclatant, et enfin celle des jours de férie est plus simple et sur un ton plus bas que les autres.

Les Abyssins sont dans l'usage de noter chaque chant sur les trois modes à-la-fois. En nous écartant de leur usage, nous aurions pu commettre quelques erreurs dans le choix des notes : celles qui sont exclusivement propres aux jours de fêtes étant, dans leurs livres, les seules qui soient marquées en rouge, et parmi les autres qui sont en noir, les unes étant applicables aux trois modes, d'autres ne l'étant qu'aux deux derniers, et d'autres enfin ne l'étant qu'à un d'eux seulement, il nous eût été facile de nous y méprendre. Ainsi nous avons préféré de copier ces chants exactement tels qu'ils sont notés dans leurs livres, et d'écrire au-dessus de chaque note la couleur qui la distingue, son nom, ainsi que les remarques qui nous ont été faites par les prêtres abyssins.

ግዕዝ ፡ ዜማ GUEZ ZÉMA.

TON OU MODE GUEZ, OU DES JOURS DE FÉRIE.

Guez...noir. Bezele..rouge.	Guez....noir.	Guez....noir.	Ezel....noir.	noir	Anemer, repos.
ፀወእስኮ አይኑ ፡	ከ ደዕይ በረከት ፡	ቷቷ ነደፉ ወእይኑ ፡		፡ር ነገር ፡	
A y nou	ba ra ka te	oue a y nou		neguere	

DE L'ART MUSICAL EN ÉGYPTE.

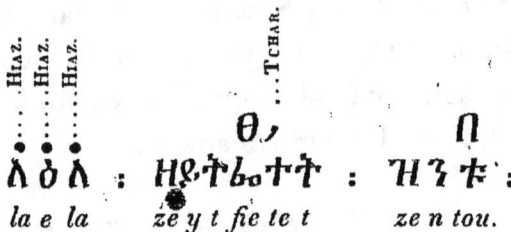

ze y zsiebahe   Ay nou khkal   oue a y nou   gue na y

a y nou   a ko tie te   oue a y nou   Sem   zaneblou

la e la   ze y t fie te t   ze n tou.

MODE GUEZ, OU DES JOURS DE FÉRIE.

(Mouvement modéré.)

A — — y nou — — ba ra -

[1] Nous avons orthographié les mots exactement tels qu'ils nous ont été prononcés dans le chant.

19.

DE L'ART MUSICAL EN ÉGYPTE.

- la - e la zeyt-fie - - - - tet zentou - -

e - - ves - ta[1].

ዕዝል ፡ ዜማ EZEL ZÉMA.

TON OU MODE EZEL,

Pour les jours de jeûne, pour les temps de Carême, pour les veilles de fêtes, et pour les cérémonies funèbres.

Khkeddous eguezi abe he re khkeddous hhayale khkeddous

[1] Les prêtres abyssins ont probablement oublié d'écrire ce mot dans le texte éthiopien qu'ils nous ont donné des paroles de ce chant, et que nous avons rapporté dans la page précédente; mais ils l'ont ajouté en chantant, ainsi qu'on le voit ici. C'est une remarque qui nous est échappée pendant que nous étions en Égypte; l'empressement que nous mettions alors à multiplier nos recherches et nos observations, afin de les compléter, a sans doute beaucoup contribué à cet oubli.

294   DE L'ÉTAT ACTUEL

ሐያወ ፡ ዘአይመወት ፡ ዘተወልደ ፡ እማርያም ፡

he ya ou   z a ye maouete   Za ta oue le da   emereyame

እምቅድስቴ ፡ ድንግል ፡ ተሣሀለነ ፡ እግዚእ

emekhkedesete   de negue le   te sa ha le ne   e gue zi a.

ዘተጠምቀ ፡ በዮርደናስ ፡ ወተስቅለ ፡ ዲበ ፡ ዕፀ ፡

Zatatemkhka   be yor de nous   oua ta sekhkla   diba   ethsa

¹ Cette strophe se chante deux fois; mais à partir du mot *zataoueleda* inclusivement, on substitue ce qui est écrit dans la ligne suivante, comme on le voit par ce que nous avons noté immédiatement au-dessous de la musique de cette strophe, dans la p. 296, n°. 2.

DE L'ART MUSICAL EN EGYPTE.

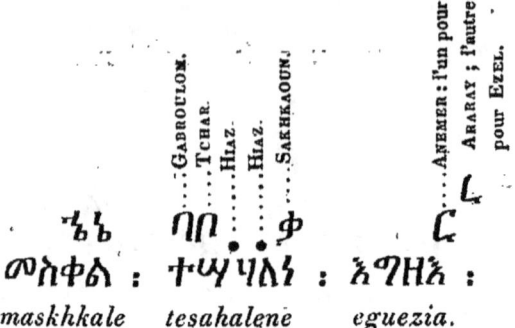

TON OU MODE EZEL,

Pour les jours de jeûne, pour les temps de Carême, pour les veilles de fêtes, et pour les cérémonies funèbres.

DE L'ART MUSICAL EN EGYPTE.

oua - ta - sekhkla - - de -

ve ethsa mas - ka - - - le

te - sa - ha - le - negue - zia.

(*Khkeddous* se chante aussi dans le mode araray, et alors il se prend à la quarte au-dessus du ton précédent, de cette manière :)

Khkeddous e - - - - -

- - - - -

ARARAY ZÉMA,

OU TON D'ARARAY, POUR LES GRANDES FÊTES.

[1] A y nou - - - - - ba -

[1] Ces paroles sont les mêmes que celles du premier chant sur le mode GUEZ; on peut y voir le texte et les notes qui y sont copiés en éthiopien.

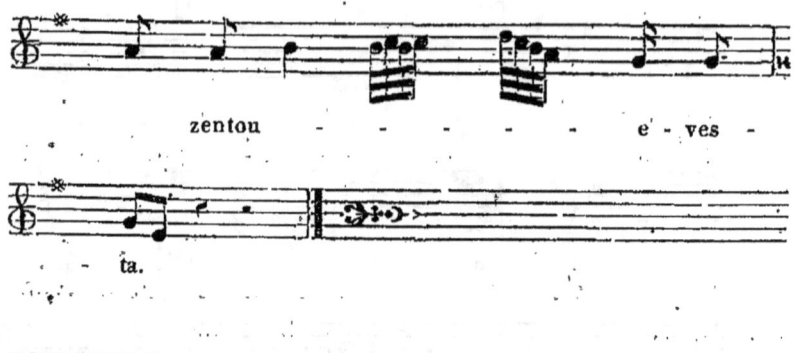

CHAPITRE V.

De la musique des Qobtes.

S'il s'était conservé en Égypte quelques restes de l'ancienne musique de ce pays, de laquelle Platon nous a tant vanté la merveilleuse perfection, nous eussions dû les retrouver dans les chants des Qobtes, puisque ces Égyptiens sont indigènes; mais, quoiqu'ils fussent les seuls auxquels il appartenait de nous transmettre un aussi précieux monument de la sagesse de leurs ancêtres, ils ont négligé cette prérogative, ainsi que tous leurs autres droits. Depuis tant de siècles, habitués à se laisser traiter comme des étrangers dans leur propre pays, et à voir l'Égypte gouvernée par d'autres lois que les leurs, ils sont devenus indifférens à tout ce qui pourrait honorer leur patrie. La cupidité et l'avarice, seuls mobiles de toutes leurs actions maintenant, les éloignent trop de l'amour des sciences et des arts pour qu'ils sentent en eux le moindre désir de s'y distinguer. Aussi, de tous les habitans de l'Égypte, sont-ils, à quelques exceptions près, les plus ignorans et les plus stupides.

Il ne peut donc y avoir grand'chose à dire de leur musique; et c'est pour cette raison, qu'au lieu de commencer par elle en rendant compte de l'état actuel de l'art musical en Égypte parmi les Africains, nous avons cru qu'elle ne méritait que le dernier rang.

Si les chants des Qobtes étaient aussi agréables qu'ils sont monotones et ennuyeux, on pourrait les comparer à ces hymnes que les anciens prêtres chantaient en l'honneur d'Osiris, sur les sept voyelles. De même que ces prêtres, les Qobtes aussi n'ont besoin que d'une seule voyelle pour chanter quelquefois pendant un quart d'heure, et il n'est pas rare de les voir prolonger pendant plus de vingt minutes leur chant sur le seul mot *alleluia*.

Comme tous leurs chants religieux s'exécutent de cette manière, on doit concevoir aisément pourquoi leurs offices sont d'une longueur excessive. Aussi ce serait vraiment un supplice pour eux d'être obligés d'y assister, surtout n'ayant la permission ni de s'asseoir, ni de s'agenouiller, ni de se tenir enfin autrement que debout dans leurs églises, s'ils n'avaient la précaution de se munir d'une longue béquille appelée en arabe *e'kâz*[1], qu'ils posent

---

[1] عكّاز *e'kâz*. La crosse double du patriarche qobte s'appelle aussi عكّاز يموز *e'kâz megouz*, c'est-à-dire *e'kâz* double, ou crosse double. Ne serait-ce point de ce mot arabe que serait venu le nom d'*échasses* que nous donnons à de longs bâtons, vers le milieu desquels il y a une espèce d'étrier pour poser le pied, et dont les habitans des landes de Bordeaux font habituellement usage? Cela nous a paru d'autant plus vraisemblable, que nous avons reconnu

sous leur aisselle, pour s'appuyer et se soutenir pendant tout ce temps. Nous, qui plusieurs fois avons assisté à leurs offices, et qui, faute d'*e'kaz* pour nous appuyer, étions obligés de nous adosser contre un mur, nous n'en sommes jamais sortis sans avoir les jambes engourdies de lassitude, et sans être comme enivrés d'ennui.

Cependant nous ne croyons pas que cela ait influé sur l'opinion que nous avons conçue de leurs chants, ni qu'il soit injuste de dire que rien n'est plus insignifiant et plus fastidieux que la mélodie dont ces chants se composent. D'ailleurs nous ne nous sommes pas arrêtés à la première impression que nous en avons reçue; car, voyant que nous ne pouvions réussir à comprendre quelque chose à cette mélodie sauvage et soporative, et persuadés que cela

dans la langue arabe un grand nombre de mots qui, pour la forme matérielle et pour le sens, ont une parfaite ressemblance avec des mots de notre langue. Il serait possible que ceux-ci eussent été empruntés des premiers historiens des croisades, comme l'a été le nom de *naqaires*, par exemple, que l'on a donné en France aux timbales, vers le quatorzième siècle; car ce nom vient évidemment de *noqqârieh*, qui a toujours été, en arabe, le nom du même instrument. Ce serait donc là la raison pour laquelle nous trouvons le nom de *naqaires* donné aux timbales par Froissart, au premier livre de son Histoire, page 170, où il est dit: « Le roy monta à cheval et fit monter la royne; les barons, les chevaliers, se chevaucherent devers Calais, et entrerent dedans la ville à foison de trompettes, de tambours, de *naqaires* et de buccines. » Au liv. IV, page 57, où il s'agit de l'embarquement du duc de Bourgogne et des Genevois pour une expédition en Barbarie, on lit encore: « Moult grand beauté et plaisance fut d'ouir ces trompettes et ces claronceaux retentir et bondir, et aultres menestriers faisant leur mestier de pipes, de chalemelles et de *naqaires*, tant que du son et de la voix qui en issoient, en retentissoit toute la mer. » Laborde, dans son Essai sur la musique, n'a pas défini cet instrument: il n'y a peut-être personne aujourd'hui en Europe qui sache ce que c'est; nous l'ignorerions également, si nous n'eussions été à portée, en Égypte, de faire ce rapprochement.

venait de quelques distractions causées par la situation pénible où nous nous étions trouvés en l'entendant; nous portâmes le zèle et le courage jusqu'à faire venir chez nous un des plus habiles chanteurs qobtes, pour essayer si nous pourrions enfin démêler quelque chose dans les modulations âpres et baroques de ces chants : mais l'expérience ne fit que confirmer notre premier jugement; ou plutôt la manière maussade et traînante dont chanta notre Qobte, le fortifia encore davantage.

Après avoir entendu le premier chant, c'était un *alleluia*, nous le fîmes répéter, afin de pouvoir le copier; mais nous ne saurions définir la nature de l'effet qu'il nous causa. Le chant des Égyptiens nous déchirait les oreilles: celui-là faisait pis encore; il répandait sur tous nos sens une sorte de poison qui affadissait notre cœur et irritait notre âme à un point insupportable. Il fallait cependant aller jusqu'au bout, puisque nous l'avions entrepris. Quand ce premier chant fut fini, nous demandâmes au Qobte s'il n'y avait qu'une espèce de chant dans son église; car nous le croyions ainsi : il nous répondit qu'au contraire il y avait dix tons différens. Nous nous résignâmes à l'entendre chanter sur tous les dix tons : mais nous fûmes bientôt hors d'état de les apprécier; ils engourdirent notre tympan, et fatiguèrent notre attention au point que nous ne les entendions plus que comme on entend, quand on est aux trois quarts endormi; et peut-être que si le Qobte se fût retiré sans nous rien dire, nous ne nous en serions pas aperçus, tant était grande l'espèce de stupeur dans laquelle ces chants nous avaient jetés. On prévoit bien que nous ne fûmes pas tentés de les lui faire recommencer pour avoir la facilité de les copier; et nous l'avouerons de bonne foi, nous n'y songeâmes même pas : il nous aurait été impossible d'ailleurs d'entreprendre de le faire.

Pour mieux justifier notre découragement et le dégoût que les chants qobtes nous ont donné, il suffira, sans doute, d'offrir ici celui que nous avons copié.

ALLELUYA, CHANT QOBTE.

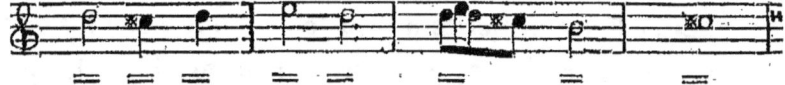

SECONDE PARTIE.

De la musique de quelques peuples de l'Asie et de l'Europe.

CHAPITRE PREMIER.

De l'art musical chez les Persans; chansons persanes et turques.

Les Persans méritent à juste titre que nous les mettions en première ligne, en parlant de la musique des peuples de l'Asie. Quoique les gens de cette nation soient en très-grand nombre au Kaire, ils n'habitent point dans cette ville des quartiers séparés, parce qu'ils sont musulmans; ils y sont répandus, comme les habitans du pays même, de tous côtés: mais leur caractère les distingue toujours assez pour qu'on puisse en faire la différence; toujours gais, ils sont toujours prêts à chanter, et chantent assez agréablement. Ils sont aux peuples de l'Asie et de l'Afrique ce que les Italiens sont aux peuples de l'Europe.

Jadis les Persans surpassèrent tous les autres peuples de l'Orient dans les sciences et les arts; aujourd'hui leur génie supplée encore à ce qu'ils ont perdu de ce côté. Naturellement vifs et passionnés, ils conservent un grand avantage sur les Turks et les Arabes, par la finesse et la subtilité de leur esprit, par la facilité de leur imagination, par la douceur de leur langue, par les charmes de leur poésie, et par la délicatesse de leur goût pour la musique. Ayant été les maîtres des Arabes en cet art, ils ont les mêmes principes, mais ils en font une application plus heureuse.

Nous avions réuni beaucoup de chansons et d'airs de danse turks et persans, qui certainement auraient fait concevoir une idée très-favorable du génie et du goût de ces peuples pour la musique; mais il ne nous est resté qu'une chanson turque entière : le reste, ainsi que tout ce que nous avions recueilli d'observatios sur la musique des Indiens, une douzaine de leurs chansons, avec des manuscrits que nous regrettons davantage encore, s'est trouvé pourri dans une malle où l'eau infecte de la cale du vaisseau [1] qui nous avait ramenés d'Égypte en France, avait pénétré, et probablement séjourné fort long-temps; car notre traversée fut très-difficile et dura plus de trois mois.

Voici la chanson que nous avons eu le bonheur de conserver; elle pourra donner une idée de la mélodie simple et gracieuse des autres chansons que nous avons perdues.

---

[1] Il y avait dans ce vaisseau des chevaux dont l'urine se répandait dans la cale ; et, quoiqu'on eût le plus grand soin de pomper chaque jour, il en restait encore assez pour que nos malles y trempassent.

DE L'ART MUSICAL EN ÉGYPTE.

CHANSON TURQUE, SUR LE RHYTHME BAJAZ [1].

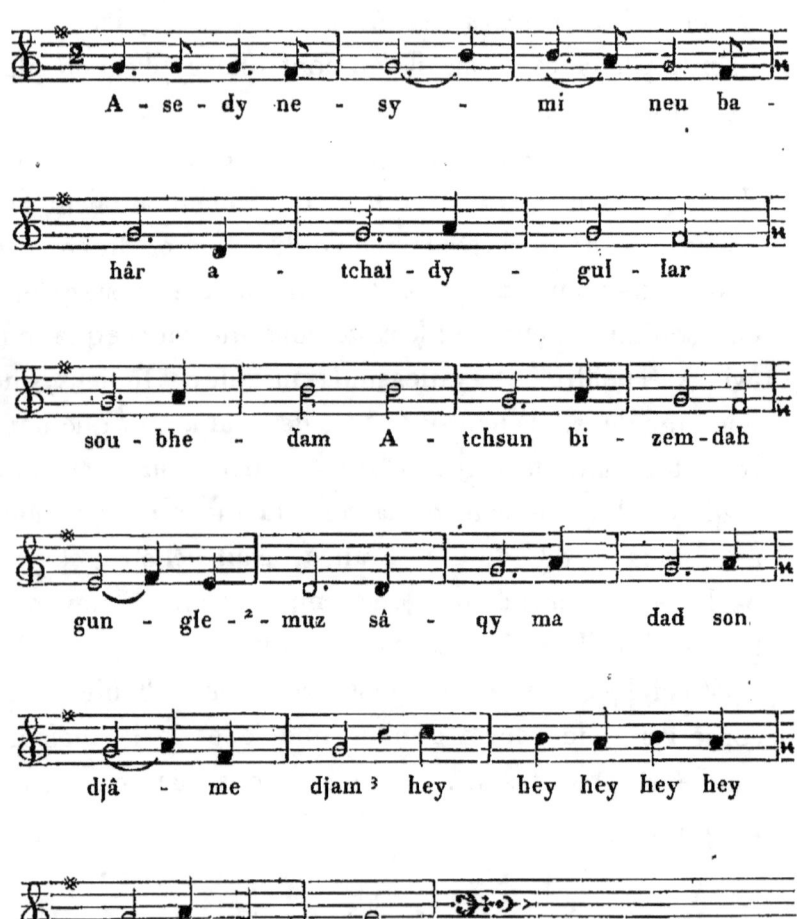

[1] Ce rhythme se compose de quatre *dichorées*, _ ♩ _ ♩, _ ♩ _ ♩, _ ♩ _ ♩, _ ♩ _ ♩ : si le chant était accompagné d'instrumens à percussion, ce serait ce rhythme qui règlerait ceux qui joueraient de ces instrumens.

[2] Le *g* de cette syllabe doit se prononcer comme dans le mot *poignée*; en sorte qu'on doit prononcer *gungnlemuz*.

[3] *Djam* est le nom d'un roi persan.

اسدى نسيم نو بهار آچلدى كللر صبحدم
اچسن بزمده كوكلمز ساقى مدد صون جام جم

Nous avons orthographié les paroles de ce couplet selon la prononciation de l'effendy qui nous l'a dicté : mais nous ne connaissons pas assez la bonne prononciation de la langue turque, pour savoir si les mots nous ont été rendus avec l'accent le plus pur de cette langue ; nous avons même lieu d'en douter, puisque le célèbre orientaliste M. Silvestre de Sacy, à qui nous devons la traduction française suivante du texte, écrit ainsi ces paroles :

Asady nesymi nev behàr atchildy gullar sobhedam
Atchsoun bizumdeh gungulumuz saky madad son djamid jam.

« Asady, la rose matinale s'est ouverte au souffle des vents printaniers ; que nos cœurs s'ouvrent aussi au dedans de nous. Échanson, viens à notre secours en nous présentant la coupe de Djemchid. »

CHAPITRE II.

De la musique des Syriens.

En vain nous avons cherché à Alexandrie, à Rosette et au Kaire, des Syriens musiciens de profession, ou enfin quelqu'un qui eût quelques notions positives des principes et des règles de la mélodie syrienne ; le seul qui nous ait paru avoir une certaine connaissance du chant syriaque, était un prêtre jacobite de cette nation, et c'est de lui que nous tenons ce que nous allons rapporter.

Les Syriens n'ont rien écrit sur cet art ; ils n'ont point non plus de livres de chants notés : tout ce qu'ils en savent, ils l'ont appris par la seule voie de la pratique ; c'était l'usage dans la primitive Église. Ce ne fut que dans le quatrième siècle que l'on commença en plusieurs endroits à noter les chants religieux ; et il paraît que les Syriens n'ont jamais adopté ce moyen de conserver et de transmettre les leurs.

Ils ont deux espèces de chants, ainsi que deux espèces de rites, institués, l'un par saint Éphrem [1], l'autre par un disciple d'Eutychès, nommé *Jacob*. Ils appellent le chant du rit de saint Éphrem, *meschouhto Efremoïto*, et celui du rit de Jacob, *meschouhto Iacoboïto*.

Chacune de ces espèces de chants se compose de huit tons ou modes différens. La mélodie des tons du rit *efremoïto* (excepté celle du troisième et du septième ton) est simple, douce et régulière ; elle semble annoncer que son auteur était né dans un pays voisin de la Perse, et souvent fréquenté par les anciens Grecs [2] : cela est bien plus sensible encore quand on fait la comparaison de cette mélodie avec celle des chants du rit jacobite ; car ces chants sont d'un genre entièrement opposé aux premiers.

---

[1] Saint Éphrem, diacre de l'église d'Édesse, florissait en 370 ; le chant qu'il composa pourrait donc être d'une époque plus reculée que le chant ambrosien, et aurait aujourd'hui 1442 ans d'antiquité.

[2] Il était originaire et natif de la Mésopotamie.

En effet, dans la mélodie *iacoboïto*, on reconnaît les ornemens recherchés et de mauvais goût des peuples de l'Asie mineure, joints à la rudesse de la mélodie arabe [1].

Nous nous sommes attachés ici, de même que dans tout ce qui a précédé et dans ce qui doit suivre, à rendre, avec autant de fidélité qu'il nous a été possible, la prononciation des mots, la mélodie et le rhythme du chant. Par cette exactitude que nous avons portée jusqu'au scrupule, même dans les moindres choses, nous avons conservé à tous les chants des divers peuples leur caractère national, et nous avons rendu la prononciation des mots telle que nous l'avons entendue par les naturels eux-mêmes, et avec les licences admises soit par l'usage, soit dans le chant, chez chacun d'eux. Cela ne sera peut-être pas inutile ou au moins absolument indifférent aux personnes qui, en Europe, se livrent à l'étude des langues orientales, et en particulier aux Français, qui, n'ayant point encore eu les mots de ces langues étrangères écrits conformément à l'orthographe française, ne peuvent par conséquent en concevoir parfaitement la prononciation.

Dans cette vue, nous aurions désiré multiplier quelquefois les exemples et les remarques; mais nous avons été retenus par la crainte qu'on ne nous reprochât d'avoir trop insisté sur des choses qui sortaient un peu des limites rigoureuses de notre sujet.

---

[1] On chercherait vainement à faire cette différence dans l'ouvrage de Kircher que nous avons déjà cité. Il est même nécessaire de prévenir, une fois pour toutes, que ce que cet auteur a écrit sur la musique des peuples orientaux, est entièrement supposé quant au chant et au rhythme musical, et très-inexact quant à l'orthographe et à la prononciation des mots.

DE L'ART MUSICAL EN ÉGYPTE.   313

Ne pouvant donner de détails sur l'art du chant syriaque, nous allons au moins présenter des chants sur chacun des huit tons différens, suivant l'un et l'autre rit, avec le texte des paroles en syriaque, et la prononciation des mots en français.

Meschouhto Efremoïto [1].

1er *Ton* [2].
(Mouvement modéré.)

A - lo - ho hab ïoul - fou - no laï - no drohem ïoul - fou - no oul' ra -

[1] La prononciation n'exige point la lettre *s* dans le mot *meschouhto*, non plus que dans tous les autres mots où on la voit précéder *ch*; mais nous avons cru que nous ne devions pas nous écarter de l'usage établi par les orientalistes les plus distingués, lesquels l'emploient ordinairement dans ces sortes de cas.

[2] Nous avons transposé tous ces tons au naturel, parce que nous ne tenons pas grand compte du diapason qu'a choisi le prêtre syrien. Cependant, pour satisfaire les curieux, nous dirons que le 1er ton nous a semblé commencer par le son *mi* du grave de la voix de *taille*; le 2e ton, par le son *ré* du *medium* de la même voix; le 3e, par le son *la* également du *medium*; le 4e, par le son *sol*, toujours du *medium*; le 5e, par le son *la*; le 6e, par le son *si* ♭; le 7e, par le son *si* ♮; et le 8e, par le son *sol*, toujours du *medium*.

314   DE L'ÉTAT ACTUEL

[1] Les syllabes ou lettres qui sont en caractères italique, ont été ajoutées dans le chant par le prêtre syrien. Ces additions sont fort en usage parmi les chanteurs orientaux.

DE L'ART MUSICAL EN EGYPTE. 315

6ᵉ Ton.
(Mouvement modéré.)

DE L'ART MUSICAL EN ÉGYPTE.

DE L'ÉTAT ACTUEL

Meschouhto Iacoboïto.

1" *Ton.*
(Mouvement plus vif que lent.)

A - bou dkousche - to hó be - rokhe
de - be - ho dame - ra è' -
-lokhe īho - no ka - be - le da - hè-
lo - fa - ī mit ouat - ra - o' - li
hon kour - bo - no sa - be min

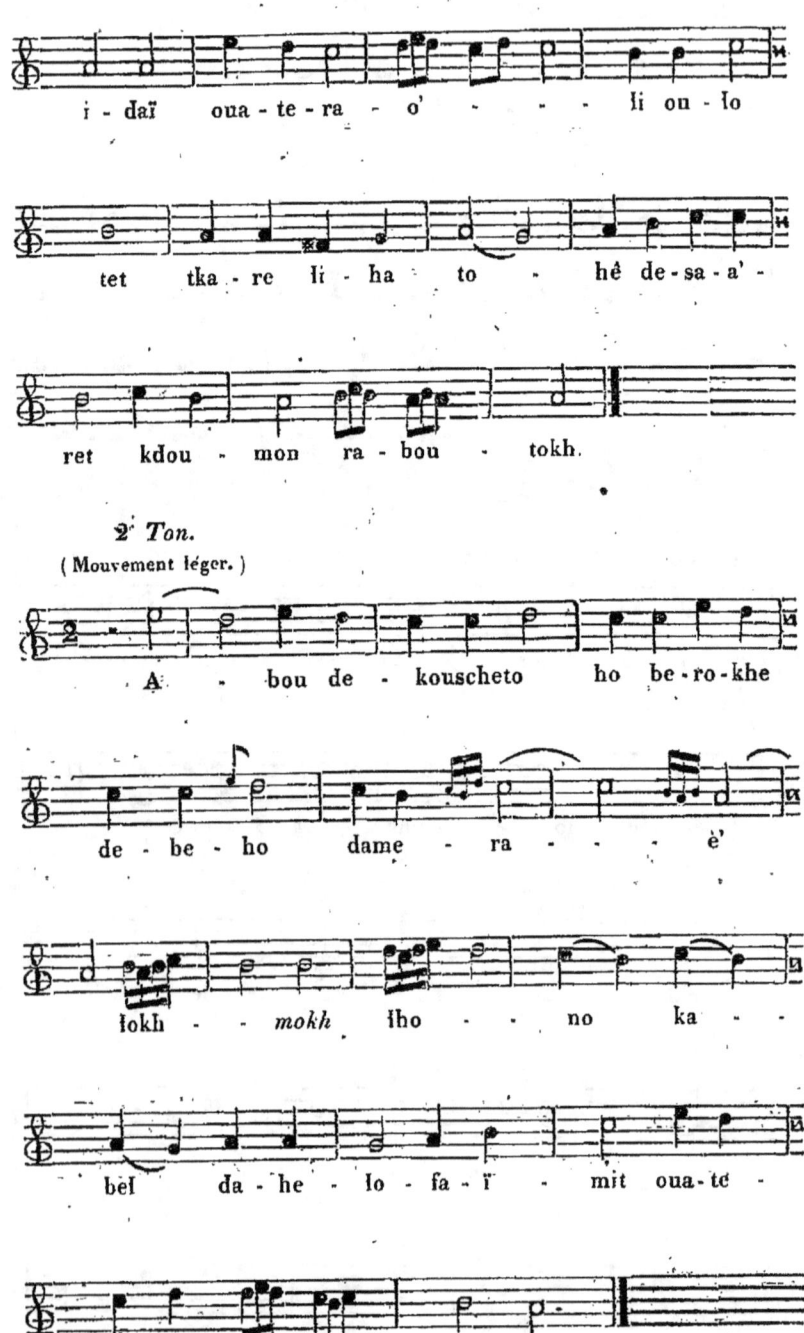

DE L'ART MUSICAL EN ÉGYPTE.

Iho no - ka - bel da - he - lo -
fa - ï mit oüa - te - ra -
o' - - li.

5ᵉ *Ton.*
(Mouvement léger.)

A - bou de - kou - sche - to ho be -
rokhe de - be - ho da - me - ra - è'
lokh - mokh - Iho - no ka - be -
le da - he - lo - fa - ï mit
oüate - ra - o' li.

bel da - he - lo - fa - ï mit -

- oua - te - ra - o' li.

8ᵉ *Ton.*
(Mouvement léger.)

A - bou dkouschto ho brokh de - be -

ho dam - ra - è' iokh lho - no ka - bel da -

lo - fa - ï mit oua - tra o' li.

CHAPITRE III.

De la musique arménienne.

ARTICLE PREMIER.

De la nature et du caractère des chants religieux en général, et, en particulier, de ceux des Arméniens. Du degré d'instruction en musique du premier chantre de l'Église épiscopale de ces peuples au Kaire. Exposé succinct de ce que nous avons appris de lui sur son art.

Les chants qui nous ont toujours semblé devoir le plus appeler l'attention des observateurs, sont les chants religieux. Ces sortes de chants ont au-dessus des autres le mérite de prendre plus fortement et de conserver plus long-temps l'empreinte du caractère national, parce qu'ils sont moins exposés aux changemens continuels que font subir aux autres l'inconstance du goût public, la versatilité de la mode, et quelquefois même les caprices des artistes. Ils n'empruntent pas non plus, comme le font très-souvent les chants de la société, une physionomie et des parures étrangères. Au contraire de ceux-ci, qui prêtent leurs attraits aux relations d'amitié des hommes entre eux et les rapprochent les uns des autres par le plaisir, de quelque nation qu'ils soient, les chants religieux, plus sévères, ont pour but de détacher l'homme de l'homme pour l'unir à Dieu, et conséquemment de lui inspirer de l'éloignement pour tout ce qui pourrait altérer ou vicier sa nature propre; ils sont l'expression de l'âme dégagée des vanités du monde, et pénétrée de son néant autant que de la grandeur et de la puissance de son Créateur, dont elle implore la bonté; ils la font enfin connaître dans toute sa candeur originelle.

Que l'on compare entre eux les chants religieux des divers peuples, et qu'on les examine ensuite séparément, on apercevra bientôt la différence frappante qui les distingue les uns des autres, et l'on reconnaîtra sans peine l'étroite affinité qui existe entre le caractère de la mélodie de chacune de ces espèces de chants et le caractère qui est propre à la nation de celui qui en fut l'inventeur.

Il n'y a peut-être pas de nation dont les chants religieux rendent plus sensible cette affinité que ceux des Arméniens: la mélodie plutôt gaie que triste de ces chants ne respire cependant point cette gaieté qui naît du plaisir; elle exprime celle du bonheur qu'éprouvent des gens naturellement actifs et industrieux, qui se plaisent dans le travail, et qui n'ont jamais connu l'ennui[1]. Nous ne croyons

---

[1] Pour bien juger de la nature et du caractère du chant religieux des Arméniens, il ne faut s'arrêter ni à l'art ni au goût avec lesquels la mélodie en est composée, parce que ces choses-là sont pour l'ordinaire acquises ou empruntées; ce n'est uniquement que l'impression que produit sur les sens et dans l'âme l'effet général de tout l'ensemble de cette mélodie qu'il faut consulter, si l'on ne veut pas s'exposer à prononcer plutôt selon ses préjugés que d'après les sentimens qu'on a éprouvés.

pas qu'il soit possible de rendre avec plus d'énergie et de peindre avec plus de vérité les heureuses dispositions des Arméniens, que ne le fait la mélodie de leur chant, ni de donner une idée plus juste de leur caractère et de leurs mœurs, que celle qui résulte du sentiment que cette mélodie fait éprouver; du moins nous en avons été convaincus de plus en plus, à mesure que nous avions mieux connu les gens de cette nation. Nous aurions été satisfaits de découvrir aussi facilement les règles de l'art dans lequel ces chants ont été composés, et il n'a pas tenu à l'évêque arménien qui était au Kaire, que nous n'obtinssions tous les renseignemens que nous désirions avoir sur ce point. Il se prêta avec une complaisance pleine de zèle à favoriser nos recherches; il chargea même le premier chantre de son église de seconder nos vues, en nous communiquant tout ce qu'il avait appris sur son art. Quoique celui-ci sût lire, écrire et chanter, il nous parut moins instruit dans la théorie que dans la pratique de la musique arménienne. Cependant il nous apprit quels avaient été l'origine et l'inventeur de cette musique; il nous écrivit, nous nota et nous chanta en arménien les huit modes des chants religieux et un dérivé de ces modes: nous les copiâmes ensuite en notes européennes. Il nous traça encore tous les signes ou caractères par lesquels on représente les sons musicaux et les diverses modifications de la voix dans ces chants; mais nous essayâmes en vain de nous en faire donner une explication claire et positive, jamais il ne put se rendre intelligible pour nous: non, sans doute, parce qu'il n'en avait pas lui-même une idée bien exacte, car il est probable qu'il devait en connaître la propriété et l'usage, puisqu'il en faisait journellement l'application dans la pratique; mais parce que, ces signes n'ayant aucun rapport avec les nôtres, et désignant moins des sons isolés que des inflexions ou des tenues ou repos de la voix, il lui était aussi difficile de s'expliquer qu'à nous de le bien comprendre dans la langue arabe, qu'il parlait difficilement et avec l'accent arménien, et qui était cependant la seule langue avec laquelle nous pussions nous communiquer réciproquement nos idées. Nous devons donc encore nous trouver heureux d'avoir, indépendamment de toutes ces difficultés, réussi à ajouter quelques nouvelles notions à celles que nous avons déjà de cette musique, et de pouvoir les publier ici.

ARTICLE II.

De l'origine et de l'invention de la musique actuelle des Arméniens.

Les Arméniens attribuent l'origine de leur musique actuelle à une découverte miraculeuse que fit, l'an 364 de Jésus-Christ [1], un de leurs premiers patriarches, nommé *Mesrop* [2]. Nous ne répéterons point en détail tout ce qui nous a été raconté à ce sujet, puisque cela est déjà connu et qu'on le trouve en grande partie dans le *Thesaurus linguæ armenicæ antiquæ et hodiernæ* de Schröder, *Dissert.* pag. 32 et suiv. [3]. Cette découverte, dont nous allons donner en peu de mots l'histoire abrégée, ressemble beaucoup à celle de saint Yared chez les Éthiopiens, rapportée plus haut [4]. Mesrop, désirant que les prières et les chants de l'église se fissent en langue haïcane, qui est l'ancienne langue propre des Arméniens, s'était appliqué sans succès, pendant plusieurs années, à découvrir des caractères qui pussent exprimer parfaitement la prononciation et le chant de cette langue, et remplacer les

---

[1] Suivant cette tradition, la musique actuelle des Arméniens daterait encore d'une époque plus éloignée que celle du chant syriaque inventé par saint Éphrem, laquelle était déjà antérieure à celle du chant ambrosien : cette musique aurait aujourd'hui 1448 ans d'existence; par conséquent, elle serait la plus ancienne de toutes les diverses espèces de musiques qui ont succédé à l'ancienne musique des Grecs.

[2] Le patriarche Mesrop eut son siége patriarcal à Wagharchapat, une des principales villes de l'Arménie.

[3] *Amstelodami, 1711*, in-4º.

[4] Ci-dessus, Ire partie, chap. IV, art. 1er, pag. 270.

premiers, dont l'usage s'était entièrement perdu depuis
que les Grecs et les Perses avaient conquis l'Arménie et
y avaient rendu leur langue dominante. Il entreprit alors
différens voyages, afin de consulter sur son projet les
hommes les plus savans de son siècle; mais ce fut avec
aussi peu de fruit. Enfin, Dieu mit un terme à ses longues
et pénibles tentatives, en lui envoyant, pendant qu'il
dormait, un ange qui lui révéla ces caractères qu'il avait
tant cherchés [1] : aussitôt Mesrop, pénétré de l'esprit de
Dieu, se mit à composer les chants religieux qui, depuis,
n'ont pas cessé d'être en usage jusqu'à ce jour [2].

ARTICLE III.

Des notes de musique des Arméniens.

Avant de donner des exemples des divers modes des
chants religieux arméniens, il convient de faire connaître

---

[1] On pense aussi qu'un savant appelé *Niersès* contribua beaucoup à la découverte de ces mêmes caractères. Les Arméniens ne font pas une très-grande différence entre les signes prosodiques et ceux du chant. On sait que, chez les anciens Grecs, et même chez les Romains, la grammaire faisait une partie de la musique : il se pourrait qu'il en fût de même chez les Arméniens, et que leurs caractères musicaux fussent du même genre que ceux qu'Isocrate inventa pour rétablir aussi la prosodie ou l'accentuation des mots de la langue grecque, qui commençait déjà à se corrompre de son temps. Ce qu'il y a de certain, c'est que les Arméniens comprennent au nombre de leurs signes musicaux presque tous leurs signes prosodiques et ceux des divers accens des mots, ainsi qu'on le verra dans la suite de ce chapitre.

[2] Il y a cependant encore quelques autres chants religieux, dont les Arméniens font honneur à Sahak : peut-être celui-ci est-il le même que Schröder nomme *le patriarche Isaac*, et qui s'occupa à perfectionner et à propager la découverte de Mesrop.

d'abord les signes ou caractères dont on se sert pour les noter.

Ces signes représentent non-seulement les modifications de voix propres au chant, mais encore celles qui sont propres au discours. Les signes musicaux qui indiquent des modifications de la voix propres au discours, sont au nombre de quatre, l'*accent*, le *ton*, l'*esprit* et la *passion*. L'accent est ou *aigu*, ou *grave*, ou *circonflexe*. L'*accent aigu* (′) indique qu'il faut élever la voix, et s'emploie pour nier, défendre, commander et interroger; l'*accent grave* (`) indique qu'il faut abaisser la voix, et se met ordinairement sur les noms adjectifs pris adverbialement ou à la place des conjonctions; l'*accent circonflexe* (⌒) avertit qu'il faut élever et abaisser successivement la voix sur la même syllabe. Le *ton* consiste à appuyer la voix, en l'élevant un peu sur la syllabe où il se trouve indiqué par le signe (•). L'*esprit* est de deux sortes, l'*esprit dur* et l'*esprit doux* : l'*esprit dur* (♪) s'emploie sur la lettre ւ [1], et lui donne alors la valeur du *w*; l'*esprit doux* (√) indique qu'il faut émettre doucement la voix.

Quant aux *signes de passion*, ils appartiennent exclusivement à la grammaire, et nous n'avons pas vu qu'ils fussent jamais employés en musique : aussi n'ont-ils point été compris, comme les précédens, au nombre des signes du chant, dont on trouve la liste vers la fin des livres de chant des Arméniens, *pag*. *773* [2]. Nous répéterons ici ces derniers signes avec leurs noms, d'abord écrits en

---

[1] Schröder, dans sa Grammaire, fait correspondre cette lettre à l'*y*.
[2] In-12, anno *1685*.

arménien, puis orthographiés avec nos lettres, conformément à la manière dont nous les avons entendu prononcer; ensuite avec la traduction qu'en a donnée en latin Schröder; et enfin nous y joindrons nos observations et des notes pour en faire connaître la propriété, l'application dans l'usage qu'on en fait, et la manière dont nous avons rendu leurs noms.

ARTICLE IV.

Explication des signes musicaux ou notes de musique des Arméniens.

Nous nous étions flattés de l'espoir de pouvoir expliquer d'une manière positive la propriété de tous les signes musicaux des Arméniens; dans cette confiance, nous nous étions fait donner des exemples chantés de l'effet de chacun d'eux, et nous les avions notés : mais, après que nous eûmes fait copier en arménien les chants des huit modes, et que nous les eûmes traduits en notes de musique européenne, nous nous aperçûmes que la plupart des exemples qu'on nous avait donnés de l'effet de ces signes, ne se trouvaient point d'accord avec l'effet qui résultait de leur application dans la pratique, et qu'il n'était pas non plus constamment le même dans les divers modes; nous n'avons pu, par conséquent, exécuter notre projet en entier.

Cependant il restait encore tant de choses à apprendre sur la musique arménienne, que Schröder regarde avec raison comme un art très-difficile, qu'il eût été bien malheureux pour nous, si, dans des circonstances aussi favorables que celles où nous nous sommes trouvés, nous n'eussions rien appris de plus que ce que l'on savait déjà depuis plus de cent ans sur cette musique et sur les signes qui servent à la noter. Nous allons donc présenter par ordre tous ces signes, avec une explication de ce que nous avons pu apprendre sur la propriété et l'usage de chacun d'eux.

(Voyez le tableau ci-contre.)

NOMS écrits EN ARMÉNIEN.	NOMS orthographiés EN FRANÇAIS.	TRADUCTION latine PAR SCHRÖDER.	OBSERVAT... et EXPLICATIO...
շեշտ	Checht	*Celer*	Signe du ton. Ce signe... faut élever un peu la voix,... plus de force au son.
փուշ	Pouch	*Spina*	Signe de l'esprit doux. Ce... qu'il faut émettre doucemen...
բութ [1]	Pouth	*Gravis*	Signe de l'accent grave.... dique qu'il faut abaisser la v...
պարոյկ [2]	Barouk	*Curvus*	Signe de l'accent circonfl... une élévation et un abaissem... sur la même syllabe.
երկար [3]	Ergar	*Longus*	Ce signe désigne une ten... la voix, mais qui est moins l... rement sur les *a* que sur les...
սուղ [4]	Sough	*Brevis*	Ce signe indique qu'il fau... vement le son, c'est-à-dire... sèche et non prolongée.
սուր [5]	Sour	*Acutus*	C'est le signe de l'acce... dique une élévation de la v...
թուր	Thour	*Acinaces*	Ce signe indique qu'il fa... voix avec force en descenda...
ծունկ [6]	Dzounk	*Genu*	Ce signe donne au sign... valeur de celui qui le pré...
[7]			Ce signe n'a d'applicatio... mode *esteghi*, qui est celu...

..., qui commence ce mot, est la seconde let-
... arménien; elle répond à notre *b*, mais pro-
...ement, ainsi que le font ordinairement les
... parlent notre langue et qui n'ont pas perdu
...esque. Nous n'avons pas vu qu'il y eût une
...férence entre la prononciation de cette lettre
...ettre initiale du mot précédent, qui est réel-
...'est pourquoi nous n'avons pu la rendre au-
...r un *p*.

...re lettre de ce mot est représentée par Schrö-
...nt un *p* prononcé doucement; mais, comme
...s mots conformément à la manière dont nous
... entendu prononcer par les Arméniens, et
...nt cette lettre comme un *b*, nous avons écrit
... *parouk*. Par la même raison, n'ayant pas re-
...rononçassent la lettre յ, qui, suivant Schröder,
...re *i* aspirée, nous l'avons omise dans ce mot.
...կ, que nous avons rendue par un *g*, est re-
...le *Thesaurus*, &c. de Schröder par un *k* grec,
...ement: nous ne l'avons point entendu pro-
...ar les Arméniens, mais plutôt comme le ك

[4] La dernière lettre de ce mot, que nous av...
tée par *gh*, est un *g* dur avec une forte aspira...
prononce comme le غ des Arabes. En outre...
ce mot, ainsi que dans le mot *pouch* et *pouth*...
quiescente que nous n'avons point rendue; c'...
répond quelquefois à l'*υ* grec.

[5] Il y a encore dans ce mot un ւ quiescent...
qui ne se prononce point: aussi nous ne l'avo...
mé dans l'orthographe française, non plus qu...
vions fait dans les mots précédens. Pour ne pas r...
mais cette remarque, nous ferons observer qu...
(*y* ou *υ* grec), suit presque toujours immédiate...
ն (*ou*) ainsi partout où, dans l'orthographe en...
mots arméniens, on rencontre la syllabe *ou*, o...
sumer qu'il y a dans ce mot un ւ (*y* ou *υ* gre...
(*i* quiescent) après la lettre ն (*ou*).

[6] La lettre ծ, que nous avons représentée ...
aussi un peu de *dj*, ou du ج arabe.

[7] On ne nous a point fait connaître le nom...
il paraît avoir été ignoré aussi de Schröder: n...
l'a écrit au nombre des signes musicaux et da...
nous le plaçons ici. Il ne se trouve point dan...

FIGURES des SIGNES.	NOMS écrits EN ARMÉNIEN.	NOMS orthographiés EN FRANÇAIS.	TRADUCTION latine PAR SCHRÖDER.	OBS[ERVATIONS] EXP[LICATIVES]
⌣	Թաշտ	Thacht	*Concha*	Ce signe n[...] le 2ᵉ et le 5ᵉ distinguer qu[...] priété; il se tr[...] sième note de [...] du premier to[...] mière mesure [...]
⌒	ոլորակ	Wolorak	*Circumflexus*	Ce signe se [...] sur la lettre է [...] cepté dans le [...] *Voyez* les not[...]
⌓	խունչ	Khountch	*Tripudium*	L'exemple [...] signe, en cha[...] sons en desce[...] ton, puis d'un [...]
⋀	վերնախախ ou վերնախաղ.	Wiernakhakh ou Wiernakhagh.	*Elevatio*	On nous a [...] manière, et S[...] la seconde. S[...] entendre, ce s[...] la voix en tou[...] On le trouve [...] sure du chant [...] ton; et là, la [...] fois. On le tr[...] du chant du se[...] tout contraire [...]
⋁	ներքնախաղ.	Nierkhnakhagh	*Depressio*	L'exemple [...] de ce signe, [...] dence lâche [...] d'une tierce m[...]
F	բենկորչ²	Piengoerdch²	*Bien uncum*	Ce signe e[...] qu'une note g[...] faut ajouter ou [...] se trouve, en [...] prononce *aou* [...] *eone*, et au lie[...]
⌒	խոսրովային.	Khoserouaïn	*Chosrovæus*	Suivant l'e[...] donné de ce [...] une manière [...]
cc	ծնկներ³	Dzanguener	*Genua*	Nous avons [...] l'exemple qu'o[...] ce signe, pou[...]

[...]es du chant qui sont écrits *page 779* du livre de chant [...] Arméniens.

Voyez, pour la lettre կ, que nous avons représentée [...] un *g*, la note 3 de la page précédente.

Nous avons déjà remarqué, page précédente, note 1, que [...] lettre բ répondait à notre *b* prononcé durement et avec [...] [ac]cent tudesque; que conséquemment, dans la pronon[cia]tion elle ressemblait plus à un *p* qu'à un *b*, et que c'était

pour cette raison que nous avions [...] non *bouth* : c'est encore la même [...] écrire *piengoerdch*, qui signifie pi[...] comme l'a fait Schröder dans le m[...] la traduction latine du même mot.

³ Dans ce mot, nous avons enten[du...] comme un *g*, quoique Schröder l'ai[t...] lettre *k*, et qu'en effet nous lui en a[...]

NOMS écrits EN ARMÉNIEN.	NOMS orthographiés EN FRANÇAIS.	TRADUCTION latine PAR SCHRÖDER.	OBSERVATION et EXPLICATIONS.
կորջ [1]	Eggoerdch	E uncum	Ce signe se présente de plusieu[rs ma]nières; ou il est seul, comme on [le voit] ici; ou avec deux points, ou [avec] trois points, ou bien il est [lié] et sans points, suivant qu'on [veut] indiquer un ornement plus ou moins [com]pliqué. L'exemple qu'on nous a don[né de] ce signe, nous paraît très-douteu[x. On] trouve ce signe employé dans la se[conde] mesure du mode *esteghi*.
ակորջ [2]	Dzagoerdch	Dza uncum	Suivant l'exemple chanté qu'on [nous a] donné de ce signe, la voix doit desc[endre] diatoniquement d'une quarte par cas[,] mais nous doutons de l'exactitude d[e cet] exemple.
ում	Khoum	Implicatio	Ce signe indique qu'il faut ba[ttre] la voix deux fois sur le même son.
պթոթ	Pathouth	Implicatio	Ce signe indique qu'il faut joind[re un] y au son de la voyelle : c'est-à-dir[e si] c'est un *a*, il faut dire *aya*; si c'e[st un] *e*, *eye*; si c'est un *i*, *iyi*; et si c'e[st un] *o*, *oyo*.
արքաշ	Kharkhach	Productio	Ce signe indique qu'il faut prolo[nger] le son en cadençant en dessus et en [des]sous de ce même son. Voici l'exe[mple] qu'on nous a donné de son effet : Il nous a paru qu'il y avait que[lque] analogie entre cet exemple et la figu[re du] signe *kharkhach*, et même avec le [sens] du mot latin par lequel Schröder a tr[aduit] ce nom; on nous a dit qu'il était com[posé] de deux signes *wiernakhakh* et *nie[rkh]nakhagh* : alors il y aurait apparence [que] les huit premières notes appartien[draient] au *wiernakhakh*, et les huit derniè[res au] *nierkhnakhagh*.
ուհայ [3]	Houha	Tremulatio	Ce signe avertit qu'il faut modifi[er la] voyelle *a* de la même manière qu'on le [fait] au *piengoerdch* (n°. 16 ci-dessus), [mais] beaucoup plus durement : il ne s'appli[que] point aux autres voyelles.

[...] ; mais, dans ce mot-ci, nous avons [...]distinctement *dzanguener*.

[...] a point encore été rendue par un [g au commencement] de ce mot, mais bien par deux *g*, [nous] avons écrit *eggoerdch*.

[2] C'est encore ici la lettre կ que nous avons représen[tée] par un *g*, parce qu'elle nous a été prononcée ainsi.

[3] Ici la lettre յ (*i*) est encore quiescente et ne se p[ro]nonce point.

FIGURES des SIGNES.	NOMS écrits EN ARMÉNIEN.	NOMS orthographiés EN FRANÇAIS.	TRADUCTION latine PAR SCHRÖDER.	OBSE EXP
◡	զարկ	Zark...........	Tactus.......	Le *zark* n'e (n°. 2), mais d que l'émission signe était plus et moins qu'el nier, s'il était a
⼂	....	....	....	Ce signe es se place ordina lui donne alor trouve employ du dernier mo dont nous allo
⼃	....	....	....	....
⼀	....	....	....	....
⼁	....	....	....	....
⼂	....	Khoserouaïn à 2 points..	....	Ce signe es sous le n°. 17.
⼃	....	Khoserouaïn à 1 point....	....	*Voyez* le n°.
⼈	....	Wiernakhakh....	....	Nous nomm qu'il ne nous du n°. 14, et que c'était le
⼈	....	Nierkhnakhagh..	....	Nous ne po signe est enc liste; il nous celui du n°. 15.
⼆	....	Eggoerdeoh double....	....	....
∞	....	....	....	Le nom de c inconnu.
⼈	....	....	....	Ce signe pa *nakhakh*.
⼈	....	....	....	....
⼈	....	....	....	....
∘	....	....	....	....
⼃	....	....	....	....
⼃	....	....	....	....

Le nom de ce signe nous est inconnu. Celui de cha- les signes suivans était également ignoré du chantre nien que nous avons consulté : c'est à l'évêque de cette que nous devons le peu que nous avons appris relati- à ces derniers signes. Schröder n'avait probablement pas pu non plus s'en faire donner l'exp faisant connaître, il n'a désigné aucu s'est contenté de copier la liste de ce qu'ils les a trouvés dans les livres de *page 773.*

ARTICLE V.

D'où vient la différence frappante qui existe entre la mélodie des huit tons du chant religieux des Arméniens, donnée par Schröder, et celle des mêmes chants que nous offrons. Utilité des moyens que nous avons employés pour la faire connaître. Exemples de ces huit tons écrits et notés en arménien, puis écrits avec nos lettres et notés avec nos notes. Chant poétique dont la mélodie se compose uniquement des accens des mots, et dont la mesure est la même que celle de la quantité et du rhythme des vers.

Schröder fit imprimer, il y a environ cent ans, la musique des huit tons du chant religieux des Arméniens, dans son *Thesaurus linguæ armenicæ, etc.*; mais, en comparant la mélodie de ces tons avec celle que nous fit entendre le chantre arménien lorsqu'il nous les chanta, nous fûmes très-surpris de trouver l'une presque diamétralement opposée à l'autre. Cette différence est telle, que tout autre que nous, en comparant les uns aux autres les chants publiés par Schröder et ceux que nous offrons ici, pourrait raisonnablement penser d'abord, ou que Schröder n'a pas copié ces tons avec la plus fidèle exactitude, ou que nous avons ajouté beaucoup de choses à leur mélodie et que nous l'avons changée, ou que, depuis un siècle, cette mélodie a souffert de grandes variations et a été considérablement travaillée et chargée d'ornemens.

Cependant nous sommes persuadés qu'il n'y a réellement rien de tout cela. 1°. Il est évident que la mélodie des chants donnés par Schröder porte un caractère d'originalité et a une physionomie toute particulière qu'elle n'aurait pas, pour le peu qu'il en eût altéré ou changé les traits. 2°. Nous pouvons attester que, de notre côté, nous avons employé tous les soins possibles et pris toutes les précautions imaginables pour copier le chant de ces tons avec l'exactitude la plus scrupuleuse, et que nous avons observé cette exactitude même jusque dans les détails les plus minutieux. 3°. Enfin, il est certain que la mélodie de ces tons n'a subi, de la part des Arméniens, aucun changement depuis un siècle, puisque ce sont toujours les mêmes signes qui servent à la noter, et que ce sont encore les mêmes livres de chant qui leur servaient il y a un siècle, dont ils font usage aujourd'hui, et que Schröder consulta; il est probable même que les chants contenus dans ces livres sont encore tels qu'ils furent inventés par Mesrop. Il faut donc nécessairement attribuer à d'autres causes qu'à celles que la première réflexion fait soupçonner, la différence qui existe entre les chants arméniens donnés par Schröder, et ceux que nous avons notés avec la plus rigoureuse fidélité sous la dictée d'un chantre arménien, qui passait pour fort habile dans la pratique de son art.

Selon nous, une des causes réelles et principales qui ont dû occasioner cette différence, c'est que notre manière de noter en Europe n'est plus la même qu'elle était il y a un siècle; que nous notons aujourd'hui avec des noires et des croches ce qu'on aurait noté, il y a cent ans, avec des rondes et des blanches, ou pour nous exprimer comme on faisait alors, avec des *semi-brèves* et des *minimes*, et que les noires, qu'on appelait dans ce temps des *semi-minimes*, auraient tenu la place qu'occupent maintenant nos doubles croches, et ainsi de suite pour les autres notes. Une autre cause que nous présumons devoir encore contribuer à faire paraître de la différence entre les chants arméniens que Schröder a fait connaître et ceux que nous avons copiés, c'est qu'on aura pu lui présenter ces tons dans un ordre un peu différent de celui dans lequel nous les a écrits et chantés notre chantre arménien; car, à cela près, la plupart des tons de Schröder ressemblent aux nôtres simplifiés : on y remarque des progressions de sons semblables, si ce n'est que la durée de chaque son et la valeur des temps de la mesure ne sont pas toujours dans le même rapport; ce qui peut venir de ce que celui qui lui aura fait entendre ces chants, les aura exécutés avec plus de lenteur et d'une manière plus simple et moins ornée que ne l'a fait, devant nous, notre chantre arménien. Si la mélodie que nous avons copiée paraît si tourmentée, et si celle de Schröder est si simple, cela peut venir encore de ce que, dans la crainte de toucher à la mélodie lorsque nous aurions cru ne retrancher que des ornemens qui n'appartenaient qu'au goût du chanteur, nous avons préféré de copier scrupuleusement tout ce que nous avons entendu, quelle qu'en fût la difficulté relativement à la mesure, tandis que Schröder, moins timide, aura probablement négligé tout ce qui lui aura paru ornement, et n'aura tenu compte que des sons principaux de chaque mesure qui lui auront paru appartenir essentiellement au chant simple. Peut-être aurons-nous donné l'un et l'autre dans un excès opposé; et il n'en faut pas davantage, lorsqu'on a changé l'ordre des tons, comme nous présumons que cela est arrivé, pour qu'on ne puisse plus distinguer les rapports de ressemblance qui existent entre la mélodie de ces tons donnée par Schröder et celle que nous en offrons. Cependant, outre que les obstacles que nous avons été forcés de surmonter pour assujettir à la mesure tous les ornemens que notre chantre a ajoutés à cette mélodie, sont une preuve de la fidélité avec laquelle nous avons copié les chants des huit tons arméniens, ces ornemens mêmes donnent une idée plus complète et plus vraie du goût et du génie musical des Arméniens.

Ce que nous regrettons beaucoup, et ce qui eût dissipé tous les doutes et levé bien des difficultés, c'est que Schröder n'ait pas songé à engager celui qui lui fit entendre les chants de ces huit tons, à écrire lui-même le texte et les signes musicaux des Arméniens au-dessus des mots, ainsi que nous l'avons fait faire à notre chantre; car il nous a semblé que cette précaution était seule capable de fixer l'attention du chanteur, et de lui faire mettre une précision plus rigoureuse dans l'application qu'il faisait de ces signes, conséquemment dans la modulation du chant : et s'il eût présenté, comme nous le faisons ici, ces signes du chant au-dessus des mots, puis écrits avec nos lettres et notés avec nos notes musicales, cela aurait donné plus de facilité à les reconnaitre et à en juger; cela eût offert aussi un moyen de comparaison aux Arméniens eux-mêmes pour les reconnaître et en constater l'exactitude, quand on aurait eu l'occasion de les consulter à ce sujet. On pourra donc désormais faire subir cette épreuve aux chants que nous présentons ici, et y rectifier ce qui paraîtra manquer d'exactitude; nous désirons même d'autant plus qu'on le fasse un jour, que nous n'avons aucun intérêt à dissimuler ou à cacher des erreurs qui ne peuvent plus en aucune manière venir de nous : le principal but de nos recherches et de notre travail ayant été de faciliter à d'autres les moyens d'éclaircir et d'approfondir les choses que nous n'avons pas eu le temps ou l'occasion de découvrir, ou que nous n'avons encore aperçues que de loin et dans l'obscurité, rien ne nous a coûté pour y parvenir.

DE L'ETAT ACTUEL

Առաջի Հայն.
A r a dchi   ds a i n².

PREMIER TON.

ա ձ ³.   Օրհնեսցուք   զ   տէր   զի
a, ds.   Orhnestsoukh   az   dér   zzi
          Celebremus   Dominum   quia

փառօք   է   փառաւորեալ.
parokh   ê   parawouere al.
gloriosè   glorificatus est.

¹ Schröder a ajouté un ն, n, à la fin de ce mot; mais notre chantre arménien l'a omis.

² La lettre ն, n, dans ce mot, est mouillée et se prononce comme *gn* dans le mot *saignée;* en sorte qu'on prononce *dsaign*, et non *dsain*.

³ Les deux lettres ա et ձ, *a* et *ds*, sont une abréviation des mots précédens : le ա, *a*, est là pour առաջի, *aradchi* (premier), et le ձ, *ds*, pour ձայն, *dsain* (ton); ce qui fait en abrégé, *premier ton*.

⁴ Le հ, *h*, dans le mot Օրհնեսցուք, *orhnestsoukh*, se prononce avec une aspiration gutturale qui produit à peu près l'effet de la lettre *j;* ce qui fait qu'au lieu d'*orhnestsoukh*, on entend *orjnestsoukh*, ou même *ojnestsoukh*.

⁵ La lettre ը, suivant Schröder, répond à l'*e* muet; nous, nous l'avons entendu prononcer comme un *a* bref, articulé sur le bord des dents, à peu près comme le font les Anglais.

⁶ Schröder rend la lettre in par un *t*, dont il croit qu'il faut adoucir la prononciation : nous, nous l'avons entendu prononcer comme un *d*, un peu dur, à la vérité, mais cependant moins que le *d* allemand ou que le nôtre prononcé par un Allemand; c'est pourquoi nous avons rendu cette lettre par un *d*. Nous observons ces choses-là, parce que ce sont presque toujours ces sortes de nuances qu'un Français seul peut bien saisir dans sa langue, et qui lui sont toujours indiquées fort imparfaitement par les étrangers; c'est aussi ce qui fait que nous ne pouvons que rarement saisir la juste prononciation des mots des langues que nous n'avons pas entendu prononcer nous-mêmes.

DE L'ART MUSICAL EN ÉGYPTE.

PREMIER TON [1].

(Mouvement modéré.)

[2] Orjnestsoukh az der - zzi pa - rokh - é - pa - ra vo - er - eal.

[1] Comme le chantre qui nous a fait entendre ces chants, n'avait point d'instrument sur lequel il pût se régler, et nous faire connaître au juste le degré du ton dans lequel il chantait; qu'il ne pouvait conserver entre le 1er ton, le 2e ton, le 3e ton, etc., et leurs plagaux, les rapports prescrits par les règles d'une manière rigoureuse, et qu'il ne nous a point expliqué clairement ces règles, nous présumons seulement que ces tons conservent entre eux les mêmes rapports que ceux des Grecs et que les nôtres; mais nous n'avons pas osé prendre sur nous de les noter en conséquence. Nous n'avons eu d'autre motif qui nous ait déterminés, en choisissant le diapason dans lequel nous les avons copiés, que celui d'éviter les dièses et les bémols.

[2] Il était d'autant plus nécessaire d'orthographier les mots comme

Առաջի հայն կողմ.
A r a dchi   ds a i n   g ou egh me [1].

PLAGAL DU PREMIER TON.

ա կ [2]. Օրհնեսցուք ըզ տէր զի [3]
a, k. O r h n e s ts o u kh   az   de r   &c.
Celebremus   Dominum   &c.

փառօք է փառաւորեալ.

---

[1] La lettre կ, que nous avons orthographiée ici par un *g*, parce qu'on nous l'a prononcée ainsi, est rendue par un *k* dans l'alphabet arménien de Schröder.

[2] Les deux letttre ա et կ, *a* et *k*, sont une abréviation des mots առաջի, կողմ, *aradchi goueghme* (1er plagal); ա signifie առաջի *aradchi*, et կ signifie կողմ, *goueghme*.

[3] Ce sont toujours les mêmes paroles : nous ne les répétons ici, et nous ne les répéterons dans la suite, que parce que les signes musicaux ne sont pas les mêmes sur les mêmes mots.

DE L'ART MUSICAL EN ÉGYPTE.

PLAGAL DU PREMIER TON.

nous l'avons fait conformément à la prononciation, que le rhythme du chant exige quelquefois que le chanteur allonge les mots ou les raccourcisse. C'est une licence presque généralement reçue chez tous les peuples, et l'on a dû la remarquer dans les paroles de la plupart des chants dont nous avons donné des exemples. Cette licence était aussi fort en usage chez les anciens Grecs, au rapport d'Aristote et de Denys d'Halicarnasse; elle est même une conséquence des principes qu'ils nous ont transmis, l'un dans sa Poétique, l'autre dans son Traité de l'arrangement des mots. Ainsi Aristote, au chap. XXI de sa Poétique, dit « qu'un moyen qui ne contribue pas peu à relever l'élocution, sans la rendre moins claire, c'est d'allonger les mots, de les raccourcir, d'y changer des lettres et des syllabes ». Denys d'Halicarnasse dit positivement « que les paroles doivent être subordonnées au chant, et non le chant aux paroles. » La raison de cela se trouve dans les Problèmes d'Aristote, sect. XIX, où il observe « qu'il est nécessaire d'imiter avec le chant, plutôt encore qu'avec les paroles. » En effet, les paroles sont faites pour rendre nos idées, et l'accent ou le chant pour exprimer nos sentimens. Les paroles s'adressent bien plus à l'esprit qu'elles n'agissent sur les sens; et le chant, au contraire, agit bien plus sur les sens qu'il ne s'adresse à l'esprit : les premières sont le langage de l'esprit, et le second est le langage de l'âme.

DE L'ÉTAT ACTUEL

Ներկրորդ ձայն.
Ie r g r o u er d ' ds a i n.

DEUXIÈME TON.

Բ ձ². Օրհնեսցուք եզ որ զեր
b, ds.

փառօք է փառաւորեալ։

¹ Dans ce mot, que nous avons orthographié *iergrouerd*, le *g* tient encore la place du կ, que Schröder rend par un *k*. Si c'est en effet la prononciation de cette lettre, il faut qu'elle nous ait été rendue d'une manière bien adoucie, puisque, quelque attention que nous ayons faite, quelle que soit l'habitude que nous ayons contractée d'observer, soit dans le chant, soit dans l'étude des langues, les plus faibles nuances de la voix ou de la prononciation, nous n'avons jamais pu distinguer d'autre effet que celui de notre *g*. Il en est de même du կ au mot կողմ; *goueghme*; il nous a toujours paru produire l'effet du *g*, ainsi que nous l'avons orthographié : seulement nous avons remarqué qu'il était un peu plus dur en commençant les mots.

² Les deux lettres Բ et ձ; *b* et *ds*, signifient en abrégé *second ton*. Le Բ, comme étant la seconde lettre de l'alphabet, est employé ici pour sa valeur numérale, qui est *deux*, et le ձ est une abréviation de ձայն, *dsain* (ton); ce qui fait *deuxième ton*.

DE L'ART MUSICAL EN ÉGYPTE.

DEUXIÈME TON.

(Mouvement léger.)

Ա́ագ կողմ․
A w a g goueghme.

PLAGAL DU DEUXIÈME TON.

Ē կ   Օրհնեցուք զՏէր զի
b, g. [1].

փառօք է փառաւորեալ.

[1] Ces deux lettres ի et կ signifient *deuxième plagal*. La lettre ի, qui vaut *deux*, et կ, qui est l'initiale de կողմ, goueghme (plagal), indiquent le *deuxième plagal*.

DE L'ART MUSICAL EN ÉGYPTE.

PLAGAL DU DEUXIÈME TON.

(Mouvement léger.)

Or - jnes - tsoukh -

- - - az - e der - - -

zzi pa - rokh - - - è pa - ra -

vo - cr - cal.

Երրորդ ձայն.
Ie r r ou er d   ds a i n.

TROISIÈME TON.

գ ձ.
g, ds [1].

Օրհնեցուք զզ մր զէ
փառօք է փառաւորեալ.

---

[1] La lettre գ, *g*, est employée ici pour sa valeur numérale, qui est *trois*, et la lettre ձ, *ds*, pour le mot ձայն, *dsain*, (ton); ce qui fait en abrégé *troisième ton*.

DE L'ART MUSICAL EN ÉGYPTE. 347

TROISIÈME TON.

(Mouvement modéré.)

Or - je - ne - est - soukh a - ze

der - zzi pa - rokh é

pa - ra - vo - er - eal.

Վառ հայն.
W̱ a re ds a i n.

PLAGAL DU TROISIÈME TON.

$\overline{\text{գ}}$ կ.
g, k.

Օրհնեցուք էզ սբ զէ
փառօք է փառաւորեալ.

¹ La lettre գ est encore employée ici pour sa valeur numérale *trois*, et la lettre կ comme ci-dessus, pour signifier *plagal*; ce qui fait en abrégé *troisième plagal*.

DE L'ART MUSICAL EN ÉGYPTE.

PLAGAL DU TROISIÈME TON.

350   DE L'ÉTAT ACTUEL

Շորրորդ ձայն.
Tch on re r ou er d   ds a i n.

QUATRIÈME TON.

դ̄ ձ.
d, ds [1].

Օրհնեցուք զձ որ զէ փառօք է փառաւորեալ.

[1] La lettre դ, *d*, est employée ici pour sa valeur numérale, qui est *quatre;* et avec la lettre ձ, *ds*, qui est un abrégé de ձայն, *dsain* (ton), elle signifie *quatrième ton.*

DE L'ART MUSICAL EN ÉGYPTE.

QUATRIÈME TON.

(Mouvement modéré.)

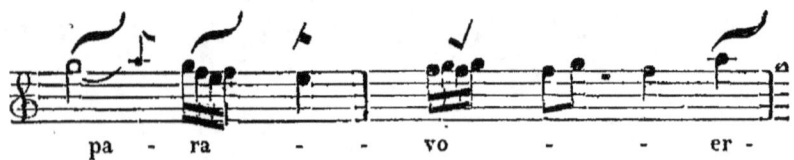

Վերջ Հայն.
Wi e rdch ' ds a i n.

PLAGAL DU QUATRIÈME TON.

Է կ.
d, k.

Օրհնեցուք զզ որ զէ փառօք է փառաւորեալ.

¹ Վերջ, *wierdch*, signifie *fin* ou *final* : Վերջ Հայն, *wierdch dsain*, devrait donc, à la rigueur, se traduire par *ton final* ou *dernier ton*.

² Ici la lettre դ est encore pour *quatre*, et la lettre կ, pour կողմ, *goueghme* (plagal); ce qui signifie *quatrième plagal*.

DE L'ART MUSICAL EN ÉGYPTE.

PLAGAL DU QUATRIÈME TON.

Բստեղ ի ՝.
Ès t e gh i '.

DÉRIVÉ.

Զկ բս² Օրհնեցէք մանկունք ազ դեր
g, k, e, s. Orhnetsekh mangounkh az der

Հօրհնեցէք զանունըն մն.
yăworhnetsekh zzannŏunen diăren.

' Ce ton ne se trouve pas dans Schröder. Dans le mot բստեղի, esteghi, nous avons entendu prononcer la lettre ս plus durement que dans les autres, et elle nous a produit l'effet d'un t.

² Ces deux lettres բս sont les deux premières du mot բստեղի, esteghi; et près des deux autres lettres qui les précèdent, elles signifient *dérivé du quatrième plagal*.

³ Ici, comme dans toutes les autres circonstances, nous avons entendu prononcer le կ, non comme un k, mais comme un g.

⁴ Cette lettre nous a été prononcée, non comme un t, mais comme un d.

⁵ Nous avons encore entendu prononcer le հ de ce mot à peu près comme un j, avec une certaine aspiration; en sorte que le mot nous a semblé, dans la prononciation, rendre l'effet de *worjnetsekh*.

DE L'ART MUSICAL EN ÉGYPTE.

DÉRIVÉ DU QUATRIÈME PLAGAL.

Or - jnet - sekh - ke mane -

gounkh - a - ze der va -

wor - je - net - sekh zan -

noun - en dia - ren.

Il y a dans la langue arménienne sept voyelles qui sont tout-à-la-fois lettres et notes musicales; en sorte qu'on peut chanter dans cette langue la poésie, quoiqu'il n'y ait pas d'autres notes que ces voyelles. Voici un morceau de poésie arménienne, noté suivant le son propre des voyelles, et mesuré conformément à la cadence du rhythme.

Ա̈ւագ կողմ.
A w a g gou egh me.

PLAGAL DU DEUXIÈME TON.

Ē̄ Կ.
b, k.

Ճարագայթ փառաց նորոգէ
Dj a r a g a i th   p a r a tz   n ou rou gu é

զմեդաց լոյս.
z me d a ts   loui s.

Անսդեգծ արեգական լոյս
A n s di c g ds   a ri e g a g a n   loui s

ծագեա հուսգույս.
dz a gu é a   hus g oui s.

---

[1] La lettre կ nous a encore été prononcée comme un *g*, dans tous les mots de cette strophe, excepté dans un seul.

[2] Il n'y a que dans ce mot, que nous avons entendu prononcer la lettre կ par une simple aspiration.

DE L'ART MUSICAL EN ÉGYPTE.

Chant de trois vers arméniens, noté seulement d'après l'accent et le rhythme des paroles qui nous ont été dictées et récitées ainsi par le chantre arménien.

[1] Dja - ra - gaith pa - rats nou - e - rou - gué zme - datses louïs.
An - ne - dtiegds a - rie - ga - gan louïs dza - guéa - housgou - ïs.
Per - guitched poë - lo - ë - ris - - - zzis poutha per - guel.

[1] L'orthographe ici est toujours conforme à la prononciation des mots dans le chant, plutôt qu'à l'orthographe des mêmes mots dans le texte.

358   DE L'ÉTAT ACTUEL

¹Փրկէզ էդ   ²բոլորից զիս
Per guich e d   *p o loeri ts*   *zz i s*

փութա փրկէլ.
p o u th a   p e rgu e l.

¹ Kircher a rendu la lettre դ, *d*, par un *t*; mais nous ne l'avons entendu prononcer que comme un *'d* un peu plus fortement articulé que le nôtre. Au reste, il y a si peu de rapport entre la manière dont Kircher a orthographié les mots de cette strophe écrite avec nos lettres, et celle dont nous l'avons fait de notre côté en nous conformant à la prononciation et au chant de notre chantre arménien, qu'on pourrait regarder l'un et l'autre résultat comme l'effet de deux dialectes différens de la même langue, à moins que, et nous sommes très-disposés à le croire, cette différence ne provienne de ce que les mêmes lettres dont s'est servi Kircher et dont nous nous sommes servis aussi pour orthographier les mots arméniens, n'ont pas la même valeur dans la langue maternelle de chacun de nous. Voici comment Kircher prononce les mots de cette strophe :

Garrachat parraz nuruche smidas luhs
Ansdieziet ariechagan luhs dzachia huchus
Pirchiziet puguris sesa puta pirchel.

Splendor gloriæ renovat mentis lumen :
Increati itaque solis lux, orire huic animæ;
O Redemptor universi, hanc festina redimere.

² On doit remarquer que la lettre բ, qui est la seconde lettre de l'alphabet arménien, nous a été rendue dans la prononciation par un *p*; il paraît qu'elle a été rendue de même aussi à Kircher.

DE L'ART MUSICAL EN EGYPTE.

Chant que répètent souvent, pendant la messe arménienne, les enfans de chœur.

(Ce sont eux qui tiennent à la main une espèce de crotale qu'ils agitent et font sonner de temps à autre, et dont il sera parlé lorsqu'il s'agira des instrumens.)

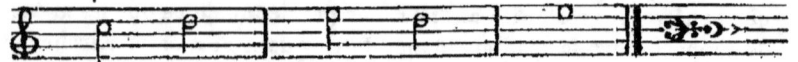

CHAPITRE IV.

De la musique grecque moderne.

ARTICLE Ier.

Du peu de notions qu'on avait eues jusqu'à ce jour de la musique grecque. Succès des premières démarches que nous fîmes en Égypte pour parvenir à la connaître. Description d'un ancien livre manuscrit de chants grecs, qui nous fut donné par le président du couvent grec près la ville d'Alexandrie.

Rien n'était plus fait pour exciter vivement notre curiosité, que la musique grecque moderne: l'originalité de son système, la multitude et la singularité des signes qu'on emploie pour la noter, le peu de notions satisfaisantes qu'en avaient obtenues Kircher, Martini, Burney, Gerbert et plusieurs autres savans de ce mérite, qui, après avoir compulsé tous les ouvrages sur cet art qu'ils avaient pu trouver dans la plupart des bibliothèques connues, et après avoir consulté eux-mêmes des Grecs habiles, n'avaient encore pu rien éclaircir, tout, depuis long-temps, nous faisait regretter de n'avoir pas l'occasion d'acquérir immédiatement et par notre propre expérience une connaissance suffisante de cette musique, ou au moins de découvrir la véritable cause qui a fait qu'elle est restée ignorée jusqu'à ce jour en France, en Espagne, en Italie, en Allemagne et en Angleterre, quoique depuis bien des siècles elle soit en usage en Europe, en Asie et en Afrique. L'expédition d'Égypte nous a offert l'occasion que nous désirions, et nous n'avons rien négligé pour la mettre à profit.

Sitôt que nous fûmes arrivés en Égypte et que nous eûmes remarqué le grand nombre de Grecs qui y sont répandus, nous nous empressâmes de nous lier avec ceux d'entre eux qui nous parurent les plus instruits, et surtout avec les papas ou prêtres grecs d'Alexandrie, de Rosette et du Kaire; car c'est toujours près des ecclésiastiques ou près des négocians que, dans l'Orient, un étranger peut espérer d'obtenir les renseignemens les plus exacts sur la religion, sur les sciences et les arts, et sur les mœurs et les usages du pays.

La première démarche utile à notre dessein fut la visite que nous rendîmes, avec le général Menou, aux moines du couvent grec près d'Alexandrie. C'est là aussi que, pour la première fois, nous nous sommes sentis un peu soulagés de l'impression pénible et profonde qu'avait faite sur nous, depuis Toulon, l'aspect des pays qui, pendant toute la traversée, s'étaient offerts à nos regards, et que faisait encore davantage la vue du lieu où nous venions d'aborder. De tous côtés, sur notre route, nous n'avions aperçu que des îles couvertes d'énormes montagnes, dont le roc, à nu, desséché et d'un ton grisâtre sale, inspirait l'ennui par sa triste et rebutante monotonie, et affligeait l'âme par l'idée de l'extrême misère dans laquelle devaient être plongés les malheureux qui les habitaient. Arrivés en Égypte, au lieu d'y reconnaître cette contrée célèbre et si renommée par son étonnante fertilité, nous n'y trouvions qu'une terre embrasée par le soleil, un sol réduit en poussière et semblable à de la cendre, une vaste enceinte de ruines sans intérêt, au-delà de laquelle s'étend un désert immense que couvre un océan de sable mouvant, et où l'on peut à peine apercevoir un seul brin d'herbe. Si nous voulions détourner notre attention d'un aussi affreux spectacle, elle s'arrêtait tout-à-coup sur une espèce de gros bourg, sale et dégoûtant, bâti le long du rivage de la mer, et auquel il semble qu'on n'ait donné que par dérision le nom de cette fameuse ville que fit bâtir en ce lieu Alexandre-le-Grand, de cette ville dont il reste à peine quelques vestiges reconnaissables. Nous voyions ce lieu habité par un peuple naturellement méchant et reconnu de temps immémorial pour tel, un peuple infecté de la peste et faisant horreur, qui, irrité de n'avoir pu opposer qu'une vaine résistance à une armée de braves Français que dirigeait un héros, cherchait à épuiser par la famine les forces de ses vainqueurs, en dérobant à leur vue jusqu'aux alimens les plus nécessaires. Qu'on juge, après cela, de ce que nous dûmes éprouver, lorsqu'après nous être éloignés à peine d'un quart de lieue de ce repaire d'hommes farouches, nous entrâmes dans l'asile paisible d'Européens aimables et remplis d'urbanité, de Grecs actifs qui avaient su ranimer la nature et l'avaient embellie de tous les charmes de l'art; lorsque nous respirâmes un air sain, embaumé du parfum des plus agréables fleurs; lorsqu'en pénétrant dans des appartemens ornés avec goût et décence, et où régnaient l'ordre et la propreté, nous y vîmes tout ce qui atteste l'amour des sciences et des arts; lorsqu'enfin nous pûmes, à une table servie avec grâce, chargée de mets délicats et de vins délicieux, trouver un soulagement à toutes les privations que nous avions endurées depuis notre entrée dans Alexandrie. Oui, ce moment eût été un des plus heureux de notre vie, si nous n'avions eu toujours présens à la pensée les besoins pressans que plusieurs de nos amis et tant d'autres Français éprouvaient en ce moment.

Mais quelle que fût la situation où nous nous trouvions, elle ne pouvait nous faire oublier le principal motif qui nous avait conduits en ce lieu; nous ne voulûmes pas perdre un seul instant de l'occasion qui nous était offerte pour prendre quelques renseignemens sur la musique grecque: nous fîmes, à ce sujet, plusieurs questions au président du couvent; il y répondit avec autant de précision que de clarté. Quand nous fûmes levés de table, nous le priâmes de nous faire voir quelques livres de chants notés en musique grecque moderne; aussitôt il nous fit apporter un gros livre manuscrit de ces chants, en nous priant de l'accepter, et en nous disant qu'il n'en connaissait pas de plus ancien.

Il n'est pas inutile d'en faire ici la description, 1°. parce que cela découvrira, à peu de chose près, le siècle auquel il doit remonter; 2°. parce que cela fera connaître ce que c'est que cette espèce de manuscrit; 3°. parce qu'on pourra mieux juger de la nature des moyens que nous avons eus pour étudier la musique grecque moderne, et de l'avantage que nous devons avoir eu sur les savans qui nous ont précédés dans cette étude.

Ce manuscrit devait contenir originairement quatre ou cinq cents pages. Il paraît avoir été réparé à plusieurs reprises et à différens temps. Il a d'abord été entièrement et il est encore en grande partie écrit sur parchemin. On voit par la couleur et l'état des feuillets, qu'il y en a de beaucoup plus vieux les uns que les autres. Il y en a quelques-uns aussi en papier, qui ont probablement été substitués à la place de ceux de parchemin, que le temps et l'usage qu'on en a fait avaient détruits, ou qui s'étaient déchirés et détachés par quelque cause que ce fût. Les caractères de l'écriture sur parchemin sont courts et arrondis, parfaitement bien formés et très-lisibles. Ceux qui ont été tracés sur le papier, sont, au contraire, maigres et mal formés : l'encre en est encore très-noire, tandis que, sur les feuillets en parchemin, elle a perdu cette noirceur et présente un ton brun tirant sur le jaune. Les caractères musicaux sont, en général, fort nets; ceux que l'on a notés sur parchemin, paraissent plus cursifs que les autres, et formés par une main plus exercée et plus habile. Ce livre est couvert de deux petites planches de bois, revêtues d'une étoffe en laine croisée, par-dessus laquelle on a collé une peau en basane. A la forme des caractères et à la matière qui compose la couverture, nous avons cru reconnaître des indices qui nous autorisaient à penser que ce manuscrit pouvait remonter au quinzième ou seizième siècle : mais un autre indice a paru confirmer notre opinion, en même temps qu'il nous a découvert ce que c'était que cette espèce de livre de chant; chose que nous n'aurions pu savoir sans cela, puisque le commencement et la fin de ce manuscrit manquent. Sur le dernier feuillet qui reste, et qui n'était pas, à beaucoup près, le dernier du livre, comme il est facile de le voir par le vide qui se trouve encore entre la couverture et les feuillets; sur ce feuillet (qui n'était pas non plus des plus anciens, ce dont on peut juger par la couleur et par l'état du parchemin), au haut de la page *recto* et dans la marge, on lit cette date ΕΤΟC 1614 [1]. Or, si cette date est celle de l'année où ce livre, déjà vieux, a eu besoin d'être réparé, on doit voir que notre conjecture n'est pas très-éloignée de la réalité; car un livre de cette nature était trop utile pour qu'on ne le conservât pas avec soin; et ce n'est pas trop s'écarter de la vraisemblance, que de supposer qu'il pouvait avoir déjà environ cent ans quand on le rétablit, c'est-à-dire en 1614.

Mais, près de cette date, on lit encore ΔΙΚΕ ΜΕΓΑC, que nous croyons être le titre du livre, qu'on a rapporté en cet endroit; et voici sur quoi nous nous fondons. Les livres de chants grecs, et surtout ceux qui renferment les principes de l'art, sont ordinairement appelés *papa-dike*, mot formé du grec δίκη, qui signifie *règle*, *usage*,

---

[1] Depuis que nous avons écrit ceci, nous avons encore trouvé, en feuilletant le même livre, au haut d'une page et dans la marge, cette date, ΕΤΟΣ ΩΚΕ; ce qui ferait *an 825*. Si c'était-là la date de ce livre, il remonterait à peu près au temps même de saint Jean Damascène, qui est l'inventeur de la musique grecque moderne; et cela ajouterait sans doute beaucoup au mérite de ce manuscrit.

coutume, joint au mot πάπα *(papa)*, qui désigne plus particulièrement la nature ou l'usage de cette espèce de livre, et ne fait qu'un seul mot avec δίκη, que l'on écrit παπαδίκη *(papadikê)*, parce que ces sortes de livres de chant sont particulièrement à l'usage des prêtres grecs, qu'on nomme *papas*. Nous ne pourrions mieux rendre en français le mot *papadike* que par *Rituel du chant des Papas*. Il en pourrait donc être de même de ces mots ΔΙΚΕ ΜΕΓΑC *(dike megas)*, qui, étant regardés comme ne formant qu'un seul mot, signifieraient *grand Rituel du chant;* d'où il résulterait que nous aurions le *grand livre de chant* de la musique grecque. En effet, ce livre, quoiqu'il soit incomplet, est encore douze fois plus volumineux que les *papadike* les plus étendus : aussi l'on nous a dit qu'il était extrêmement rare, et qu'on n'en retrouvait plus de semblables dans presque aucun des couvens grecs d'Europe, d'Asie et d'Afrique. Nous sommes donc autorisés à croire que nous avons le meilleur livre de chants grecs qui existe, et probablement le seul de ce genre maintenant.

ARTICLE II.

Du chant religieux des Grecs; de son caractère; de son effet; de son exécution. Des règles que suivent les chanteurs, et des licences qu'ils se permettent. Quels sont les livres dans lesquels sont contenus les principes de leur musique et du chant.

Ce n'était pas assez pour nous d'avoir un livre de chant noté en grec, et de pouvoir en comparer les caractères avec ceux que Kircher nous avait fait connaître; il nous manquait un traité de ce chant, où nous pussions en étudier la théorie et la pratique. Mais en existait-il en Égypte, et où pourrions-nous en trouver? C'est ce que nous ne savions pas encore, et ce que nous apprîmes à Rosette, où nous ne tardâmes pas à nous rendre.

Aussitôt que nous fûmes arrivés dans cette ville, nous allâmes faire une visite aux papas; nous leur témoignâmes le désir d'assister à leurs offices et d'entendre leurs chants. Ils nous indiquèrent le jour et l'heure où nous pourrions nous rendre à leur église. Dans la crainte que nous ne l'eussions oublié, ils se donnèrent la peine de venir, cette fois, eux-mêmes, nous chercher. C'était un jour de fête; les cérémonies se faisaient avec plus de solennité qu'à l'ordinaire; ce n'était, à chaque instant, que signes de croix et génuflexions : les femmes dans les tribunes étaient dans un mouvement continuel occasioné par toutes ces pantomimes religieuses. Les chants étaient plus longs que de coutume; nous les trouvâmes extrêmement compliqués, peut-être n'étaient-ils qu'ornés : mais nous ne pouvions reconnaître des ornemens de cette nature; ils ne ressemblaient nullement aux nôtres et ne nous paraissaient pas agréables. Ces chants étaient exécutés alternativement par deux chantres : celui qui ne chantait pas la mélodie et les paroles, faisait une tenue sur la tonique, et la prolongeait pendant toute la durée du chant de l'autre; il renforçait sa voix de temps à autre; et chaque fois qu'il le faisait, nous remarquions que l'autre abaissait la sienne : d'où nous conclûmes que cette tenue avait pour but d'empêcher que le chantre ne s'écartât du ton, ou de lui faire sentir quand il en sortait, et de lui donner la facilité d'y rentrer. Quand le premier chantre avait fini, un clerc qui avait tenu devant celui-ci un livre ouvert en ses mains, allait se présenter de même vis-à-vis de l'autre, et le premier faisait à son tour la tenue.

Après l'office, nous fûmes conduits par les papas dans leur couvent. Ils nous firent entrer dans une salle meublée moitié à l'européenne, moitié dans le goût oriental. A peine étions-nous à la porte, qu'on nous jeta à la figure et sur nous de l'eau très-froide d'une bouteille de verre blanc, fermée avec un couvercle à jour en filigrane; c'était de l'eau rose qu'on répandait sur nous, suivant l'usage reçu dans l'Orient de temps immémorial, quand on veut accueillir honorablement un étranger, ou quelqu'un dont on reçoit la visite. Comme nous ne nous attendions pas à cette cérémonie, elle nous étonna d'abord : mais notre surprise ne dura que l'instant de la première impression dont nous fûmes subitement saisis, et sans doute les papas n'eurent pas le temps de s'en apercevoir; au reste, nous en aurions ri avec eux : mais il n'en fut question ni de leur part ni de la nôtre. Ils étaient curieux de savoir comment nous avions trouvé leurs chants, et ils nous demandèrent ce que nous en pensions. Nous louâmes l'ordre et la décence avec lesquels ils étaient exécutés; mais nous nous gardâmes bien de leur rendre compte de l'effet que ces chants avaient produit sur nous : comme ils paraissaient convaincus que leurs chants étaient fort beaux, nous leur aurions semblé avoir le goût fort mauvais si nous n'en eussions pas approuvé la mélodie; il était donc prudent d'éviter d'en parler. Il nous parut plus à propos d'apprendre d'eux-mêmes quelle était l'utilité de cette tenue de voix qui se faisait pendant le chant; et aux questions que nous leur fîmes à ce sujet, ils répondirent que cela s'appelait l'*ison*[1], que c'était sur cette tenue que le chanteur réglait son chant. Nous leur demandâmes si chez eux on n'était pas astreint à suivre rigoureusement la note des chants qui étaient dans les livres : ils nous dirent qu'un chantre habile ne se bornait jamais à cela, que même il lui suffisait de connaître le ton dans lequel il fallait chanter, pour en composer sur-le-champ la mélodie, et que d'ailleurs, comme ils nous l'avaient déjà fait observer, l'*ison* servait de guide au chanteur pour se maintenir dans le ton, ou pour y revenir s'il s'en était écarté. Quels sont donc les principes et les règles de votre chant? ajoutâmes-nous. Aussitôt, en nous montrant un livre, que nous avons su depuis être un *papadike :* Les voici, ajoutèrent-ils; quiconque, à l'aide d'un bon maître, a appris tout ce que contient ce livre, peut aisément composer un chant sur quelque ton que ce soit. Mais, leur répliquâmes-nous, n'avez-vous pas des chants spécialement consacrés à certaines cérémonies, à certaines circonstances, et d'autres particulièrement réservés pour certaines solennités, pour telle ou telle autre fête? ou, si vous n'en avez pas, et si ces chants se composent dans l'instant même, suivant le goût et l'habileté du chanteur, comment distinguez-vous chacun d'eux dans ces diverses

---

[1] La propriété de ce son sera expliquée dans les principes que nous allons donner de cette musique.

circonstances? — Nous avons tous ces chants notés dans nos livres; et comme chacun de nous les sait par cœur et dans tous les tons sur lesquels ils peuvent se chanter, il suffit qu'on nous indique le ton, pour que nous nous rappelions aussitôt le chant. Nous aurions pu leur faire remarquer l'espèce de contradiction qu'il y avait entre cette dernière réponse et ce qu'ils nous avaient dit auparavant; mais, comme il nous sembla que cette contradiction était plus apparente que réelle, qu'elle venait uniquement de l'abus qu'ils faisaient du mot *composer*, que nous avions pris d'abord dans le sens rigoureux qu'il a chez nous en musique, nous aimâmes mieux ne pas insister que de nous engager dans une discussion de mots qui eût peut-être été fort longue, fort abstraite, et fort peu utile, comme cela arrive presque toujours.

Nos momens étaient précieux, nous nous empressâmes d'examiner leurs livres. Nous vîmes qu'il y avait, au commencement, un traité de théorie musicale, où étaient démontrés la propriété et l'usage des signes musicaux; et c'était précisément là ce que nous désirions connaître : nous leur demandâmes s'il ne serait pas possible de faire copier celui qui paraissait être le plus étendu. Il appartenait à un jeune Grec qui était absent; ils nous engagèrent à revenir le lendemain, en nous faisant espérer que celui qui en était propriétaire consentirait probablement à s'en dessaisir en notre faveur : nous suivîmes leur avis, et nous en fîmes en effet l'acquisition.

Il nous fallait encore un bon maître pour nous diriger dans l'étude que nous voulions faire de ce traité de musique; mais ce n'est pas une chose facile à rencontre, même en Grèce. Il n'y en avait point à Rosette; et ce que Kircher et les autres savans ont écrit sur la musique grecque moderne ne nous éclairait pas assez pour pouvoir, de nous-mêmes, tirer quelque fruit d'un semblable traité de musique. Le texte du traité que nous avions, n'était pas différent du texte des autres *papadike*, car ils se ressemblent tous à peu de chose près; c'est-à-dire qu'il était tellement mêlé de grec littéral, de grec vulgaire, et de certains mots techniques barbares, qu'il ne pouvait nous être expliqué que par un maître très-versé dans l'art du chant grec. Toute notre étude, pendant les trois mois que nous restâmes à Rosette, se réduisit donc à de simples tâtonnemens, qui ne servirent qu'à nous familiariser un peu avec les diverses figures de signes ou notes de musique, lesquelles sont très-nombreuses et très variées.

ARTICLE III.

Du maître de musique grecque moderne que nous avons eu au Kaire; de sa manière d'enseigner; de la singulière épreuve à laquelle nous fûmes contraints de nous résigner pour recevoir ses leçons; de sa méthode; comment nous sommes parvenus à en tirer quelque fruit. Explication préliminaire de quelques termes douteux de cette musique. Exposition des principaux points de cet art, dont il sera question dans les articles suivans.

Enfin, nous rencontrâmes au Kaire le maître dont nous avions besoin. C'était le premier chantre de l'église patriarchale des Grecs[1]. Il s'appelait *Dom Guebraïl* (Gabriel). Nous le priâmes de vouloir bien nous donner des leçons, et il fut convenu entre nous, qu'il viendrait chaque jour nous faire chanter et nous expliquer les principes et les règles de son art. Il nous tint parole, et fit plus même qu'il ne nous avait promis ; car il nous apporta un traité de chant qu'il nous dit être meilleur que celui que nous avions déjà. Le fait est qu'il y avait dedans plus de chants notés qu'il n'y en avait dans le nôtre, mais il était beaucoup moins étendu quant aux principes ; et c'était-là ce qui nous était le plus nécessaire, puisque nous avions déjà le *Dike Megas*, qui contenait vingt fois plus de chants divers notés qu'il n'y en avait dans le livre que Dom Guebraïl nous offrait ; cependant nous ne crûmes pas devoir le refuser, quoiqu'il nous parût un peu cher.

[1] Le patriarche grec faisait, de notre temps, sa résidence au vieux Kaire, où les Grecs ont une église sous l'invocation de saint George. Ce saint est très-vénéré en Égypte par tous les chrétiens, et, ce qu'il y a de plus étonnant, par les musulmans eux-mêmes. Ceux-ci ont une telle confiance dans les vertus miraculeuses de saint George, qu'ils viennent fort souvent invoquer son assistance et son secours, soit dans leurs maladies, soit dans leurs malheurs ; ils l'appellent *el-khadr*, le vert, parce qu'il est représenté sous cette couleur. C'est surtout dans l'église qui est au village de Bébé, que les musulmans l'appellent ainsi, lorsqu'ils lui adressent des vœux dans les dangers auxquels ils se trouvent exposés sur le Nil, par la force des courans qui, descendant de *Gebel el-Tyr* (la montagne des Oiseaux), vont se briser contre les bords très-élevés du rivage, du côté de Bébé, et y forment des tournans d'eau très-violens. Chaque fois que les marins se voient en danger, ils s'écrient, *Nous sommes sous ta protection, ô khadr el-akhdar!* c'est-à-dire, *ô le plus vert des verts!* ensuite ils font une quête entre eux, au nom du saint de Dieu (*ouely allah*), et cette quête sert à acheter des bougies que l'on consacre à saint George, et qu'on fait brûler sur son autel.

La première leçon fut pour nous une sorte d'épreuve, que nous n'oublierons de long-temps. Dom Guebraïl était âgé; sa voix maigre, épuisée et tremblante, avait un son de fêlé, et, outre cela, il chantait du nez avec une sorte d'affectation et d'importance. Nous avions toutes les peines du monde à garder notre sang-froid; cependant nous nous efforcions de nous contenir dans les bornes que nous prescrivaient l'honnêteté et la décence : mais, quand il exigea qu'à notre tour nous l'imitassions, nous n'eûmes plus la force de dissimuler davantage; regardant cette proposition comme une plaisanterie de sa part, nous commençâmes par nous en amuser. Nous avions bien déjà remarqué qu'en Égypte tous ceux qui chantaient, nasillaient extraordinairement; mais nous étions bien éloignés de croire que ce fût par goût, et que cet accent y fût recherché avec autant de soin que nous en mettons en Europe à l'éviter. L'air et le ton sérieux de Dom Guebraïl, qui insistait toujours pour que nous chantassions à sa manière, nous persuadèrent enfin qu'il n'y avait pas pour nous d'autre alternative que de lui obéir ou de renoncer pour toujours à apprendre la musique grecque moderne.

Le vif désir que nous avions de connaître cette musique l'emporta sur notre répugnance à nasiller, et nous nous y déterminâmes enfin. Malgré nous, chaque son partait avec un éclat de rire fou qu'il nous était impossible de modérer; et plus notre maître avait l'air interdit de notre conduite, plus nous nous sentions provoqués à rire. Nous avions beau nous en prendre à notre ridicule maladresse, il semble que la contrainte même qui nous retient quand nous rions involontairement et malgré nous des autres, est précisément ce qui leur décèle davantage que c'est d'eux plutôt que de nous que nous rions.

Peu s'en fallut que Dom Guebraïl ne se fâchât ouvertement. Sa figure paraissait altérée, le dépit se manifestait dans ses yeux; nous le voyions avec peine, et nous aurions désiré pour tout au monde ne lui pas causer ce désagrément. Il s'apercevait aussi sans doute, par tous les égards que nous avions pour lui, que nous n'avions pas l'intention de lui déplaire, et encore moins celle de l'offenser; et cela le jetait dans un embarras égal au nôtre, quoique dans un sens diamétralement opposé.

Si nos leçons eussent toujours continué ainsi, nous n'aurions pas assurément fait de grands progrès; mais, soit que notre maître se fût rendu plus indulgent, ou que nous fussions nous-mêmes devenus plus dociles, tout se passa dans la suite avec moins de sévérité de sa part et plus de calme de la nôtre.

Dom Guebraïl n'était point dans l'usage de commencer par les principes. Comme nous connaissions déjà les notes de la musique grecque, il nous fit d'abord chanter, nous disant que, quand nous serions plus habiles, il nous enseignerait la théorie. Cette méthode a peut-être son avantage; mais, ne pouvant prévoir combien de temps nous aurions à donner à cette étude, nous étions bien aises de faire marcher de front la théorie et la pratique. En conséquence, nous arrêtions à chaque instant notre maître pour le prier de nous expliquer tout ce qui se présentait que nous ne connaissions pas; nous notions le chant ou nous le lui faisions noter à lui-même en notes grecques; puis nous le traduisions sur-le-champ, devant lui, en notes européennes, ayant toujours soin d'ajouter au-dessus l'explication que nous en avions reçue. Un autre jour, dans une autre circonstance, nous redemandions de nouveau des éclaircissemens sur les mêmes choses, et en son absence nous comparions ces éclaircissemens avec l'explication précédente; puis nous faisions derechef nos observations, si nous en trouvions à faire. Par ce moyen, nous ne laissâmes pas subsister l'ombre du doute sur ce que nous apprîmes.

Une seule chose que nous n'avons pu connaître, et que notre maître ne nous a expliquée que d'une manière fort vague, c'est la propriété et l'usage des grands signes, qui sont aussi des notes de musique : il n'a jamais pu nous en rendre raison que par des exemples chantés. Cela ne nous a pas trop étonnés; nous avions déjà causé le même embarras aux Éthiopiens et aux Arméniens, lorsque nous leur avions demandé l'explication de certains signes que la pratique et l'usage peuvent seuls faire bien connaître : nous aurions peut-être été nous-mêmes aussi embarrassés qu'eux, si en Égypte quelques habitans de l'Afrique ou de l'Asie fussent venus nous engager à leur expliquer ce que signifient un trille, un martellement, ou d'autres signes encore qui n'ont point de nom propre qu'on puisse rendre dans les langues étrangères, et que nous employons dans la pratique soit de la musique vocale, soit de la musique instrumentale; ces choses-là ne se prêtant pas à l'analyse ne peuvent guère s'expliquer que par des exemples; et ces mêmes exemples ne peuvent être parfaitement bien compris que par les musiciens de profession. Pour en revenir donc aux grands signes musicaux des Grecs modernes, plusieurs savans de cette nation nous ont assuré qu'ils étaient peu connus aujourd'hui ; il n'aurait donc pas été fort surprenant que notre maître en eût ignoré la propriété : ce qu'il y a de certain, c'est qu'il n'en est dit que fort peu de chose dans les *papadike*. On y apprend seulement que ces signes sont muets ou *aphones* (sans son), et qu'ils n'appartiennent qu'à la *cheironomie*. Nous ne savons si nous nous trompons, mais nous croyons que ces signes indiquent des repos ou des ralentissemens du mouvement de la mesure, ou des cadences finales. Ils sont appelés *aphones*, parce que sans doute ils n'indiquent aucun son particulier ; et en effet, s'ils en indiquaient un, on ne les placerait pas, comme on le fait, au-dessus ou au-dessous des notes du chant, ou bien cela ferait un double emploi, et l'effet des notes ne serait plus le même : car il est à remarquer que parmi ces signes il y en a qu'on met aussi bien sur les notes ascendantes que sur les notes descendantes, et il y en a d'autres qu'on met tantôt sous les notes ascendantes, tantôt sous les notes descendantes. Toutefois, il est certain que les unes et les autres de ces notes conservent toujours leur propriété particulière, comme on le verra par les exemples que nous en donnerons.

Quand on dit que les grands signes n'appartiennent qu'à la *cheironomie*, il nous semble que cela signifie qu'ils indiquent le mouvement de la mesure, qui ordinairement se marque avec la main ; car on ne donne pas non plus une définition bien claire du mot *cheironomie*, et il n'est pas même question de grands signes dans tous les traités de musique grecque.

Tout ce que nous pouvons conjecturer par l'acception étymologique du mot *cheironomie*, c'est que c'est *la loi* ou *la règle de la main*, ou *donnée, prescrite, indiquée par la main*; par conséquent, c'est, à proprement parler, *la mesure*, qui, étant marquée par la main, règle et dirige le chant. C'est probablement là le sens de ce qu'on lit au commencement d'un des traités de musique grecque moderne que nous avons, où il est dit : La *cheironomie* indique le *melos*; et ce mot, suivant nous, ne doit point être pris dans l'acception de *mélodie*, mais dans celle de *membre*, de *partie*, de *division* de la mesure. Ce n'est que par cette interprétation que nous avons pu trouver un sens raisonnable à un autre passage d'un de nos traités, où on lit que *cheir* (la main) est l'*ison* [1] de l'*épaule*; ce qui n'est nullement clair dans notre langue, et ce que nous ne pouvons tenter d'expliquer avec une entière confiance. Nous savons que l'*ison* est le nom du signe qui indique un son de la voix qui reste toujours au même degré, sans monter ni descendre; que ce son est le régulateur du chant, le moyen qui a été mis en usage pour que le chanteur ne puisse s'écarter du ton, soit en montant, soit en descendant, ou pour lui donner la facilité d'y rentrer s'il en était sorti. Or, il est évident que c'est par allusion à cette propriété de l'*ison*,

---

[1] Ce mot se prend quelquefois dans le sens de *régulateur*, en langage technique de la musique grecque moderne, parce que les Grecs ont coutume de faire soutenir le ton de la tonique pendant la durée de leur chant; et c'est pourquoi l'on appelle ce son *ison*, mot qui, en grec, signifie *égal, qui ne monte ni ne descend*.

qu'on a dit : *La main est l'ison de l'épaule*. Il est donc vraisemblable qu'on a voulu faire entendre par-là, que, de même que l'*ison* est le régulateur du chant, *la main* était aussi la régulatrice du mouvement, qui, selon toute apparence, et nous ne savons pas pourquoi, est représentée par l'*épaule*; à moins qu'il n'y ait encore dans ce mot une allusion aux mouvemens fréquens et à l'espèce de pantomime qui s'exécutent en cadence pendant le chant, et peut-être qui sont indiqués par ces signes [1]. Cependant il ne faudrait pas croire que la *règle de la main* ou la *cheironomie*, et, par conséquent, les grands signes qui appartiennent à la *cheironomie*, ne concernassent que les mouvemens, les génuflexions et les signes de croix que les Grecs font fréquemment dans leurs églises pendant l'office, ou qu'ils fussent en quelque sorte étrangers au chant; car, si cela était, il n'y aurait eu aucune raison pour les noter avec les signes ou notes du chant. Ce qui donne quelque force à ce que nous observons ici, c'est que, dans le même traité où il est dit que *la main est l'ison de l'épaule*, on en donne immédiatement pour raison que c'est parce que la main dirige le chant vers son but : donc ces signes appartiennent au chant en même temps qu'à la *cheironomie* ou à la *règle indiquée, prescrite par la main*, c'est-à-dire à la mesure. Nous ne prévoyons pas quel autre sens plus vraisemblable on pourrait donner à ces mots.

Au reste, notre maître s'étant encore dispensé de nous donner des éclaircissemens sur ce point, et les traités ne

---

[1] Kircher et Martini ont aussi pensé que ces signes de la cheironomie étaient relatifs aux mouvemens fréquens que les Grecs font dans leurs églises pendant l'office.

nous en apprenant pas davantage, nous ne pouvons que proposer notre opinion, en disant comme Horace,

..............*Si quid novisti rectius istis,*
Candidus imperti.

Nous allons tâcher de faire connaître tout ce qu'on peut savoir aujourd'hui de la musique grecque moderne, et peut-être tout ce que l'on en saura désormais ; car il y a tout lieu de croire que l'usage s'en perd insensiblement, et qu'il n'est pas facile de l'approfondir actuellement beaucoup plus que nous ne l'avons fait.

Il ne sera pas peu honorable pour nous, après avoir marché sur les traces de tant de savans distingués, d'avoir découvert ce qui depuis plus d'un siècle s'était dérobé à leurs recherches.

Nous commencerons par donner un exposé de la théorie et de la pratique de l'art, conformément aux traités que nous en avons apportés d'Égypte, et nous y joindrons les éclaircissemens et les observations que l'expérience nous permet de faire pour en faciliter l'intelligence. Nous offrirons en même temps des exemples notés en grec, et traduits en notes européennes, pour faire connaître l'usage des signes du chant, des signes de repos, et des grands signes appelés *muets*. Ensuite nous présenterons le tableau des huit modes principaux avec le paradigme des mutations de ces mêmes modes, premièrement en grec, puis rendus en notes européennes Nous terminerons par des exemples de chants sur chacun des huit modes, et notés aussi des deux manières précédentes, lesquels chants ont fait partie des leçons que nous avons reçues de Dom Guebraïl au Kaire, et enfin par des chansons en grec vulgaire.

ARTICLE IV.

Explication des signes du chant de la musique grecque moderne, extraite et traduite littéralement des traités de théorie de cette musique que renferment les papadike *ou livres de chant des moines grecs d'Égypte.*

ἈΡΧΗ ΣΥΝ ΘΕῷ ἉΓΙῷ.

Des signes de l'art du chant; des esprits *et des* corps [1] *ascendans et descendans de toute* cheironomie *ordonnée, suivant les règles établies dans les temps par les poëtes* [2], *tant anciens que modernes.*

« Le commencement, le milieu, la fin et le système de tous « les signes du chant, c'est l'ISON .... ⌒ [3].
« La voix n'est dirigée que par lui : on l'appelle *aphone* « (sans son), non parce qu'il n'a pas de son, car il résonne, « mais parce qu'on ne le module pas [4]. Ainsi l'*ison* se chante « dans un parfait équilibre de la voix.

---

[1] On distingue ainsi les signes du chant ou notes de musique : les uns sont appelés *esprits;* les autres *corps.* Cela sera expliqué dans la suite.

[2] Le mot *poëte*, autant que nous avons pu le concevoir dans le cours de ce traité, doit se prendre dans son acception étymologique, c'est-à-dire dans celle de *compositeur*, d'*auteur;* et ici, où il s'agit de musique, il doit s'entendre des compositeurs et auteurs de la musique grecque.

[3] Nous joignons ici le signe de l'*ison* à côté de son nom; nous ferons la même chose pour tous les autres signes au fur et à mesure qu'il en sera question, afin qu'on s'accoutume plus facilement à les reconnaître.

[4] L'*ison* est, comme nous l'avons déjà expliqué, une tenue de voix, un son qui reste toujours sur le même degré, sans s'élever ni s'abaisser aucunement. Dans un autre traité, on lit : « L'*ison* n'a point de

DE L'ART MUSICAL EN ÉGYPTE.

« L'OLIGON..................................
« s'emploie sur tous les degrés ascendans[1];
« l'APOSTROPHE.............................
« sur tous les degrés en descendant[2].

« Il y a en musique quatorze sons[3] : huit ascen-
« dans, qui sont,

  « OLIGON...................................
  « OXEÏA[4].................................
  « PETASTHE................................
  « KOUPHISMA...............................
  « PELASTHON...............................
  « les deux KENTÊMA[5]......................
  « le KENTÊMA..............................
  « et l'HYPSILE[6].........................

« et six descendans, que voici :

  « APOSTROPHE..............................
  « deux APOSTROPHES........................
  « APORRHOË................................
  « KRATÊMA HYPORRHOON......................
  « ELAPHRON................................
  « KAMILE..................................

voix, mais il est placé sous tous les signes ; et partout où on le rencontre, soit qu'il se trouve sous un son aigu ou sous un son grave, il le soutient. »

[1] Il y a dans le texte, διὰ πάσης τῆς ἀναβάσεως.

[2] Il y a dans le texte, διὰ πάσης τῆς καταβάσεως.

[3] En traduisant littéralement le texte grec, il faudrait dire, *il y a huit voix;* mais nous avons substitué le mot *son*, qui est le terme que nous employons en pareil cas. Dans un autre traité, on compte quinze sons, parce qu'on y comprend l'*ison*, qui n'est pas compté ici au nombre des signes musicaux, c'est-à-dire des signes des sons qui peuvent être modulés.

[4] Dans notre autre traité, les trois signes OLIGON, OXEÏA, PETASTHE, sont appelés ISOPHONES, c'est-à-dire *ayant la même étendue de voix*, parce qu'en effet chacun d'eux désigne un intervalle d'un ton.

[5] Les Grecs modernes prononcent *kendima*, parce qu'ils articulent le τ (*tau*) comme nous articulons notre *d*, et qu'ils donnent à l'η (*êta*) le son de notre *i*.

[6] On trouve aussi ce mot écrit PSILE.

« Parmi ces sons ascendans et descendans, les uns sont
« corps, et les autres, esprits.

« Les corps ascendans sont au nombre de six :

« OLIGON.................................. —
« OXEÏA....................................
« PETASTHE................................
« KOUPHISMA..............................
« PELASTHON.............................. ч
« deux KENTÊMA [1]....................... ıı

« Les descendans sont ceux-ci :

« APOSTROPHE............................ ＼
« deux APOSTROPHES..................... ＼＼

« Pour l'APORRHOË....................... $
« il n'est ni corps ni esprit, c'est un mouvement rapide du
« gosier qui produit un son agréable ; c'est pourquoi on l'ap-
« pelle *son modulé*.

« Il en est de même du KRATÊMA HYPORRHOON... *ıı$*
« comme étant formé du KRATÊMA............. *ıı*
« et de l'APORRHOË [2] .... $

« Il y a quatre esprits, deux pour les sons ascendans, et
« deux pour les sons descendans.

---

[1] Il est dit dans un autre traité : « Les deux *kentêma* sont plus lents; ils sont appelés *dormans* et n'ont qu'une voix ». Les Grecs modernes emploient aussi le mot *voix*, là où nous nous servons du mot *ton* : ici, une voix signifie l'effet de la voix qui s'élève d'un degré.

[2] Dans un autre traité, où il est question de plusieurs signes composés, dans lesquels entrent aussi le *kratêma* et l'*aporrhoë*, on lit ce qui suit :

« L'OMALON.............................. —
« sous le KRATÊMA HYPORRHOON.......... *ıı$*
« fait l'ARGO-SYNTHETON................ *ıı$—*
« Si le PIASMA........................... ＼
« se trouve au-dessus de l'APORRHOË.... $
« cela fait le SEISMA.................... ＼$

Ces rapprochemens sont utiles pour apprécier la valeur des signes.

DE L'ART MUSICAL EN ÉGYPTE.

« Pour les sons ascendans,

    « KENTÊMA............................. ⎫
    « HYPSILE.............................. ⎭

« Pour les descendans,

    « ELAPHRON............................ ⎫
    « KAMILE.............................. ⎭

« Tous ces signes ont leur intonation [1] propre que voici :

    « OLIGON........... ― .... s'élève 1 degré [2].
    « OXEÏA............ ⌐ .... s'élève 1 degré.
    « KOUPHISMA....... ⊔⊢ .... s'élève 1 degré.
    « PETASTHE........ ↻ .... s'élève 1 degré.
    « PELASTHON....... Ч .... s'élève 1 degré.
    « deux KENTÊMA.... ‖ .... s'élèvent 1 degré.

---

[1] La traduction rigoureusement littérale serait : « Tous ces signes ont aussi leur voix, comme vous le voyez; » mais cela ne serait pas clair pour des musiciens européens. Nous avons substitué une autre phrase à celle-ci, laquelle rend le sens du texte d'une manière plus conforme à notre idiome musical; ce que n'aurait pu se permettre quelqu'un qui n'aurait pas acquis par l'expérience une connaissance exacte de ces choses.

[2] Il y a dans le texte, ἔχει φωνήν μίαν, a une voix : mais il faut observer, 1°. que les Grecs nomment voix le passage d'un son à un autre, qui n'en est éloigné que d'un degré; 2° qu'il s'agit ici des signes ascendans. Nous avons donc encore été autorisés à substituer les mots *s'élève d'un degré*, à ceux du texte (*à une voix*), pour éviter la confusion des idées que cette expression grecque pourrait occasioner en français. L'expérience que nous avons acquise dans cette musique, nous eût suffi pour donner cette explication; nous ne la motivons ici que pour satisfaire les personnes auxquelles notre opinion ne suffirait pas.

384 DE L'ÉTAT ACTUEL

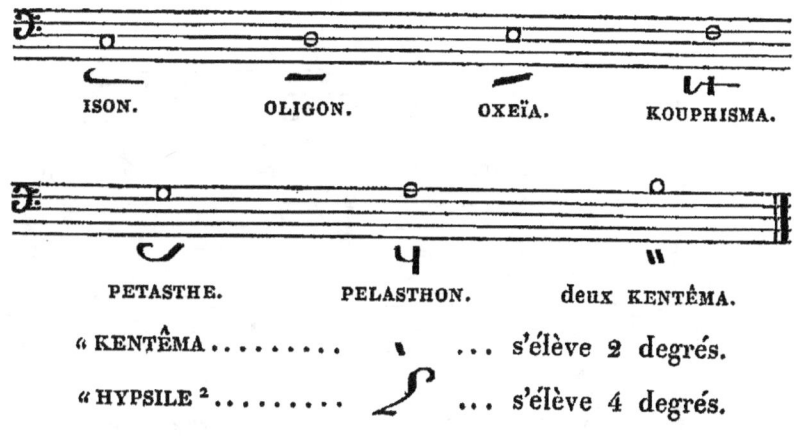

Exemple [1].

ISON. OLIGON. OXEÏA. KOUPHISMA.

PETASTHE. PELASTHON. deux KENTÊMA.

« KENTÊMA.......... ... s'élève 2 degrés.

« HYPSILE [2] .... s'élève 4 degrés.

Exemple.

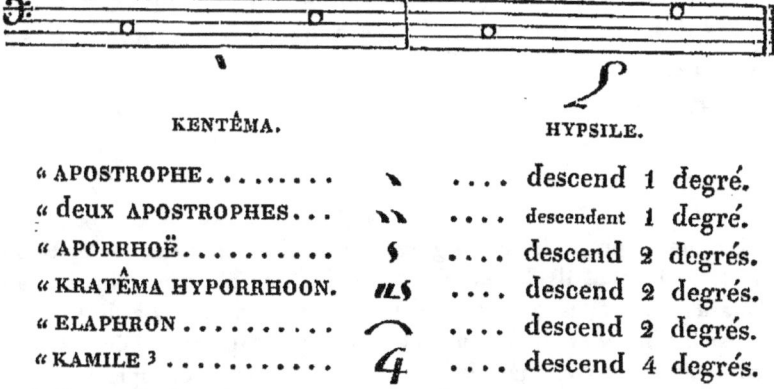

KENTÊMA. HYPSILE.

« APOSTROPHE......... .... descend 1 degré.
« deux APOSTROPHES... .... descendent 1 degré.
« APORRHOË.......... .... descend 2 degrés.
« KRATÊMA HYPORRHOON. .... descend 2 degrés.
« ELAPHRON .... descend 2 degrés.
« KAMILE [3] .... descend 4 degrés.

[1] On serait dans l'erreur si l'on croyait que ces signes représentent réellement les degrés auxquels nous les avons fait correspondre; ils ne désignent qu'un intervalle d'un degré à un autre qui le suit immédiatement, sans égard à son élévation ou à son abaissement; et, en général, on se rappellera que les signes musicaux des Grecs modernes ne désignent que des intervalles de sons, et non des degrés ou des sons simples.

[2] Il faut toujours se rappeler que les notes grecques n'indiquent que des intervalles, en sorte que quatre degrés sont ici quatre intervalles ou une quinte, de même que les deux degrés du KENTÊMA sont aussi deux intervalles ou une tierce.

[3] Nous ne donnons ces exemples que pour faire connaître la

DE L'ART MUSICAL EN ÉGYPTE.

Exemple.

« Observez que les corps ascendans se placent au-dessous
« des descendans et sont dirigés par l'*ison*[1], comme vous le
« voyez.

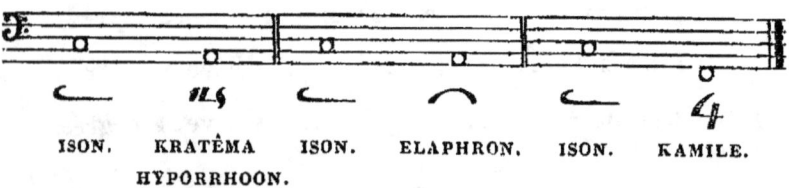

valeur de la propriété des signes employés comme ils doivent l'être dans la pratique; car ici les esprits *kentêma, hypsile, elophron, kamile*, ne se trouvent jamais sous les corps, qui sont les autres signes des sons. « Les esprits, est-il dit dans un autre traité, ne subsistent point sans les autres tons; ils achèvent cependant les voix (intervalles) : car le *kamile* ne peut subsister seul, ni être composé sans l'*apostrophe*; de même, nous ne trouvons point l'*hypsile* sans l'*oligon* ou l'*oxeïa,* ou le *petasthe*; nous ne trouvons point non plus l'*elaphron* sans l'*apostrophe*, ou nous regardons cela comme une faute. Enfin, le *kentêma* ne subsiste point sans les autres tons (c'est-à-dire sans les corps). » Ainsi il faut donc supposer des corps aux esprits qui sont dans ces exemples, pour qu'ils soient notés suivant les règles de la pratique.

[1] La première partie de cette phrase regarde particulièrement la manière de noter, et la dernière signifie que tous les intervalles se composent à partir de l'*ison*; mais, comme il est de principe général que l'esprit précède le corps ou prévaut sur le corps, les signes ascendans qui sont ici de l'espèce

ꯁ	....	1 degré.
ꯂ	....	1 degré.
ꯃ	....	1 degré.
ꯄ	....	1 degré.
ꯅ	....	1 degré.
ꯆ	....	1 degré.
ꯇ	....	1 degré.
ꯈ	....	2 degrés.
ꯉ	....	2 degrés.
ꯊ	....	2 degrés.
ꯋ	....	2 degrés.
ꯌ	....	2 degrés.
ꯍ	....	2 degrés.
ꯎ	....	2 degrés.
ꯏ	....	2 degrés.
ꯐ	....	4 degrés.
ꯑ	....	4 degrés.
ꯒ	....	4 degrés.
ꯓ	....	4 degrés.
ꯔ	....	4 degrés.

de ceux qu'on nomme *corps*, deviennent muets, et il n'y a que les signes descendans qui sont de l'espèce de ceux qu'on nomme *esprits*, qui aient leur effet. On excepte cependant le signe *aporrhoë*, qui, n'étant ni esprit ni corps, jouit aussi du privilége des esprits, et n'est point assujetti aux autres signes, comme les corps.

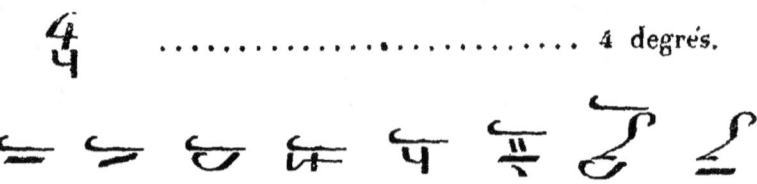

« Ceux-ci sont *aphones* (ne se chantent point)[1].

Exemple.

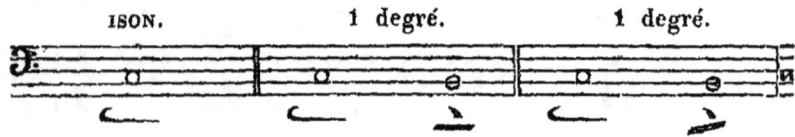

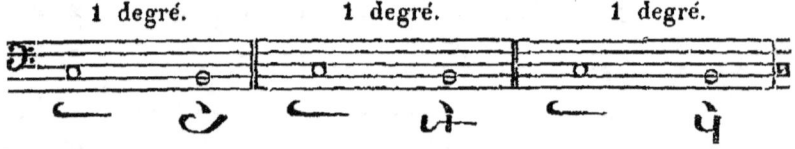

[1] Ἄφωνοι εἰσί. Il est impossible de concevoir, de soi-même, ce que signifie la remarque de l'auteur en cet endroit. On ne devine pas pourquoi les signes du chant, ceux même qui indiquent les plus grands intervalles, sont *aphones* (c'est-à-dire sans voix), et ne se chantent pas. L'expérience, et les leçons de Dom Guebraïl, nous ont appris que c'est parce qu'ils ont au-dessus d'eux l'*ison*. Mais il n'arrive pas qu'on note de suite plusieurs signes de chants différens avec l'*ison*, comme on le voit ici; seulement on répète l'un ou l'autre d'entre eux, quand le chant s'est élevé à l'intervalle qu'ils désignent: lorsqu'il reste au même degré, dans ce cas on met l'*ison* au-dessus du signe répété; autrement ce signe conserverait toute sa valeur, et indiquerait qu'il faut encore monter. Deux mots auraient suffi pour expliquer cela, au lieu que l'exemple de l'auteur et son observation deviennent une énigme. Toute incertitude se trouve dissipée, en disant, une fois pour toutes, que l'*ison* indique toujours que la voix reste au même degré, soit qu'elle se soit élevée, soit qu'elle se soit abaissée.

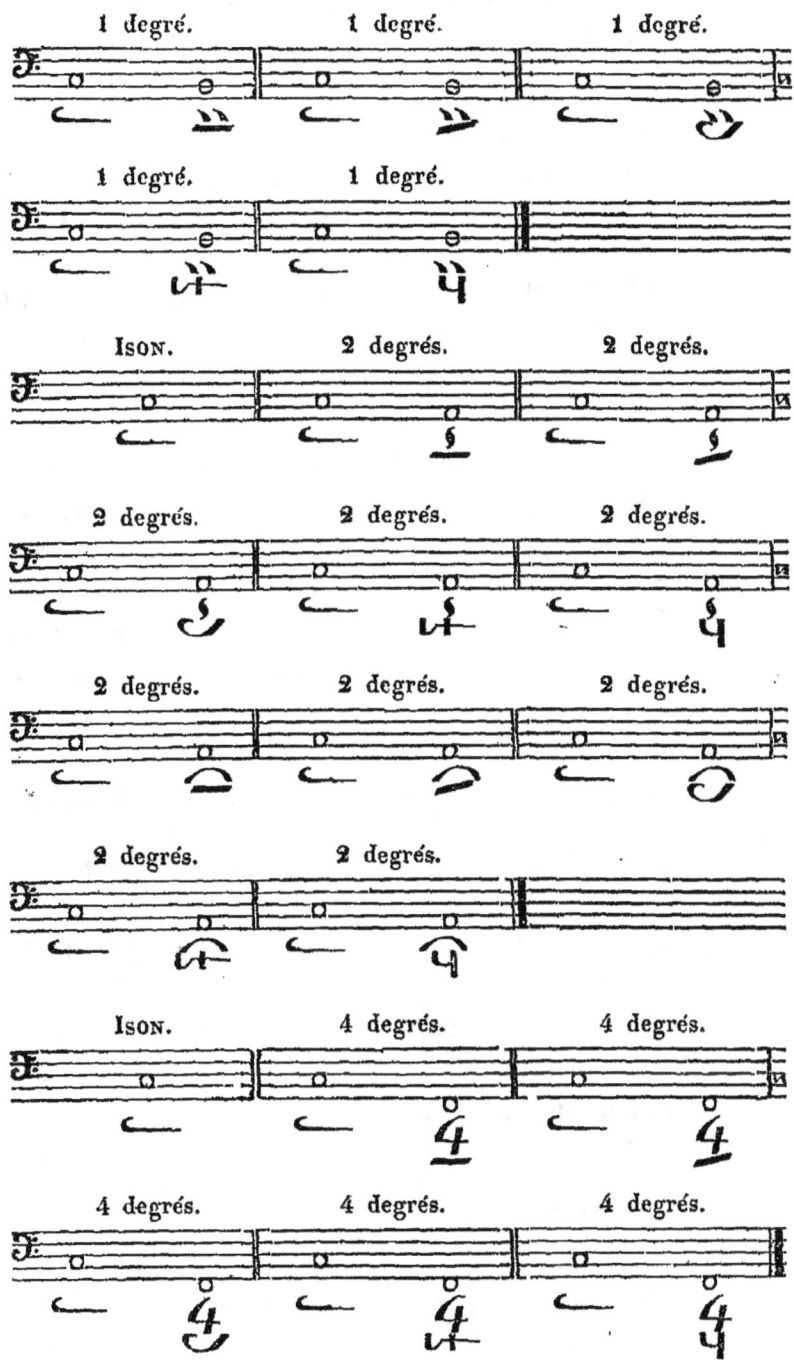

DE L'ART MUSICAL EN ÉGYPTE

« On subordonne aussi les esprits ascendans,

« KENTÊMA..
« HYPSILE...

« aux corps ascendans,

« OLIGON...
« OXEÏA...
« PETASTHE..
« KOUPHISMA...
« PELASTHON..

« Et on les met tantôt à côté, tantôt au-dessus, tantôt au-
« dessous, comme vous le voyez [1].

.... 2 degrés.
.... 2 degrés.
.... 2 degrés.
.... 2 degrés.
.... 2 degrés.
.... 2 degrés.
.... 4 degrés.
.... 4 degrés.
.... 4 degrés.
.... 4 degrés.
.... 4 degrés.

[1] Dans tous les traités, on a négligé de faire ici une observation, sans laquelle on ne conçoit plus rien ni aux principes, ni aux démonstrations, ni aux exemples qui devraient en faire connaître l'application; c'est que tout signe de l'espèce de ceux qu'on appelle *corps*, soit ascendant, soit descendant, devient nul quand il a sur sa droite un des quatre esprits, *kentêma*, *hypsile*, *elaphron*, ou *kamile*, et qu'il n'y a que l'esprit qui se chante,

390 DE L'ÉTAT ACTUEL

Exemple [1].

[1] Dans cet exemple-ci, comme dans tous les autres, nous sommes obligés de répéter l'*ison* à chaque intervalle ; sans cela, on ne pourrait en faire connaître l'étendue : c'est pourquoi l'auteur a dit que l'*ison* était le commencement, le milieu et la fin du chant ; que sans lui on ne peut diriger le *chant*.

DE L'ART MUSICAL EN ÉGYPTE.

« Semblablement on subordonne les esprits descendans,
« ELAPHRON ....
« KAMILE ....
« à leurs corps, l'APOSTROPHE ....
« et les deux APOSTROPHES conjoints.........
« seulement quand on met ceux-ci devant, de cette manière :

⌢ .... 2 degrés.
⌢⌢ .... 2 degrés.
⌢4 .... 4 degrés.
⌢⌢4 .... 4 degrés.

Exemple.

 2 degrés.   2 degrés.

 4 degrés.   4 degrés.

« Mais le KRATÊMA HYPORRHOON............
« se subordonne à l'OMALON..................
« et forme l'ARGO-SYNTHETON................
« L'APORRHOÊ................................
« se subordonne au PIASMA..................
« et forme le SEISMA.......................
«Toute la mélodie de l'art du chant monte et descend par
« ces signes.
«Il y a en musique trois demi-grands repos :
«le KRATÊMA................................
«le DIPLÊ..................................

392   DE L'ÉTAT ACTUEL

« les deux APOSTROPHES conjoints [1] .... ᾽᾽

« Mais le TZAKISMA.................... ⸗

« n'a qu'un demi-repos ordinaire.

« Les grands signes s'appellent *muets* ou *grandes hypo-*
« *stases;* ils se rapportent à la *cheironomie* seule, et non à
« la voix [2]. Les voici :

« ISON [3] .... ⌣

« DIPLÊ .... //

« PARAKLÊTIKÊ .... ⩘

« KRATÊMA .... ℋ

« LIGISMA....................... ⌢

« KYLISMA .... ⌇

« ANTIKENO-KYLISMA .... ⌇⌇

« TROMIKON..................... ⊤

« EKSTREPTON .... ⊤

« TROMIKON SYNAGMA .... ⤳

« PSIPHISTON .... ∫

« PSIPHISTON SYNAGMA .... ⨯

« GORGON .... ⌐

« ARGON .... ⊤

[1] On remarquera ici une double propriété aux deux *apostrophes* conjoints : 1°. celle d'indiquer un intervalle descendant d'un degré; 2°. celle de marquer un demi-grand repos.

[2] On lit encore dans un autre traité : « Quant aux grands signes qui n'ont point de son, on les appelle *sans vibration* et *les grands assemblages :* ils sont les indices de la mesure, et non du chant; car ils n'ont point de son. » Il n'en faut pas davantage pour confirmer l'interprétation que nous avons donnée du mot *cheironomie,* et ce que nous avons dit à l'occasion de cette expression, *la main est l'ison de l'épaule;* car, puisque, d'un côté, l'on nous apprend que les grands se rapportent uniquement à la *cheironomie,* et que, de l'autre, on nous fait observer ici que ces signes sont les indices de la mesure, il est donc évident que la *cheironomie* est la mesure elle-même, comme nous l'avons d'abord présumé.

[3] Ce signe, et plusieurs autres qui sont compris dans cette liste, ne devaient pas y être; ils devraient faire une classe à part, n'étant pas de la nature des grands signes.

DE L'ART MUSICAL EN EGYPTE. 393

« STAUROS [1] . . . .
« ANTIKENOMA . . . .
« OMALON . . . .
« THEMATISMOS ESO [2] . . . .
« HETEROS EXÔ . . . .
« EPEGERMA . . . .
« PARAKALESMA . . . .
« HETERON PARAKALESMA . . . .
« PSIPHISTON PARAKALESMA . . . .
« XIRON KLASMA . . . .
« ARGO-SYNTHETON [3] . . . .
« OURANISMA [4] . . . .
« APODERMA . . . .
« THÊS APOTHÊS . . . .
« THEMA HAPLOUN . . . .
« CHOREUMA [5] . . . .
« TZAKISMA . . . .
« PIASMA . . . .
« SEISMA . . . .
« SYNAGMA . . . .
« ENARXIS . . . .
« BAREÏA [6] . . . .
« HÊMIPHONON . . . .
« HÊMIPHTHORON . . . .
« GORGO-SYNTHETON [7] . . . .

[1] Les Grecs modernes prononcent ce mot, *stavros*.

[2] Les Grecs modernes prononcent ce mot, *sematismos esô*.

[3] Les Grecs modernes prononcent ce mot, *argo-synseton*.

[4] Les Grecs modernes prononcent ce mot, *ovranisma*.

[5] Les Grecs modernes prononcent ce mot, *khorevma*.

[6] Les Grecs modernes prononcent ce mot, *varia*.

[7] Les Grecs modernes prononcent ce mot, *gorgo-synseton*. En général, ils prononcent ordinairement leur β comme un *v*, leur η

C'est-là tout ce qu'enseigne la théorie à l'égard des grands signes; la pratique en apprend davantage, sans doute, et nous en avons fait l'expérience : mais il faudrait bien des années, avec l'aide d'un bon maître, pour débrouiller entièrement le chaos des principes et des règles de cette musique, dans les traités que nous connaissons; nous avons peine à croire même qu'il y ait personne, soit en Grèce, soit ailleurs, qui les conçoive parfaitement.

comme un *i*, leur ℈ comme un *s*, et leur *v* (*y*) tantôt comme un *u*, tantôt comme un *i*, tantôt comme un *v*. Il est évident qu'il règne parmi ces signes beaucoup de désordre et de confusion; s'ils eussent été classés méthodiquement, l'analogie aurait facilité la connaissance de la nature et de la propriété de chacun d'eux : mais les musiciens grecs modernes n'ont pas la moindre idée de la méthode, et ce défaut répand dans leurs traités une telle obscurité, qu'eux-mêmes ont de la peine à s'y reconnaître. De là, les explications vagues ou même fausses qu'ils donnent très-souvent. Par exemple, dans un de leurs traités, où l'on a rangé quelques-uns des grands signes au nombre des tons et des demi-tons, quoiqu'il soit bien reconnu que ces signes sont *muets*, *aphones* et uniquement du ressort de la *cheïronomie*, c'est-à-dire de la mesure, on fait cette question : *Combien y a-t-il de* TONS, *de* SEMI-TONS *et d'*ESPRITS? et voici ce qu'on y répond : « Les tons sont *oligon*, *oxeïa*, *petasthe*, *apoderma*, *apostrophe*, *bareïa*, *antikenoma*, *kratêma*, *diplê anastêma*, *piasma*, *katabasma* triple, *seïsma* et *parakolesma*; et les autres, tels que *psiphiston* et *ekstrepton*, sont *melas* : les semi-tons sont *elaphron*, *klasma*, *kouphisma*, *paraklêtikê*, *psiphiston-katabasma*, *ekstrepton-katabasma*; ces deux derniers sont chants et demi-tons. Les esprits sont *hypsile*, etc. » Or, il est clair que ceci n'a pu être écrit que par un Grec qui n'avait que des idées confuses et très-fausses des choses dont il traitait.

ARTICLE V.

De la composition des signes du chant, selon les principes contenus dans les papadike.

Une des choses les plus indispensables à bien savoir, et celle qui paraît la plus compliquée, c'est la composition des signes du chant. Par la combinaison de ces signes, on représente de tant de diverses manières les différens intervalles des sons, qu'on se trouverait arrêté court à chaque instant, en chantant, si l'on ignorait le système et la méthode de leur composition, et si même on avait sur ce point la moindre incertitude : nous allons donc présenter par ordre ces divers signes composés, tels qu'on les trouve dans le *papadike*, en y ajoutant la traduction en notes européennes, comme nous l'avons fait jusqu'à présent.

De la composition des signes du chant.

COMPOSITION DE L'OLIGON.

Signe		
	aphōne, c'est-à-dire	sans ton.
		1 degré.
		2 degrés.
		2 degrés.
		3 degrés.
		4 degrés.
		5 degrés.

396 DE L'ÉTAT ACTUEL

Exemple.

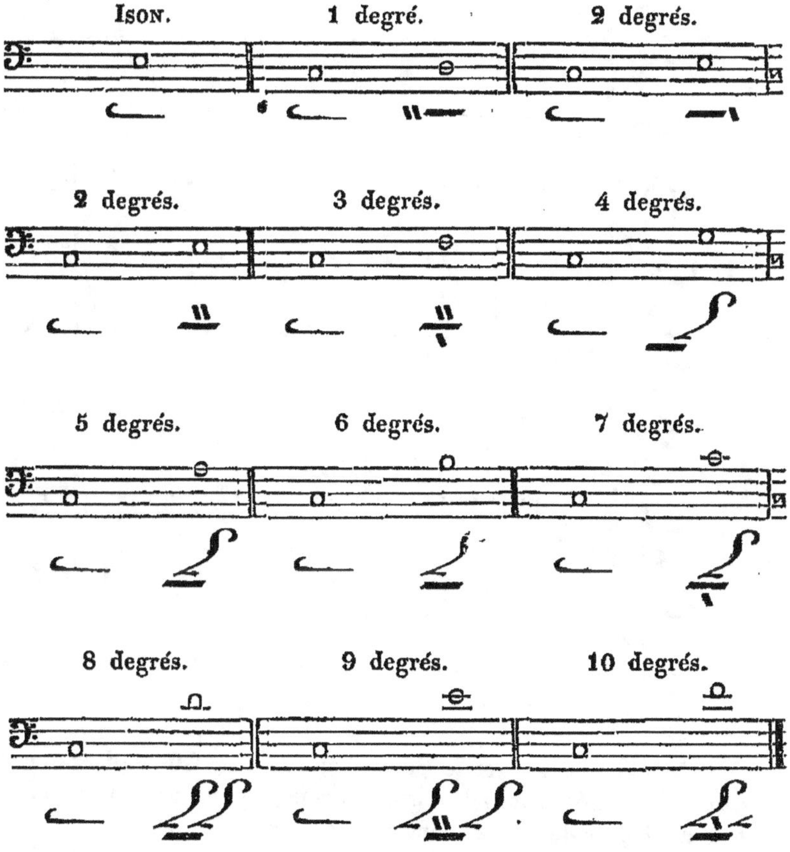

DE L'ART MUSICAL EN ÉGYPTE.

COMPOSITION DE L'OXEÏA.

....	sans ton.
....	1 degré.
....	2 degrés.
....	3 degrés.
....	3 degrés.
....	3 degrés.
....	4 degrés.
....	4 degrés.
....	5 degrés.
....	5 degrés.
....	6 degrés.
....	6 degrés.
....	7 degrés.
....	8 degrés.
....	9 degrés.
....	10 degrés.
....	11 degrés.

¹ Ce signe ne se trouve point dans nos *papadike*; nous l'empruntons des leçons que nous avons reçues de Dom Guebraïl, et que nous avons copiées : il est composé selon les règles.

398 DE L'ÉTAT ACTUEL

Exemple.

DE L'ART MUSICAL EN ÉGYPTE. 399

Nous n'avons pas osé donner d'abord dans un seul et même exemple les notes grecques et leur traduction en notes européennes, dans la crainte que cela ne présentât de la confusion aux yeux qui n'y étaient point encore habitués : mais actuellement nous présumons qu'il n'y a aucun inconvénient à le faire; et nous nous y déterminons, parce que ce moyen sera plus expéditif, et que d'ailleurs les notes grecques seront, de cette manière, rangées dans l'ordre où elles se présentent dans les livres de chant, c'est-à-dire sur une seule ligne; et cela les fera reconnaître plus facilement.

COMPOSITION DU PETASTE.

Exemple.

400 DE L'ÉTAT ACTUEL

4 degrés.   5 degrés.   5 degrés.

6 degrés.   6 degrés.   6 degrés.

7 degrés.   8 degrés.   9 degrés.

9 degrés.   10 degrés.

COMPOSITION DU KOUPHISMA.

Exemple.

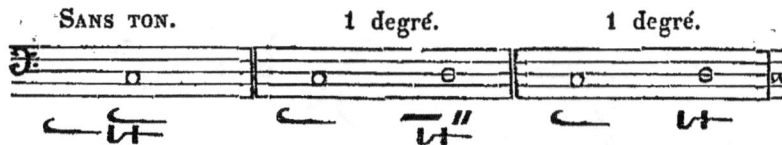

DE L'ART MUSICAL EN ÉGYPTE.

402 DE L'ÉTAT ACTUEL

COMPOSITION DU PELASTHON.

Exemple.

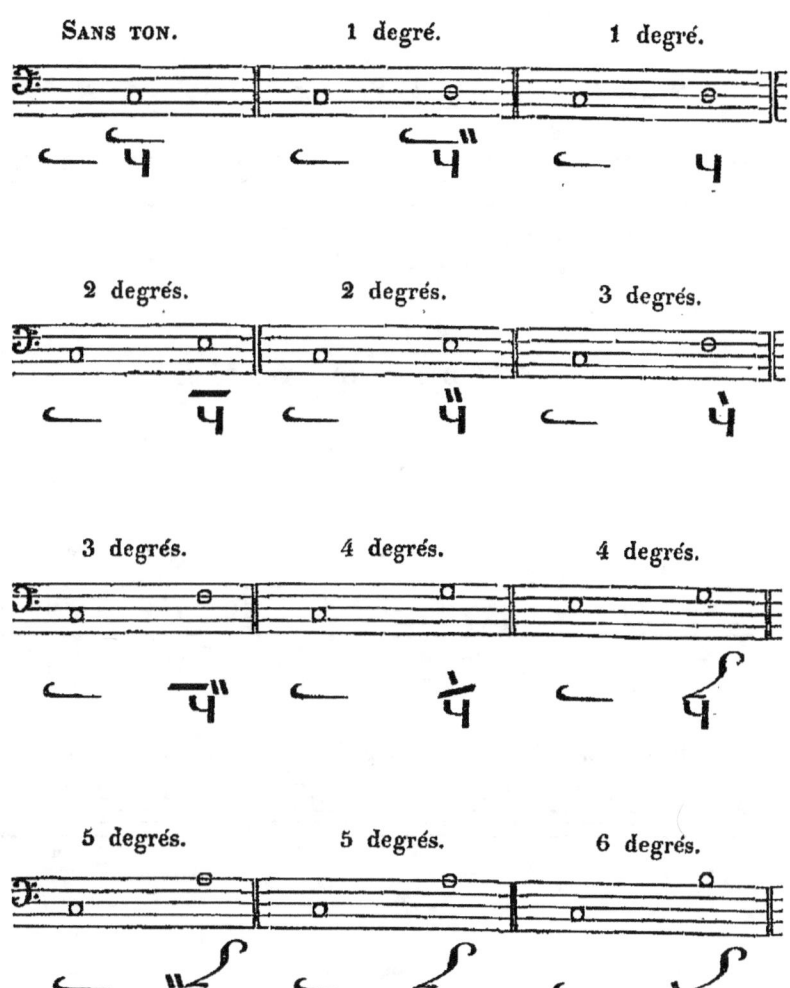

DE L'ART MUSICAL EN ÉGYPTE.

COMPOSITION DU KRATÊMA.

Exemple.

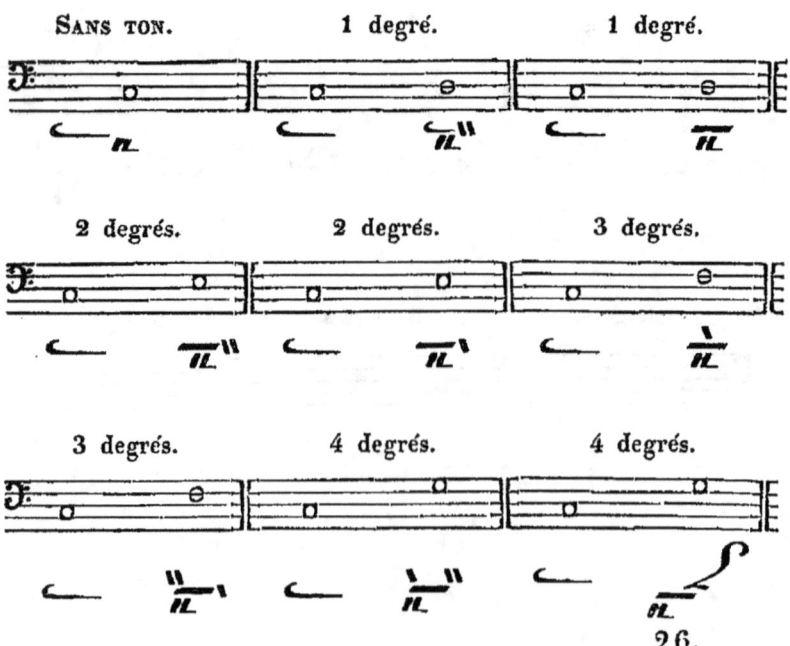

DE L'ÉTAT ACTUEL

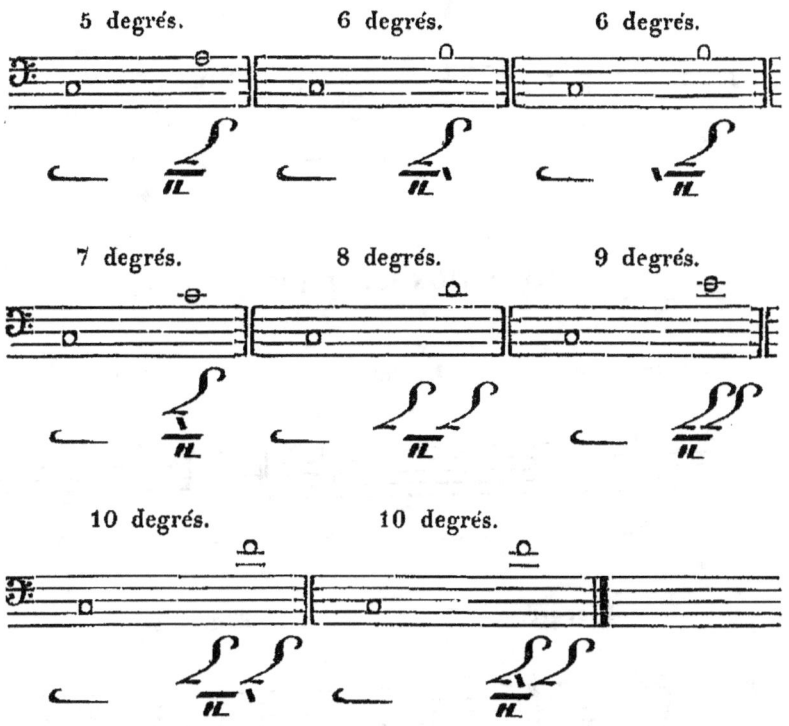

Exemples des signes descendans et des valeurs des notes.

COMPOSITION DES DEUX APOSTROPHES CONJOINTS.

3 degrés. 3 degrés.

COMPOSITION DE L'APOSTROPHE.

SANS TON. 1 degré. 1 degré.

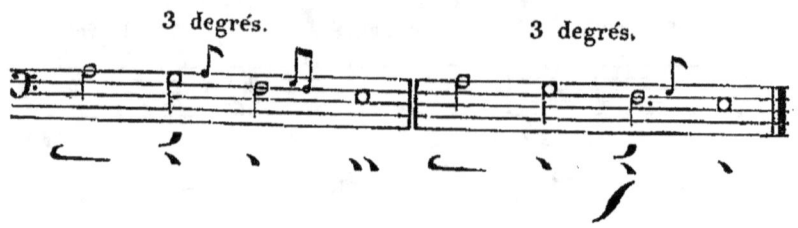

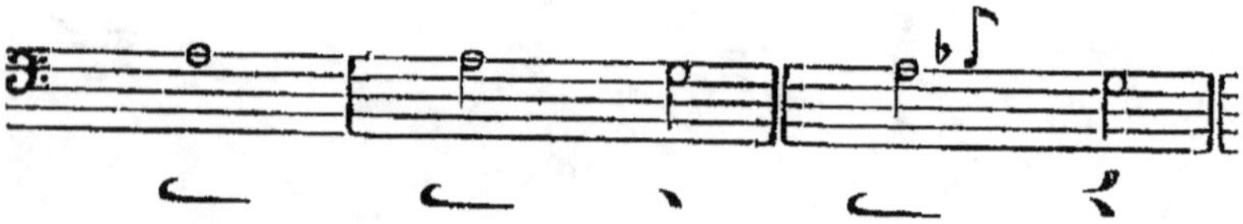

1 degré. 2 degrés.

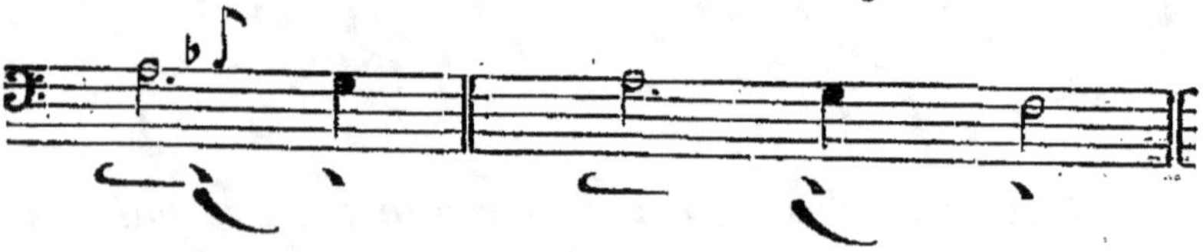

2 degrés. 2 degrés.

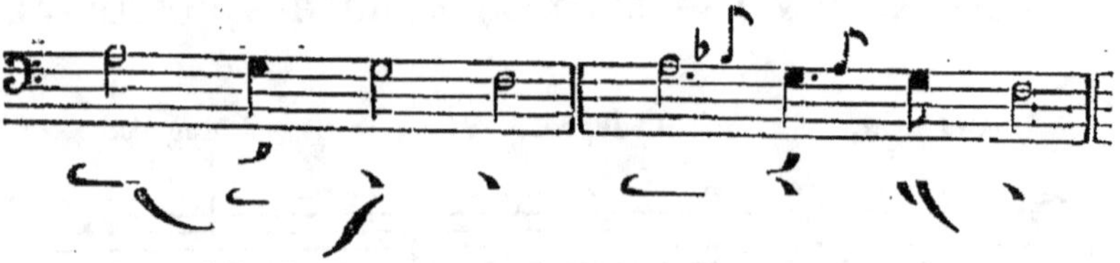

2 degrés. 3 degrés.

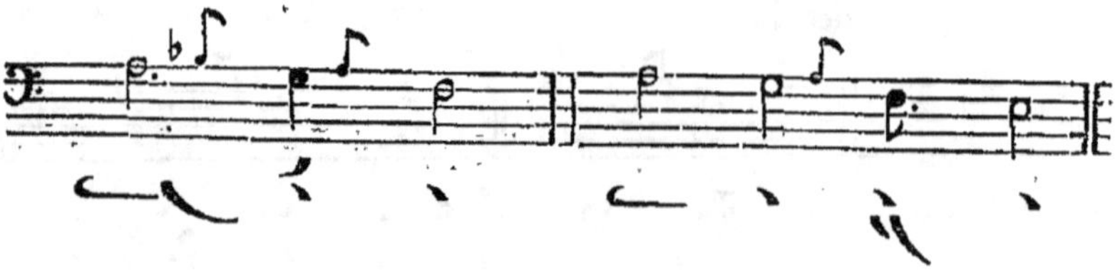

406 DE L'ÉTAT ACTUEL

4 degrés.

COMPOSITION DE L'APORRHOË.

2 degrés.   2 degrés.

3 degrés.   4 degrés.

4 degrés.   5 degrés.

6 degrés.

7 degrés.

COMPOSITION DU KRATÊMA HYPORRHOON AVEC L'APOSTROPHE.

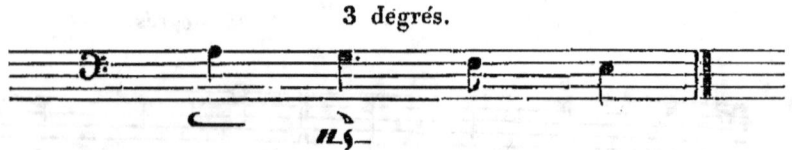

COMPOSITION DE L'ELAPHRON.

408 DE L'ÉTAT ACTUEL

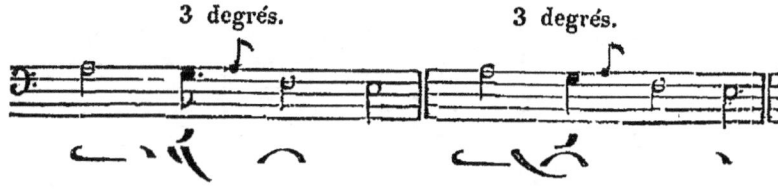

COMPOSITION DU KAMILE.

ARTICLE VI.

Règles ou remarques nécessaires dans la pratique du chant grec, lesquelles manquent dans les papadike.

Les *papadike* laissent encore beaucoup de choses à désirer sur la connaissance de la valeur, de la propriété et de l'usage des signes du chant. Quoique les exemples que nous avons notés avec nos notes européennes aient déjà levé plusieurs difficultés qui eussent été insurmontables pour les personnes qui n'ont pu acquérir d'expérience dans la musique grecque moderne, nous sentons qu'il nous faudrait éclaircir et expliquer de nouveau la plupart des choses que nous venons de citer, en traduisant littéralement le texte de nos traités de chant : mais nous ne nous arrêterons qu'aux points essentiels auxquels il n'a pas été donné tous les développemens nécessaires pour les faire comprendre entièrement et sans la moindre incertitude.

Voici quelques règles importantes, qui, étant jointes aux remarques que nous avons faites en notes dans l'article précédent, suppléeront au défaut de celles qu'on ne trouve point dans les *papadike,* relativement aux signes du chant : nous les tenons de Dom Guebraïl ; elles sont le résultat de ses réponses aux observations que nous trouvions l'occasion de lui faire, dans les leçons qu'il nous donnait.

Quand sous l'ISON ⌒ on rencontre l'APODERMA ⊤, ou le DIPLÊ //, ou le KRATÊMA ⫯, écrit de cette manière ⌒⊤ ou ⌒// ou ⌒⫯, c'est un signe de repos.

Quant l'*ison* est placé au-dessus d'un signe du chant, soit ascendant, soit descendant, ce signe devient *muet,* c'est-à-dire *nul.*

Si le signe du chant sur lequel est placé l'*ison* est composé de plusieurs autres signes de même nature, il n'y a que le principal, ou celui au-dessus duquel est immédiatement l'*ison,* qui devienne muet.

L'*ison* ne se met que sur les signes de chant appelés *corps,* et jamais sur ceux qu'on nomme *esprits ;* et, quand il est placé sur un *corps* accompagné d'un *esprit*, il n'anéantit que l'effet du *corps* et non celui de l'*esprit*.

Un *corps* devient nul quand il a sous lui ou à sa droite un *esprit*, et il n'y a que ce dernier qui se chante[1]; mais si l'*esprit* est au-dessus et au milieu ou à la gauche du *corps*, l'un et l'autre se chantent et ne forment qu'un seul intervalle composé de celui qu'indique chacun d'eux[2].

L'OLIGON ⸺ reçoit fort souvent l'ARGON ⇁ et la plupart des autres grands signes, quand il est composé avec les esprits.

L'OXEÏA ⸺ reçoit sous lui les grands signes *ligisma*, *diplé*, *stauros*, *tromikon*, *ekstrepton* et *omalon*, quand il est joint à l'*apostrophe* et à l'*argo-syntheton*. Il reçoit également le *gorgon*, l'*argon*, le *gorgo-syntheton* et le *phthora*.

Le PETASTHE ⸺ admet sous lui tous les grands signes.

Quand dans le *petasthe* il y a deux *kentêma*, ils se prennent séparément après lui, et forment une tierce par degrés conjoints.

Exemple.

On peut remarquer dans cet exemple que l'*elaphron*, qui est un *esprit*, anéantit l'effet de l'*apostrophe*, qui est un *corps*, parce que cet esprit se trouve placé à la droite

---

[1] *Voyez* les exemples de l'article précédent.

[2] *Voyez* les exemples de l'article précédent.

du corps. Ainsi, au lieu de descendre de trois intervalles, c'est-à-dire de quarte, on ne descend que de deux qui forment une tierce, et l'intervalle qu'indique l'*elaphron :* on a donc ici l'application de ce que nous avons observé il y a un instant, touchant la propriété des esprits, quand ils se trouvent joints à un corps de telle ou telle autre manière.

Lorsque le *petasthe* a sur lui l'*ison* et les deux *kentêma* sur sa drotie, il devient nul par la règle que nous avons déjà donnée.

Exemple.

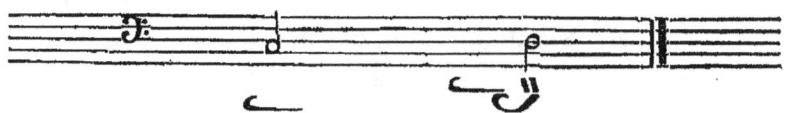

Conséquemment les deux signes ascendans de cet exemple, au lieu de comprendre deux intervalles ou une tierce, ne font qu'un intervalle ou une seconde.

Le KOUPHISMA ʋ⊦— ne peut se combiner avec un aussi grand nombre de signes que le *kentêma*. Il a cela de particulier qui le distingue des signes de sons ascendans, l'*oligon*, le *petasthe* et le *kentêma*, qu'il ne se met jamais avec l'*elaphron*, et qu'il ne reçoit ni le *piasma*, ni le *heteron*, ni le *paraklêtikê*, ni enfin aucun des signes qui sont écrits en rouge[1] dans les livres de chant.

---

[1] Il y a une partie des grands signes qui sont écrits en rouge dans les livres de chant; ce sont ceux qui indiquent des modifications des sons ou des ornemens. Ceux des grands signes qui indiquent les repos ou la durée plus ou moins longue, plus ou moins rapide, des sons, s'écrivent en noir parmi les notes de chant.

DE L'ART MUSICAL EN ÉGYPTE.

Le PELASTON ᖫ reçoit sous lui tous les grands signes, excepté le *synagma*, le *stauros* et l'*enarxis*. Il reçoit aussi le kentêma, et ne se place jamais au-dessus des autres signes.

Quand les signes de sons ascendans sont écrits au-dessus des signes descendans, on n'a égard qu'aux signes descendans, et les ascendans deviennent nuls.

Quand le KRATÊMA HYPORRHOON est écrit sous les signes ascendans, il indique qu'après avoir monté, il faut descendre de deux degrés ou d'une tierce, en s'arrêtant un peu sur la note la plus élevée de la tierce; car le *kratêma* seul désigne un repos : c'est pourquoi le *kratêma hyporrhoon* s'emploie ordinairement comme une préparation à une cadence de repos.

Exemple.

Le SEISMA étant composé du *piasma*, signe qui indique aussi un léger repos, et de l'*aporrhoë*, signe descendant de deux degrés ou d'une tierce, produit à peu près le même effet que le *kratêma hyporrhoon*; excepté que le repos sur la note supérieure n'est pas si long, et que ce repos n'annonce pas une cadence périodique du chant.

414 DE L'ÉTAT ACTUEL

Exemple.

Quoique les Grecs modernes ne déterminent pas la durée de leurs sons dans le chant, d'une manière aussi exacte et aussi précise que nous le faisons par notre mesure et avec nos notes, on peut cependant, suivant Dom Guebraïl, établir entre eux la proportion suivante, que nous exprimons ainsi avec nos figures de notes :

APODERMA	T	1	o
BAREÏA	⌣	$\frac{3}{4}$	p.
DIPLÊ	//	$\frac{1}{2}$	p
KRATÊMA	/L	$\frac{3}{8}$	p.
ARGON	⌐	$\frac{1}{4}$	p
PIASMA	\\	$\frac{3}{16}$	p.
TZAKISMA	⌐	$\frac{1}{8}$	p

Cependant toutes ces valeurs, comme l'expérience nous l'a prouvé, ne sont qu'approximatives, et non aussi rigoureusement déterminées que nous les donnons ici. Les repos que ces signes indiquent ont beaucoup plus de rapport avec ceux que nous marquons en écrivant, par le point, les deux points, le point et virgule, et la virgule.

ARTICLE VII.

Des grands signes ou hypostases de la musique des Grecs modernes.

On appelle *grands signes* ou *grandes hypostases* tous les signes qui ne sont point compris dans le nombre des quatorze premiers dont il a été fait mention à l'article IV. Ce n'est pas que les signes de cette espèce soient d'une forme plus grande que les autres, ni qu'ils se placent tous sous les notes de chant, ainsi que l'annonce le nom d'*hypostase* qu'on leur donne : car il y en a qui sont d'une dimension plus petite même que celle des quatorze premiers signes du chant, et il y en a qui se placent sur ces derniers, d'autres entre, d'autres dessous; mais c'est sans doute pour quelques raisons que nous ignorons, et que nous ne croyons pas très-nécessaires à savoir.

Dans la liste que les traités nous offrent de ces grands signes, dans celle même que Dom Guebraïl nous a écrite de sa propre main en notre présence, il y en a qui n'indiquent uniquement que des repos; d'autres qui désignent en même temps des repos et des sons [1]; d'autres qui indiquent des terminaisons ou *neumes* de chant; d'autres, des changemens de modulation; d'autres, enfin, qui paraissent n'être destinés qu'à avertir lorsqu'il faut faire quelques génuflexions ou des signes de croix, ou tout autre mouvement relatif aux cérémonies du culte religieux; car

---

[1] Il y a, dans l'article précédent, des exemples où il entre des signes de ces deux espèces.

les mouvemens sont très-fréquens parmi les Grecs pendant la durée de leurs offices. Néanmoins la plupart de ces signes se rapportent assez souvent à certaines phrases du chant, auxquelles on pourrait croire qu'ils appartiennent.

Il ne paraît pas que Kircher ait été mieux informé que nous sur ces grands signes; ou plutôt il est évident qu'on l'a trompé d'une manière peu digne de lui, quand on lui a persuadé que les grands signes indiquaient non-seulement combien de temps il faut s'arrêter sur les sons, et qu'ils répondaient aux temps de notre mesure ou à la valeur des notes, mais encore qu'ils avaient quelque rapport avec les tropes et les figures de rhétorique. On ne conçoit pas comment Kircher a osé mettre en avant des idées aussi fausses et aussi invraisemblables : comparer des sons qui ne peuvent exprimer que des sentimens, avec des mots faits pour rendre nos idées, c'est confondre l'esprit avec la matière. Mais on aurait bien d'autres reproches à faire à Kircher, si l'on voulait critiquer son article sur la musique grecque moderne, qui a pour titre *Adnotatio in semœiologiam grœcanicam;* et nous ne sommes tentés de le faire ni ici ni ailleurs.

Nous avons déjà averti qu'il n'y a rien d'écrit dans les traités de chant grec concernant la propriété et l'usage des grands signes; nous avons avoué aussi que nous n'avions pu obtenir de notre maître d'autres éclaircissemens sur cet objet que des exemples chantés : nous allons donc les présenter tels que nous les avons reçus, et conformément à l'ordre dans lequel ils se trouvent rangés dans la liste que nous en avons offerte; nous placerons nos remarques dans les notes.

DE L'ART MUSICAL EN ÉGYPTE.

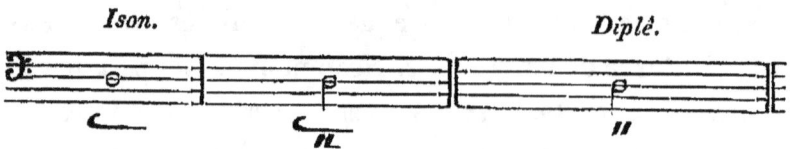

Ison. — Diplê.

Paraklêtikê sous les notes.

Paraklêtikê sur les notes.

Idem. — Kratêma [1].

Lygisma.

Idem.

[1] Les Grecs modernes prononcent *kratima*, parce qu'ils donnent à l'η le son de notre *i*, comme nous l'avons déjà fait observer.

DE L'ÉTAT ACTUEL

DE L'ART MUSICAL EN ÉGYPTE.

[1] Il ne paraît pas que le signe *stauros* produise le moindre effet dans le chant; et cependant, là où il se rencontre, la mélodie est à peu près la même partout : ne serait-ce pas parce que ce chant indique les signes de croix, qu'on l'aurait distigué par cette figure ✠ ?

Gorgon.

Antikenôma. *Tromikon.*

Idem. *Omalon.* *Epegerma.*

Thematismos esô.

Thematismos exô[1].

[1] Il y a dans le traité, ἕτερς ἔξω, *heteros exô;* mais Dom Guebraïl écrit seulement *thematismos exô:* or, l'analogie qu'il y a entre ce signe et le précédent, nous a fait juger que le nom qui lui avait été donné par Dom Guebraïl était le vrai.

DE L'ART MUSICAL EN ÉGYPTE.

Autre exemple du thematismos esb.

Idem.

Parakalesma.

Idem.

Heteron parakalesma.

Idem. Psiphiston parakalesma [1].

[1] C'est, sans doute, par erreur, que Dom Guebraïl nous a donné ce chant sur le sigue *psiphiston synagma*, puisque ce signe est véritablement le *psiphiston parakalesma*.

DE L'ART MUSICAL EN ÉGYPTE.

[1] On lit dans un de nos traités l'explication suivante, à l'occasion du *xiron klasma* : « On appelle ces tons *composés*, parce qu'ils sont composés de deux ou trois tons. Par exemple, le *diplé* se forme de deux accens aigus; le *xiron klasma*, de deux accens aigus et du *petasthe*; le *piasma*, de deux accens graves; l'*anastéma*, du *diplé* et du *petasthe*. » (Nous n'avons point ce signe; mais, par la manière dont il est composé, il serait, à peu de choses près, semblable au *xiron klasma*.) Voici le texte de l'explication que nous venons de rapporter : Σύνθετοι δὲ λέγονται διὰ τὸ συνίςαϑαι διὰ δύο κ̀ τειῶν τόνων· ἤγουν, ἡ διπλῆ, διὰ δύο ὀξειῶν· τὸ ξηρὸν κλάσμα, διὰ δύο ὀξειῶν κ̀ πεταϑῆς· τὸ πίασμα, διὰ δύο βαρειῶν· τὸ ἀνάσημα, διὰ διπλῆς κ̀ πεταϑῆς.

[2] Les Grecs prononcent *sinceton*.

424 DE L'ÉTAT ACTUEL

Thema haploun.

Choreuma [1].   *Tzakisma.*

Gorgon.

Piasma.

Synagma.

[1] Dom Guebraïl ne nous a point donné d'exemple de l'effet de ce signe dans le chant, et nous ne l'avons point trouvé dans les *papadike*.

DE L'ART MUSICAL EN ÉGYPTE.

Enarxis.

Bareïa.

Idem.

Hémiphônon [1]. *Hémiphthoron* [2].

[1] Ce signe et le suivant ne nous ont été expliqués d'aucune manière. Nous présumons que le premier indique un demi-ton, c'est-à-dire une modulation qui n'est pas entièrement dans le même ton.

[2] Comme, dans la musique grecque, on appelle *phthora* une mutation ou un changement de ton, il est probable que le *hémiphthoron* est aussi une demi-mutation, ou un changement imparfait de ton.

ARTICLE VIII.

Des tons ou modes.

PRÉFACE DE L'ART MUSICAL [1].

« Il faut savoir que le premier ton s'appelle le *premier*, parce qu'il commence et qu'il est le chef des autres tons. On le nomme *dorien*, ou *des Doriens*; et comme on dit que les Doriens agissent simplement, on a, par la même raison, appelé ce ton *dorien* [2]. De son esprit [3] a été formé l'hypodorien [4], qui est le fils du premier. Le lydien [5], ou

---

[1] Ici nous reprenons le texte que nous avions été obligés de quitter pour que l'ordre des matières ne fût pas interverti, comme il l'est dans les *papadike*.

[2] *Variante d'un autre traité.* « Il faut savoir que le premier ton a été nommé le *premier*, parce qu'il commence et qu'il est le chef des autres tons. On lui a donné le nom de *dorien*, parce qu'il vient des Doriens, et qu'il a été enseigné par eux; enfin, parce que les Doriens passent pour avoir une manière d'agir simple. Ce ton est célébré ainsi:

Μουσικοῦ λαοῦ ἄρχων τυγκάνων, ὢ πρῶτε,
Πρώτοις τε διὸ εὐλογοῦμεν τοῖς λόγοις.

M. *Achaintre* a traduit de cette manière ces vers en latin:

Musici populi cùm sis princeps, ô prime,
Ideo te primis laudamus verbis.

[3] On appelle *esprit* d'un ton, dans la musique grecque moderne, les sons harmoniques de ce même ton, c'est-à-dire la tierce et la quinte, soit en dessus, soit en dessous. Ici il s'agit de la quinte en dessous.

[4] *Variante.* « De celui-ci a été formé son fils et son plagal; on le célèbre ainsi:

Θρηνωδὸς εἰκῇ καὶ φιλοικτίρμων ἄγαν,
Ψάλλεις τὰ πολλὰ καὶ χορεύεις εὐρύθμως.

Ad luctum etsi et misericordiam vehementer pronus,
Cantas multa et tripudias numerosè.

Trad. de M. Achaintre.

[5] *Variante.* « Le second ton est lydien : (on le nomme ainsi) parce

le second, est venu de la Lydie : on appelle la Lydie *la contrée de Neokastron*, comme aujourd'hui encore on la nomme *le camp de Lydie*. De celui-ci dérive l'hypolydien [1], qui est son plagal. Le phrygien [2], c'est-à-dire le troisième, a été inventé en Phrygie : la Phrygie est la contrée de *Laodicée*, et c'est pour cela qu'il a été appelé *phrygien*. De celui-ci a été formé l'hypophrygien [3], ou

qu'il est venu de Lydie. La Lydie est la contrée d'Éphèse, et la patrie de saint Jean le théologien. Ce ton est célébré de cette manière :

Πόσον μελιχρὸν καὶ γλυκύσομον μέλος·
Ὡσὰ παίνει καρδίας καθόδεον.
Quàm mellifluum et delicatum melos!
Est quod corda deorsum clamans.

Trad. de M. Achaintre.

[1] *Variante.* « De ce ton a été engendré son fils l'hypolydien, son plagal ; on le célèbre ainsi :

Τὰς ἡδονὰς δὲ διπλοσυνθέτους φέρεις,
Τοῦ δευτέρου πῶς δευτερεύων δευτέρως.
Affers voluptates duplo compositas,
Cùm sis veluti secundi secundus secundo ordine.

Trad. de M. Achaintre.

[2] *Variante.* « Le troisième s'appelle *phrygien*; car c'est de la Phrygie qu'il est venu. La Phrygie enfin est la contrée de *Laodicée*. On célèbre ce ton de cette manière :

Τοὺς καπάρχων ὑπαρύθμους, ὦ τεῖπε,
Ἀληθὲς προσήκεις προσφυῶς ἡρμοσμένος.
Incipiens numeros inferiores, tu qui es tertius,
Procedis verè congruenter accommodatus.

Trad. de M. Achaintre.

[3] *Variante.* « Par conséquent, du ton phrygien s'est formé son fils l'hypophrygien et son plagal, qui, à cause du caractère mâle et de la force de sa mélodie, a été appelé grave. On le célèbre ainsi :

Ἀνδρῶδες ᾆσμα, δευτερότριτε, βρέμεις,
Μὴ ποικιλωδῶς τοὺς ἁπλοῦς ἔχεις φίλους.
Cantum virilem sonas, ô secunde post tertium :
Non cantum variare peritus, simplices habes amicos.

Trad. de M. Achaintre.

le plagal du troisième, c'est-à-dire le grave. Le milésien [1] est venu de *Milet*. De celui-ci s'est formé l'hypomilésien [2]; car c'est dans ces divers lieux qu'a été inventée la mélodie des tons. De même que les Doriens découvrirent la mélodie

---

[1] *Variante.* « Le quatrième s'appelle milésien; il console les affligés. On le célèbre ainsi :

Α'υτοὺς χορευτὰς δεξιούμενος πλάιτεις,
Φωνὰς βραβεύων καὶ κροτῶν ἐν κυμβάλοις.
Dextram porrigens ipsos saltantes formas,
Moderans voces, et verberans in cymbalâ.

Trad. de M. Achaintre.

Nous avons de la peine à croire que le mot *milésien* ne soit pas une corruption de celui de *mixolydien*, qui a toujours été le nom de ce ton. Au lieu de *mixolydien*, on aura pu prononcer d'abord, par syncope, *milydien*; et comme les Grecs modernes adoucissent beaucoup la prononciation de leur *d*, on aura dit sans doute *milysien* : de là le ton *milésien* et son origine supposée de Milet. Ce qu'il y a de certain, c'est que sur la rose de compas sur laquelle sont distribués systématiquement les huit tons du chant grec, on ne lit point *milésien*, mais *mixolydien*; et cette figure systématique, copiée sans doute d'après les anciens traités, n'étant pas autant susceptible d'être altérée que le texte, et présentant les tons avec les mêmes noms que leur donnaient les anciens Grecs, diminue beaucoup notre confiance dans ce que nous apprend l'auteur de ce traité de chant.

[2] *Variante.* « De ce mode milésien, du quatrième, dis-je, a été engendré son fils l'hypomilésien, qui est aussi son plagal. Voici comment on le célèbre :

Α'νεμβρύνεις σὺ τοῦ κράτους τῶν ἀσμάτων,
Ἔχων κορωνὶς, ὡς ὑπάρχων, καὶ τέλος.
Balbutis cum fremitu dulci cantuum:
Coronis habens initium atque rei finem.

Trad. de M. Achaintre.

ANNOT. Coronis. *Litterali ratione,* coronis habens, uti initium, itâ quoque finem. Coronis *autem nota est quæ in calce libri appingi solebat, unci figurâ, ad significandum finem; hanc Martialis appellat* coronidem. *Eadem nota initio libri appingebatur aliquando.* Item coronis, *fastigium et apex in re aliquâ, idem quod* κορυφὴ; *unde Luciano et Plutarcho* κορωνίδα ἐπιτιθέναι, *fastigium et finem imponere.*

M. Achaintre.

du premier ton, les Lydiens celle du second ton, les Phrygiens celle du troisième ton; de même aussi les Milésiens inventèrent celle du quatrième ton. Dans la suite, Ptolémée, roi et musicien, après avoir recueilli tous les faits, donna aux tons les noms des lieux où ils avaient été inventés [1].

QUESTION. « Combien y a-t-il de tons ?

RÉPONSE. « Il y a quatre tons principaux, quatre *plagaux*, et deux *moyens* [2] ou dérivés, *nenanô* et *nana*, que l'on chante particulièrement dans l'église [3].

---

[1] Il n'est pas inutile d'observer que le traité que nous traduisons ici a été écrit en 1695, par *Emmanuel Kalos*, et qu'à cette époque, aussi bien qu'aujourd'hui, il y avait très-peu de Grecs qui se doutassent que leurs ancêtres, bien des siècles avant l'existence des premiers rois *Ptolémées*, connaissaient déjà ces tons par les noms qu'on leur donne ici, excepté toutefois celui auquel on a donné le nom de *milésien*. D'ailleurs, au temps du roi Ptolémée musicien, et celui-ci ne peut être que Ptolémée-Aulètes, qui existait plus de soixante ans avant J.-C., on était encore bien éloigné de penser à la musique grecque moderne, puisqu'elle n'a été inventée que dans le huitième siècle; mais c'est une vanité presque naturelle à tous les hommes, de chercher une origine ancienne à tout ce qui leur appartient, croyant par-là en rehausser le mérite. Les Grecs modernes, en reculant ainsi l'époque de l'invention de leur musique, ne se doutaient pas probablement qu'ils reculaient de près de neuf cents ans l'existence de l'inventeur de leur musique, saint Jean Damascène, et qu'ils la supposaient antérieure de plus d'un siècle à l'établissement du christianisme.

[2] Nous traduisons ainsi le mot ἐπιχύματα, qui ne se trouve point dans les lexiques, et qui probablement appartient au grec moderne. Nous faisons dériver ce mot du verbe ἐπιχύω, *je verse dedans, je répands sur*, parce que les *epichumata* sont en effet des modes qui participent des premiers et des plagaux, et qu'ils en sont formés. On verra dans la suite que cette interprétation est fondée.

[3] Il y a dans le texte, εἰς τὸν ἁγιοπολίτην; littéralement, *dans la cité sainte :* nous avons substitué à ces mots ceux-ci, *dans l'église*, parce que nous pensons que c'est la pensée de l'auteur qui distingue ici les tons de l'église d'avec ceux des chants profanes, comme on le verra plus clairement plus loin.

Q. « Combien de tons chante-t-on dans l'église [1]; qu'est-ce qu'on nomme *hagiopolites* [2], et qu'est-ce que le ton?

R. « Il y a huit tons qui se chantent (c'est-à-dire, dans l'église). L'*hagiopolites* est ainsi nommé à cause du soin particulier qu'on y a des saints martyrs et des autres saints. Les Saints-Pères poëtes [3], saint Jean Damascène et les autres saints chantaient dans l'*hagiopolites* où ils habitent (c'est-à-dire où ils reposent, où ils sont enterrés, ou bien où sont leurs reliques) [4].

---

[1] Il y a encore ici, εἰς τὸν ἁγιοπολίτην.

[2] Nous avons laissé ici le mot *hagiopolites*, à cause de l'explication qui va suivre.

[3] Si nous eussions suivi notre opinion, au lieu de *poëtes*, nous aurions dit *auteurs du chant*, parce que, dans ce traité, on appelle le chant un *poëme*; la composition du chant, *poésie*. Or, il est évident que ces mots *poëme* et *poésie* ne sont pas pris ici dans le sens que nous leur donnons ordinairement, mais dans celui d'*ouvrage composé*, de *composition*, comme venant du verbe ποιέω, *poieô*, qui signifie *faire*, *composer*, etc. Par conséquent, le mot *poëtes* ici signifierait les *auteurs*, les *inventeurs* du chant; et c'est pourquoi saint Jean Damascène a été mis à la tête de ceux-ci, comme étant l'inventeur de la musique grecque moderne.

[4] Ceci confirme, à ce qu'il nous semble, le sens que nous avons donné au mot *hagiopolites*, en le rendant par celui d'*église*. On sait que les églises (nous ne parlons que du lieu, et non de la communion des fidèles) étaient, dans les premiers temps du christianisme, des lieux destinés à conserver les restes qu'on avait pu recueillir des corps des martyrs après leur supplice, et que c'était là que les premiers chrétiens se rassemblaient ordinairement pour prier; qu'ensuite ces mêmes lieux furent spécialement consacrés aux prières et aux cérémonies du culte; qu'on leur donna le nom du saint le plus vénéré dans l'endroit par ses miracles ou par ses bienfaits; et voilà pourquoi les églises sont appelées par notre auteur, *hagiopolites*, cités saintes.

M. Achaintre, se fondant sur le témoignage de M. *Georgiadès*, Grec, pense que l'*hagiopolites* signifie un recueil d'hymnes en l'honneur des martyrs, à peu près dans le genre du commun des martyrs. Mais cette remarque n'est pas assurément de quelqu'un qui a une idée bien claire de ce que nous nommons le *commun des martyrs*; car il saurait que ce n'est pas plus un

Q. « Combien y a-t-il de *tons?*

R. « Quatre, *a, b, c, d*¹. De l'abaissement de ceux-ci en dérivent d'autres, qui sont les quatre *plagaux*. Ces quatre plagaux ont été formés sur les quatre premiers, comme sur leurs prototypes; et les quatre moyens² ont été formés de la même manière sur les quatre plagaux, en sorte que le moyen³ du premier (ton) est le

recueil d'hymnes que le commun des apôtres, que celui des confesseurs, que celui des vierges, etc. D'ailleurs pourquoi les huit tons seraient-ils exclusivement réservés aux hymnes des martyrs? Quels seraient les tons destinés aux autres chants? Pourquoi n'en serait-il pas parlé? Le fait est, au contraire, que la plupart des chants d'église des Grecs ne sont pas des hymnes, mais d'autres chants de l'espèce de nos répons, de nos antiennes, de nos graduels, etc.; et il s'en faut de beaucoup que ces chants soient exclusivement composés en l'honneur des martyrs. Ainsi les chants de l'*hagiopolites* ne sont autre chose que les chants de l'église, appelée *cité sainte,* par opposition au gouvernement temporel; ces chants se bornent à huit tons différens, tandis que les chants profanes en admettent un plus grand nombre.

Il y a dans le texte ῶ α, ῶ ϐ, ῶ Γ, ῶ ᴅ, ce qui répond à *1ᵉʳ, 2ᵉ, 3ᵉ, 4ᵉ,* parce que ces lettres sont prises ici suivant leur valeur numérale. Cette manière de désigner les tons paraît avoir été empruntée de celle qu'employa saint Grégoire, lequel, en cela, avait imité les Latins.

² Il y a ici dans le grec οἱ μέσοι, qui signifie *moyens :* cela change donc en certitude la conjecture que nous avons faite à l'égard du mot ἐπιχύματα dont il a été parlé dans la première réponse de la page précédente.

³ Le ton *moyen* a vraisemblablement été ainsi nommé, parce qu'il tient le milieu entre le ton primitif et son plagal, qui est à la quinte au-dessous. En effet, le ton moyen a sa tonique sur le troisième degré en descendant à partir du ton primitif; et ce degré est le milieu juste de la quinte ou des cinq degrés dont se compose l'intervalle compris entre ce ton primitif et son plagal. Par exemple, on dit que le moyen du premier ton est le *grave,* et l'on sait que le grave est le plagal du troisième ton qui est le phrygien, c'est-à-dire, que c'est l'*hypophrygien* : or, le premier ton étant MI, le troisième ton doit être SOL; le *plagal* de celui-ci, c'est-à-dire la quinte au-dessous, doit être UT, qui est en effet la tierce au-dessous de MI, et qui tient le milieu entre ce premier ton MI et son plagal LA.

grave [1], le moyen du second est le plagal du quatrième [2], le moyen du troisième est le plagal du premier, le moyen du quatrième est le plagal du second. De ces quatre moyens ont été engendrés les quatre dérivés. C'est ainsi que procèdent les quatorze tons, qui, à la vérité, sont en usage dans les chansons, mais non dans l'église [3].

Q. « Qu'est-ce que vous avez à faire avant de commencer à chanter, et que faut-il apprendre pour cela?

R. « A entonner [4].

Q. « Qu'est-ce que l'*intonation?*

R. « L'*intonation* est une préparation [5] au ton, comme lorsque l'on répète *ananes* [6] ?

Q. « Qu'est-ce qu'*ananes?*

R. « Par exemple, *anax anes* [7].

Q. « Quelle est l'intonation du second ton?

R. « *Neanes* [8].

On a dans cette progression, MI, *ton primitif;* UT, *ton moyen;* LA, *plagal du premier ton;* et cette progression est la même pour tous les tons.

[1] On doit se rappeler que c'est ainsi qu'on désigne le plagal du troisième ton, c'est-à-dire l'hypophrygien.

[2] Connaissant le ton primitif, ou son plagal, le *moyen* n'est pas difficile à trouver, puisqu'il est à la tierce au-dessous du ton primitif ou à la tierce au-dessus du plagal, ainsi qu'on a pu le remarquer par la démonstration que nous avons faite dans la note [3] précédente.

[3] Il y a encore ici *hagiopolites*, et l'on voit, comme nous l'avons observé, que les chants de l'*hagiopolites* sont mis en opposition avec les chansons profanes, dans lesquels on fait usage des quatorze tons; tandis que les chants de l'*hagiopolites* n'en admettent que huit : or, ce sont là les tons employés dans les divers chants d'église que contiennent les *papadike*.

[4] Il y a dans le texte, καὶ μετὰ ἐνηχήματος.

[5] Voici le texte, ἐνήχημα ἐσλὶν ἡ τοῦ ἤχου ἐπιβὴ, οἷον ἀντιλέγειν ἄνανες.

[6] C'est l'intonation du premier ton.

[7] Ce sont les premiers mots d'un chant sur le premier ton.

[8] On trouvera toutes ces intonations dans le paradigme à la fin de cet article.

Q. « Qu'est-ce que *neanes?*

R. « Par exemple, *Kyrie aphes*[1].

Q. « Quelle est l'intonation du troisième ton?

R. « *Nana.*

Q. « Qu'est-ce que *nana?*

R. « Par exemple, *Paraklête synchôreson*[2].

Q. « Quelle est l'intonation du quatrième ton?

R. « *Hagia.*

Q. « Qu'est-ce que *hagia?*

R. « Par exemple, *Cherubim et Seraphim*[3]. C'est une hymne qu'on chante sur ce ton, de même que celle qui commence ainsi : *O vous, qui vous manifestez au ciel et sur terre, permettez que je vous célèbre, et que je chante l'hymne la plus digne de votre divinité indivisible.*

Q. « Combien y a-t-il d'esprits, et pourquoi les nomme-t-on ainsi[4]?

R. « Il y en a quatre[5]; on les nomme *esprits*, parce qu'ils terminent les voix (les intervalles)[6], et qu'ils n'existent point sans les autres tons[7].

---

[1] Premiers mots d'un chant sur le second ton.

[2] Premiers mots d'un chant sur le troisième ton.

[3] Premiers mots d'un chant sur le quatrième ton.

[4] Nous n'avons pas cru devoir supprimer cette redite, parce qu'elle conduit à d'autres questions accessoires que nous n'avons pu placer ailleurs, et qu'il est utile de connaître.

[5] Nous avons ajouté le commencement de cette réponse, parce que la question l'exige, et que c'est, on n'en peut douter, un oubli de la part de l'auteur ou du copiste, qui fait que cela ne se trouve point dans le texte.

[6] Il y a dans le texte grec, διὰ τὸ φωνὰς ἀποτελεῖν, *parce qu'ils terminent les voix;* ce qui n'est pas intelligible en français. Nous avons ajouté le mot *intervalles* à celui de *voix*, qui est pris ici dans le même sens; car, comme nous l'avons déjà vu, les Grecs appellent *voix* les intervalles des sons.

[7] C'est-à-dire qu'ils achèvent l'intervalle commencé par les autres

Q. « Qu'est-ce que la voix (φωνή) [1] ?

R. « La voix [2] est ainsi appelée, parce qu'elle est la lumière [3] de l'âme. En effet, ce que l'âme sent, la voix l'exprime [4]; car il y a dans les sons de la voix une certaine existence corporelle, et la voix est l'effet du souffle rassemblé en nous, joint à une certaine efficacité.

Q. « Qu'est-ce que le *papadike* ?

R. « C'est l'art de la musique.

Q. « Comment nomme-t-on les tons ?

R. « *A, b, c, d*, etc. [5] Ce ne sont point là les noms principaux, mais seulement les désignations [6] des huit tons; car dire *a, b, c, d* [7], c'est désigner le degré et non le nom (des tons). Je vous ai donc dit que le premier (ton) s'appelle *dorien*; le second, *lydien*; le troisième, *phrygien*; le quatrième, *mixolydien* [8]; le plagal du premier, *hypodorien*; le plagal du second, *hypolydien*; le plagal du troisième, *grave* ou *hypophrygien*; et le plagal du quatrième, *hypomixolydien* [9]. »

---

tons exprimés en signes qu'on nomme *corps*, et sans lesquels on ne les emploie jamais.

[1] Nous avons écrit le mot grec φωνή, *phôné*, qui signifie *voix*, afin de fixer davantage l'attention sur l'explication étymologique que l'auteur donne de ce mot.

[2] Φωνή, *phôné*, voix.

[3] Τὸ φῶς, *to phôs*, la lumière.

[4] Il y a dans le texte, ἃ γὰρ ὁ νοῦς νοεῖ ταῦτα ἡ φωνὴ εἰς φῶς ἐξάγεται; « car ce que l'âme sent, la voix le met en *lumière*. »

[5] Dans le texte, ce sont les lettres α, β, γ, δ. Ces lettres sont employées selon leur valeur numérale, et répondent à 1er, 2e, 3e, 4e, etc.

[6] Nous avons rendu ὀνόματα par *désignations*, parce que le sens de la phrase lui donne cette acception.

[7] Γὰρ εἰπεῖν α, β, γ, δ.

[8] Voilà maintenant le nom de *mixolydien* restitué au quatrième ton, dans le texte, à la place de *milésien*. Il n'en faut pas davantage pour confirmer ce que nous avons remarqué précédemment à l'occasion du nom de *milésien* donné à ce même ton.

[9] On observera encore qu'il y a

Après trois pages où l'auteur répète encore ce qu'il a dit à l'égard des signes, on trouve de nouveaux détails sur les modes et sur les mutations des tons. Nous allons les rapporter, parce qu'ils nous donneront encore l'occasion de faire quelques observations tendant à dissiper l'obscurité qui règne dans le texte de ce traité, de même que dans tous les *papadike* que nous avons connus jusqu'à ce jour. L'auteur reprend donc ainsi les tons qu'il avait abandonnés :

« Si vous élevez la voix au-dessus du premier ton ANANES, vous aurez le second NEANES; ensuite, si vous élevez également¹ la voix au-dessus du second ton, ce sera le troisième ton NANA; si vous élevez encore de même la voix au-dessus de ce troisième ton, cela sera le quatrième

---

ici *hypomixolydien*, et non *hypomilésien*, comme nous l'avons vu plus haut.

¹ Il n'y a que l'expérience qui puisse faire concevoir l'inexactitude de cette expression : l'auteur appelle élever également la voix, quand on l'élève naturellement suivant l'ordre diatonique des sons; car du premier ton ANANES au second ton NEANES, il y a une différence de l'intervalle d'un ton, tandis que du second ton NEANES au troisième ton NANA, la différence n'est que d'un demi-ton, ainsi qu'on le verra bientôt dans le tableau que nous allons présenter des modes, et dans le paradigme de ces mêmes modes, de leurs mutations et modulations. Une seule méprise de cette espèce sur le véritable sens de l'auteur suffirait pour faire soupçonner à un étranger qu'il règne le plus grand désordre dans tout le système de cette musique; et il y a, à la vérité, dans les *papadike*, pour ainsi dire à chaque phrase, des équivoques semblables à celle que nous remarquons ici en ce moment. Au reste, il y a peu de traités de musique où l'on puisse observer une exactitude rigoureuse dans les expressions, soit en France, soit en Italie ou ailleurs; le langage technique y est trop rempli, chez tous les peuples, de termes pris dans une acception particulière et figurée, et souvent dans plusieurs sens différens, pour que la théorie en soit facile à concevoir sans le secours d'un maître et sans l'expérience de la pratique.

28.

ton HAGIA; enfin, si vous élevez la voix au-dessus du quatrième ton, cela formera (le ton) ANEANES ¹.

Q. « Comment, par une marche continue en montant, parvenons-nous au quatrième ton?

R. « De même que vous avez formé les quatre tons, il faut aussi composer leurs quatre sons ².

DES PLAGAUX.

« A partir du premier ton, descendez de quatre intervalles ³ ; cela vous donnera le plagal du premier ton, lequel plagal se nomme *aneanes* ⁴. Si, à partir du second ton, on descend de même de quatre intervalles, on aura le second plagal qui se nomme *neanes;* ainsi du reste : car, comme nous l'avons déjà dit, si vous élevez encore la voix au-dessus du premier ton, cela fera le second ton; et si vous élevez de rechef la voix, ce sera le troisième. Il en est de même pour les plagaux : chacun d'eux s'élève (graduellement) au-dessus du précédent et s'y lie ⁵. C'est ainsi que

---

¹ Pour bien entendre tout ceci, il est nécessaire de voir le paradigme.

² Les Grecs emploient le mot ἦχος pour signifier *ton, mode,* et le mot φωνή dans le sens de *ton, élévation* ou *abaissement* de la voix, conséquemment aussi dans le sens d'*intervalle chanté* et de *son*.

³ Nous traduisons ici le mot φωνάς par celui d'*intervalles*, et non par le mot *voix* ou *sons*, qui serait équivoque en ce lieu; car il s'agit, en effet, des quatre intervalles qui forment la *quinte :* si nous n'en avions pas acquis la certitude par l'expérience, nous ne pourrions tout au plus que le conjecturer, et notre opinion ne serait pas une autorité suffisante pour dissiper toute incertitude en pareil cas; mais nous pouvons garantir ce que nous remarquons en ce moment, comme un fait qui nous a été constaté par la pratique.

⁴ *Voyez* le paradigme.

⁵ Pour concevoir l'enchaînement des plagaux, il faut encore avoir recours au paradigme.

l'ont enseigné les poëtes de l'Église[1] : ils ont compté quatre tons principaux; de ces tons ils ont formé les quatre plagaux, les moyens et les dérivés. Ceux qui disent qu'il y a seize tons, se trompent; ce sont des espèces de dérivés des huit tons, c'est-à-dire des quatre premiers et des quatre plagaux, ainsi que des deux moyens NENANÔ et NANA. David composa les quatre tons ou les quatre modes[2] : Salomon, son fils, composa les quatre plagaux, et les deux moyens, NENANÔ, NANA.

« J'ai écrit cela, dit l'auteur, pour la même fin dans laquelle Salomon chantait dans le temple de Jérusalem, sur les dix tons, le psaume *Laudate,* où ce mot est répété au commencement de chacun des dix versets.

« Il y a, sur l'art du *papadike* (de la musique), d'autres choses que l'on ne pourrait se rappeler. D'ailleurs, une même définition étant tournée de mille manières, nous les passerons sous silence, pour ne pas répandre de la

---

[1] Il y a dans le texte, τῆς Ἐκκλησίας ποιηταί. Nous n'avons pas osé traduire ce passage, ainsi que nous sommes convaincus qu'on doit le faire, par *les auteurs du chant d'église;* mais il sera toujours facile de substituer mentalement ce sens au premier, si l'on adopte les raisons que nous avons exposées plus haut, et qui nous font préférer cette interprétation à la traduction littérale, qui, dans notre langue, n'offre pas les mêmes idées qu'en grec.

[2] On lit dans le texte, Δαβὶδ ἐποίησεν τὰς τέσσαρας ἤχους, ἤγουν τὰς τέσσαρας φωνάς, *David com-* *posa les quatre tons, c'est-à-dire les quatre voix.* Ici le mot φωνάς doit s'entendre de l'intonation; et comme l'intonation indique le mode et qu'elle en est en quelque sorte un abrégé, nous avons pensé que le sens n'y perdrait rien, en substituant le terme d'*intonation* à celui de *voix;* ou plutôt nous dirons franchement que notre longue expérience dans la musique européenne, et la connaissance pratique que nous avons de la musique grecque moderne, ne nous laissent aucune incertitude sur le sens que nous avons choisi.

confusion dans le discours[1]. Damascène explique autrement les huit tons[2]. »

L'auteur revient encore aux signes du chant, et répète ce qui a déjà été dit plusieurs fois; puis il termine brusquement, en disant : « Voilà tout ce qui concerne ce fragment[3]. *Gloire à Dieu dans tous les siècles! Ainsi soit-il.*

« 1695, de la main d'Emmanuel Kalos, 29 octobre. »

Celui-ci ayant donc oublié de nous faire connaître les signes dont on se sert pour indiquer les mutations ou changemens de ton, nous emprunterons ce qui suit, de notre second traité, et nous y joindrons les intonations propres à chaque ton, suivant que nous les avons apprises dans nos leçons; puis nous présenterons les deux tableaux des paradigmes des tons, que nous avons copiés, avec l'aide de Dom Guebraïl, d'un de nos traités de chant où ces tableaux formaient une espèce de vignette.

« Les mutations des huit tons sont écrites ainsi dans le *Stichêrarion* et dans le *Papadike:*

---

[1] Les Grecs eux-mêmes ont donc reconnu le défaut que nous reprochons à leurs traités de chant, puisqu'ils avouent qu'il y a des redites fréquentes, du désordre et de la confusion dans leurs traités de musique ou *papadike*.

[2] Il y a lieu de croire, par ce que dit ici l'auteur, que les principes ne sont pas exactement les mêmes qu'ils étaient au temps de saint Jean Damascène, qui, le premier, inventa cette espèce de musique.

[3] On lit dans le texte συντμία, qui signifie *abrégé, précis, fragment;* et, en effet, cette dernière partie, à commencer des tons, est détachée de ce qui précède.

DE L'ART MUSICAL EN ÉGYPTE.

MUTATIONS DES HUIT TONS.

Φθορὰ ♭ τ ꝸ πρώτου ἤχου..........

Mutation ♭ du premier ton....
A - na - nes.

Φθορὰ ↶ τ ꝸ δευτέρου ἤχου..........

Mutation ↶ du second ton....
Ne - a - nes.

Φθορὰ ϕ τ ꝸ τρίτου ἤχου..........

Mutation ϕ du troisième ton...
Na - na.

Φθορὰ ♮ τ ꝸ τετάρτου ἤχου..........

Mutation ♮ du quatrième ton...
Ha - gui - a[1].

Φθορὰ ℞ τ ꝸ πλαγίου πρώτου ἤχȣ..

Mutation ℞ du plagal du 1ᵉʳ ton.
A-ne-a - nes.

[1] Il faut prononcer le *g* dur ici et dans le mot *neagie*, plus bas.

Φθορὰ ... πλαγίου δευτέρου ἤχου.

Mutation ... du plagal du 2ᵉ ton.

Ne-e-a - nes.

Φθορὰ ... βαρέως ἤχου..........

Mutation ... du grave du 3ᵉ ton.

A - a - nes.

Φθορὰ ... πλαγίου τετάρτου ἤχου.

Mutation ... du plagal du 4ᵉ. ton.

Ne-a-gui - e.

Φθορὰ ... νενάνω ἤχου.

Mutation ... du ton de nenanô.

.... ἡμίφωνον.

Hêmiphônon.

.... ἡμίφθορον.

Hêmiphthoron.

Ni nos traités, ni Dom Guebraïl, ne nous ont appris quel est le chant de ces trois dernières mutations. Nous nous en serions, sans doute, informés, si nous n'eussions pas été distraits par les occupations multipliées que nous donnaient les diverses recherches auxquelles nous nous livrions en même temps. De jour en jour, tandis que nous étions au Kaire, nous découvrions quelques omissions qui étaient échappées soit à nous, soit à ceux dont nous recevions nos renseignemens et nos instructions, et nous nous empressions de les réparer : nous aurions donc probablement fait disparaître celle-ci et plusieurs autres, si le temps nous l'eût permis.

ARTICLE IX.

Du système musical des Grecs modernes.

La composition et la formation du système musical des Grecs modernes, les signes qu'ils emploient pour le noter, et les règles qui leur en enseignent l'usage dans la pratique de l'art, tout annonce, à la vérité, un ouvrage ingénieusement conçu et savamment exécuté par des hommes de beaucoup d'imagination, de beaucoup d'esprit et très-instruits ; mais aussi tout décèle que cet ouvrage est resté depuis son origine jusqu'à présent dans son premier état, et qu'il n'a pas reçu les utiles changemens que l'expérience et la réflexion lui auraient nécessairement fait subir, s'il se fût formé graduellement et par succession de temps ; tout, par conséquent, atteste qu'il n'a point été porté au degré de perfection où il aurait pu atteindre.

Quiconque a étudié et médité avec fruit ce qu'ont écrit les philosophes, les historiens, les rhéteurs et les musiciens célèbres de la Grèce savante, et ceux des beaux siècles de l'Empire romain, sur la parfaite éloquence et sur la vraie musique, ainsi que les ouvrages de ceux qui depuis les ont imités, reconnaîtra sans peine que le système musical des Grecs modernes a eu pour base le principe fondamental de l'ancien chant oratoire, suivant lequel les intervalles musicaux de quarte et de quinte étaient réputés les consonnances les plus naturelles et les plus parfaites sur lesquelles la voix dût se porter tant en s'élevant qu'en s'abaissant, soit dans le discours, soit dans le chant[1].

En effet, toute période diatonique régulière et complète en musique se compose, ou de deux tétracordes disjoints, c'est-à-dire de deux systèmes de quatre sons, ou d'une quarte et d'une quinte, soit en montant, soit en descendant, comme dans notre gamme, ou bien de deux tétracordes conjoints, comme dans l'heptacorde des Grecs.

Le paradigme des mutations du système musical des

---

[1] Ce fut pour cette raison aussi que Denys d'Halicarnasse, dans son Traité *de l'arrangement des mots*, où il s'appuie de l'autorité des poëtes, des orateurs et des musiciens les plus distingués, consacra ce principe, en prescrivant de ne jamais élever ni abaisser la voix, dans les discours soutenus, au-delà de l'intervalle d'une quarte ou d'une quinte tout au plus.

On a tellement senti dans tous les temps la nécessité de ce principe, que, dès la plus haute antiquité jusqu'à nos jours, on y a sans cesse été ramené, comme malgré soi, dans l'accord des instrumens de musique; qu'il fait la base de tous les systèmes connus de cet art; qu'il sert de guide dans la mélodie aussi bien que dans l'harmonie, et qu'il a été admis pour l'éloquence de la chaire, laquelle, devant être plus grave et plus sentencieuse que toute autre, ne comporte que les cadences de la voix les mieux déterminées et les plus parfaites.

DORIEN.

LYDIEN

PLAGAL
du 3.e ton, c. a. d.
du phrygien ou du grav

PLAGAL
du 2.t ton, c. a. d.
du lydien

PLAGAUX

PLAGAL
du 1.r ton, c. a. d.
du dorien

PLAGAL
du 4.e ton, c. a. d.
du mixolydien

LYDIEN

PARADIGME DES TONS
et
MUTATIONS.

DORIEN.

LYDIEN.

PHRYGIEN.

MIXOLYDIEN.

HYPOMIXOLYDIEN.

HYPODORIEN.

HYPOPHRYGIEN OU BARYS.

Octagonal diagram with modes:
- 1ᵉʳ Mode authentique — A-na-nes, A'-va-ves
- 2ᵉ Mode authentique — Ne-a-nes, Ne-a-ves
- 3ᵉ Mode authentique — Na-na, Ne-va
- 4ᵉ Mode authentique — Ha-gu-a, Na-ri-a
- 5ᵉ Mode ou plagal du 1ᵉʳ Mode — A-na-a-nes, A-ne-a-nes
- 6ᵉ Mode ou plagal du 2ᵉ Mode — Ne-e-a-nes, Ne-è-a-ves
- 7ᵉ Mode ou plagal du 3ᵉ Mode — A'-a-nes, A'-a-ves
- 8ᵉ Mode ou plagal du 4ᵉ Mode — Neagu-e, Ne-a-γ-e

PARADIGME DES TONS et MUTATIONS.

1ᵉʳ Plagal — Messe ou moyen

2ᵉ Plagal — Messe ou moyen

3ᵉ Plagal — Messe ou moyen

4ᵉ Plagal — Messe ou moyen

Grecs modernes ne s'étend pas, à chaque mutation, au-delà de l'intervalle d'une quinte : il descend d'abord de l'aigu au grave par une marche diatonique, et remonte ensuite par une semblable marche du grave à l'aigu; après quoi l'on élève la voix d'un degré au-dessus du son le plus aigu de la mutation précédente, pour former la mutation suivante, dans laquelle on descend et on monte successivement de quinte dans l'ordre diatonique, comme on l'a déjà pratiqué, et ainsi de suite, jusqu'à ce qu'on soit parvenu à la quarte au-dessus du son aigu de la première mutation; d'où l'on revient par une marche semblable, en observant cependant chaque fois d'abaisser d'un degré le ton initial de chaque nouvelle mutation, au lieu de l'élever comme on l'avait fait d'abord; et quand on est revenu au point d'où l'on était parti, la révolution est entièrement terminée. De cette manière chaque mutation présente toujours dans le même ordre, 1°. un ton principal, qui a pour tonique le premier ou le plus aigu des sons de la série diatonique de quinte qui compose cette mutation; 2°. un ton moyen, qui a pour tonique le troisième son de cette même série; et 3°. un ton plagal, dont la tonique est le plus grave ou le dernier de ces sons. Les exemples suivans acheveront de faire comprendre ce que nous venons d'expliquer.

(*Voyez la planche ci-jointe.*)

Le copiste grec s'est évidemment trompé, en ordonnant, comme il l'a fait, les modes plagaux sur la rose de compas (n° I) que nous avons représentée d'après lui page 443, et que nous avons rendue en notes de musique européenne dans la figure octogone (n° II) qu'on voit sur la même planche. La faute n'était pas si sensible quand ces modes n'étaient indiqués que par des signes d'abréviation; mais en les écrivant tout au long, et en les notant, nous avons rendu cette faute palpable. L'analogie qui existe entre ces modes et les modes authentiques, le paradigme qu'on en a présenté au-dessous, et les règles enfin, exigent que les modes plagaux correspondent aux modes authentiques. Ainsi le mode hypomixolydien ne doit pas correspondre au mode dorien, mais au mode mixolydien; le mode hypodorien doit correspondre au mode dorien, et non au mode lydien; le mode hypolydien doit correspondre au mode lydien, et non au mode phrygien; le mode hypophrygien doit correspondre au mode phrygien, et non au mode mixolydien : en sorte que les modes doivent se présenter dans l'ordre où nous les avons rangés dans ce petit octogone [1] :

(*Voyez la planche ci-jointe.*)

---

[1] Il faut lire les notes de gauche à droite en commençant par le mode dorien, qui occupe le pan du haut de cet octogone, et suivre en tournant jusqu'à ce que l'on soit arrivé au ton *hypomixolydien ;* autrement, les notes paraîtraient être autres qu'elles ne sont, parce qu'étant renversées dans le bas de cette figure, comme nous avons dû le faire, on croirait qu'elles sont au haut de la portée, tandis qu'elles sont dans le bas.

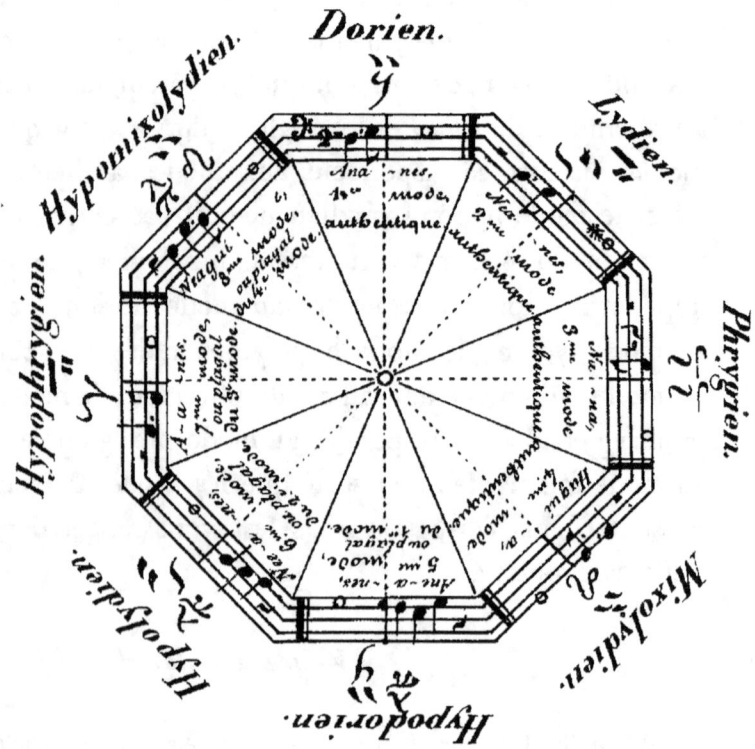

Tome XIV, pag. 444.

Nous pensons bien que, quand même on n'aurait pas déjà compris combien nous avons dû être souvent arrêtés par des erreurs de cette espèce qu'il nous a fallu découvrir et presque deviner, soit dans les traités de musique étrangère que nous avons consultés, soit dans les rapports qui nous ont été faits en Égypte, sur cet art, par les musiciens orientaux qui l'exercent en ce pays; quand même on ne se serait encore fait aucune idée des soins laborieux et des précautions fatigantes que nous a fait prendre la crainte où nous étions de tomber nous-mêmes dans de pareilles erreurs en rendant compte de nos recherches, l'exemple que nous sommes forcés de donner ici, en faisant entrevoir ce que notre travail a eu d'ingrat et de rebutant, prouverait au moins que nous n'avons ni épargné notre temps, ni manqué de patience, pour rendre ce travail le plus complet et le plus satisfaisant qu'il nous a été possible. Dans cette vue, nous n'avons pas dédaigné d'examiner attentivement, dans nos *papadike*, tout ce que nous avons pu y apercevoir de tant soit peu remarquable; et c'est à cette attention constante que nous devons d'avoir découvert, dans un ornement en forme de cul-de-lampe, le système de la musique grecque moderne tracé en caractères très-fins autour d'une petite rose de compas, que nous avons représentée ici dans des proportions beaucoup plus grandes, et par conséquent plus aisées à distinguer, en y ajoutant d'ailleurs ce qu'on y voit écrit en lettres romaines ou italiques, pour en faciliter l'intelligence. Il en est de même de la figure que nous avons désignée sous le titre de *paradigme des circulations*, parce que les tons y sont indiqués dans un ordre systématique, conforme à l'analogie qu'ils ont entre eux, et où l'on voit en même temps les divers changemens dont ils sont susceptibles. Cette figure, que nous avions regardée d'abord comme une espèce de petite vignette de simple ornement, devint pour nous d'un grand secours, quand nous y eûmes reconnu les mêmes signes qui étaient dans une leçon que Dom Guebraïl nous avait fait chanter, après nous l'avoir écrite en grec, à son ordinaire : car, comme nous avions toujours la précaution, de notre côté, d'écrire en lettres françaises les mots grecs, et de noter le chant en notes de musique européenne, sous les quelles nous n'omettions jamais de retracer les caractères ou signes grecs écrits de sa main, nous gravions assez profondément, par ce moyen, dans notre mémoire, les leçons que nous recevions, pour ne pas les oublier promptement; et cela nous a mis souvent à portée de faire depuis des rapprochemens utiles, au moment où nous nous y attendions le moins [1].

(Voyez la planche ci-jointe.)

[1] La découverte dont nous venons de parler, non-seulement répandit le plus grand jour sur ce que nous avons appris à l'égard des tons ou modes authentiques, moyens et plagaux, et de leurs mutations, dont il a été question dans l'article VIII précédent, mais elle nous fit encore démêler un système complet des tons et des mutations dans une série nombreuse de signes semblables à ceux de la figure systématique que nous connaissions déjà, sinon qu'ils n'étaient pas distribués sur une sorte d'arbre musical, et rangés par ordre sur ses branches, où la marche soit descendante soit ascendante des tons était rendue sensible au premier coup d'œil, tantôt par la direction descendante, tantôt par la direction ascendante des signes, dont les uns partaient de la cime des branches vers le tronc de l'arbre, et dont les autres partaient du tronc pour arriver à la cime des branches; mais on avait déterminé cette marche des tons d'une manière plus positive musicalement, en l'exprimant par des

PARADIGME COMPLET
de la Circulation des Modes.

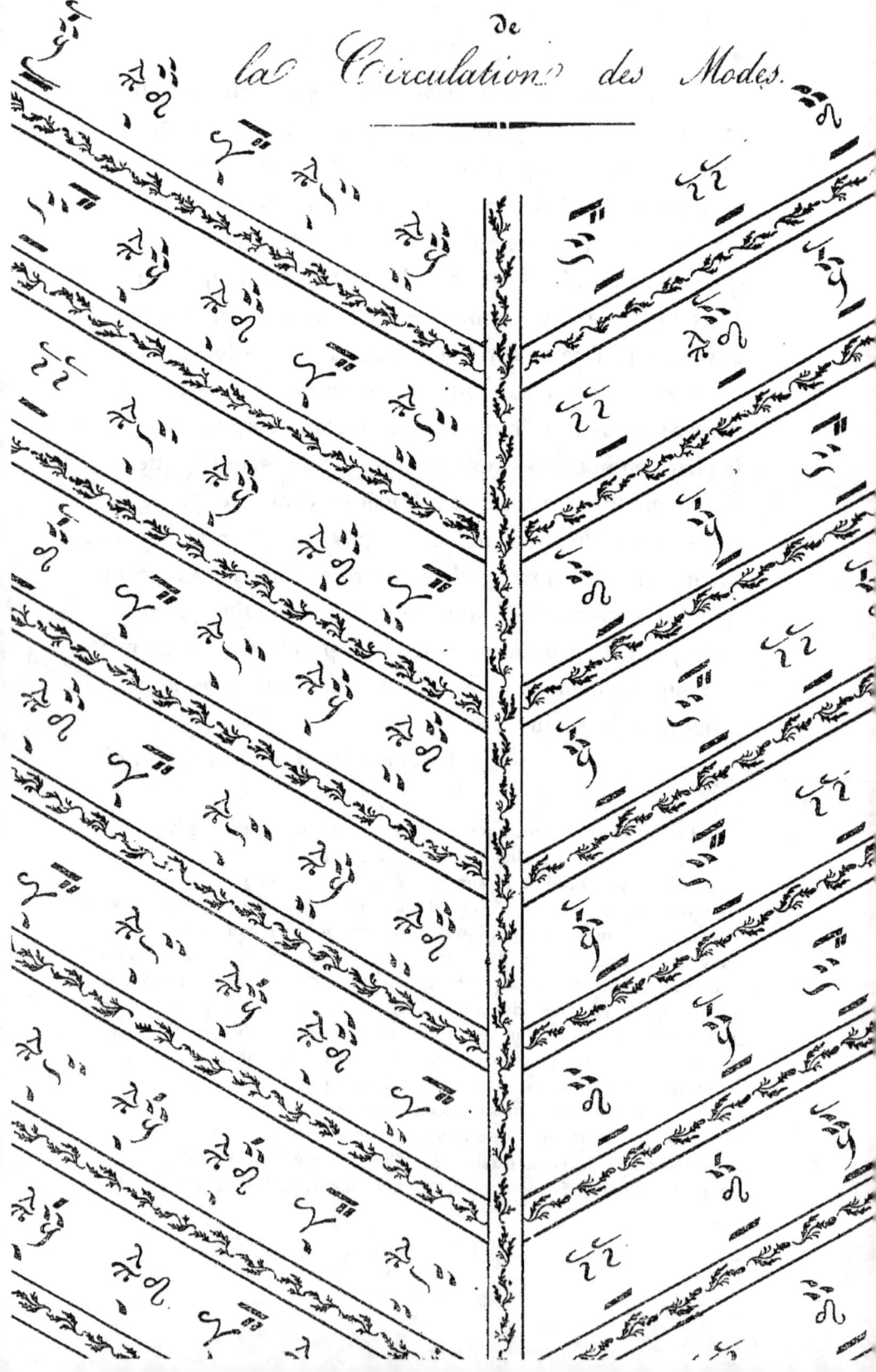

et traduction en notes de musique Européenne,
du Tableau précédent.

ARTICLE X.

Modulations du chant dans les huit tons principaux. Application des signes du chant et des grands signes dans les modulations de ces huit tons.

Afin qu'on puisse mieux juger de la mélodie du chant religieux des Grecs, et pour qu'on puisse en même temps se faire une idée juste de l'application des signes du chant et des grands signes dans la pratique, nous avons cru qu'il était à propos de présenter des exemples de la modulation du chant dans les huit tons principaux, notés avec les signes ordinaires et avec les grands signes.

notes de musique grecque, car, sous chacun des signes des tons qui descendaient successivement d'un degré dans l'ordre diatonique, on avait placé l'*apostrophe* (⟍), qui, comme nous l'avons fait observer, indique un son descendant d'un seul degré diatonique, et sous chacun des signes qui suivaient une marche diatonique en montant, on avait placé l'*oligon* (━), qui indique un son ascendant d'un seul degré diatonique. Or, en notant à notre manière ce qui résultait de l'ordonnance de ces signes, et de l'espèce de note qui était placée en dessous, conformément aux leçons que nous avions reçues de Dom Guebraïl, nous formâmes un arbre du système musical, à l'instar de celui que nous avions découvert auparavant dans la vignette, en ajoutant au-dessous des signes les notes de la musique grecque moderne, de la même manière que nous les avions trouvées placées dans la série, et nous composâmes les deux tableaux suivans, qui furent approuvés par notre maître.

DE L'ÉTAT ACTUEL

PREMIER TON; MODE DORIEN.

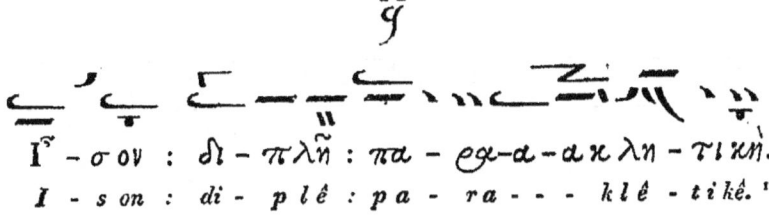

INTONATION.

[1] Ayant suivi ici l'usage où sont les Grecs modernes de répéter, dans leurs livres notés, sous les notes du chant, les voyelles sur lesquelles la mélodie se prolonge, ou même les syllabes entières de ces mêmes mots factices qu'ils forment et qu'ils substituent aux voyelles prolongées, ce qu'on pourra remarquer bientôt, et ce qu'ont imité aussi les Qobtes, ainsi qu'on l'a vu dans leur *alleluya* noté que nous avons rapporté plus haut, p. 303, nous avons pensé qu'il convenait d'écrire sous le texte les mêmes mots avec nos lettres, afin que personne ne pût se méprendre à ces sortes de prolongations ou d'additions faites aux mots par les Grecs dans l'écriture des paroles sous le chant, soit sous celui qui est noté en notes grecques, soit sous ce même chant que nous avons rendu avec nos caractères de musique et d'écriture.

[2] Nous avons marqué par une petite croix en sautoir les sons qui nous ont paru un peu plus élevés que leur ton naturel, et moins qu'ils ne le seraient par l'effet d'un dièse. Il y a apparence que l'échelle musicale des Grecs modernes a quelque rapport à celle des Arabes; mais nous n'avons pas pu nous en assurer dans nos leçons, les ayant reçues de vive voix et sans le secours d'un instrument quelconque.

[3] Comme les syllabes des mots, distribuées ainsi qu'elles le sont

Pour reconnaître ce qui appartient, dans ce chant, aux grands signes ou au goût du chanteur, il n'y a qu'à le noter en ne suivant que les seuls signes du chant; de cette manière, il se trouvera simplifié, et se rapprochera beaucoup de notre plain-chant, qui lui a servi de modèle, ou à la source duquel il a pu se former.

sous les notes auxquelles elles répondent, se trouvent souvent trop éloignées les unes des autres, ce qui fait que celles du mot précédent sont quelquefois plus près du mot suivant que de celui auquel elles appartiennent, nous avons pensé que nous devions distinguer les mots en les séparant par deux points, à la manière orientale.

Nous observerons encore que cette méthode des Grecs, de faire chanter à leurs élèves en musique les modes musicaux sur les noms de leurs signes du chant, était aussi en usage, du temps de Gui d'Arezzo, dans la musique européenne; nous en donnerions des exemples, si cela était nécessaire.

450 DE L'ÉTAT ACTUEL

SECOND TON; MODE LYDIEN.

Ψηφι - σ]ὸν : λύγισ-μα : ὁ - μα - - λὸν :
Pséphi - s ton : ly gis - ma : ho - ma - - l on :

ἀν τι - - - κένω μα : ξηρὸν : κλάσ - μα.
an ti - - - ke nô ma : xêron : klas - ma.

INTONATION.

Ne - a - nes.

Psi - - - - phis -
ton : ly - guis - - - - -

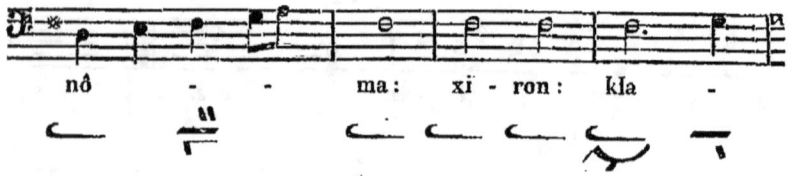

[1] *Homalogon* pour *homalon*, et plus bas, *klanasma* pour *klasma*. Les Grecs font souvent de ces sortes d'additions ou de prolongemens dans les paroles de leurs chants; on trouve aussi très-fréquemment de ces sortes d'additions ou de prolongemens écrits dans leurs *papadike*.

Voici le même chant dépouillé de ses ornemens et réduit aux seuls sons indiqués par les signes des sons:

DE L'ART MUSICAL EN ÉGYPTE.

TROISIÈME TON; MODE PHRYGIEN.

INTONATION.

Il n'y aurait pas grand'chose à retrancher dans ce chant pour le réduire à la seule expression des notes de mélodie fondamentale; mais il y en a qui sont beaucoup plus compliqués en ornemens, et où l'on trouve des phrases entières ajoutées, soit qu'elles appartiennent aux grands signes, soit que le goût du chanteur les lui ait inspirées. Néanmoins, si l'on connaît la propriété des notes de chant grecques, et qu'on suive les notes européennes au-dessous desquelles nous les avons écrites, il sera toujours facile de découvrir la modulation spéciale et constitutive de ces tons.

[1] *Tronoomiiikon* pour *tromikon*; *ekeeekeestreeepton* pour *ekstrepton*; *stagagavros* pour *stauros*, et prononçant comme les Grecs, *stavros*. Dorénavant nous nous contenterons d'écrire avec nos caractères, sous le texte, les mots tels qu'ils se prononcent hors du chant.

DE L'ART MUSICAL EN ÉGYPTE.

QUATRIÈME TON; MODE MIXOLYDIEN.

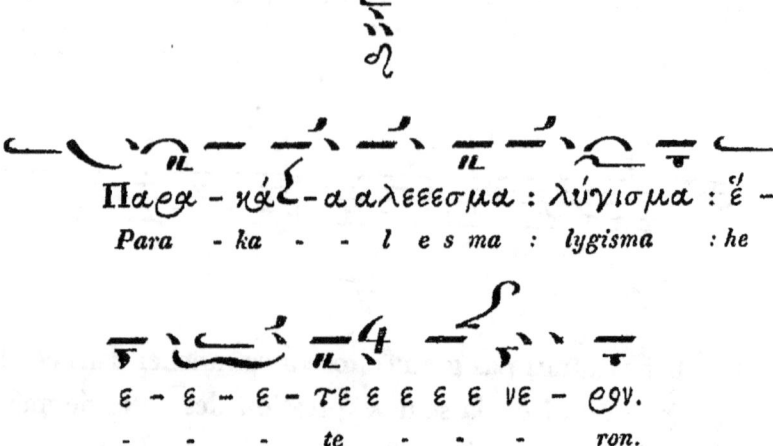

INTONATION.

Prolongation de l'intonation pour arriver au chant.

[1] C'est ainsi que préludent les maîtres de chant grecs, et qu'ils accoutument leurs élèves à préluder avant de commencer leurs leçons de chant.

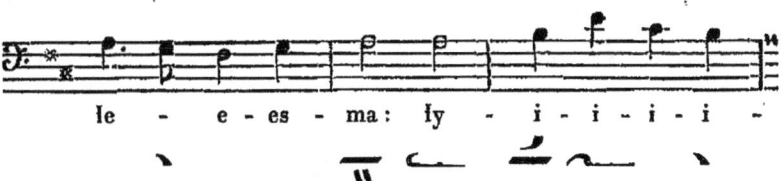

DE L'ART MUSICAL EN EGYPTE.

PLAGAL DU PREMIER TON; MODE HYPODORIEN.

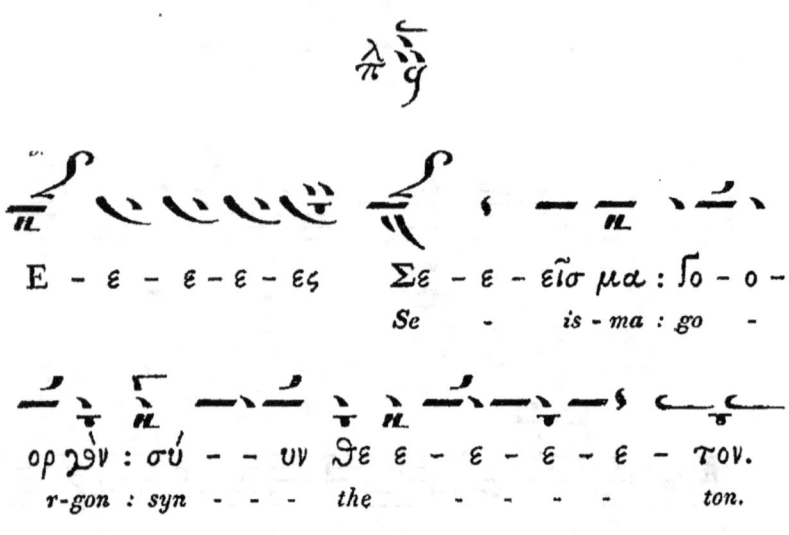

INTONATION.

Prolongation de l'intonation, ou préparation au chant.

PLAGAL DU SECOND TON; MODE HYPOLYDIEN.

Ne - na - nô : the - ma - tismos : e - - sô - - - :
the - ma - tis - mos : e - xô - - : e - nar - - xis.

INTONATION.

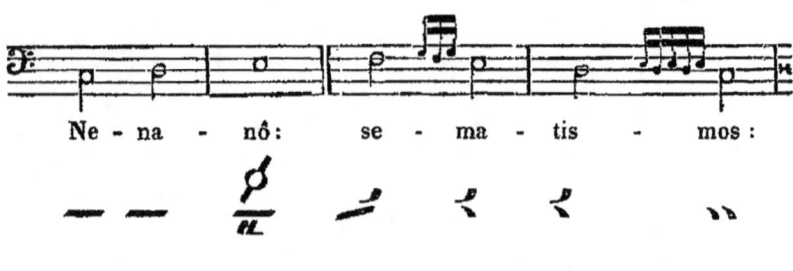

Ne - e - a - - - - - - nes.
Ne - na - nô : se - ma - tis - mos :

e - e - sô - - - - -

On doit sentir, par la transition qui se fait en passant de l'intonation au chant, qu'il y a ici une modulation, ou plutôt un changement de ton; et en effet, le mode hypolydien se trouve transposé dans le mode dérivé *nenanô*, qui est annoncé par le signe de mutation ♂ qui lui est propre. On voit aussi dans ce chant l'application du *thematismos esô* et du *thematismos exô*. Les paroles de ce chant sont, pour l'intonation, *neanes*; *nenanô, thematismos esô, thematismos exô, enarxis*, sont pour tout le reste.

DE L'ART MUSICAL EN ÉGYPTE.

PLAGAL DU TROISIÈME TON OU GRAVE; MODE HYPOPHRYGIEN.

DE L'ÉTAT ACTUEL

PLAGAL DU QUATRIÈME TON; MODE HYPOMIXOLYDIEN.

INTONATION.

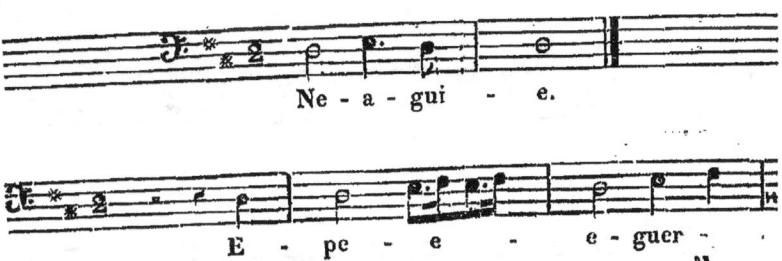

DE L'ART MUSICAL EN ÉGYPTE.

CHANSON GRECQUE MODERNE.

PLAGAL DU QUATRIÈME TON ; MODE HYPOMIXOLYDIEN.

Rômeka, syrtos.

Prélude.

[1] Nous avons ortographié, non conformément au texte, mais suivant la prononciation vulgaire du grec, qui est celle dont on s'est servi en nous faisant entendre cette chanson : seulement, nous avons conservé l'usage de rendre en français le χ par *ch;* mais ces deux lettres doivent toujours se prononcer comme un *k* avec aspiration, à peu près de même qu'on prononce en arabe la lettre ح qu'on a coutume de rendre avec nos lettres par *kh.*

DE L'ART MUSICAL EN ÉGYPTE.

TEXTE.

Ρωμέκα, Συρτὸς.

Ξεχωριϛή σαι, μάτια μου,
  Ὡς ξεχωρίζουν τ' ἄστρα,
  Ὡς ξεχωρίζ' ἡ Βενετιὰ
  Ἀπ' τὰ μεγάλα κάστρα.

TRADUCTION LITTÉRALE.

Rômeka, Syrtos.

Vous êtes distinguée, ô mes yeux [1] !
  Autant que sont distingués les astres,
  Autant que se distingue Venise [2]
  Entre les grandes places-fortes.

[1] *O mes yeux!* expression de tendresse d'un amant envers sa maîtresse.

[2] Il est vraisemblable que ces chansons ont été composées à Venise, et qu'elles sont *gréco-italiennes;* du moins le caractère du chant et les paroles donnent lieu de le soupçonner.

466 DE L'ÉTAT ACTUEL

AUTRE CHANSON GRECQUE MODERNE.

DE L'ART MUSICAL EN ÉGYPTE.

ró:　Pol - la:　pou: s' a-ga - pô.

TEXTE.

1ᵉʳ Couplet.

Κόρη, μαλαματένια μου,
Καὶ μαργαριταρένια μȣ,
Κάμνεις τȣς νιȣς κ̀ χαίρονται,
Τȣς γέρȣς κ̀ τρελλαίνονται.

2ᵉ Couplet.

ἁ φλυερά μȣ σὺ τὰ πῆρες,
Καὶ τῆς μάνας σȣ τὰ πῆγες,
Ὢ νὰ σὲ χαρῶ, ὢ νὰ σὲ χαρῶ,
Πολλὰ πȣ σ' ἀγαπῶ.

CHAPITRE V.

De la musique des Juifs d'Égypte.

ARTICLE Iᵉʳ.

Du chant des Juifs en général, et du caractère de leurs chants religieux en particulier.

Depuis plus de dix-sept cents ans, sans patrie et errans, les Juifs ont cessé d'avoir des chants nationaux. Dans tous les pays où l'industrie et le commerce les ont appelés, ils ont été obligés, quand ils y ont été reçus, de se soumettre aux usages qui y étaient généralement suivis, et de renoncer à plusieurs de ceux qui leur étaient propres. Un de ces usages qu'ils n'ont conservé nulle part, c'est celui de leurs chants civils; partout ils ont adopté, pour ces sortes de chants, le goût des peuples parmi lesquels ils ont habité.

Il n'en est pas de même à l'égard de leurs chants religieux : quoiqu'ils en aient varié le style dans les divers pays, et qu'ils distinguent parmi ces chants ceux du style allemand, ceux du style italien, ceux du style espagnol, les chants du style oriental, et les chants du style égyptien, ces chants leur sont toujours propres, et n'ont réellement rien de commun avec les chants ou religieux ou civils d'aucun des autres peuples, pas même avec ceux de la nation dont ils portent le nom. Ils ne les appellent ainsi que pour distinguer seulement le style de ceux qu'ils ont adoptés dans chacun des divers pays où il leur est permis d'avoir des synagogues. Quant au caractère principal, il est partout le même, et ils prétendent qu'il n'a pas changé depuis l'institution de ces chants par Moïse, David et Salomon. Le caractère du Pentateuque est doux et grave; celui des Prophètes a un ton élevé et menaçant; celui des Psaumes est majestueux, il tient de l'extase et de la contemplation; celui des Proverbes est insinuant; celui du Cantique des cantiques respire la joie et l'allégresse; enfin, celui de l'Ecclésiaste est sérieux et sévère : mais, dans chaque pays, ces chants sont différemment exécutés, parce que les accens musicaux, quoique portant le même nom, ne se composent pas des mêmes inflexions de voix, et varient la forme de la mélodie, sans cependant en changer le caractère. Il en est de même de l'effet qui doit résulter de ces diverses manières dont les Juifs des différens pays expriment leurs accens, comme de celui de la musique d'église ou de celle du théâtre, composée par divers auteurs, sur les mêmes paroles : quoique la mélodie de chacun de ces compositeurs ne soit pas semblable à celle des autres, néanmoins elle conserve toujours le caractère propre aux sentimens qu'elle doit rendre, si l'auteur est un musicien habile. Il en est encore de même des bons orateurs ou des bons comédiens, dont chacun, avec des inflexions de voix qui lui sont propres et qu'il modifie d'une manière qui lui est particulière, sait exprimer également bien les mêmes idées et les mêmes sentimens. Ce n'est que de cette manière que les Juifs des divers pays, en modifiant différemment les uns des autres leurs accens musicaux, ne conservent pas moins toujours le caractère essentiel du chant de chacun des livres de la Bible.

ARTICLE II.

Du style des chants religieux des Juifs d'Égypte ; conformité de ce style dans les chants religieux des deux sectes différentes qui sont en Égypte ; opposition des mœurs et diversité des rites de ces deux sectes.

Comme on n'avait encore eu, en Europe, aucune connaissance du style musical propre aux Juifs d'Égypte, nous crûmes qu'il était à propos, pendant que nous étions en ce pays, de nous assurer si ce style avait, ou non, quelque chose de remarquable. Un Juif italien, qui avait parcouru une grande partie de l'Europe, et qui s'était rendu de Malte au Kaire avec l'armée de l'expédition d'Égypte, voulut bien nous aider dans nos recherches à ce sujet, et nous procura en même temps des renseignemens très-détaillés sur les mœurs et les usages des Juifs d'Égypte : mais nous ne nous arrêtâmes pas là ; nous voulûmes encore être témoins de tout ce qu'il nous fut possible de voir et d'entendre. Ayant appris qu'il y avait en Égypte deux sectes de Juifs entièrement opposées dans leurs mœurs, dans leurs usages et dans leurs rites, nous fûmes bien aises d'assister aux cérémonies des uns et des autres, afin de pouvoir juger par nous-mêmes s'il existait dans leurs chants respectifs une aussi grande différence ; mais l'expérience nous prouva qu'il n'y en a aucune, et nous convainquit que la diversité des chants des Juifs ne vient point de celle de leurs rites, mais qu'elle n'est occasionée que par la seule manière dont ils expriment, dans certains pays, leurs accens musicaux.

Des deux sectes de Juifs opposées l'une à l'autre presque en tout, excepté dans leurs chants religieux, l'une est la secte des *rabbanym* ; elle est ainsi nommée parce qu'elle suit la doctrine des rabbins : l'autre est la secte des *karaym*, qui sont saducéens ; celle-ci a rejeté, au contraire, l'autorité des rabbins.

Le quartier des *rabbanym*, au Kaire, est situé près de celui du Mousky, et aboutit au quartier Khân-el-Khalyly ; on le nomme *Hâret el-Yhoûdy*, c'est-à-dire quartier des Juifs. Celui des *karaym* n'en est pas éloigné, puisqu'il est contigu au quartier de Khân-el-Khalyly.

Chacune de ces sectes a des mœurs et des usages si différens de ceux de l'autre, que les Juifs de l'une ne veulent se servir ni des mêmes bouchers ni des mêmes ustensiles de cuisine dont se sont servis ceux de l'autre ; qu'ils ne mangent jamais les uns avec les autres ; que les ouvriers de l'une de ces deux sectes qui travaillent chez les Juifs de l'autre, n'y mangent pas non plus, et qu'ils vont acheter chez ceux de leur secte tous les alimens dont ils ont besoin, excepté les fruits, qu'il achètent indifféremment de tous ceux qui en vendent, quelle que soit la différence de la secte ou même de la religion des marchands.

Il en est de même pour leurs rites : chacune de ces sectes a un calendrier différent pour ce qui concerne les fêtes. Les *rabbanym* célèbrent leurs *néoménies* pendant deux jours de suite [1] : les *karaym*, au contraire, ne célèbrent ces fêtes que pendant un seul jour. Les *rabbanym* et les *karaym* suivent respectivement ces mêmes usages à toutes les autres fêtes ; les derniers les font toujours durer un jour de moins que les premiers.

Il faut donc que les Juifs aient un grand respect pour

---

[1] Cet usage des *rabbanym* remonte, suivant les Juifs modernes, au temps où leurs ancêtres habitaient en corps de nation dans la Palestine. Il vient de ce qu'aux environs de Jérusalem, qu'ils regardent comme le lieu le plus élevé de cette contrée, les Israélites avaient coutume, vers le temps de la nouvelle lune, de charger quelqu'un d'entre eux d'aller sur la plus haute montagne observer la nouvelle apparition de cet astre, et de faire allumer des feux sur les montagnes environnantes, sitôt qu'on l'avait remarqué : mais comme ces feux ne pouvaient être aperçus des contrées trop éloignées, les rabbins avaient ordonné d'y célébrer les néoménies pendant deux jours de suite, dans la crainte qu'on ne s'y trompât ; et voilà pourquoi les Juifs *rabbanym* ont coutume de célébrer ces néoménies pendant deux jours de suite, et leurs autres fêtes un jour de plus que ne le font les *karaym* dans tous les pays éloignés de Jérusalem où ils habitent.

leurs chants religieux, puisque, malgré l'opposition des mœurs des deux sectes qui les divisent, ils n'ont pas osé apporter le moindre changement à ces chants.

Nous avons assisté plusieurs fois à leurs prières dans les principales synagogues qu'ils ont en Égypte, et nous ne nous sommes pas aperçus, en effet, qu'ils chantassent autrement dans l'une que dans l'autre secte.

Si l'on en croit la tradition que les Juifs conservent aujourd'hui, les rites et les chants en usage dans ce pays y ont éprouvé beaucoup moins d'altération que partout ailleurs, y ayant été transmis sans interruption depuis la plus haute antiquité. A la vérité, on voit encore, en Égypte, dans plusieurs synagogues, des Bibles écrites en ancien hébreu, c'est-à-dire écrites sans points voyelles ou diacritiques. On garde une Bible écrite ainsi, dans la synagogue du Kaire, appelée *Misry*; on en garde une semblable dans celle qu'on appelle *Rokhaym el-Karpouçy*, du nom de son fondateur. Il y en a aussi une dans la synagogue située au vieux Kaire, et connue sous le nom de synagogue de *Ben Ezra sofer*, c'est-à-dire *du fils d'Esdras l'écrivain* [1], ainsi appelée, parce qu'on pré-

---

[1] Les Juifs assurent que cet écrivain, nommé *Esdras*, fut le grand pontife Esdras lui-même, celui qui, 467 ans avant J.-C., recueillit les livres canoniques de la Bible, les purgea des fautes qui s'y étaient glissées par l'ignorance des copistes juifs, lesquels, depuis la captivité de Babylone, avaient oublié l'usage de leur langue maternelle, et qu'il partagea le texte de la Bible en vingt-deux livres, selon le nombre des lettres hébraïques.

Au milieu de la synagogue de *Ben Ezra sofer*, on voit encore un pupitre ruiné de vétusté et presque entièrement abattu, près duquel on rapporte qu'Esdras faisait sa prière. Au haut de ce pupitre est une armoire destinée à renfermer une Bible en volume, c'est-à-dire roulée, et cette Bible

tend que cette Bible a été écrite de la main même du grand pontife Esdras. On nous a dit qu'il y avait encore à Mehallet, près de Mansourah, une Bible fort ancienne, écrite comme les précédentes, mais sur du cuivre; ce qui a fait donner à cette synagogue le nom de *Sefer nahas*, c'est-à-dire *livre de cuivre*.

Quelles que soient l'antiquité des rites des Juifs d'Égypte et celle du style de leurs chants religieux, il est certain au moins que la mélodie en est fort différente de celle qu'ont adoptée les Juifs d'Europe, et que leurs accens musicaux, quoique portant le même nom qu'on leur donne partout, sont cependant formés, en Égypte, d'inflexions de voix différentes de celles dont ces mêmes accens se composent ailleurs.

ARTICLE III.

De la mélodie du chant et des accens musicaux des Juifs d'Égypte.

Nous ne donnerions qu'une idée fort imparfaite de la mélodie du chant des Juifs d'Égypte, si nous nous bor-

est, à ce qu'on croit, celle-là même qui fut écrite de la main d'Esdras. On monte à cette armoire par une échelle roulante en bois, haute de neuf à dix pieds. Cette armoire est perpétuellement entourée de lampes et de bougies allumées, que chacun s'empresse d'y entretenir, par le respect qu'inspirent ce monument et le livre sacré qu'il renferme. Les malades se font porter dans cette synagogue, et couchent au pied du pupitre pendant deux ou trois jours.

Ceux qui viennent de loin trouvent à se loger dans des appartemens qui sont au-dessus de la synagogue, quand il n'y a pas de place au dedans; ils restent dans l'un ou l'autre de ces appartemens jusqu'à ce que leur tour pour coucher près du pupitre arrive. Les chambres qu'ils occupent en attendant, sont grandes et commodes; il y en a trois avec une cuisine. Quelquefois les étrangers y demeurent pendant huit jours.

nions à en offrir un seul exemple, comme on l'a fait à l'égard des Juifs d'Allemagne, d'Italie, d'Espagne, etc.[1] : car, comme nous l'avons déjà observé, le chant propre à chaque livre de la Bible ayant un caractère particulier et très-distinct de celui des autres, si nous choisissions notre exemple parmi les chants de tel caractère, nous laisserions nécessairement ignorer quel est le style de la mélodie des chants d'un caractère différent ; et si nous voulions donner autant d'exemples de ces chants qu'il y a de livres dans la Bible auxquels on a consacré un genre particulier de mélodie, on en trouverait sans doute le nombre trop grand : pour éviter l'un et l'autre inconvénient, nous nous sommes donc déterminés à rendre compte seulement de ce que nous avons remarqué à cet égard dans une des plus grandes solennités parmi les Juifs.

Le 21 nivose, an VIII de la république[2], nous fûmes conduits à la synagogue Misry, par un Juif interprète du général Dugua, alors commandant de la ville du Kaire. Dès que chacun se fut revêtu des ornemens d'usage en pareille circonstance et eut pris sa place, on commença par un chapitre du Pentateuque, qui fut exécuté sur un ton soutenu, mais doux : les modulations, quoique sensibles, se succédaient, sans qu'il y eût d'autre cadence de repos bien marquée, que celle qui se faisait dans le premier ton, auquel on revenait à la fin de chaque phrase,

---

[1] *Voyez* la Grammaire hébraïque et chaldaïque, etc., par Pierre Guarin (*Grammatica hebraïca et chaldaïca*, etc. *Lutetiæ Parisiorum*, *1726*, 2 volumes in-4°), le Traité sur la musique, intitulé *Ars magna consoni et dissoni*, par Kircher, et plusieurs autres ouvrages semblables.

[2] Samedi 11 janvier 1800.

DE L'ART MUSICAL EN ÉGYPTE.

au moins à en juger suivant les principes de notre musique. Ce chant se renfermait dans l'étendue d'une sixte mineure, et le mouvement en était très-modéré. On fit ensuite une prière expiatoire, pour obtenir le pardon de ne pas faire le sacrifice du mouton. Le chant de cette prière fut plus énergique que le premier : la mélodie n'en était cependant composée que de sept sons différens; mais ce qui en rendait l'expression plus triste et plus plaintive, c'est qu'ils étaient en mode mineur, et qu'ils répondaient aux sons suivans, combinés de diverses manières :

Ces sons, selon notre système, seraient dans le mode mineur; ils s'éleveraient à une tierce mineure au-dessus de la tonique, et descendraient d'une quinte juste au-dessous : or, de quelque manière qu'on veuille combiner ces sept sons, à moins qu'on ne le fasse avec une légèreté et une précipitation affectées, il est presque impossible que le chant qui en résulte n'ait pas une expression de douleur et de plainte.

Enfin, cette cérémonie fut terminée par le cantique de Moïse après le passage de la mer Rouge : le mouvement et la mélodie de ce cantique furent plus vifs et plus gais que ceux des autres chants, quoique la modulation en fût encore dans un ton mineur.

Il nous est donc démontré par l'expérience, que la différence du style dans le chant des Juifs ne change rien au caractère particulier de la mélodie qui, de temps immémorial, a été consacrée à chacun des livres de la Bible; et nous avons la certitude que les Juifs d'Égypte n'ont pas cessé, jusqu'à ce jour, de donner à chacune de leurs diverses espèces de chants, une vérité d'expression qui ne permet pas de douter un seul instant qu'ils n'aient apporté les plus grands soins à leur conserver le caractère qui leur est propre.

L'explication et les exemples que nous allons donner des accens musicaux des Juifs d'Égypte, acheveront de faire connaître ce qu'il importe le plus de savoir, relativement au style de chant qu'ils ont adopté.

ACCENS MUSICAUX DES JUIFS D'ÉGYPTE.

CHALCHELETH.

CHALCHELETH, *chaîne.* Cet accent s'appelle ainsi, parce qu'il se forme par un enchaînement de sons qui se suivent diatoniquement en montant.

Exemple.

Chal - che - leth.

ZARQA.

ZARQA, *semeur.* Cet accent se nomme ainsi, parce que les sons semblent se répandre et s'étendre en

DE L'ART MUSICAL EN ÉGYPTE.

tournoyant. Il se place sur la dernière lettre du mot, et s'emploie souvent au commencement des phrases.

Exemple.

Zar - qa - - -.

SEGHOLTA

∴ SEGHOLTA, *collier.* Nous ne voyons pas le rapport qu'il y a entre le nom de cet accent et sa figure ou son effet, à moins qu'il n'indique une sorte d'enchaînement de la voix qui doit s'arrêter alors. Le *segholta* se place sur la dernière lettre du mot, et indique un repos, auquel on arrive subitement par une chute rapide, comme en terminant une phrase.

Exemple.

Se - ghol - ta.

TALCHA.

Q TALCHA, *arracheur.* On lui a donné ce nom, parce qu'il indique qu'il faut arracher la voix du fond de la poitrine, en commençant d'abord par un son grave; puis la pousser avec force, en lui faisant faire une espèce de circuit. Il se place et s'exécute sur la dernière syllabe du mot.

DE L'ÉTAT ACTUEL

Exemple.

Tal - cha -

DARGHA.

§ DARGHA, *degré.* Ce signe se place sous la dernière lettre du mot. Le chant de cet accent doit monter et descendre par degrés en formant de petits circuits cadencés : il s'exécute sur la dernière syllabe du mot.

Exemple.

Dar - gha -

TEBYR.

) TEBYR, *brisé.* Cet accent a reçu ce nom, parce qu'il indique que la voix, en chantant, doit diviser par moitié les intervalles du chant, c'est-à-dire, qu'elle doit procéder par demi-tons. Il se place sous la dernière syllabe du mot.

Exemple.

Te byr -

מַקָּף־

MAQQAF.

— Maqqaf, *jonction.* Cet accent appartient moins à la musique proprement dite, qu'à la prosodie grammaticale. Il indique qu'il faut joindre la dernière syllabe d'un mot avec la première du mot suivant, afin de ne faire des deux qu'un seul son.

קַרְנֵי פָרָה

QARNE FARAH.

Qarne farah, *cornes de vache.* Le nom de cet accent vient de la ressemblance de sa figure avec la forme des cornes de vache : il indique qu'il faut redoubler le même son, et élever ensuite avec force la voix, en formant une espèce de trille. Nous avons suivi l'opinion généralement reçue, dans la définition étymologique que nous venons de donner de cet accent : mais, comme nous sommes persuadés que chez les Hébreux, comme chez les anciens Égyptiens, les cornes étaient un emblême de la force, de la maturité et de la fécondité, et que le mot *corne* était, dans le style figuré, équivalent à celui de *force,* d'*énergie,* de *valeur* dans le style simple, nous pensons que le nom de cet accent et sa forme indiquent qu'il faut donner à la voix un ton très-prononcé et très-plein. On nomme encore cet accent פָּזֵר גָּדוֹל Pazer ghadol *grand semeur;* mais, sous ce nom, il s'exécute avec plus de légèreté. Il se place sur la dernière syllabe du mot.

DE L'ÉTAT ACTUEL

Exemple.

Qar-ne fa rah - -.

פָּזֵר׃ פָּזֵר קָטֹן

PAZER, ou PAZER QATON.

פ PAZER, ou PAZER QATON, *semeur* ou *petit semeur*. On a appelé ainsi cet accent, parce que la voix en chantant s'élève, se divise en quelque sorte, et s'écarte en passant à un autre ton. Il se place sur la dernière syllabe du mot.

Exemple.

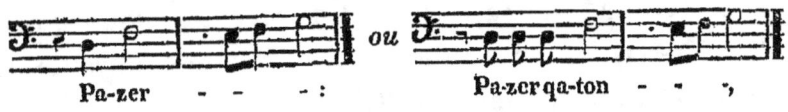

Pa-zer - - - :   ou   Pa-zer qa-ton - - ,

פַּשְׁטָא

PACHTA.

ר PACHTA, *extenseur*. On a donné ce nom à cet accent, parce qu'il indique qu'on doit étendre et prolonger la voix sur le même ton. Il se place sur la dernière lettre du mot.

Exemple.

Pach - ta.

DE L'ART MUSICAL EN EGYPTE.

אֽזְלָא֙

AZLA.

֙ AZLA, *qui s'échappe.* Cet accent indique une émission subite de la voix, en élevant le son. Il se place sur la dernière syllabe du mot.

Exemple.

Az - la.

גֵּ֜רֵשׁ

GHERECH.

֜ GHERECH, *expulseur.* Cet accent indique qu'on doit jeter la voix avec force, de la manière suivante. Il se place sur la première syllabe du mot.

Exemple.

Ghe - rech -

שְׁנֵי גְרִשִׁים גֵּ֞רְשַׁיִם

GHERACHAYM, ou CHENE GHERICHYM.

֞ GHERACHAYM ou CHENE GHERICHYM, *les deux expulseurs.* Le chant de cet accent est à peu près semblable à celui du *gherech,* si ce n'est qu'il est redoublé. Cet accent se place sur la dernière syllabe.

É. M.   XIV.   31

Exemple.

Che - ne ghe - ri - chym - - -.

IETYB.

< IETYB, *retourné* ou *cornu*. On appelle encore cet accent שׁוֹפָר מֻקְדָּם CHOFAR MUQDAM, *corne avancée*, ou *corne en avant*. Cet accent se place sous la première lettre du mot.

Exemple.

Ia - tyb [1].

QADMA.

> QADMA, *antécédent*. Cet accent est ainsi nommé, parce qu'il précède la terminaison du mot, et se place au commencement ou au milieu, et jamais à la fin de ce mot, c'est-à-dire sur la dernière lettre; en quoi il diffère du *pachta*, lequel se place toujours, au contraire, sur cette dernière lettre : au reste, le chant de l'un est à peu près semblable à celui de l'autre.

[1] On prononce, en chantant ce mot, *iatyb*.

ZAQEF QATON.

: **Zaqef qaton,** *petit érecteur.* Cet accent est ainsi nommé, parce qu'il indique une moins grande élévation de la voix que le *zaqef ghadol.*

Exemple.

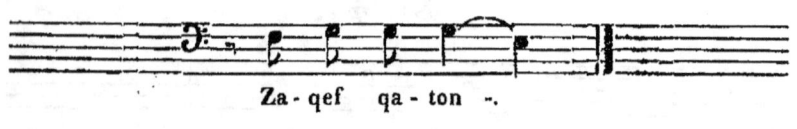

ZAKEF GHADOL.

⫶ **Zaqef ghadol,** *grand érecteur.* Cet accent se nomme ainsi, parce qu'il exige une plus grande élévation de voix et une plus grande étendue de sons que le *zaqef qaton.* Ils se placent l'un et l'autre sur la seconde syllabe du mot.

Exemple.

TELICHA GHEDOLA

♪ Telicha ghedola, *grand arracheur*. On nomme ainsi cet accent, parce que, pour le rendre, il faut arracher avec force sa voix de la poitrine, et étendre les sons en faisant un certain circuit. Il se place sur la première lettre du mot.

Exemple.

Te - li - cha ghe - do - la.

REBIA.

• Rebia, *incubans*. Cet accent se place sur la lettre du milieu du mot. Il indique qu'il faut élever la voix en la jetant avec force, et en lui faisant faire un petit circuit avant de retomber.

Exemple.

Ra - bi - a [1].

[1] Ce mot se prononce, en chantant, *rabia*.

DE L'ART MUSICAL EN ÉGYPTE.

אֶתְנָחָ

ATNAHH.

ATNAHH, *repos.* Cet accent indique un repos de la voix; il équivaut à nos deux points, et se place sous la dernière lettre.

Exemple.

At - nahh.

Nous aurions pu, à l'imitation des savans qui ont traité du chant des Juifs européens, multiplier davantage ici les accens, en réunissant tous ceux qui appartiennent à la prosodie grammaticale; mais nous avons craint qu'on ne nous blâmât d'avoir franchi les bornes qui nous sont prescrites par la nature de notre sujet. D'ailleurs, quoique personne n'ait entrepris de noter ceux des accens de la prosodie qui sont susceptibles d'être notés, nous présumons qu'en Égypte ils doivent différer très-peu des mêmes accens des Juifs d'Europe; et, dans ce cas, notre travail n'aurait pas appris grand'chose de nouveau. Il importait sur toutes choses que nous rendissions un compte exact de l'état actuel de la musique en Égypte, d'après les observations que nous avons faites en ce pays, et nous avons mis autant de fidélité dans notre récit que nous avions apporté de diligence et de soin dans nos recherches.

FIN DU TOME QUATORZIÈME.

TABLE

DES MATIÈRES DU TOME XIV.

ÉTAT MODERNE.

	Pages.
DE L'ÉTAT ACTUEL de l'art musical en Égypte, ou Relation historique et descriptive des recherches et observations faites sur la musique en ce pays; par M. Villoteau..................	1
PREMIÈRE PARTIE. Des diverses espèces de musique de l'Afrique en usage dans l'Égypte, et principalement au Kaire..............................	Ib.
Chapitre Ier. De la musique arabe......................	Ib.
Art. Ier. Du dessein que nous avions formé en commençant ce travail, des moyens que nous avions à notre disposition pour l'exécuter, et des motifs qui nous ont déterminés à suivre le plan que nous avons définitivement adopté..................	Ib.
Art. II. Idée sommaire de l'état des sciences, des arts et de la civilisation des Égyptiens modernes.....	5
Art. III. Du peu d'importance que les Égyptiens attachent à l'étude et à l'exercice de l'art musical, et du peu qu'ils savent de cet art..................	7
Art. IV. De l'origine et de la nature de la musique arabe..	9
Art. V. Du système et de la théorie de la musique arabe.	13
Art. VI. Démonstration du système musical des Arabes...	15
Exemple de la circulation des degrés consécutifs ou diatoniques, et intervalle complet.......	16
Exemple des deux circulations comprises dans les quinze degrés consécutifs, et intervalle complet double, ou système parfait........	17
Exemple des sept racines.................	18
Exemple des racines et de leur réplique......	19
Exemple de cette démonstration avec ses développemens............................	21
Exemple du triple intervalle complet........	Ib.

# TABLE DES MATIÈRES.

	Pages.
Section Ire. Des quatre racines, de leur dérivation les unes des autres, et de leurs rapports aux signes du zodiaque, aux élémens et aux tempéramens.......	25
Exemple des douze *maqâmât* et des six *aouáz*, de leurs dérivations et de leurs rapports....	27
Section II. Des *choa'b* et des *aouazát* dérivés des *maqâmât*, et de leur nom selon le Traité de la disposition de l'arbre que ce livre a pour objet............	29
Art. VII. Des principes et des règles de la mélodie de la musique arabe.........................	33
Section Ire. Manière de tirer les quatre racines des issues des *bordâh*, des yeux de la racine de l'arbre, dans la pratique............................	34
Exemple de la formation du mode rast.......	35
Exemple de la formation du mode e'râq......	36
Exemple de la formation du mode zyrafkend..	37
Exemple de la formation du mode isfahân....	38
Art. VIII. Des signes ou notes de la musique des Arabes et des Orientaux en général, et des moyens que nous avons employés pour exprimer ces notes avec nos notes de musique européenne.......	39
Signes ou notes en lettres arabes, représentant les dix-huit sons différens de la gamme divisée par tiers de ton, et signes et notes de musique européenne correspondans de diverses manières aux mêmes lettres et aux mêmes sons arabes..................................	43
Diagramme général des sons du système musical des Arabes, noté avec leurs lettres, et traduit en notes de musique européenne..........	45
Art. IX. Des circulations, gammes ou modes de la musique arabe.............................	46
Exemples de la progression systématique et analogique des douze circulations principales de la musique arabe......................	70
Mode *o'chaq*. Première circulation..........	Ib.
Mode *abouseylyk*. Deuxième circulation ...	73
Mode *naoua*. Troisième circulation........	77
Mode *rast*. Quatrième circulation..........	80
Mode *hosseyny*. Cinquième circulation......	83
Mode *ogaz*. Sixième circulation............	87

		Pages
	Mode rahaouy. Septième circulation.........	90
	Mode zenkla. Huitième circulation..........	94
	Mode isfahan. Neuvième circulation.........	97
	Mode e'raq. Dixième circulation............	100
	Mode zyrafkend. Onzième circulation........	104
	Mode bouzourk. Douzième circulation........	107
Chapitre	II. De la pratique de la musique parmi les Égyptiens modernes...............................	113
Art.	Ier. Du peu d'habitude qu'ont les Égyptiens modernes de réfléchir et de raisonner sur cet art; du succès de nos premières tentatives pour obtenir d'eux quelques notions sur les règles de la pratique, et des premières impressions qu'a faites sur nous la musique arabe exécutée par eux..........	*Ib.*
Art.	II. Quelle connaissance les musiciens égyptiens ont actuellement du système de la musique arabe..	122
Art.	III. Des modes musicaux et des modulations en usage dans la pratique chez les Égyptiens modernes..	124
	Exemples de la gamme de chacun des modes connus et pratiqués par les musiciens égyptiens...	128
	Rast. Doukah. Sihkah Girkeh................	*Ib.*
	Naouf. Octave grave du *naouä*..............	129
	O'chyran. Octave grave du *hosseyny*..........	*Ib.*
	E'raq. Nyrys. Zenkla. Nyrys bayaty. Isfahan. Zyrafkend................................	*Ib.*
	O'chaq ou *Abouseylyk. Rahaouy. Hogaz. Hogaz isfahan. Raml*...........................	130
Art.	IV. Des chansons musicales en arabe vulgaire, exécutées par les *alâtyeh* ou musiciens de profession.	*Ib.*
	Chansons des alâtyeh. (*Mode rast, mesure masmoudy*)..................................	135
	Mode rast.............................	138
	Chanson de *Malbrouk*, travestie en chant arabe par les Égyptiens. (*Mode rast.*)........	141
	Mode o'chaq..........................	147
	Mode nyrys-girkeh......................	149
	Ton d'e'raq............................	151
	Mode naouä. (Mesure *douyeh.*)............	155
	Autre chanson sur le même air..............	161
	Même chanson, mode *naouä*..............	162
	Mouchah dans le mode *sykeh*. (*Mesure medaouer.*).	165

# TABLE DES MATIÈRES.

Pages.

Art. V. Des *a'ouâlem*, des *ghaouâzy* ou danseuses publiques; des diverses espèces de ménétriers, jongleurs, saltimbanques, farceurs, etc., qui font usage de quelques instrumens de musique..... 169

Des deux mains ensemble, et faiblement, les castagnettes un peu avancées l'une sur l'autre, le son peu éclatant.......................... 175

Des deux mains alternativement, un peu plus fort, les castagnettes moins avancées l'une sur l'autre, le son plus éclatant...................... *Ib.*

Des deux mains alternativement, plus fort, les castagnettes avancées près des bords, le son plus éclatant encore.......................... *Ib.*

Des deux mains alternativement, très-fort, les castagnettes frappées sur les bords l'une de l'autre, le son très-éclatant................. 176

Des deux mains alternativement, les castagnettes avancées l'une sur l'autre, le son moins éclatant. *Ib.*

Des deux mains à-la-fois, les castagnettes d'aplomb, son étouffé............................... *Ib.*

Des deux mains alternativement, les castagnettes moins avancées l'une sur l'autre, son éclatant.. *Ib.*

Art. VI. De la musique guerrière................ 183

Air de marche égyptien................... 186

Grosses caisses, chaque main armée, l'une d'une baguette et frappant d'un côté, l'autre d'une verge et frappant de l'autre................ 188

Caisses ordinaires....................... *Ib.*

Timbales appelées *noqqâryeh* : il y en a toujours deux, l'une très-grosse et l'autre de moyenne grosseur............................... *Ib.*

Petites timbales plates appelées *naqrazân*..... 189

Très-petites timbales.................... *Ib.*

Cymbales : on les frappe presque d'aplomb... *Ib.*

Art. VII. De la musique ou du chant religieux en général, et en particulier du chant appelé *eden* ou *ezân*... *Ib.*

Chant de convocation à la prière............. 192

Autre chant dont nous n'avons pu distinguer les paroles................................... 194

Chant du mouedden, avant la prière du point du jour...................................... *Ib.*

TABLE DES MATIÈRES.

		Pages.
Art.	VIII. Des cérémonies et des chants des *mouled*.......	196
	Hymne du *mouled* de setty zeynab. (*Ton de hogaz, mesure sofyan.*)..............	197
	Chant de la danse religieuse des *foqarâ*.......	202
	Chant du retour de la procession du mouled à la mosquée..............................	203
Art.	IX. Des chants et de la danse des *zekr* des *foqarâ*...	204
Art.	X. Concerts pieux...........................	207
Art.	XI. Chants, cérémonies, usages et préjugés relatifs aux enterremens parmi les Égyptiens............	210
	Chant d'enterrement pour les personnes distinguées.	211
	Chant d'enterrement pour les particuliers un peu aisés................................	*Ib.*
	Chant d'enterrement pour les gens du peuple et les *fellâh*.............................	*Ib.*
Art.	XII. Chant et danse funèbres..................	216
	Chant et danse funèbres des *fellâh*. (*Rhythme du tar.*)...........................	217
	Chant des femmes.......................	*Ib.*
Art.	XIII. Prières et chant du *sebhah*................	218
Art.	XIV. Des trois espèces de chant connues des anciens et retrouvées chez les Égyptiens modernes; la première purement musicale, la seconde propre à la récitation poétique, et la troisième propre à la prononciation oratoire..................	219
Art.	XV. Du chant oratoire........................	223
	Fatihah récité à haute voix................	226
Art.	XVI. Du chant poétique, des improvisateurs, des récitateurs ou rapsodes, et des narrateurs Égyptiens.	228
	Accompagnement de rebâb, exécuté par les poëtes lorsqu'ils improvisent ou qu'ils récitent quelque poésie................................	229
Art.	XVII. *Mousahher*: leur chant; instrumens dont ils se servent; leurs fonctions et leurs priviléges pendant le temps du Ramadàn....................	232
Art.	XVIII. De l'inclination naturelle des Égyptiens pour la musique et pour le chant, et de l'usage du chant dans la plupart des circonstances et des travaux de la vie civile.........................	235
	Air que chantent les parens et amis du prétendu, en le conduisant chez sa future épouse........	239

TABLE DES MATIÈRES.

Pages.

Air de musique exécuté par le hautbois appelé *zamir*, tandis qu'on promène la nouvelle mariée autour de son quartier.................... 239
Autre air propre à la même circonstance....... *Ib.*
Rhythmes que marquent les femmes sur le tambour de basque, tandis que la nouvelle mariée, assise sur son divan, reçoit les cadeaux qu'on lui fait. 240
Chant d'un cheykh, ou pauvre, demandant l'aumône, au Kaire........................ 241
Chant d'un faqyr de Girgeh... .... *Ib.*
Chant d'un faqyr de Syout................. 242
Chants des bateliers du Nil................. *Ib.*
En faisant route.......................... *Ib.*
Lorsque le vent est bon.................... *Ib.*
Lorsque la barque touche le fond, et que les marins, craignant de s'engraver, ont abandonné leurs *moqdáf* (rames) pour se servir du *medreh* (de la perche), et qu'ils plongent au fond du lit du fleuve, pour détacher la barque et la remettre à flot........................... *Ib.*
Cris pénibles que font les matelots quand, après avoir été obligés de se mettre à l'eau, et de s'adosser aux flancs de la barque pour la *désengraver*, ils la poussent avec effort................. 243
Quand ils commencent à remettre la barque à flot. *Ib.*
Quand les matelots sont rentrés dans la barque, et qu'ils commencent à se servir de leurs rames. *Ib.*
Le vent enflant la voile..................... 244
Chant qui sert de prélude et de refrain à une chanson que chante les ràys.................. *Ib.*
Chant des rameurs........................ *Ib.*
Chant en antiphonie....................... 245
Chant des marins lorsqu'ils emploient les rames pour avancer dans la direction du fleuve...... *Ib.*
Matelots qui nagent avec la rame par un bon vent. 247
Lorsqu'il y a du danger de s'engraver et qu'ils cherchent à l'éviter........................... 248
Quand l'écueil est passé................ ... *Ib.*
Pour faire virer de bord.................... 249
En faisant route........................... 250
Chant des puiseurs d'eau, pour l'arrosement des terres près d'Esné....................... *Ib.*

TABLE DES MATIÈRES.

		Pages.
	Chant des puiseurs d'eau près de Qéné........	251
	Chant des puiseurs d'eau près de Manfalout.....	*Ib.*
	Chant des puiseurs d'eau près de Louqsor......	*Ib.*
	Chant des puiseurs d'eau près de Louqsor, appelant pour être relevés....................	*Ib.*
Chapitre	III. Chants et danses de quelques peuples de l'Afrique, dont un assez grand nombre d'habitans sont fixés au Kaire..........................	252
Art.	Ier. Chants et danses des Barâbras, qui habitent aux environs de la première cataracte du Nil......	*Ib.*
	Air de danse des Barâbras.................	256
Art.	II. Des chants des habitans de Dongolah..........	260
	Ghouna du pays de Dongolah, avec accompagnement de la lyre, appelée en cet endroit *guisarke*.	262
Art.	III. Du chant et de la danse des femmes du pays de Sodan....................................	267
	Air de danse des femmes du pays de Sodan......	268
Art.	IV. Des airs de chant et de danse des habitans du Sénégal et de Gorée........................	*Ib.*
	Chant de danse des habitans du Sénégal........	269
	Air de danse de Gorée......................	*Ib.*
	Chant des pêcheurs de Gorée................	*Ib.*
Chapitre	IV. De la musique des Abyssins ou Éthiopiens.....	270
Art.	Ier. De l'origine et de l'invention de la musique éthiopienne................................	*Ib.*
Art.	II. Comment nous sommes parvenus à acquérir quelque connaissance de la musique éthiopienne...	272
Art.	III. De l'inexactitude des notions qu'on nous avait données de la musique éthiopienne..............	274
Art.	IV. De quelle manière on avait défiguré le chant et corrompu les mots d'une strophe en quatre vers éthiopiens, et comment les Abyssins nous ont chanté et écrit cette même strophe..........	275
	Strophe de quatre vers éthiopiens, avec le chant, donnée par le P. Kircher..................	*Ib.*
	Araray zéma. (*Ton ou mode araray.*)..........	278
Art.	V. De l'exécution des chants religieux des Éthiopiens par les prêtres abyssins que nous avons connus, et de celle qui a lieu dans les églises d'Abyssinie.	280
Art.	VI. Des livres de chant, de l'échelle musicale et des notes de musique des Éthiopiens.............	282

TABLE DES MATIÈRES.

Pages.

    Notes de musique éthiopienne................ 285

Art. VII. Des trois principaux modes de la musique religieuse des Éthiopiens; chants notés en éthiopien et traduits en notes de musique européenne dans chacun de ces modes...................... 289

    Guez zéma. (*Ton ou mode guez, ou des jours de férie.*)... 290

    Ezel zéma. (*Ton ou mode ezel*)................ 293

    Araray zéma (*ou ton d'araray, pour les grandes fêtes.*)... 297

Chapitre V. De la musique des Qobtes.................. 299

    Alleluya, chant qobte...................... 303

SECONDE PARTIE. *De la musique de quelques peuples de l'Asie et de l'Europe*............................ 307

Chapitre Ier. De l'art musical chez les Persans; chansons persanes et turques...................... *Ib.*

    Chanson turque, sur le rhythme bajaz.......... 309

Chapitre II. De la musique des Syriens................. 310

Chapitre III. De la musique arménienne................. 324

Art. Ier. De la nature et du caractère des chants religieux en général, et, en particulier, de ceux des Arméniens. Du degré d'instruction en musique du premier chantre de l'Église épiscopale de ces peuples au Kaire. Exposé succinct de ce que nous avons appris de lui sur son art................. *Ib.*

Art. II. De l'origine et de l'invention de la musique actuelle des Arméniens................................. 328

Art. III. Des notes de musique des Arméniens.......... 329

Art. IV. Explication des signes musicaux ou notes de musique des Arméniens.......................... 331

    Tableau des signes de la musique arménienne... 332

Art. V. D'où vient la différence frappante qui existe entre la mélodie des huit tons du chant religieux des Arméniens, donnée par Schroder, et celle des mêmes chants que nous offrons. Utilité des moyens que nous avons employés pour la faire connaître. Exemples de ces huit tons écrits et notés en arménien, puis écrits avec nos lettres et notés avec nos notes. Chant poétique dont la mélodie se

TABLE DES MATIÈRES.

Pages.

compose uniquement des accens des mots, et dont la mesure est la même que celle de la quantité et du rhythme des vers.................. 333

Chant de trois vers arméniens, noté seulement d'après l'accent et le rhythme des paroles qui nous ont été dictées et récitées ainsi par le chantre arménien.............................. 357

Chant que répètent souvent, pendant la messe arménienne, les enfans de chœur.............. 359

Chapitre IV. De la musique grecque moderne............. 360

Art. Ier. Du peu de notions qu'on avait eues jusqu'à ce jour de la musique grecque. Succès des premières démarches que nous fîmes en Égypte pour parvenir à la connaître. Description d'un ancien livre manuscrit de chants grecs, qui nous fut donné par le président du couvent grec près la ville d'Alexandrie.......................... Ib.

Art. II. Du chant religieux des Grecs ; de son caractère ; de son effet ; de son exécution. Des règles que suivent les chanteurs, et des licences qu'ils se permettent. Quels sont les livres dans lesquels sont contenus les principes de leur musique et du chant................................ 366

Art. III. Du maître de musique grecque moderne que nous avons eu au Kaire ; de sa manière d'enseigner ; de la singulière épreuve à laquelle nous fûmes contraints de nous résigner pour recevoir ses leçons ; de sa méthode ; comment nous sommes parvenus à en tirer quelque fruit. Explication préliminaire de quelques termes douteux de cette musique. Exposition des principaux points de cet art, dont il sera question dans les articles suivans.. 371

Art. IV. Explication des signes du chant de la musique grecque moderne, extraite et traduite littéralement des Traités de théorie de cette musique que renferment les *Papadike* ou Livres de chant des moines grecs d'Égypte................... 380

Art. V. De la composition des signes du chant, selon les principes contenus dans les *papadike*......... 395

De la composition des signes du chant......... Ib.

Composition de l'oligon.................... Ib.

Composition de l'oxeïa.................... 397

TABLE DES MATIÈRES. 495

	Pages.
Composition du petaste................	399
Composition du kouphisma.............	400
Composition du pelasthon..............	402
Composition du kratêma...............	403
Exemples des signes descendans et des valeurs des notes................................	404
Composition des deux apostrophes conjoints...	Ib.
Composition de l'apostrophe............	405
Composition de l'aporrhoë.............	406
Composition du kratêma hyporrhoon avec l'apostrophe.............................	407
Composition de l'elaphron.............	Ib.
Composition du kamile................	408

Art. VI. Règles ou remarques nécessaires dans la pratique du chant grec, lesquelles manquent dans les *papadike*.. 409

Art. VII. Des grands signes ou hypostases de la musique des Grecs modernes...................... 415

Art. VIII. Des tons ou modes..................... 426

Préface de l'art musical................... Ib.
Des plagaux........................... 436
Mutations des huit tons................. 439

Art. IX. Du système musical des Grecs modernes........ 441

Art. X. Modulations du chant dans les huit tons principaux. Application des signes du chant et des grands signes dans les modulations de ces huit tons................................ 447

Premier ton; mode dorien............... 448
Second ton; mode lydien................ 450
Troisième ton; mode phrygien........... 453
Quatrième ton; mode mixolydien......... 455
Plagal du premier ton; mode hypodorien... 457
Plagal du second ton; mode hypolydien..... 459
Plagal du troisième ton ou grave; mode hypophrygien............................... 461
Plagal du quatrième ton; mode hypomixolydien.. 462
Chanson grecque moderne. (Plagal du quatrième ton; mode hypomixolydien.)............. 463
Autre chanson grecque moderne........... 466

Chapitre V. De la musique des Juifs d'Égypte............ 467

Art. Ier. Du chant des Juifs en général, et du caractère de

	leurs chants religieux en particulier............	467
Art.	II. Du style des chants religieux des Juifs d'Égypte; conformité de ce style dans les chants religieux des deux sectes différentes qui sont en Égypte; opposition des mœurs et diversité des rites de ces deux sectes...............................	469
Art.	III. De la mélodie du chant et des accens musicaux des Juifs d'Égypte............................	473
	Accens musicaux des Juifs d'Égypte...........	476

FIN DE LA TABLE.

TRADUCTION
DES CLASSIQUES LATINS

AVEC LE TEXTE EN REGARD

BIBLIOTHÈQUE LATINE-FRANÇAISE

PUBLIÉE SOUS LES AUSPICES

DE SON ALTESSE ROYALE

MONSIEUR LE DAUPHIN.

C. L. F. PANCKOUCKE, ÉDITEUR.

―――

ON PEUT ACQUÉRIR CHAQUE AUTEUR SÉPARÉMENT.

Toute l'édition est imprimée *in-octavo* sur papier fin avec des caractères neufs de Firmin Didot.

OUVRAGES PUBLIÉS.	SOUS PRESSE.
VELLEIUS PATERCULUS, 1 vol.; traduction nouvelle par M. Després, ancien conseiller de l'Université.	**VALÈRE MAXIME**, *traduction nouvelle* par M. Frémion, professeur au collège royal de Charlemagne.
SATIRES DE JUVÉNAL, 2 vol.; traduction de Dusaulx, revue par M. Jules Pierrot. *Près des deux tiers de cet ouvrage ont été traduits de nouveau.*	**CÉSAR**, *traduction nouvelle* par M. Artaud, professeur de rhétorique au collège Louis-le-Grand.
LETTRES DE PLINE LE JEUNE, 1er volume; traduction de De Sacy, revue et corrigée par M. Jules Pierrot.	**STACE**, *traduction nouvelle* par M. Rinn, professeur à Sainte-Barbe.
FLORUS, 1 vol.; *traduction nouvelle* par M. Ragon, professeur d'histoire au collège royal de Bourbon, avec une Notice par M. Villemain.	**JUSTIN**, *traduct. nouv.* par MM. Jules Pierrot et Boitard.
CORNELIUS NEPOS, 1 vol.; *traduction nouvelle* par MM. De Calonne et Pommier.	**LETTRES DE PLINE LE JEUNE**, 2e volume; traduction de De Sacy, revue et corrigée par M. Jules Pierrot.
	On mettra incessamment sous presse les **SATIRES DE PERSE**; **CLAUDIEN**; **SUÉTONE**.

Le prix de chaque volume est de SEPT francs.

Il paraîtra dix à douze volumes par an. Ainsi les Souscripteurs de toute cette belle et unique Collection ne s'engageront qu'à une dépense d'à peu près SIX FR. *par mois.*

Il a été tiré cinquante exemplaires sur papier Cavalier, grand format, Montgolfier superfin. Cette Collection, de grand format, fait suite aux Classiques français publiés par M. Lefèvre. Le prix est de QUATORZE francs chaque volume. — On doit adresser les demandes à M. C. L. F. PANCKOUCKE, éditeur, rue des Poitevins, n° 14, et chez tous les libraires de la France et de l'étranger. — On ne paie rien d'avance.

www.ingramcontent.com/pod-product-compliance
Lightning Source LLC
Chambersburg PA
CBHW051139230426
43670CB00007B/870